加除自在 参照條文附
市制町村制 附 関係法規
【昭和6年 再版】

矢島和三郎 編纂

地方自治法研究
復刊大系〔第三五九巻〕

加除自在
参照條文附

市制町村制〔昭和六年 再版〕

附 関係法規

日本立法資料全集 別巻 1569

信山社

加除自在
參照條文附

市制町村制

附 關係法規

加除自在
參照條文附

市制町村制 附 關係法規

成功堂書店發兌

凡例

一本書ハ市制、町村制ノ各條文中ニ含マレ在ル他ノ條文ヲ必要ニ應シ其ノ條項ノ次ニ參照掲載シ繙讀ニ便シタリ

一本書ハ市制、町村制ニ直接關係アル法令ハ汎ク之ヲ輯錄シタリ

一附關係法規中◈ノモノハ參照條文附ナリ

一本書ニ關係アル法令ノ發布改廢アルトキハ其ノ都度加除錄ヲ發行シテ加除スル事トセリ

編者識ス

○加除錄配付手續

一　本書ハ所持者ノ便ヲ計リ發布改廢ニ係ル法令ヲ必要ニ應シ加除錄トシテ配付スルモノトス

二　加除錄ハ實費ヲ以テ御配付致スヘク且加除錄發行ノ節ハ御通知申シ上クヘキニ付直ニ代金及送料御拂込相成度
本書ヲ他ノ書店ニテ御買上ノ節ハ御住所御芳名ヲ直接弊堂ニ御通知被下度

三　本書所持者ニシテ御住所變更ノ場合ハ其ノ旨必ス弊堂宛御通知相成度

成功堂書店

加除自在 參照條文附 市制町村制 附關係法規 目次

市制

町村制

市制

（明治四十四年四月七日法律第六十八號）

改正
大正十年四月十一日法律第五十八號
大正十一年四月二十日同第五十六號
大正十五年六月二十四日同第七十四號
昭和四年四月十五日同第五十六號

第一章　總則

第一款　市及其ノ區域

第一條　市ハ從來ノ區域ニ依ル

第二條　市ハ法人トス官ノ監督ヲ承ケ法令ノ範圍內ニ於テ其ノ公共事務竝從來法令又ハ慣例ニ依リ及將來法律勅令ニ依リ市ニ屬スル事務ヲ處理ス

第三條　市ノ廢置分合ヲ爲サムトスルトキハ關係アル市町村會及府縣參事會ノ意見ヲ徵シテ内務大臣之ヲ定ム

2 前項ノ場合ニ於テ財產アルトキハ其ノ處分ハ關係アル市町村會ノ意見ヲ

徴シ府縣參事會ノ議決ヲ經テ府縣知事之ヲ定ム

第四條　市ノ境界變更ヲ爲サムトスルトキハ府縣知事ハ關係アル市町村會ノ意見ヲ徴シ府縣參事會ノ議決ヲ經内務大臣ノ許可ヲ得テ之ヲ定ム所屬未定地ヲ市ノ區域ニ編入セムトスルトキ亦同シ

2 前項ノ場合ニ於テ財産アルトキ其ノ處分ニ關シテハ前條第二項ノ例ニ依ル

第五條　市ノ境界ニ關スル爭論ハ府縣參事會之ヲ裁定ス其ノ裁定ニ不服アル市町村ハ行政裁判所ニ出訴スルコトヲ得

2 市ノ境界判明ナラサル場合ニ於テ前項ノ爭論ナキトキハ府縣知事ハ府縣參事會ノ決定ニ付スヘシ其ノ決定ニ不服アル市町村ハ行政裁判所ニ出訴スルコトヲ得

3 第一項ノ裁定及前項ノ決定ハ文書ヲ以テ之ヲ爲シ其ノ理由ヲ附シ之ヲ關係市町村ニ交付スヘシ

4 第一項ノ裁定及第二項ノ決定ニ付テハ府縣知事ヨリモ訴訟ヲ提起スルコトヲ得

第六條　勅令ヲ以テ指定スル市ノ區ハ之ヲ法人トス其ノ財産及營造物ニ關スル事務其ノ他法令ニ依リ區ニ屬スル事務ヲ處理ス

2　區ノ廢置分合又ハ境界變更其ノ他區ノ境界ニ關シテハ前二條ノ規定ヲ準用ス但シ第四條ノ規定ヲ準用スル場合ニ於テハ關係アル市會ノ意見ヲモ徵スヘシ

第七條　市ハ其ノ名稱ヲ變更セムトスルトキハ内務大臣ノ許可ヲ受クヘシ

第二款　市住民及其ノ權利義務

第八條　市内ニ住所ヲ有スル者ハ其ノ市住民トス

2　市住民ハ本法ニ從ヒ市ノ財産及營造物ヲ共用スル權利ヲ有シ市ノ負擔ヲ分任スル義務ヲ負フ

第九條　帝國臣民タル年齡二十五年以上ノ男子ニシテ二年以來市住民タル者ハ其ノ市公民トス但シ左ノ各號ノ一ニ該當スル者ハ此ノ限ニ在ラス

一　禁治產者及準禁治產者

二　破產者ニシテ復權ヲ得サル者

三　貧困ニ因リ生活ノ爲公私ノ救助ヲ受ケ又ハ扶助ヲ受クル者
四　一定ノ住居ヲ有セサル者
五　六年ノ懲役又ハ禁錮以上ノ刑ニ處セラレタル者
六　刑法第二編第一章、第三章、第九章、第十六章乃至第二十一章、第二十五章又ハ第三十六章乃至第三十九章ニ揭クル罪ヲ犯シ六年未滿ノ懲役ノ刑ニ處セラレ其ノ執行ヲ終リ又ハ執行ヲ受クルコトナキニ至リタル後其ノ刑期ノ二倍ニ相當スル期間ヲ經過スルニ至ル迄ノ者但シ其ノ期間五年ヨリ短キトキハ五年トス

參照

刑法第二編　罪
第一章　皇室ニ對スル罪
第三章　外患ニ關スル罪
第九章　放火及ヒ失火ノ罪
第十六章　通貨僞造ノ罪
第十七章　文書僞造ノ罪
第十八章　有價證劵僞造ノ罪
第十九章　印章僞造ノ罪

第二十章　僞證ノ罪
第二十一章　誣告ノ罪
第二十五章　瀆職ノ罪
第三十六章　竊盜及ヒ强盜ノ罪
第三十七章　詐欺及ヒ恐喝ノ罪
第三十八章　横領ノ罪
第三十九章　贓物ニ關スル罪

七　六年未滿ノ禁錮ノ刑ニ處セラレ又ハ前號ニ掲クル罪以外ノ罪ヲ犯シ六年未滿ノ懲役ノ刑ニ處セラレ其ノ執行ヲ終リ又ハ執行ヲ受クルコトナキニ至ル迄ノ者

2　市ハ前項二年ノ制限ヲ特免スルコトヲ得

3　第一項二年ノ期間ハ市町村ノ廢置分合又ハ境界變更ノ爲中斷セラルルコトナシ

第十條　市公民ハ市ノ選擧ニ參與シ市ノ名譽職ニ選擧セラルル權利ヲ有シ市ノ名譽職ヲ擔任スル義務ヲ負フ

2　左ノ各號ノ一ニ該當セサル者ニシテ名譽職ノ當選ヲ辭シ又ハ其ノ職ヲ辭

シ若ハ其ノ職務ヲ實際ニ執行セサルトキハ市ハ一年以上四年以下其ノ市公民權ヲ停止スルコトヲ得

一　疾病ニ罹リ公務ニ堪ヘサル者

二　業務ノ爲常ニ市内ニ居ルコトヲ得サル者

三　年齡六十年以上ノ者

四　官公職ノ爲市ノ公務ヲ執ルコトヲ得サル者

五　四年以上名譽職市吏員、名譽職參事會員、市會議員又ハ區會議員ノ職ニ任シ爾後同一期間ヲ經過セサル者

六　其ノ他市會ノ議決ニ依リ正當ノ理由アリト認ムル者

3 前項ノ處分ヲ受ケタル者其ノ處分ニ不服アルトキハ府縣參事會ニ訴願シ其ノ裁決ニ不服アルトキハ行政裁判所ニ出訴スルコトヲ得

4 第二項ノ處分ハ其ノ確定ニ至ル迄執行ヲ停止ス

5 第三項ノ裁決ニ付テハ府縣知事又ハ市長ヨリモ訴訟ヲ提起スルコトヲ得

第十一條　陸海軍軍人ニシテ現役中ノ者（未タ入營セサル者及歸休下士官兵ヲ除ク）及戰時若ハ事變ニ際シ召集中ノ者ハ市ノ公務ニ參與スルコトヲ得ス兵籍ニ編入セラレタル學生生徒（勅令ヲ以テ定ムル者ヲ除ク）及

志願ニ依リ國民軍ニ編入セラレタル者亦同シ

第三款　市條例及市規則

第十二條　市ハ市住民ノ權利義務又ハ市ノ事務ニ關シ市條例ヲ設クルコトヲ得

2 市ハ市ノ營造物ニ關シ市條令ヲ以テ規定スルモノノ外市規則ヲ設クルコトヲ得

3 市條例及市規則ハ一定ノ公告式ニ依リ之ヲ告示スヘシ

第二章　市會

第一款　組織及選擧

第十三條　市會議員ハ其ノ被選擧權アル者ニ就キ選擧人之ヲ選擧ス

2 議員ノ定數左ノ如シ（大正十年四月法律第五十八號改正）

一　人口五萬未滿ノ市　三十人

二　人口五萬以上十五萬未滿ノ市　三十六人
三　人口十五萬以上二十萬未滿ノ市　四十人
四　人口二十萬以上三十萬未滿ノ市　四十四人
五　人口三十萬以上ノ市　四十八人

3 人口三十萬ヲ超ユル市ニ於テハ人口十萬、人口五十萬ヲ超ユル市ニ於テハ人口二十萬ヲ加フル每ニ議員四人ヲ增加ス（大正十年四月法律第五十八號改正）

4 議員ノ定數ハ市條例ヲ以テ特ニ之ヲ增減スルコトヲ得

5 議員ノ定數ハ總選擧ヲ行フ場合ニ非サレハ之ヲ增減セス但シ著シク人口ノ增減アリタル場合ニ於テ內務大臣ノ許可ヲ得タルモノハ此ノ限ニ在ラス

第十四條　市公民ハ總テ選擧權ヲ有ス但シ公民權停止中ノ者又ハ第十一條ノ規定ニ該當スル者ハ此ノ限ニ在ラス

參照

第十一條　陸海軍軍人ニシテ現役中ノ者（未タ入營セサル者及歸休下士官兵ヲ除ク）及戰時若ハ事變ニ際シ召集中ノ者ハ市ノ公務ニ參與スルコトヲ得ス兵籍ニ編入セラレタル學生生徒（勅令ヲ以テ定ムル者ヲ除ク）及志願ニ依リ國民軍ニ編入セラレタル者亦

第十五條　削除

同シ

第十六條　市ハ市條例ヲ以テ選擧區ヲ設クルコトヲ得

2　選擧區ノ數及其ノ區域竝各選擧區ヨリ選出スル議員數ハ前項ノ市條例中ニ之ヲ規定スヘシ

3　第六條ノ市ニ於テハ區ヲ以テ選擧區トス其ノ各選擧區ヨリ選出スル議員數ハ市條例ヲ以テ之ヲ定ムヘシ

4　選擧人ハ住所ニ依リ所屬ノ選擧區ヲ定ム第七十六條又ハ第七十九條第二項ノ規定ニ依リ市公民タル者ニシテ市內ニ住所ヲ有セサル者ニ付テハ市長ハ本人ノ申出ニ依リ其ノ申出ナキトキハ職權ニ依リ其ノ選擧區ヲ定ムヘシ

參照

第七十六條　有給市長有給市參與及助役ハ第九條第一項ノ規定ニ拘ラス在職ノ間其ノ市ノ公民トス（昭和四年四月法律第五十六號改正）

第七十九條　第二項

2　第七十三條第四項乃至第七項、第七十五條第一項及第二項、第七十六條、第七十七條

竝前條第二項ノ規定ハ收入役及副收入役ニ之ヲ準用ス

5 被選擧人ハ各選擧區ニ通シテ選擧セラルルコトヲ得

第十七條　特別ノ事情アルトキハ市ハ區劃ヲ定メテ投票分會ヲ設クルコトヲ得

第十八條　選擧權ヲ有スル市公民ハ被選擧權ヲ有ス

2 在職ノ檢事、警察官吏及收稅官吏ハ被選擧權ヲ有セス

3 選擧事務ニ關係アル官吏及市ノ有給吏員ハ其ノ關係區域內ニ於テ被選擧權ヲ有セス

4 市ノ有給ノ吏員敎員其ノ他ノ職員ニシテ在職中ノ者ハ其ノ市ノ市會議員ト相兼ヌルコトヲ得ス

第十九條　市會議員ハ名譽職トス

2 議員ノ任期ハ四年トシ總選擧ノ日ヨリ之ヲ起算ス

3 議員ノ定數ニ異動ヲ生シタル爲解任ヲ要スル者アルトキハ市長抽籤シテ之ヲ定ム但シ闕員アルトキハ其ノ闕員ヲ以テ之ニ充ツヘシ

4 前項但書ノ場合ニ於テ闕員ノ數解任ヲ要スル者ノ數ニ滿チサルトキハ其

ノ不足ノ員數ニ付市長抽籤シテ解任スヘキ者ヲ定メ闕員ノ數解任ヲ要スル者ノ數ヲ超ユルトキハ解任ヲ要スル者ニ充ツヘキ闕員ハ最モ先ニ闕員ト爲リタル者ヨリ順次之ニ充テ闕員ト爲リタル時同シキトキハ市長抽籤シテ之ヲ定ム

5 議員ノ定數ニ異動ヲ生シタル爲解任ヲ要スル者アル場合ニ於テ選擧區アルトキハ第十六條ノ市條例中ニ其ノ解任ヲ要スル者ノ選擧區ヲ規定シ市長抽籤シテ之ヲ定ム但シ解任ヲ要スル者ノ選擧區ニ闕員アリタルトキハ其ノ闕員ヲ以テ之ニ充ツヘシ此ノ場合ニ於テハ前項ノ例ニ依ル

参照

第十六條　市ハ市條例ヲ以テ選擧區ヲ設クルコトヲ得

2 選擧區ノ數及其ノ區域竝各選擧區ヨリ選出スル議員數ハ前項ノ市條例中ニ之ヲ規定スヘシ

3 第六條ノ市ニ於テハ區ヲ以テ選擧區トス其ノ各選擧區ヨリ選出スル議員ハ市條例ヲ以テ之ヲ定ムヘシ

4 選擧人ハ住所ニ依リ所屬ノ選擧區ヲ定ム第七十六條又ハ七十九條第二項ノ規定ニ依リ市公民タル者ニシテ市内ニ住所ヲ有セサル者ニ付テハ市長ハ本人ノ申出ニ依リ其ノ申

出ナキトキハ職權ニ依リ其ノ選擧區ヲ定ムヘシ

5 被選擧人ハ各選擧ニ通シテ選擧セラルルコトヲ得

6 議員ノ定數ニ異動ヲ生シタル爲新ニ選擧セラレタル議員ハ總選擧ニ依リ選擧セラレタル議員ノ任期滿了ノ日迄在任ス

7 選擧區又ハ其ノ配當議員數ノ變更アリタル場合ニ於テ之ニ關シ必要ナル事項ハ第十六條ノ市條例中ニ之ヲ規定スヘシ

第二十條　市會議員中闕員ヲ生シタル場合ニ於テ第三十條第二項ノ規定ノ適用ヲ受ケタル得票者ニシテ當選者ト爲ラサリシ者アルトキハ直ニ選擧會ヲ開キ其ノ者ノ中ニ就キ當選者ヲ定ムヘシ此ノ場合ニ於テハ第三十三條第三項及第四項ノ規定ヲ準用ス（昭和四年四月法律第五十六號改正）

參照

第三十條　第二項

2 前項ノ規定ニ依リ當選者ヲ定ムルニ當リ得票ノ數同シキトキハ年長者ヲ取リ年齡同シキトキハ選擧長抽籤シテ之ヲ定ムヘシ

第三十三條　第三項　第四項

3 前項ノ場合ニ於テ第三十條第一項但書ノ得票者ニシテ當選者ト爲ラサリシ者選擧ノ期

日後ニ於テ被選擧權ヲ有セサルニ至リタルトキハ之ヲ當選者ト定ムルコトヲ得ス

4 第二項ノ場合ニ於テハ市長ハ豫メ選擧會ノ場所及日時ヲ告示スヘシ

2 前項ノ規定ノ適用ヲ受クル者ナク若ハ前項ノ規定ノ適用ニ依リ當選者ヲ定ムルモ仍其ノ闕員が議員定數ノ六分ノ一ヲ超ユルニ至リタルトキ又ハ市長若ハ市會ニ於テ必要ト認ムルトキハ補闕選擧ヲ行フヘシ（同上追加）

3 第三十三條第五項及第六項ノ規定ハ補闕選擧ニ之ヲ準用ス（大正十五年法律第七十四號改正、昭和四年四月同第五十六號）

參照

第三十三條 第五項 第六項

5 第一項ノ期間ハ第三十六條第八項ノ規定ノ適用アル場合ニ於テハ選擧ヲ行フコトヲ得サル事由已ミタル日ノ翌日ヨリ之ヲ起算ス

6 第一項ノ事由議員ノ任期滿了前六月以内ニ生シタルトキハ第一項ノ選擧ハ之ヲ行ハス但シ議員ノ數其ノ定數ノ三分ノ二ニ滿チサルニ至リタルトキハ此ノ限ニ在ラス

4 補闕議員ハ其ノ前任者ノ殘任期間在任ス

5 選擧區アル場合ニ於テハ補闕議員ハ前任者ノ選擧セラレタル選擧區ニ於テ之ヲ選擧スヘシ

第二十一條　市長ハ毎年九月十五日ノ現在ニ依リ選擧人名簿ヲ調製スヘシ但シ選擧區アルトキハ選擧區毎ニ之ヲ調製スヘシ
2 第六條ノ市ニ於テハ市長ハ區長ヲシテ前項ノ例ニ依リ選擧人名簿ヲ調製セシムヘシ
3 選擧人名簿ニハ選擧人ノ氏名、住所及生年月日等ヲ記載スヘシ
第二十一條ノ二　市長ハ十一月五日ヨリ十五日間市役所（第六條ノ市ニ於テハ區役所）又ハ其ノ指定シタル場所ニ於テ選擧人名簿ヲ關係者ノ縱覽ニ供スヘシ
2 市長ハ縱覽開始ノ日前三日目迄ニ縱覽ノ場所ヲ告示スヘシ
第二十一條ノ三　選擧人名簿ニ關シ關係者ニ於テ異議アルトキハ縱覽期間內ニ之ヲ市長（第六條ノ市ニ於テハ區長ヲ經テ）ニ申立ツルコトヲ得此ノ場合ニ於テハ市長ハ其ノ申立ヲ受ケタル日ヨリ十四日以內ニ之ヲ決定シ名簿ノ修正ヲ要スルトキハ直ニ之ヲ修正シ第六條ノ市ニ於テハ區長ヲシテ之ヲ修正セシムヘシ（昭和四年四月法律第五十六號改正）
2 前項ノ決定ニ不服アル者ハ府縣參事會ニ訴願シ其ノ裁決ニ不服アル者ハ

行政裁判所ニ出訴スルコトヲ得（同上）
3 前項ノ裁決ニ付テハ府縣知事又ハ市長ヨリモ訴訟ヲ提起スルコトヲ得（同上）
4 第一項ノ規定ニ依リ決定ヲ爲シタルトキハ市長ハ直ニ其ノ要領ヲ告示シ第六條ノ市ニ於テハ區長ヲシテ之ヲ告示セシムヘシ同項ノ規定ニ依リ名簿ヲ修正シタルトキ亦同シ（同上）

第二十一條ノ四 選擧人名簿ハ十二月二十五日ヲ以テ確定ス（大正十五年法律第七十四號改正）

2 選擧人名簿ハ次年ノ十二月二十四日迄之ヲ据置クヘシ（同上）
3 前條第二項又ハ第三項ノ場合ニ於テ裁決確定シ又ハ判決アリタルニ依リ名簿ノ修正ヲ要スルトキハ市長ハ直ニ之ヲ修正シ第五條ノ市ニ於テハ區長ヲシテ之ヲ修正セシムヘシ（昭和四年法律第五十六號改正）
4 前項ノ規定ニ依リ名簿ヲ修正シタルトキハ市長ハ直ニ其ノ要領ヲ告示シ第六條ノ市ニ於テハ區長ヲシテ之ヲ告示セシムヘシ（同上）
5 投票分會ヲ設クル場合ニ於テ必要アルトキハ市長ハ確定名簿ニ依リ分會

ノ區劃每ニ名簿ノ抄本ヲ調製シ第六條ノ市ニ於テハ區長ヲシテ之ヲ調製セシムヘシ（同上）

第二十一條ノ五　第二十一條ノ三ノ場合ニ於テ決定若ハ裁決確定シ又ハ判決アリタルニ依リ選擧人名簿無效ト爲リタルトキハ更ニ名簿ヲ調製スヘシ（大正十五年六月法律第七十四號追加）

2 天災事變等ノ爲必要アルトキハ更ニ名簿ヲ調製スヘシ（同上）

3 前二項ノ規定ニ依ル名簿ノ調製、縱覽、確定及異議ノ決定ニ關スル期日及期間ハ府縣知事ノ定ムル所ニ依ル（昭和四年四月法律第五十六號改正）

4 市ノ廢置分合又ハ境界變更アリタル場合ニ於テ名簿ニ關シ其ノ分合其ノ他必要ナル事項ハ命令ヲ以テ之ヲ定ム（大正十五年六月法律第七十四號追加）

第二十二條　市長ハ選擧ノ期日前七日目（第三十九條ノ二ノ市ニ於テハ二十日目）迄ニ選擧會場（投票分會場ヲ含ム以下之ニ同シ）、投票ノ日時及選擧スヘキ議員數（選擧區アル場合ニ於テハ各選擧區ニ於テ選擧スヘキ議員數）ヲ告示スヘシ投票分會ヲ設クル場合ニ於テハ併セテ其ノ區劃ヲ告示スヘシ

2 總選擧ニ於ケル各選擧區ノ投票ハ同日時ニ之ヲ行フ
3 投票分會ノ投票ハ選擧會ト同日時ニ之ヲ行フ
4 天災事變等ノ爲投票ヲ行フコト能ハサルトキ又ハ更ニ投票ヲ行フノ必要アルトキハ市長ハ其ノ投票ヲ行フヘキ選擧會又ハ投票分會ノミニ付更ニ期日ヲ定メ投票ヲ行ハシムヘシ此ノ場合ニ於テ選擧會場及投票ノ日時ハ選擧ノ期日前五日目迄ニ之ヲ告示スヘシ

第二十三條 市長ハ選擧長ト爲リ選擧會ヲ開閉シ其ノ取締ニ任ス
2 各選擧區ノ選擧會ハ市長又ハ其ノ指名シタル吏員（第六條ノ市ニ於テハ區長）選擧長ト爲リ之ヲ開閉シ其ノ取締ニ任ス
3 市長（第六條ノ市ニ於テハ區長）ハ選擧人名簿ニ登錄セラレタル者ノ中ヨリ二人乃至四人ノ選擧立會人ヲ選任スヘシ但シ選擧區アルトキハ各別ニ選擧立會人ヲ設クヘシ
4 投票分會ハ市長ノ指名シタル吏員投票分會長ト爲リ之ヲ開閉シ其ノ取締ニ任ス
5 市長（第六條ノ市ニ於テハ區長）ハ分會ノ區劃內ニ於ケル選擧人名簿ニ登

錄セラレタル者ノ中ヨリ二人乃至四人ノ投票立會人ヲ選任スヘシ
6 選擧立會人及投票立會人ハ名譽職トス
第二十四條　選擧人ニ非サル者ハ選擧會場ニ入ルコトヲ得ス但シ選擧會場ノ事務ニ從事スル者、選擧會場ヲ監視スル職權ヲ有スル者又ハ警察官吏ハ此ノ限ニ在ラス
2 選擧會場ニ於テ演說討論ヲ爲シ若ハ喧擾ニ涉リ又ハ投票ニ關シ協議若ハ勸誘ヲ爲シ其ノ他選擧會場ノ秩序ヲ紊ス者アルトキハ選擧長又ハ投票分會長ハ之ヲ制止シ命ニ從ハサルトキハ之ヲ選擧會場外ニ退出セシムヘシ
3 前項ノ規定ニ依リ退出セシメラレタル者ハ最後ニ至リ投票ヲ爲スコトヲ得但シ選擧長又ハ投票分會長會場ノ秩序ヲ紊スノ虞ナシト認ムル場合ニ於テ投票ヲ爲サシムルヲ妨ケス
第二十五條　選擧ハ無記名投票ヲ以テ之ヲ行フ
2 投票ハ一人一票ニ限ル
3 選擧人ハ選擧ノ當日投票時間內ニ自ラ選擧會場ニ到リ選擧人名簿又ハ其ノ抄本ノ對照ヲ經テ投票ヲ爲スヘシ

4 投票時間內ニ選擧會場ニ入リタル選擧人ハ其ノ時間ヲ過クルモ投票ヲ為スコトヲ得

5 選擧人ハ選擧會場ニ於テ投票用紙ニ自ラ被選擧人一人ノ氏名ヲ記載シテ投函スヘシ

6 投票ニ關スル記載ニ付テハ勅令ヲ以テ定ムル點字ハ之ヲ文字ト看做ス

7 自ラ被選擧人ノ氏名ヲ書スルコト能ハサル者ハ投票ヲ為スコトヲ得ス

8 投票用紙ハ市長ノ定ムル所ニ依リ一定ノ式ヲ用ウヘシ

9 選擧區アル場合ニ於テ選擧人名簿ノ調製後選擧人ノ所屬ニ異動ヲ生スルコトアルモ其ノ選擧人ハ前所屬ノ選擧區ニ於テ投票ヲ為スヘシ

10 投票分會ニ於テ為シタル投票ハ投票分會長少クトモ一人ノ投票立會人ト共ニ投票函ノ儘之ヲ選擧長ニ送致スヘシ

第二十五條ノ二 確定名簿ニ登錄セラレサル者ハ投票ヲ為スコトヲ得ス但シ選擧人名簿ニ登錄セラルヘキ確定裁決書又ハ判決書ヲ所持シ選擧ノ當日選擧會場ニ到ル者ハ此ノ限ニ在ラス

2 確定名簿ニ登錄セラレタル者選擧人名簿ニ登錄セラルルコトヲ得サル者

ナルトキハ投票ヲ爲スコトヲ得ス選擧ノ當日選擧權ヲ有セサル者ナルトキ亦同シ

第二十五條ノ三　投票ノ拒否ハ選擧立會人又ハ投票立會人之ヲ決定ス可否同數ナルトキハ選擧長又ハ投票分會長之ヲ決スヘシ

2 投票分會ニ於テ投票拒否ノ決定ヲ受ケタル選擧人不服アルトキハ投票分會長ハ假ニ投票ヲ爲サシムヘシ

3 前項ノ投票ハ選擧人ヲシテ之ヲ封筒ニ入レ封緘シ表面ニ自ラ其ノ氏名ヲ記載シ投函セシムヘシ

4 投票分會長又ハ投票立會人ニ於テ異議アル選擧人ニ對シテモ亦前二項ニ同シ

第二十六條　第三十三條若ハ第三十七條ノ選擧、增員選擧又ハ補闕選擧ヲ同時ニ行フ場合ニ於テハ一ノ選擧ヲ以テ合併シテ之ヲ行フ（大正十年法律第五十八號改正）

參照

第三十三條　當選者左ニ揭クル事由ノ一ニ該當スルトキハ三月以內ニ更ニ選擧ヲ行フヘ

シ但シ第二項ノ規定ニ依リ更ニ選擧ヲ行フコトナクシテ當選者ヲ定メ得ル場合ハ此ノ限ニ在ラス

一 當選ヲ辭シタルトキ

二 數選擧區ニ於テ當選シタル場合ニ於テ前條第三項ノ規定ニ依リ一ノ選擧區ノ當選ニ應シ又ハ抽籤ニ依リ一ノ選擧區ノ當選者ト定マリタル爲他ノ選擧區ニ於テ當選者タラサルニ至リタルトキ

三 第三十條ノ二ノ規定ニ依リ當選ヲ失ヒタルトキ

四 死亡者ナルトキ

五 選擧ニ關スル犯罪ニ依リ刑ニ處セラレ其ノ當選無效ト爲リタルトキ但同一人ニ關シ前各號ノ事由ニ依ル選擧又ハ補闕選擧ノ告示ヲ爲シタル場合ハ此ノ限ニ在ラス

2 前項ノ事由前條第二項、第三項若ハ第五項ノ規定ニ依ル期限前ニ生シタル場合ニ於テ第三十條第一項但書ノ得票者ニシテ當選者ト爲ラサリシ者アルトキ又ハ其ノ期限經過後ニ生シタル場合ニ於テ第三十條第二項ノ規定ノ適用ヲ受ケタル得票者ニシテ當選者ト爲ラサリシ者アルトキハ直ニ選擧會ヲ開キ其ノ中ニ就キ當選者ヲ定ムヘシ

3 前項ノ場合ニ於テ第三十條第一項但書ノ得票者ニシテ當選者ト爲ラサリシ者選擧ノ期日後ニ於テ被選擧權ヲ有セサルニ至リタルトキハ之ヲ當選者ト定ムルコトヲ得ス

4 第二項ノ場合ニ於テハ市長ハ豫メ選擧會ノ場所及日時ヲ告示スヘシ

5 第一項ノ期間ハ第三十六條第八項ノ規定ノ適用アル場合ニ於テハ選擧ヲ行フコトヲ得

サル事由已ミタル日ノ翌日ヨリ之ヲ起算ス
6 第一項ノ事由議員ノ任期滿了前六月以內ニ生シタルトキハ第一項ノ選擧ハ之ヲ行ハス但シ議員ノ數其ノ定數ノ三分ノ二ニ滿チサルニ至リタルトキハ此ノ限ニ在ラス

第三十七條　選擧無效ト確定シタルトキハ三月以內ニ更ニ選擧ヲ行フヘシ
2 當選無效ト確定シタルトキハ直ニ選擧會ヲ開キ更ニ當選者ヲ定ムヘシ此ノ場合ニ於テハ第三十三條第三項及第四項ノ規定ヲ準用ス
3 當選者ナキトキ、當選者ナキニ至リタルトキ又ハ當選者其ノ選擧ニ於ケル議員ノ定數ニ達セサルトキ若ハ定數ニ達セサルニ至リタルトキハ三月以內ニ更ニ選擧ヲ行フヘシ
4 第三十三條第五項及第六項ノ規定ハ第一項及前項ノ選擧ニ之ヲ準用ス

第二十七條　市長ハ豫メ開票ノ日時ヲ告示スヘシ

第二十七條ノ二　選擧長ハ投票ノ日又ハ其ノ翌日（投票分會ヲ設ケタルトキハ總テノ投票函ノ送致ヲ受ケタル日又ハ其ノ翌日）選擧立會人立會ノ上投票函ヲ開キ投票ノ總數ト投票人ノ總數トヲ計算スヘシ
2 前項ノ計算終リタルトキハ選擧長ハ先ツ第二十五條ノ三第二項及第四項ノ投票ヲ調査スヘシ其ノ投票ノ受理如何ハ選擧立會人之ヲ決定ス可否同數ナルトキハ選擧長之ヲ決スヘシ

3 選擧長ハ選擧立會人ト共ニ投票ヲ點檢スヘシ

4 天災事變等ノ爲開票ヲ行フコト能ハサルトキハ市長ハ更ニ開票ノ期日ヲ定ムヘシ此ノ場合ニ於テ選擧會場ノ變更ヲ要スルトキハ豫メ更ニ其ノ場所ヲ告示スヘシ

第二十七條ノ三 選擧人ハ其ノ選擧會ノ參觀ヲ求ムルコトヲ得但シ開票開始前ハ此ノ限ニ在ラス

第二十七條ノ四 特別ノ事情アルトキハ市ハ府縣知事ノ許可ヲ得區劃ヲ定メテ開票分會ヲ設クルコトヲ得

2 前項ノ規定ニ依リ開票分會ヲ設クル場合ニ於テ必要ナル事項ハ命令ヲ以テ之ヲ定ム

第二十八條 左ノ投票ハ之ヲ無效トス

一 成規ノ用紙ヲ用ヰサルモノ

二 現ニ市會議員ノ職ニ在ル者ノ氏名ヲ記載シタルモノ

三 一投票中二人以上ノ被選擧人ノ氏名ヲ記載シタルモノ

四 被選擧人ノ何人タルカヲ確認シ難キモノ

五　被選擧權ナキ者ノ氏名ヲ記載シタルモノ
六　被選擧人ノ氏名ノ外他事ヲ記入シタルモノ但シ爵位職業身分住所又ハ敬稱ノ類ヲ記入シタルモノハ此ノ限ニ在ラス
七　被選擧人ノ氏名ヲ自書セサルモノ（大正十年法律第五十八號追加）

第二十九條　投票ノ效力ハ選擧立會人之ヲ決定ス可否同數ナルトキハ選擧長之ヲ決スヘシ

第三十條　市會議員ノ選擧ハ有效投票ノ最多數ヲ得タル者ヲ以テ當選者トス但シ議員ノ定數（選擧區アル場合ニ於テハ其ノ選擧區ノ配當議員數）ヲ以テ有效投票ノ總數ヲ除シテ得タル數ノ六分ノ一以上ノ得票アルコトヲ要ス

2　前項ノ規定ニ依リ當選者ヲ定ムルニ當リ得票ノ數同シトキハ年長者ヲ取リ年齡同シキトキハ選擧長抽籤シテ之ヲ定ムヘシ

第三十條ノ二　當選者選擧ノ期日後ニ於テ被選擧權ヲ有セサルニ至リタルトキハ當選ヲ失フ

第三十一條　選擧長ハ選擧錄ヲ作リ選擧會ニ關スル顚末ヲ記載シ之ヲ朗讀

シ二人以上ノ選舉立會人ト共ニ之ニ署名スヘシ

2 各選舉區ノ選舉長ハ選舉錄（第六條ノ市ニ於テハ其ノ寫）ヲ添ヘ當選者ノ住所氏名ヲ市長ニ報告スヘシ

3 投票分會長ハ投票錄ヲ作リ投票ニ關スル顚末ヲ記載シ之ヲ朗讀シ二人以上ノ投票立會人ト共ニ之ニ署名スヘシ

4 投票分會長ハ投票函ト同時ニ投票錄ヲ選舉長ニ送致スヘシ

5 選舉錄及投票錄ハ投票、選舉人名簿其ノ他ノ關係書類ト共ニ議員ノ任期間市長（第六條ノ市ニ於テハ區長）ニ於テ之ヲ保存スヘシ

第三十二條 當選者定マリタルトキハ市長ハ直ニ當選者ニ當選ノ旨ヲ告知シ（第六條ノ市ニ於テハ區長ヲシテ之ヲ告知セシメ）同時ニ當選者ノ住所氏名ヲ告示シ且選舉錄ノ寫（投票錄アルトキハ併セテ投票錄ノ寫）ヲ添ヘ之ヲ府縣知事ニ報告スヘシ當選者ナキトキハ直ニ其ノ旨ヲ告示シ且選舉錄ノ寫（投票錄アルトキハ併セテ投票錄ノ寫）ヲ添ヘ之ヲ府縣知事ニ報告スヘシ

2 當選者當選ヲ辭セムトスルトキハ當選ノ告知ヲ受ケタル日ヨリ五日以內

ニ之ヲ市長ニ申立ツヘシ

3 一人ニシテ數選擧區ニ於テ當選シタルトキハ最終ニ當選ノ告知ヲ受ケタル日ヨリ五日以内ニ何レノ當選ニ應スヘキカヲ市長ニ申立ツヘシ其ノ期間内ニ之ヲ申立テサルトキハ市長抽籤シテ之ヲ定ム

4 官吏ニシテ當選シタル者ハ所屬長官ノ許可ヲ受クルニ非サレハ之ニ應スルコトヲ得ス

5 前項ノ官吏ハ當選ノ告知ヲ受ケタル日ヨリ二十日以内ニ之ニ應スヘキ旨ヲ市長ニ申立テサルトキハ其ノ當選ヲ辭シタルモノト看做ス第三項ノ場合ニ於テ何レノ當選ニ應スヘキカヲ申立テサルトキハ總テ之ヲ辭シタルモノト看做ス

6 市ニ對シ請負ヲ爲シ又ハ市ニ於テ費用ヲ負擔スル事業ニ付市長若ハ其ノ委任ヲ受ケタル者ニ對シ請負ヲ爲ス者若ハ其ノ支配人又ハ主トシテ同一ノ行爲ヲ爲ス法人ノ無限責任社員、役員若ハ支配人ニシテ當選シタル者ハ其ノ請負ヲ罷メ又ハ請負ヲ爲ス者ノ支配人若ハ主トシテ同一ノ行爲ヲ爲ス法人ノ無限責任社員、役員若ハ支配人タルコトナキニ至ルニ非サレ

ハ當選ニ應スルコトヲ得ス第二項又ハ第三項ノ期限前ニ其ノ旨ヲ市長ニ申立テサルトキハ其ノ當選ヲ辭シタルモノト看做ス

7 前項ノ役員トハ取締役、監査役及之ニ準スヘキ者並淸算人ヲ謂フ

第三十三條 當選者左ニ揭クル事由ノ一ニ該當スルトキハ三月以內ニ更ニ選擧ヲ行フヘシ但シ第二項ノ規定ニ依リ更ニ選擧ヲ行フコトナクシテ當選者ヲ定メ得ル場合ハ此ノ限ニ在ラス

一 當選ヲ辭シタルトキ

二 數選擧區ニ於テ當選シタル場合ニ於テ前條第三項ノ規定ニ依リ一ノ選擧區ノ當選ニ應シ又ハ抽籤ニ依リ一ノ選擧區ノ當選者ト定マリタル爲他ノ選擧區ニ於テ當選者タラサルニ至リタルトキ

三 第三十條ノ二ノ規定ニ依リ當選ヲ失ヒタルトキ

参照

第三十條ノ二 當選者選擧ノ期日後ニ於テ被選擧權ヲ有セサルニ至リタルトキハ當選ヲ失フ

四 死亡者ナルトキ

五　選擧ニ關スル犯罪ニ依リ刑ニ處セラレ其ノ當選無效ト爲リタルトキ但シ同一人ニ關シ前各號ノ事由ニ依ル選擧又ハ補闕選擧ノ告示ヲ爲シタル場合ハ此ノ限ニ在ラス

2 前項ノ事由前條第二項、第三項若ハ第五項ノ規定ニ依ル期限前ニ生シタル場合ニ於テ第三十條第一項但書ノ得票者ニシテ當選者ト爲ラサリシ者アルトキ又ハ其ノ期限經過後ニ生シタル場合ニ於テ第三十條第二項ノ規定ノ適用ヲ受ケタル得票者ニシテ當選者ト爲ラサリシ者アルトキハ直ニ選擧會ヲ開キ其ノ者ノ中ニ就キ當選者ヲ定ムヘシ

參照

第三十條　第一項　但書　第二項

但シ議員ノ定數（選擧區アル場合ニ於テハ其ノ選擧區ノ配當議員數）ヲ以テ有效投票ノ總數ヲ除シテ得タル數ノ六分ノ一以上ノ得票アルコトヲ要ス

2 前項ノ規定ニ依リ當選者ヲ定ムルニ當リ得票ノ數同シキトキハ年長者ヲ取リ年齡同シキトキハ選擧長抽籤シテ之ヲ定ムヘシ

3 前項ノ場合ニ於テ第三十條第一項但書ノ得票者ニシテ當選者ト爲ラサリシ者選擧ノ期日後ニ於テ被選擧權ヲ有セサルニ至リタルトキハ之ヲ當選

者ト定ムルコトヲ得ス

4 第二項ノ場合ニ於テハ市長ハ豫メ選擧會ノ場所及日時ヲ告示スヘシ

5 第一項ノ期間ハ第三十六條第八項ノ規定ノ適用アル場合ニ於テハ選擧ヲ行フコトヲ得サル事由已ミタル日ノ翌日ヨリ之ヲ起算ス

參照

第三十六條　第八項

8 第二十八條、第三十三條又ハ第三十七條第一項若ハ第三項ノ選擧ハ之ニ關係アル選擧又ハ當選ニ關スル異議申立期間、異議ノ決定若ハ訴願ノ裁決確定セサル間又ハ訴訟ノ繋屬スル間之ヲ行フコトヲ得ス

6 第一項ノ事由議員ノ任期滿了前六月以內ニ生シタルトキハ第一項ノ選擧ハ之ヲ行ハス但シ議員ノ數其ノ定數ノ三分ノ二ニ滿チサルニ至リタルトキハ此ノ限ニ在ラス

第三十四條　第三十二條第二項ノ期間ヲ經過シタルトキ、同條第三項若ハ第五項ノ申立アリタルトキ又ハ同條第三項ノ規定ニ依リ抽籤ヲ爲シタルトキハ市長ハ直ニ當選者ノ住所氏名ヲ告示シ併セテ之ヲ府縣知事ニ報告スヘシ

参照

第三十二條　第二項　第三項　第五項

2　當選者當選ヲ辭セムトスルトキハ當選ノ告知ヲ受ケタル日ヨリ五日以内ニ之ヲ市長ニ申立ツヘシ

3　一人ニシテ數選擧區ニ於テ當選シタルトキハ最終ニ當選ノ告知ヲ受ケタル日ヨリ五日以内ニ何レノ當選ニ應スヘキカヲ市長ニ申立ツヘシ其ノ期間内ニ之ヲ申立テサルトキハ市長抽籤シテ之ヲ定ム

5　前項ノ官吏ハ當選ノ告知ヲ受ケタル日ヨリ二十日以内ニ之ニ應スヘキ旨ヲ市長ニ申立テサルトキハ其當選ヲ辭シタルモノト看做ス第三項ノ場合ニ於テ何レノ當選ニ應スヘキカヲ申立テサルトキハ總テ之ヲ辭シタルモノト看做ス

2　當選者ナキニ至リタルトキ又ハ當選者其ノ選擧ニ於ケル議員ノ定數ニ達セサルニ至リタルトキハ市長ハ直ニ其ノ旨ヲ告示シ併セテ之ヲ府縣知事ニ報告スヘシ

第三十五條　選擧ノ規定ニ違反スルコトアルトキハ選擧ノ結果ニ異動ヲ生スルノ虞アル場合ニ限リ其ノ選擧ノ全部又ハ一部ヲ無效トス但シ當選ニ異動ヲ生スルノ虞ナキ者ヲ區分シ得ルトキハ其ノ者ニ限リ當選ヲ失フコトナシ

第三十六條 選擧人選擧又ハ當選ノ效力ニ關シ異議アルトキハ選擧ニ關シテハ選擧ノ日ヨリ當選ニ關シテハ第三十二條第一項又ハ第三十四條第二項ノ告示ノ日ヨリ七日以內ニ之ヲ市長ニ申ツルコトヲ得此ノ場合ニ於テハ市長ハ七日以內ニ市長ノ決定ニ付スヘシ市會ハ其ノ送付ヲ受ケタル日ヨリ十四日以內ニ之ヲ決定スヘシ

參照

第三十二條 第一項

當選者定マリタルトキハ市長ハ直ニ當選者ニ當選ノ旨ヲ告知シ（第六條ノ市ニ於テハ區長ヲシテ之ヲ告知セシメ）同時ニ當選者ノ住所氏名ヲ告示シ且選擧錄ノ寫（投票錄アルトキハ併セテ投票錄ノ寫）ヲ添ヘ之ヲ府縣知事ニ報告スヘシ當選者ナキトキハ直ニ其ノ旨ヲ告示シ且選擧錄ノ寫（投票錄アルトキハ併セテ投票錄ノ寫）ヲ添ヘ之ヲ府縣知事ニ報告スヘシ

第三十四條 第二項

2 當選者ナキニ至リタルトキ又ハ當選者其ノ選擧ニ於ケル議員ノ定數ニ達セサルニ至リタルトキハ市長ハ直ニ其ノ旨ヲ告示シ併セテ之ヲ府縣知事ニ報告スヘシ

2 前項ノ決定ニ不服アル者ハ府縣參事會ニ訴願スルコトヲ得

3 府縣知事ハ選擧又ハ當選ノ效力ニ關シ異議アルトキハ選擧ニ關シテハ第三十二條第一項ノ報告ヲ受ケタル日ヨリ當選ニ關シテハ第三十二條第一項又ハ第三十四條第二項ノ報告ヲ受ケタル日ヨリ二十日以內ニ之ヲ府縣參事會ノ決定ニ付スルコトヲ得

4 前項ノ決定アリタルトキハ同一事件ニ付爲シタル異議ノ申立及市會ノ決定ハ無效トス

5 第二項若ハ第六項ノ裁決又ハ第三項ノ決定ニ不服アル者ハ行政裁判所ニ出訴スルコトヲ得

6 第一項ノ決定ニ付テハ市長ヨリモ訴願ヲ提起スルコトヲ得

7 第二項若ハ前項ノ裁決又ハ第三項ノ決定ニ付テハ府縣知事又ハ市長ヨリモ訴訟ヲ提起スルコトヲ得

8 第二十條、第三十三條又ハ第三十七條第一項若ハ第三項ノ選擧ハ之ニ關係アル選擧又ハ當選ニ關スル異議申立期間、異議ノ決定若ハ訴願ノ裁決確定セサル間又ハ訴訟ノ繫屬スル間之ヲ行フコトヲ得ス

參照

第二十條 市會議員中闕員ヲ生シタル場合ニ於テ第三十條第二項ノ規定ノ適用ヲ受ケタル得票者ニシテ當選者ト爲ラサリシ者アルトキハ直ニ選擧會ヲ開キ其ノ者ノ中ニ就キ當選者ヲ定ムヘシ此ノ場合ニ於テハ第三十三條第三項及第四項ノ規定ヲ準用ス

2 前項ノ規定ノ適用ヲ受クル者ナク若ハ前項ノ規定ノ適用ニ依リ當選者ヲ定ムルモ仍其ノ闕員カ議員定數ノ六分ノ一ヲ超ユルニ至リタルトキ又ハ市長若ハ市會ニ於テ必要ト認ムルトキハ補闕選擧ヲ行フヘシ

3 第三十三條第五項及第六項ノ規定ハ補闕選擧ニ之ヲ準用ス

4 補闕議員ハ其ノ前任者ノ殘任期間在任ス

5 選擧區アル場合ニ於テハ補闕議員ハ前任者ノ選擧セラレタル選擧區ニ於テ之ヲ選擧スヘシ

第三十三條 當選者左ニ掲クル事由ノ一ニ該當スルトキハ三月以內ニ更ニ選擧ヲ行フヘシ但シ第二項ノ規定ニ依リ更ニ選擧ヲ行フコトナクシテ當選者ヲ定メ得ル場合ハ此ノ限ニ在ラス

一 當選ヲ辭シタルトキ

二 數選擧區ニ於テ當選シタル場合ニ於テ前條第三項ノ規定ニ依リ一ノ選擧區ノ當選ニ應シ又ハ抽籤ニ依リ一ノ選擧區ノ當選者ト定マリタル爲他ノ選擧區ニ於テ當選者タラサルニ至リタルトキ

三 第三十條ノ二ノ規定ニ依リ當選ヲ失ヒタルトキ

四　死亡者ナルトキ
五　選擧ニ關スル犯罪ニ依リ刑ニ處セラレ其ノ當選無效ト爲リタルトキ但シ同一人ニ關シ前各號ノ事由ニ依ル選擧又ハ補闕選擧ノ告示ヲ爲シタル場合ハ此ノ限ニ在ラス

2 前項ノ事由前條第二項、第三項若ハ第五項ノ規定ニ依ル期限前ニ生シタル場合ニ於テ第三十條第一項但書ノ得票者ニシテ當選者ト爲ラサリシ者アルトキ又ハ其ノ期限經過後ニ生シタル場合ニ於テ第三十條第二項ノ規定ノ適用ヲ受ケタル得票者ニシテ當選者ト爲ラサリシ者アルトキハ直ニ選擧會ヲ開キ其ノ者ノ中ニ就キ當選者ヲ定ムヘシ

3 前項ノ場合ニ於テ第三十條第一項但書ノ得票者ニシテ當選者ト爲ラサリシ者選擧ノ期日後ニ於テ被選擧權ヲ有セサルニ至リタルトキハ之ヲ當選者ト定ムルコトヲ得ス

4 第二項ノ場合ニ於テハ市長ハ豫メ選擧會ノ場所及日時ヲ告示スヘシ

5 第一項ノ期間ハ第三十六條第八項ノ規定ノ適用アル場合ニ於テハ選擧ヲ行フコトヲ得サル事由已ミタル日ノ翌日ヨリ之ヲ起算ス

6 第一項ノ事由議員ノ任期滿了前六月以内ニ生シタルトキハ第一項ノ選擧ハ之ヲ行ハス但シ議員ノ數其ノ定數ノ三分ノ二ニ滿チサルニ至リタルトキハ此ノ限ニ在ラス

第三十七條　選擧無效ト確定シタルトキハ三月以内ニ更ニ選擧ヲ行フヘシ

3 當選者ナキトキ、當選者ナキニ至リタルトキ又ハ當選者其ノ選擧ニ於ケル議員ノ定數ニ達セサルトキ若ハ定數ニ達セサルニ至リタルトキハ三月以内ニ更ニ選擧ヲ行フヘシ

9 市會議員ハ選擧又ハ當選ニ關スル決定若ハ裁決確定シ又ハ判決アル迄ハ會議ニ列席シ議事ニ參與スルノ權ヲ失ハス

第三十七條 選擧無效ト確定シタルトキハ三月以内ニ更ニ選擧ヲ行フヘシ

2 當選無效ト確定シタルトキハ直ニ選擧會ヲ開キ更ニ當選者ヲ定ムヘシ此ノ場合ニ於テハ第三十三條第三項及第四項ノ規定ヲ準用ス

參照

第三十三條 第三項 第四項

3 前項ノ場合ニ於テ第三十條第一項但書ノ得票者ニシテ當選者ト爲ラサリシ者選擧ノ期日後ニ於テ被選擧權ヲ有セサルニ至リタルトキハ之ヲ當選者ト定ムルコトヲ得ス

4 第二項ノ場合ニ於テハ市長ハ豫メ選擧會ノ場所及日時ヲ告示スヘシ

3 當選者ナキトキ、當選者ナキニ至リタルトキ又ハ當選者其ノ選擧ニ於ケル議員ノ定數ニ達セサルトキ若ハ定數ニ達セサルニ至リタルトキハ三月以内ニ更ニ選擧ヲ行フヘシ

4 第三十三條第五項及第六項ノ規定ハ第一項及前項ノ選擧ニ之ヲ準用ス

參照

第三十三條 第五項 第六項

5 第一項ノ期間ハ第三十六條第八項ノ規定ノ適用アル場合ニ於テハ選擧ヲ行フコトヲ得サル事由已ミタル日ノ翌日ヨリ之ヲ起算ス

6 第一項ノ事由議員ノ任期滿了前六月以内ニ生シタルトキハ第一項ノ選擧ハ之ヲ行ハス但シ議員ノ數其ノ定數ノ三分ノ二ニ滿チサルニ至リタルトキハ此ノ限ニ在ラス

第三十八條　市會議員被選擧權ヲ有セサル者ナルトキ又ハ第三十二條第六項ニ掲クル者ナルトキハ其ノ職ヲ失フ其ノ被選擧權ノ有無又ハ第三十二條六項ニ掲クル者ニ該當スルヤ否ハ市會議員カ左ノ各號ノ一ニ該當スルニ因リ被選擧權ヲ有セサル場合ヲ除クノ外市會之ヲ決定ス

一　禁治產者又ハ準禁治產者ト爲リタルトキ

二　破產者ト爲リタルトキ

三　禁錮以上ノ刑ニ處セラレタルトキ

四　選擧ニ關スル犯罪ニ依リ罰金ノ刑ニ處セラレタルトキ

2 市長ハ市會議員中被選擧權ヲ有セサル者又ハ第三十二條第六項ニ掲クル者アリト認ムルトキハ之ヲ市會ノ決定ニ付スヘシ市會ハ其ノ送付ヲ受ケタル日ヨリ十四日以內ニ之ヲ決定スヘシ

參照

第三十二條　第六項

6市ニ對シ請負ヲ爲シ又ハ市ニ於テ費用ヲ負擔スル事業ニ付市長若ハ其ノ委任ヲ受ケタル者ニ對シ請負ヲ爲ス者若ハ其ノ支配人又ハ主トシテ同一ノ行爲ヲ爲ス法人ノ無限責任社員、役員若ハ支配人ニシテ當選シタル者ハ其ノ請負ヲ罷メ又ハ請負ヲ爲ス者ノ支配人若ハ主トシテ同一ノ行爲ヲ爲ス法人ノ無限責任社員、役員若ハ支配人タルコトナキニ至ルニ非サレハ當選ニ應スルコトヲ得ス第二項又ハ第三項ノ期限前ニ其ノ旨ヲ市長ニ申立テサルトキハ其ノ當選ヲ辭シタルモノト看做ス

3第一項ノ決定ヲ受ケタル者其ノ決定ニ不服アルトキハ府縣參事會ニ訴願シ其ノ裁決又ハ第四項ノ裁決ニ不服アルトキハ行政裁判所ニ出訴スルコトヲ得（大正十年法律第五十八號改正）

4第一項ノ決定及前項ノ裁決ニ付テハ市長ヨリモ訴願又ハ訴訟ヲ提起スルコトヲ得（同上）

5前二項ノ裁決ニ付テハ府縣知事ヨリモ訴訟ヲ提起スルコトヲ得（同上）

6第三十六條第九項ノ規定ハ第一項及前三項ノ場合ニ之ヲ準用ス（同上）

參照

第三十六條　第九項

9 市會議員ハ選擧又ハ當選ニ關スル決定若ハ裁決確定シ又ハ判決アル迄ハ會議ニ列席シ議事ニ參與スルノ權ヲ失ハス

7 第一項ノ決定ハ文書ヲ以テ之ヲ爲シ其ノ理由ヲ附シ之ヲ本人ニ交付スヘシ（同上）

第三十九條　第二十一條ノ三及三十六條ノ場合ニ於テ府縣參事會ノ決定及裁決ハ府縣知事、市會ノ決定ハ市長直ニ之ヲ告示スヘシ

參照

第二十一條ノ三　選擧人名簿ニ關シ關係者ニ於テ異議アルトキハ縱覽期間內ニ之ヲ市長（第六條ノ市ニ於テハ區長ヲ經テ）ニ申立ツルコトヲ得此ノ場合ニ於テハ市長ハ其ノ申立ヲ受ケタル日ヨリ十四日以內ニ之ヲ決定シ名簿ノ修正ヲ要スルトキハ直ニ之ヲ修正シ第六條ノ市ニ於テハ區長ヲシテ之ヲ修正セシムヘシ

2 前項ノ決定ニ不服アル者ハ府縣參事會ニ訴願シ其ノ裁決ニ不服アル者ハ行政裁判所ニ出訴スルコトヲ得

3 前項ノ裁決ニ付テハ府縣知事又ハ市長ヨリモ訴訟ヲ提起スルコトヲ得

4 第一項ノ規定ニ依リ決定ヲ爲シタルトキハ市長ハ直ニ其ノ要領ヲ告示シ第六條ノ市ニ於テハ區長ヲシテ之ヲ告示セシムヘシ同項ノ規定ニ依リ名簿ヲ修正シタルトキ亦同シ

第三十六條　選擧人選擧又ハ當選ノ效力ニ關シ異議アルトキハ選擧ニ關シテハ選擧ノ日

ヨリ當選ニ關シテハ第三十二條第一項又ハ第三十四條第二項ノ告示ノ日ヨリ七日以内ニ之ヲ市長ニ申立ツルコトヲ得此ノ場合ニ於テハ市長ハ七日以内ニ市會ノ決定ニ付スヘシ市會ハ其ノ送付ヲ受ケタル日ヨリ十四日以内ニ之ヲ決定スヘシ

2 前項ノ決定ニ不服アル者ハ府縣參事會ニ訴願スルコトヲ得

3 府縣知事ハ選擧又ハ當選ノ效力ニ關シ異議アルトキハ選擧ニ關シテハ第三十一條第一項ノ報告ヲ受ケタル日ヨリ當選ニ關シテハ第三十二條第一項又ハ第三十四條第二項ノ報告ヲ受ケタル日ヨリ二十日以内ニ之ヲ府縣參事會ノ決定ニ付スルコトヲ得

4 前項ノ決定アリタルトキハ同一事件ニ付爲シタル異議ノ申立及市會ノ決定ハ無效トス

5 第二項若ハ第六項ノ裁決又ハ第三項ノ決定ニ不服アル者ハ行政裁判所ニ出訴スルコトヲ得

6 第一項ノ決定ニ付テハ市長ヨリモ訴願ヲ提起スルコトヲ得

7 第二項若ハ前項ノ裁決又ハ第三項ノ決定ニ付テハ府縣知事又ハ市長ヨリモ訴訟ヲ提起スルコトヲ得

8 第二十條第三十三條又ハ第三十七條第一項若ハ第三項ノ選擧ハ之ニ關係アル選擧又ハ當選ニ關スル異議申立期間、異議ノ決定若ハ訴願ノ裁決確定セサル間又ハ訴訟ノ繫屬スル間之ヲ行フコトヲ得ス

9 市會議員ハ選擧又ハ當選ニ關スル決定若ハ裁決確定シ又ハ判決アル迄ハ會議ニ列席シ議事ニ參與スルノ權ヲ失ハス

第三十九條ノ二　勅令ヲ以テ指定スル市（第六條ノ市ノ區ヲ含ム）ノ市會議員（又ハ區會議員）ノ選擧ニ付テハ府縣制第十三條ノ二、第十三條ノ三、第二十九條ノ三及第三十四條ノ二ノ規定ヲ準用ス此ノ場合ニ於テハ第二十三條第三項及第五項、第二十五條第五項及第七項、第二十五條ノ三、第二十七條ノ二第二項、第二十八條、第二十九條、第三十三條第一項並第三十六條第一項ノ規定ニ拘ラス勅令ヲ以テ特別ノ規定ヲ設クルコトヲ得（昭和四年四月法律第五十六號改正）

參照

府縣制

第十三條ノ二　議員候補者タラムトスル者ハ選擧ノ期日ノ告示アリタル日ヨリ選擧ノ期日前七日目マテニ其ノ旨ヲ選擧長ニ屆出ツヘシ

2 選擧人名簿ニ登錄セラレタル者他人ヲ議員候補者ト爲サムトスルトキハ前項ノ期間内ニ其ノ推薦ノ屆出ヲ爲スコトヲ得

3 前二項ノ期間内ニ屆出アリタル議員候補者其ノ選擧ニ於ケル議員ノ定數ヲ超ユル場合ニ於テ其ノ期間ヲ經過シタル後議員候補者死亡シ又ハ議員候補者タルコトヲ辭シタルトキハ前二項ノ例ニ依リ選擧ノ期日ノ前日マテ議員候補者ノ屆出又ハ推薦屆出ヲ爲ス

コトヲ得

4 議員候補者ハ選擧長ニ屆出ヲ爲スニ非サレハ議員候補者タルコトヲ辭スルコトヲ得ス

5 前四項ノ屆出アリタルトキ又ハ議員候補者ノ死亡シタルコトヲ知リタルトキハ選擧長ハ直ニ其ノ旨ヲ告示スヘシ

第十三條ノ三 議員候補者ノ屆出又ハ推薦屆出ヲ爲サムトスル者ハ議員候補者一人ニ付二百圓又ハ之ニ相當スル額面ノ國債證書ヲ供託スルコトヲ要ス

2 議員候補者ノ得票數其ノ選擧區ノ配當議員數ヲ以テ有效投票ノ總數ヲ除シテ得タル數ノ十分ノ一ニ達セサルトキハ前項ノ供託物ハ府縣ニ歸屬ス

3 議員候補者選擧ノ期日前十日以内ニ議員候補者タルコトヲ辭シタルトキハ前項ノ規定ヲ準用ス但シ被選擧權ヲ有セサルニ至リタル爲議員候補者タルコトヲ辭シタルトキハ此ノ限ニ在ラス

第二十九條ノ三 第十三條ノ二第一項乃至第三項ノ規定ニ依ル屆出アリタル議員候補者其ノ選擧ニ於ケル議員ノ定數ヲ超エサルトキハ其ノ選擧區ニ於テハ投票ヲ行ハス

2 前項ノ規定ニ依リ投票ヲ行フコトヲ要セサルトキハ選擧長ハ直ニ其ノ旨ヲ投票管理者ニ通知シ併セテ之ヲ告示シ且府縣知事ニ報告スヘシ

3 投票管理者前項ノ通知ヲ受ケタルトキハ直ニ其ノ旨ヲ告示スヘシ

4 第一項ノ場合ニ於テハ選擧長ハ選擧ノ期日ヨリ五日以内ニ選擧會ヲ開キ議員候補者ヲ以テ當選者ト定ムヘシ

5 前項ノ場合ニ於テ議員候補者ノ被選擧權ノ有無ハ選擧立會人ノ意見ヲ聽キ選擧長之

ヲ決定スヘシ

第三十四條ノ二　衆議院議員選擧法第百十條ノ規定ノ準用ニ依リ當選ヲ無效ナリト認ムルトキハ選擧人又ハ議員候補者ハ當選者ヲ被告トシ第三十一條第一項告示ノ日ヨリ三十日以内ニ控訴院ニ出訴スルコトヲ得

2 衆議院議員選擧法第百三十六條ノ規定ノ準用ニ依リ選擧事務長カ同法第百十二條又ハ第百十三條ノ規定ノ準用ニ依ル罪ヲ犯シ刑ニ處セラレタルニ因リ當選ヲ無效ナリト認ムルトキハ選擧人又ハ議員候補者ハ當選者ヲ被告トシ其ノ裁判確定ノ日ヨリ三十日以内ニ控訴院ニ出訴スルコトヲ得

3 前二項控訴院ノ判決ニ不服アル者ハ大審院ニ上告スルコトヲ得

4 衆議院議員選擧法第八十五條、第八十七條及第百四十一條ノ規定ハ前三項ノ規定ニ依ル訴訟ニ之ヲ準用ス

衆議院議員選擧法

第九章　訴訟

第八十五條　裁判所ハ本章ノ規定ニ依ル訴訟ヲ裁判スルニ當リ檢事ヲシテ口頭辯論ニ立會ハシムヘシ

第八十七條　本章ノ規定ニ依ル訴訟ヲ提起セムトスル者ハ保證金トシテ三百圓又ハ之ニ相當スル額面ノ國債證書ヲ供託スルコトヲ要ス

2 原告敗訴ノ場合ニ於テ裁判確定ノ日ヨリ七日以内ニ裁判費用ヲ完納セサルトキハ保證

金ヲ以テ之ニ充當シ仍足ラサルトキハ之ヲ追徴ス

第百四十一條　選擧ニ關スル訴訟ニ付テハ本法ニ規定シタルモノヲ除ク外民事訴訟法ノ例ニ依ル選擧ニ關スル訴訟ニ付テハ裁判所ハ他ノ訴訟ノ順序ニ拘ラス速ニ其ノ裁判ヲ爲スヘシ

市制

第二十三條　第三項　第五項

3 市長（第六條ノ市ニ於テハ區長）ハ選擧人名簿ニ登錄セラレタル者ノ中ヨリ二人乃至四人ノ選擧立會人ヲ選任スヘシ但シ選擧區アルトキハ各別ニ選擧立會人ヲ設クヘシ

5 市長（第六條ノ市ニ於テハ區長）ハ分會ノ區劃內ニ於ケル選擧人名簿ニ登錄セラレタル者ノ中ヨリ二人乃至四人ノ投票立會人ヲ選任スヘシ

第二十五條　第五項　第七項

5 選擧人ハ選擧會場ニ於テ投票用紙ニ自ラ被選擧人一人ノ氏名ヲ記載シテ投函スヘシ

7 自ラ被選擧人ノ氏名ヲ書スルコト能ハサル者ハ投票ヲ爲スコトヲ得ス

第二十五條ノ三　投票ノ拒否ハ選擧立會人又ハ投票立會人之ヲ決定ス可否同數ナルトキハ選擧長又ハ投票分會長之ヲ決スヘシ

2 投票分會ニ於テ投票拒否ノ決定ヲ受ケタル選擧人不服アルトキハ投票分會長ハ假ニ投票ヲ爲サシムヘシ

3 前項ノ投票ハ選擧人ヲシテ之ヲ封筒ニ入レ封緘シ表面ニ自ラ其ノ氏名ヲ記載シ投函セ

シムヘシ

4投票分會長又ハ投票立會人ニ於テ異議アル選擧人ニ對シテモ亦前二項ニ同シ

第二十七條ノ二　第二項

2前項ノ計算終リタルトキハ選擧長ハ先ツ第二十五條ノ三第二項及第四項ノ投票ヲ調査スヘシ其ノ投票ノ受理如何ハ選擧立會人之ヲ決定ス可否同數ナルトキハ選擧長之ヲ決スヘシ

第二十八條　左ノ投票ハ之ヲ無效トス

一　成規ノ用紙ヲ用ヰサルモノ

二　現ニ市會議員ノ職ニ在ル者ノ氏名ヲ記載シタルモノ

三　一投票中二人以上ノ被選擧人ノ氏名ヲ記載シタルモノ

四　被選擧人ノ何人タルカヲ確認シ難キモノ

五　被選擧權ナキ者ノ氏名ヲ記載シタルモノ

六　被選擧人ノ氏名ノ外他事ヲ記入シタルモノ但シ爵位職業身分住所又ハ敬稱ノ類ヲ記入シタルモノハ此ノ限ニ在ラス

七　被選擧人ノ氏名ヲ自書セサルモノ

第二十九條　投票ノ效力ハ選擧立會人之ヲ決定ス可否同數ナルトキハ選擧長之ヲ決スヘシ

第三十三條　當選者左ニ掲クル事由ノ一ニ該當スルトキハ三月以内ニ更ニ選擧ヲ行フヘ

シ但シ第二項ノ規定ニ依リ更ニ選擧ヲ行フコトナクシテ當選者ヲ定メ得ル場合ハ此ノ限ニ在ラス

一 當選ヲ辭シタルトキ

二 數選擧區ニ於テ當選シタル場合ニ於テ前條第三項ノ規定ニ依リ一ノ選擧區ノ當選ニ應シ又ハ抽籤ニ依リ一ノ選擧區ノ當選者ト定マリタル爲他ノ選擧區ニ於テ當選者タラサルニ至リタルトキ

三 第三十條ノ二ノ規定ニ依リ當選ヲ失ヒタルトキ

四 死亡者ナルトキ

五 選擧ニ關スル犯罪ニ依リ刑ニ處セラレ其ノ當選無效ト爲リタルトキ但シ同一人ニ關シ前各號ノ事由ニ依ル選擧又ハ補闕選擧ノ告示ヲ爲シタル場合ハ此ノ限ニ在ラス

第三十六條 選擧人選擧又ハ當選ノ效力ニ關シ異議アルトキハ選擧ニ關シテハ選擧ノ日ヨリ當選ニ關シテハ第三十二條第一項又ハ第三十四條第二項ノ告示ノ日ヨリ七日以內ニ之ヲ市長ニ申立ツルコトヲ得此ノ場合ニ於テハ市長ハ七日以內ニ市會ノ決定ニ付スヘシ市會ハ其ノ送付ヲ受ケタル日ヨリ十四日以內ニ之ヲ決定スヘシ

第三十九條ノ三 前條ノ規定ニ依ル選擧ニ付テハ衆議院議員選擧法第十章及第十一章竝第百四十條第二項及第百四十二條ノ規定ヲ準用ス但シ議員候補者一人ニ付定ムヘキ選擧事務所ノ數、選擧委員及選擧事務員ノ數竝

選擧運動ノ費用ノ額ニ關シテハ勅令ノ定ムル所ニ依ル

参照

衆議院議員選擧法

第十章　選擧運動

第八十八條　議院候補者ハ選擧事務長一人ヲ選任スヘシ但シ議員候補者自ラ選擧事務長ト爲リ又ハ推薦届出者(推薦届出者數人アルトキハ其ノ代表者)議員候補者ノ承諾ヲ得テ選擧事務長ヲ選任シ若ハ自ラ選擧事務長ト爲ルコトヲ妨ケス

2 議員候補者ノ承諾ヲ得スシテ其ノ推薦ノ届出ヲ爲シタル者ハ前項但書ノ承諾ヲ得ルコトヲ要セス

3 議員候補者ハ文書ヲ以テ通知スルコトニ依リ選擧事務長ヲ解任スルコトヲ得選擧事務長ヲ選任シタル推薦届出者ニ於テ議員候補者ノ承諾ヲ得タルトキ亦同シ

4 選擧事務長ハ文書ヲ以テ議員候補者及選任者ニ通知スルコトニ依リ辭任スルコトヲ得

5 選擧事務長ノ選任者(自ラ選擧事務長ト爲リタル者ヲ含ム以下之ニ同シ)ハ直ニ其旨ヲ選擧區内警察署ノ一ニ届出ツヘシ

6 選擧事務長ニ異動アリタルトキハ前項ノ規定ニ依リ届出ヲ爲シタル者直ニ其ノ届出ヲ爲シタル警察官署ニ其ノ旨ヲ届出ツヘシ

7 第九十五條ノ規定ニ依リ選擧事務長ニ代リテ其ノ職務ヲ行フ者ハ前項ノ例ニ依リ届出ツヘシ其ノ之ヲ罷メタルトキ亦同シ

第八十九條　選擧事務長ニ非サレハ選擧事務所ヲ設置シ又ハ選擧委員若ハ選擧事務員ヲ選任スルコトヲ得ス

2　選擧事務長ハ文書ヲ以テ通知スルコトニ依リ選擧委員又ハ選擧事務員ヲ解任スルコトヲ得

3　選擧委員又ハ選擧事務員ハ文書ヲ以テ選擧事務長ニ通知スルコトニ依リ辭任スルコトヲ得

4　選擧事務長選擧事務所ヲ設置シ又ハ選擧委員若ハ選擧事務員ヲ選任シタルトキハ直ニ其ノ旨ヲ前條第五項ノ屆出アリタル警察官署ニ屆出ツヘシ選擧事務所又ハ選擧委員若ハ選擧事務員ニ異動アリタルトキ亦同シ

第九十條　選擧事務所ハ議員候補者一人ニ付七箇所ヲ超ユルコトヲ得ス

2　選擧ノ一部無效トナリ更ニ選擧ヲ行フ場合又ハ第三十七條ノ規定ニ依リ投票ヲ行フ場合ニ於テハ選擧事務所ハ前項ニ揭クル數ヲ超エサル範圍內ニ於テ地方長官（東京府ニ在リテハ警視總監）ノ定メタル數ヲ超ユルコトヲ得ス

3　地方長官（東京府ニ在リテハ警視總監）前項ノ規定ニ依リ選擧事務所ノ數ヲ定メタル場合ニ於テハ選擧ノ期日ノ告示アリタル後直ニ之ヲ告示スヘシ

第九十一條　選擧事務所ハ選擧ノ當日ニ限リ投票所ヲ設ケタル場所ノ入口ヨリ三丁以內ノ區域ニ之ヲ置クコトヲ得ス

第九十二條　休憩所其他之ニ類似スル設備ハ選擧運動ノ爲之ヲ設クルコトヲ得ス

得ス

第九十三條　選擧委員及選擧事務員ハ議員候補者一人ニ付通シテ五十人ヲ超ユルコトヲ得ス

2 第九十條第二項及第三項ノ規定ハ選擧委員及選擧事務員ニ關シ之ヲ準用ス

第九十四條　選擧事務長選擧權ヲ有セサル者ナルトキ又ハ第九十九條第二項ノ規定ニ依リ選擧運動ヲ爲スコトヲ得サル者ナルトキハ地方長官（東京府ニ在リテハ警視總監）ハ直ニ其ノ解任又ハ退任ヲ命スヘシ

2 第八十九條第一項ノ規定ニ違反シテ選擧事務所ノ設置アリト認ムルトキハ地方長官（東京府ニ在リテハ警視總監）ハ直ニ其ノ選擧事務所ノ閉鎖ヲ命スヘシ第九十條第一項又ハ第二項ノ規定ニ依ル定數ヲ超エテ選擧事務所ノ設置アリト認ムルトキハ其ノ超過シタル數ノ選擧事務所ニ付亦同シ

3 前條ノ規定ニ依ル定數ヲ超エテ選擧委員又ハ選擧事務員ノ選任アリト認ムルトキハ地方長官（東京府ニ在リテハ警視總監）ハ直ニ其ノ超過シタル數ノ選擧委員又ハ選擧事務員ノ解任ヲ命スヘシ選擧委員又ハ選擧事務員選擧權ヲ有セサル者ナルトキ又ハ第九十九條第二項ノ規定ニ依リ選擧運動ヲ爲スコトヲ得サル者ナルトキ其ノ選擧委員又ハ選擧事務員ニ付亦同シ

第九十五條　選擧事務長故障アルトキハ選任者代リテ其ノ職務ヲ行フ

2 推薦届出者タル選任者モ亦故障アルトキハ議員候補者ノ承諾ヲ得スシテ其ノ推薦ノ届出ヲ爲シタル場合ヲ除クノ外議員候補者代リテ其ノ職務ヲ行フ

第九十六條 議員候補者、選擧事務長、選擧委員又ハ選擧事務員ニ非サレハ選擧運動ヲ爲スコトヲ得ス但シ演說又ハ推薦狀ニ依ル選擧運動ハ此ノ限ニ在ラス

第九十七條 選擧事務長、選擧委員又ハ選擧事務員ハ選擧運動ノ爲ニ要スル飮食物、船車馬等ノ供給又ハ旅費休泊料其ノ他ノ實費ノ辨償ヲ受クルコトヲ得演說又ハ推薦ニ依リ選擧運動ヲ爲ス者共ノ運動ヲ爲スニ付亦同シ

2 選擧事務員ハ選擧運動ヲ爲スニ付報酬ヲ受クルコトヲ得

第九十八條 何人ト雖投票ヲ得若ハ得シメ又ハ得シメサルノ目的ヲ以テ戶別訪問ヲ爲スコトヲ得ス

2 何人ト雖前項ノ目的ヲ以テ連續シテ個個ノ選擧人ニ對シ面接シ又ハ電話ニ依リ選擧運動ヲ爲スコトヲ得ス

第九十九條 選擧權ヲ有セサル者ハ選擧事務長、選擧委員又ハ選擧事務員ト爲ルコトヲ得ス

2 選擧事務ニ關係アル官吏及吏員ハ其ノ關係區域內ニ於ケル選擧運動ヲ爲スコトヲ得ス

第百條 內務大臣ハ選擧運動ノ爲頒布シ又ハ掲示スル文書圖畫ニ關シ命令ヲ以テ制限ヲ設クルコトヲ得

第十一章 選擧運動ノ費用

第百一條 立候補準備ノ爲ニ要スル費用ヲ除クノ外選擧運動ノ費用ハ選擧事務長ニ非サレハ之ヲ支出スルコトヲ得ス但シ議員候補者、選擧委員又ハ選擧事務員ハ選擧事務長

ノ文書ニ依ル承諾ヲ得テ之ヲ支出スルコトヲ妨ケス

2 議員候補者、選擧事務長、選擧委員又ハ選擧事務員ニ非サル者ハ選擧運動ノ費用ヲ支出スルコトヲ得ス但シ演說又ハ推薦狀ニ依ル選擧運動ノ費用ハ此ノ限ニ在ラス

第百二條　選擧運動ノ費用ハ議員候補者一人ニ付左ノ各號ノ額ヲ超ユルコトヲ得ス

一　選擧區內ノ議員ノ定數ヲ以テ選擧人名簿確定ノ日ニ於テ之ニ記載セラレタル者ノ總數ヲ除シテ得タル數ヲ四十錢ニ乘シテ得タル額

二　選擧ノ一部無效ト爲リ更ニ選擧ヲ行フ場合ニ於テハ選擧區內ノ議員ノ定數ヲ以テ選擧人名簿確定ノ日ニ於テ關係區域ノ選擧人名簿ニ記載セラレタル者ノ總數ヲ除シテ得タル數ヲ四十錢ニ乘シテ得タル額

三　第三十七條ノ規定ニ依リ投票ヲ行フ場合ニ於テハ前號ノ規定ニ準シテ算出シタル額但シ地方長官(東京府ニ在リテハ警視總監)必要アリト認ムルトキハ之ヲ減額スルコトヲ得

2 地方長官(東京府ニ在リテハ警視總監)ハ選擧ノ期日ノ公布又ハ告示アリタル後直ニ前項ノ規定ニ依ル額ヲ告示スヘシ

第百三條　選擧運動ノ爲財產上ノ義務ヲ負擔シ又ハ建物、船車馬、印刷物、飮食物其ノ他ノ金錢以外ノ財產上ノ利益ヲ使用シ若ハ費消シタル場合ニ於テハ其ノ義務又ハ利益ヲ時價ニ見積リタル金額ヲ以テ選擧運動ノ費用ト看做ス

第百四條　左ノ各號ニ揭クル費用ハ之ヲ選擧運動ノ費用ニ非サルモノト看做ス

一　議員候補者カ乘用スル船車馬等ノ爲ニ要シタル費用
二　選擧ノ期日後ニ於テ選擧運動ノ殘務整理ノ爲ニ要シタル費用
三　選擧委員又ハ選擧事務員ノ支出シタル費用ニシテ議員候補者又ハ選擧事務長ト意思ヲ通シテ支出シタル費用以外ノモノ但シ第百一條第一項ノ規定ノ適用ニ付テハ此ノ限ニ在ラス
四　第六十七條第一項乃至第三項ノ屆出アリタル後議員候補者、選擧事務長、選擧委員又ハ選擧事務員ニ非サル者ノ支出シタル費用ニシテ議員候補者又ハ選擧事務長ト意思ヲ通シテ支出シタル費用以外ノモノ但シ第百一條第二項ノ規定ノ適用ニ付テハ此ノ限ニ在ラス
五　立候補準備ノ爲ニ要シタル費用ニシテ議員候補者若ハ選擧事務長ト爲リタル者ノ支出シタル費用又ハ其ノ者ト意思ヲ通シテ支出シタル費用以外ノモノ

第百五條　選擧事務長ハ勅令ノ定ムル所ニ依リ帳簿ヲ備ヘ之ニ選擧運動ノ費用ヲ記載スヘシ

第百六條　選擧事務長ハ勅令ノ定ムル所ニ依リ選擧運動ノ費用ヲ精算シ選擧ノ期日ヨリ十四日以內ニ第八十八條第五項ノ屆出アリタル警察官署ヲ經テ之ヲ地方長官（東京府ニ在リテハ警視總監）ニ屆出ツヘシ

2　地方長官（東京府ニ在リテハ警視總監）ハ前項ノ規定ニ依リ屆出アリタル選擧運動ノ費用ヲ告示スヘシ

第百七條　選擧事務長ハ前條第一項ノ屆出ヲ爲シタル日ヨリ一年間選擧運動ノ費用ニ關スル帳簿及書類ヲ保存スヘシ

2　前項ノ帳簿及書類ノ種類ハ勅令ヲ以テ之ヲ定ム

第百八條　警察官吏ハ選擧ノ期日後何時ニテモ選擧事務長ニ對シ選擧運動ノ費用ニ關スル帳簿又ハ書類ノ提出ヲ命シ、之ヲ檢査シ又ハ之ニ關スル說明ヲ求ムルコトヲ得

第百九條　選擧事務長辭任シ又ハ解任セラレタル場合ニ於テハ遲滯ナク選擧運動ノ費用ノ計算ヲ爲シ新ニ選擧事務長ト爲リタル者ニ對シ、新ニ選擧事務長ト爲リタル者ナキトキハ第九十五條ノ規定ニ依リ選擧事務長ノ職務ヲ行フ者ニ對シ選擧事務所、選擧委員選擧事務員其ノ他ニ關スル事務ト共ニ其ノ引繼ヲ爲スヘシ第九十五條ノ規定ニ依リ選擧事務長ノ職務ヲ行フ者事務ノ引繼ヲ受ケタル後新ニ選擧事務長定リタルトキ亦同シ

第百十條　議員候補者ノ爲支出セラレタル選擧運動ノ費用カ第百二條第二項ノ規定ニ依リ告示セラレタル額ヲ超エタルトキハ其ノ議員候補者ノ當選ヲ無效トス但シ議員候補者及推薦屆出者カ選擧事務長又ハ之ニ代リテ其ノ職務ヲ行フ者ノ選任及監督ニ付相當ノ注意ヲ爲シ且ツ選擧事務長又ハ之ニ代リテ其ノ職務ヲ行フ者ニ於テ選擧運動ノ費用ノ支出ニ付過失ナカリシトキハ此ノ限ニ在ラス

第百四十條　第二項

2　公立學校其ノ他勅令ヲ以テ定ムル營造物ノ設備ハ勅令ノ定ムル所ニ依リ演說ニ依ル選擧運動ノ爲其ノ使用ヲ許可スヘシ

第百四十二條　第十二章ニ掲クル罪ニ關スル刑事訴訟ニ付テハ上告裁判所ハ刑事訴訟法第四百二十二條第一項ノ期間ニ依ラサルコトヲ得

2 前條ノ規定ニ依ル選擧ヲ除クノ外市會議員（又ハ第六條ノ市ノ區ノ區會議員）ノ選擧ニ付テハ衆議院議員選擧法第九十一條、第九十二條、第九十八條、第九十九條第二項、第百條及第百四十二條ノ規定ヲ準用ス

参照

衆議院議員選擧法

第九十一條　選擧事務所ハ選擧ノ當日ニ限リ投票所ヲ設ケタル場所ノ入口ヨリ三丁以内ノ區域ニ之ヲ置クコトヲ得ス

第九十二條　休憩所其ノ他之ニ類似スル設備ハ選擧運動ノ爲之ヲ設クルコトヲ得ス

第九十八條　何人ト雖投票ヲ得若ハ得シメ又ハ得シメサルノ目的ヲ以テ戸別訪問ヲ爲スコトヲ得ス

2 何人ト雖前項ノ目的ヲ以テ連續シテ個個ノ選擧人ニ對シ面接シ又ハ電話ニ依リ選擧運動ヲ爲スコトヲ得ス

第九十九條　第二項

2 選擧事務ニ關係アル官吏及吏員ハ其ノ關係區域内ニ於ケル選擧運動ヲ爲スコトヲ得ス

第百條　内務大臣ハ選擧運動ノ爲頒布シ又ハ掲示スル文書圖畫ニ關シ命令ヲ以テ制限ヲ

設クルコトヲ得

第百四十二條　第十二章ニ掲クル罪ニ關スル刑事訴訟ニ付テハ上告裁判所ハ刑事訴訟法第四百二十二條第一項ノ期間ニ依ラサルコトヲ得

第四十條　本法又ハ本法ニ基キテ發スル勅令ニ依リ設置スル議會ノ議員ノ選擧ニ付テハ衆議院議員選擧ニ關スル罰則ヲ準用ス

參照

衆議院議員選擧法

第十二章　罰則

第百十一條　詐欺ノ方法ヲ以テ選擧人名簿ニ登錄セラレタル者又ハ第二十五條第二項ノ場合ニ於テ虚僞ノ宣言ヲ爲シタル者ハ百圓以下ノ罰金ニ處ス

第百十二條　左ノ各號ニ掲クル行爲ヲ爲シタル者ハ二年以下ノ懲役若ハ禁錮又ハ千圓以下ノ罰金ニ處ス

一　當選ヲ得若ハ得シメ又ハ得シメサル目的ヲ以テ選擧又ハ選擧運動者ニ對シ金錢、物品其ノ他ノ財產上ノ利益若ハ公私ノ職務ノ供與、其ノ供與ノ申込若ハ約束ヲ爲シ又ハ饗應接待、其ノ申込若ハ約束ヲ爲シタルトキ

二　當選ヲ得若ハ得シメ又ハ得シメサル目的ヲ以テ選擧人又ハ選擧運動者ニ對シ其ノ者又ハ其ノ者ノ關係アル社寺、學校、會社、組合、市町村等ニ對スル用水、小作、

債權、寄附其ノ他特殊ノ直接利害關係ヲ利用シテ誘導ヲ爲シタルトキ

三　投票ヲ爲シ若ハ爲サヽルコト、選擧運動ヲ爲シ若ハ止メタルコト又ハ其ノ周旋勸誘ヲ爲シタルコトノ報酬ト爲ス目的ヲ以テ選擧人又ハ選擧運動者ニ對シ第一號ニ掲クル行爲ヲ爲シタルトキ

四　第一號若ハ前號ノ供與、饗應接待ヲ受ケ若ハ要求シ、第一號若ハ前號ノ申込ヲ承諾シ又ハ第二號ノ誘導ニ應シ若ハ之ヲ促シタルトキ

五　前各號ニ掲クル行爲ニ關シ周旋又ハ勸誘ヲ爲シタルトキ

第百十三條　左ノ各號ニ掲クル行爲ヲ爲シタル者ハ三年以下ノ懲役若ハ禁錮又ハ二千圓以下ノ罰金ニ處ス

一　議員候補者タルコト若ハ議員候補者タラムトスルコトヲ止メシムル目的ヲ以テ議員候補者若ハ議員候補者タラムトスル者ニ對シ又ハ當選ヲ辭セシムル目的ヲ以テ當選人ニ對シ前條第一號又ハ第二號ニ掲クル行爲ヲ爲シタルトキ

二　議員候補者タルコト若ハ議員候補者タラムトスルコトヲ止メタルコト、當選ヲ辭シタルコト又ハ其ノ周旋勸誘ヲ爲シタルコトノ報酬ト爲ス目的ヲ以テ議員候補者タリシ者、議員候補者タラムトシタル者又ハ當選人タリシ者ニ對シ前條第一號ニ掲クル行爲ヲ爲シタルトキ

三　前二號ノ供與、饗應接待ヲ受ケ若ハ要求シ、前二號ノ申込ヲ承諾シ又ハ第一號ノ誘導ニ應シ若ハ之ヲ促シタルトキ

四　前各號ニ揭クル行爲ニ關シ周旋又ハ勸誘ヲ爲シタルトキ

第百十四條　前二條ノ場合ニ於テ收受シタル利益ハ之ヲ沒收ス其ノ全部又ハ一部ヲ沒收スルコト能ハサルトキハ其ノ價格ヲ追徵ス

第百十五條　選擧ニ關シ左ニ揭クル行爲ヲ爲シタル者ハ三年以下ノ懲役若ハ禁錮又ハ二千圓以下ノ罰金ニ處ス

一　選擧人、議員候補者、議員候補者タラムトスル者選擧運動者又ハ當選人ニ對シ暴行若ハ威力ヲ加ヘ又ハ之ヲ拐引シタルトキ

二　交通若ハ集會ノ便ヲ妨ケ又ハ演說ヲ妨害シ其ノ他僞計詐術等不正ノ方法ヲ以テ選擧ノ自由ヲ妨害シタルトキ

三　選擧人、議員候補者、議員候補者タラムトスル者、選擧運動者若ハ當選人又ハ其ノ關係アル社寺、學校、會社、組合、市町村等ニ對スル用水、小作、債權、寄附其ノ他特殊ノ利害關係ヲ利用シテ選擧人、議員候補者、議員候補者タラムトスル者、選擧運動者又ハ當選人ヲ威逼シタルトキ

第百十六條　選擧ニ關シ官吏又ハ吏員故意ニ其ノ職務ノ執行ヲ怠リ又ハ職權ヲ濫用シテ選擧ノ自由ヲ妨害シタルトキハ三年以下ノ禁錮ニ處ス

2　官吏又ハ吏員選擧人ニ對シ其ノ投票セムトシ又ハ投票シタル被選擧人ノ氏名ノ表示ヲ求メタルトキハ三月以下ノ禁錮又ハ百圓以下ノ罰金ニ處ス

第百十七條　選擧事務ニ關係アル官吏、吏員、立會人又ハ監視者選擧人ノ投票シタル被

選擧人ノ氏名ヲ表示シタルトキハ二年以下ノ禁錮又ハ千圓以下ノ罰金ニ處ス其ノ表示シタル事實虚僞ナルトキ亦同シ

第百十八條 投票所又ハ開票所ニ於テ正當ノ事由ナクシテ選擧人ノ投票ニ關渉シ又ハ被選擧人ノ氏名ヲ認知スルノ方法ヲ行ヒタル者ハ一年以下ノ禁錮又ハ五百圓以下ノ罰金ニ處ス

2 法令ノ規定ニ依ラスシテ投票函ヲ開キ又ハ投票函中ノ投票ヲ取出シタル者ハ三年以下ノ懲役若ハ禁錮又ハ二千圓以下ノ罰金ニ處ス

第百十九條 投票管理者、開票管理者、選擧長、立會人若ハ選擧監視者ニ暴行若ハ脅迫ヲ加ヘ、選擧會場、開票所若ハ投票所ヲ騷擾シ又ハ投票、投票函其ノ他關係書類ヲ抑留、毀壞若ハ奪取シタル者ハ四年以下ノ懲役又ハ禁錮ニ處ス

第百二十條 多衆聚合シテ第百十五條第一號又ハ前條ノ罪ヲ犯シタル者ハ左ノ區別ニ從テ處斷ス

一 首魁ハ一年以上七年以下ノ懲役又ハ禁錮ニ處ス

二 他人ヲ指揮シ又ハ他人ニ率先シテ勢ヲ助ケタル者ハ六月以上五年以下ノ懲役又ハ禁錮ニ處ス

三 附和隨行シタル者ハ百圓以下ノ罰金又ハ科料ニ處ス

2 第百十五條第一號又ハ前條ノ罪ヲ犯ス爲多衆聚合シ當該公務員ヨリ解散ノ命ヲ受クルコト三回以上ニ及フモ仍解散セサルトキハ首魁ハ二年以下ノ禁錮ニ處シ其ノ他ノ者

ハ百圓以下ノ罰金又ハ科料ニ處ス

第百二十一條　選擧ニ關シ銃砲、刀劍、棍棒其ノ他人ヲ殺傷スルニ足ルヘキ物件ヲ携帶シタル者ハ二年以下ノ禁錮又ハ千圓以下ノ罰金ニ處ス

2 警察官吏又ハ憲兵ハ必要ト認ムル場合ニ於テ前項ノ物件ヲ領置スルコトヲ得

第百二十二條　前條ノ物件ヲ携帶シテ選擧會場、開票所又ハ投票所ニ入リタル者ハ三年以下ノ禁錮又ハ二千圓以下ノ罰金ニ處ス

第百二十三條　前二條ノ罪ヲ犯シタル場合ニ於テハ其ノ携帶シタル物件ヲ沒收ス

第百二十四條　選擧ニ關シ多衆聚合シ若ハ隊伍ヲ組ミテ往來シ又ハ煙火、松明ノ類ヲ用ヒ若ハ鐘鼓、喇叭ノ類ヲ鳴ラシ旗幟其ノ他ノ標章ヲ用フル等氣勢ヲ張ルノ行爲ヲ爲シ警察官吏ノ制止ヲ受クルモ仍其ノ命ニ從ハサル者ハ六月以下ノ禁錮又ハ三百圓以下ノ罰金ニ處ス

第百二十五條　演説又ハ新聞紙、雜誌、引札、張札其ノ他何等ノ方法ヲ以テスルニ拘ラス第百十二條、第百十三條、第百十五條、第百十八條乃至第百二十二條及前條ノ罪ヲ犯サシムル目的ヲ以テ人ヲ煽動シタル者ハ一年以下ノ禁錮又ハ五百圓以下ノ罰金ニ處ス但シ新聞紙及雜誌ニ在リテハ仍其ノ編輯人及實際編輯ヲ擔當シタル者ヲ罰ス

第百二十六條　演説又ハ新聞紙、雜誌、引札、張札其ノ他何等ノ方法ヲ以テスルニ拘ラス左ノ各號ニ掲クル行爲ヲ爲シタル者ハ二年以下ノ禁錮又ハ千圓以下ノ罰金ニ處ス新聞紙及雜誌ニ在リテハ前條但書ノ例ニ依ル

一　當選ヲ得又ハ得シムル目的ヲ以テ議員候補者ノ身分、職業又ハ經歴ニ關シ虛僞ノ事項ヲ公ニシタルトキ
二　當選ヲ得シメサル目的ヲ以テ議員候補者ニ關シ虛僞ノ事項ヲ公ニシタルトキ

第百二十七條　選擧人ニ非サル者投票ヲ爲シタルトキハ一年以下ノ禁錮又ハ五百圓以下ノ罰金ニ處ス
2 氏名ヲ詐稱シ其ノ他詐僞ノ方法ヲ以テ投票ヲ爲シタル者ハ二年以下ノ禁錮又ハ千圓以下ノ罰金ニ處ス
3 投票ヲ僞造シ又ハ其ノ數ヲ增減シタル者ハ三年以下ノ懲役若ハ禁錮又ハ二千圓以下ノ罰金ニ處ス
4 選擧事務ニ關係アル官吏、吏員、立會人又ハ監視者前項ノ罪ヲ犯シタルトキハ五年以下ノ懲役又ハ禁錮又ハ二千圓以下ノ罰金ニ處ス

第百二十八條　立會人正當ノ事故ナクシテ本法ニ定メタル義務ヲ缺クトキハ百圓以下ノ罰金ニ處ス

第百二十九條　第九十六條若クハ第九十八條ノ規定ニ違反シタル者又ハ第九十四條ノ規定ニ依ル命令ニ從ハサル者ハ一年以下ノ禁錮又ハ五百圓以下ノ罰金ニ處ス

第百三十條　第九十條第一項第二項ノ規定ニ依ル定數ヲ超エ若ハ第九十一條ノ規定ニ違反シテ選擧事務所ヲ設置シタル者又ハ第九十二條ノ規定ニ違反シテ休憩所其ノ他之ニ類似スル設備ヲ設ケタル者ハ三百圓以下ノ罰金ニ處ス

2 第九十三條ノ規定ニ依ル定數ヲ超エテ選擧委員又ハ選擧事務員ノ選任ヲ爲シタル者亦前項ニ同シ

第百三十一條 第八十九條第一項、第九十九條又ハ第百九條ノ規定ニ違反シタル者ハ六月以下ノ禁錮又ハ三百圓以下ノ罰金ニ處ス

第百三十二條 第八十八條第五項乃至第七項又ハ第八十九條第四項ノ屆出ヲ怠リタル者ハ百圓以下ノ罰金ニ處ス

2 第百條ノ規定ニ依ル命令ニ違反シタル者亦前項ニ同シ

第百三十三條 選擧事務長又ハ選擧事務長ニ代リ其ノ職務ヲ行フ者第百二條第二項ノ規定ニ依リ告示セラレタル額ヲ超エ選擧運動ノ費用ヲ支出シ又ハ第百一條第一項但書ノ規定ニ依ル承諾ヲ與ヘテ支出セシメタルトキハ一年以下ノ禁錮又ハ五百圓以下ノ罰金ニ處ス

第百三十四條 第百一條ノ規定ニ違反シテ選擧運動ノ費用ヲ支出シタル者ハ一年以下ノ禁錮ニ處ス

第百三十五條 左ノ各號ニ掲クル行爲ヲ爲シタル者ハ六月以下ノ禁錮又ハ三百圓以下ノ罰金ニ處ス

一　第百五條ノ規定ニ違反シテ帳簿ヲ備ヘス又ハ帳簿ニ記載ヲ爲サス若ハ之ニ虛僞ノ記入ヲ爲シタルトキ

二　第百六條第一項ノ屆出ヲ怠リ又ハ虛僞ノ屆出ヲ爲シタルトキ

三　第百七條第一項ノ規定ニ違反シテ帳簿又ハ書類ヲ保存セサルトキ
四　第百七條第一項ノ規定ニ依リ保存スヘキ帳簿又ハ書類ニ虚僞ノ記入ヲ爲シタルトキ
五　第百八條ノ規定ニ依ル帳簿若ハ書類ノ提出若ハ檢査ヲ拒ミ若ハ之ヲ妨ケ又ハ說明ノ求ニ應セサルトキ

第百三十六條　當選人其ノ選擧ニ關シ本章ニ揭クル罪ヲ犯シ刑ニ處セラレタルトキハ其ノ當選ヲ無效トス選擧事務長第百十二條又ハ第百十三條ノ罪ヲ犯シ刑ニ處セラレタルトキ亦同シ但シ選擧事務長ノ選任及監督ニ付キ相當ノ注意ヲ爲シタルトキハ此ノ限ニ在ラス

第百三十七條　本章ニ揭クル罪ヲ犯シタル者ニシテ罰金ノ刑ニ處セラレタル者ニ在リテハ其ノ裁判確定ノ後五年間禁錮以上ノ刑ニ處セラレタル者ニ在リテハ其ノ裁判確定ノ後刑ノ執行ヲ終ル迄又ハ刑ノ時效ニ因ル場合ヲ除クノ外刑ノ執行ノ免除ヲ受クル迄ノ間及其ノ後五年間衆議院議員及選擧ニ付本章ノ規定ヲ準用スル議會ノ議員ノ選擧權及被選擧權ヲ有セス禁錮以上ノ刑ニ處セラレタル者ニ付其ノ裁判確定ノ後刑ノ執行ヲ受クルコトナキニ至ル迄ノ間亦同シ

2 前項ニ規定スル者ト雖情狀ニ因リ裁判所ハ刑ノ言渡ト同時ニ前項ノ規定ヲ適用セス又ハ其ノ期間ヲ短縮スル旨ノ宣言ヲ爲スコトヲ得

3 前二項ノ規定ハ第六條第五號ノ規定ニ該當スル者ニハ之ヲ適用セス

第百三十八條　第百二十七條第三項及第四項ノ罪ノ時效ハ一年ヲ經過スルニ因リテ完成ス

2 前項ニ揭クル罪以外ノ本章ノ罪ノ時效ハ六月ヲ經過スルニ因リテ完成ス但シ犯人逃亡シタルトキハ其ノ期間ハ一年トス

第二款　職務權限

第四十一條　市會ハ市ニ關スル事件及法律勅令ニ依リ其ノ權限ニ屬スル事件ヲ議決ス

第四十二條　市會ノ議決スヘキ事件ノ概目左ノ如シ

一　市條例及市規則ヲ設ケ又ハ改廢スル事

二　市費ヲ以テ支辨スヘキ事業ニ關スル事但シ第九十三條ノ事務及法律勅令ニ規定アルモノハ此ノ限ニ在ラス

三　歲入出豫算ヲ定ムル事

四　決算報告ヲ認定スル事

五　法令ニ定ムルモノヲ除クノ外使用料、手數料、加入金、市稅又ハ夫

役現品ノ賦課徵收ニ關スル事

六 不動產ノ管理處分及取得ニ關スル事

七 基本財產及積立金穀等ノ設置管理及處分ニ關スル事

八 歲入出豫算ヲ以テ定ムルモノヲ除クノ外新ニ義務ノ負擔ヲ爲シ及權利ノ拋棄ヲ爲ス事

九 財產及營造物ノ管理方法ヲ定ムル事但シ法律勅令ニ規定アルモノハ此ノ限ニ在ラス

十 市吏員ノ身元保證ニ關スル事

十一 市ニ係ル訴願訴訟及和解ニ關スル事

第四十三條 市會ハ其ノ權限ニ屬スル事項ノ一部ヲ市參事會ニ委任スルコトヲ得

第四十四條 市會ハ法律勅令ニ依リ其ノ權限ニ屬スル選擧ヲ行フヘシ

第四十五條 市會ハ市ノ事務ニ關スル書類及計算書ヲ檢閱シ市長ノ報告ヲ請求シテ事務ノ管理、議決ノ執行及出納ヲ檢查スルコトヲ得

2 市會ハ議員中ヨリ委員ヲ選擧シ市長又ハ其ノ指名シタル吏員立會ノ上實

地ニ就キ前項市會ノ權限ニ屬スル事件ヲ行ハシムルコトヲ得

第四十六條　市會ハ市ノ公益ニ關スル事件ニ付意見書ヲ關係行政廳ニ提出スルコトヲ得（昭和四年四月法律第五十六號改正）

第四十七條　市會ハ行政廳ノ諮問アルトキハ意見ヲ答申スヘシ

2 市會ノ意見ヲ徵シテ處分ヲ爲スヘキ場合ニ於テ市會成立セス、招集ニ應セス若ハ意見ヲ提出セス又ハ市會ヲ招集スルコト能ハサルトキハ當該行政廳ハ其ノ意見ヲ俟タスシテ直ニ處分ヲ爲スコトヲ得

第四十八條　市會ハ議員中ヨリ議長及副議長一人ヲ選擧スヘシ

2 議長及副議長ノ任期ハ議員ノ任期ニ依ル

第四十九條　議長故障アルトキハ副議長之ニ代ハリ議長及副議長共ニ故障アルトキハ臨時ニ議員中ヨリ假議長ヲ選擧スヘシ

2 前項假議長ノ選擧ニ付テハ年長ノ議員議長ノ職務ヲ代理ス年齡同シキトキハ抽籤ヲ以テ之ヲ定ム

第五十條　市長及其ノ委任又ハ囑託ヲ受ケタル者ハ會議ニ列席シテ議事ニ參與スルコトヲ得但シ議決ニ加ハルコトヲ得ス

2 前項ノ列席者發言ヲ求ムルトキハ議長ハ直ニ之ヲ許スヘシ但シ之カ爲議員ノ演說ヲ中止セシムルコトヲ得ス

第五十一條 市會ハ市長之ヲ招集ス議員定數ノ三分ノ一以上ヨリ會議ニ付スヘキ事件ヲ示シテ市會招集ノ請求アルトキハ市長ハ之ヲ招集スヘシ

（昭和四年四月法律第五十六號改正）

2 市長ハ會期ヲ定メテ市會ヲ招集スルコトヲ得此ノ場合ニ於テ必要アリト認ムルトキハ市長ハ更ニ期限ヲ定メ市會ノ會期ヲ延長スルコトヲ得

（同上）

3 招集及會議ノ事件ハ開會ノ日前三日目迄ニ之ヲ告知スヘシ但シ急施ヲ要スル場合ハ此ノ限ニ在ラス（大正十五年法律第七十四號改正）

4 市會開會中急施ヲ要スル事件アルトキハ市長ハ直ニ之ヲ其ノ會議ニ付スルコトヲ得會議ニ付スル日前三日目迄ニ告知ヲ爲シタル事件ニ付亦同シ

（同上）

5 市會ハ市長之ヲ開閉ス

第五十二條 市會ハ議員定數ノ半數以上出席スルニ非レハ會議ヲ開クコト

ヲ得ス但シ第五十四條ノ除斥ノ爲半數ニ滿タサルトキ、同一ノ事件ニ付招集再回ニ至ルモ仍半數ニ滿タサルトキ又ハ招集ニ應スルモ出席議員定數ヲ闕キ議長ニ於テ出席ヲ催告シ仍半數ニ滿タサルトキハ此ノ限ニ在ラス

第五十三條　市會ノ議事ハ過半數ヲ以テ決ス可否同數ナルトキハ議長ノ決スル所ニ依ル

2議長ハ其ノ職務ヲ行フ場合ニ於テモ之カ爲議員トシテ議決ニ加ハルノ權ヲ失ハス

第五十四條　議長及議員ハ自己又ハ父母、祖父母、妻、子孫、兄弟姉妹ノ一身上ニ關スル事件ニ付テハ其ノ議事ニ參與スルコトヲ得ス但シ市會ノ同意ヲ得タルトキハ會議ニ出席シテ發言スルコトヲ得

第五十五條　法律勅令ニ依リ市會ニ於テ行フ選擧ニ付テハ第二十五條、第二十八條及第三十條ノ規定ヲ準用ス其ノ投票ノ效力ニ關シ異議アルトキハ市會之ヲ決定ス（昭和四年四月法律第五十六號改正）

參照

第二十五條 選擧ハ無記名投票ヲ以テ之ヲ行フ
2 投票ハ一人一票ニ限ル
3 選擧人ハ選擧ノ當日投票時間内ニ自ラ選擧會場ニ到リ選擧人名簿又ハ其ノ抄本ノ對照ヲ經テ投票ヲ爲スヘシ
4 投票時間内ニ選擧會場ニ入リタル選擧人ハ其ノ時間ヲ過クルモ投票ヲ爲スコトヲ得
5 選擧人ハ選擧會場ニ於テ投票用紙ニ自ラ被選擧人一人ノ氏名ヲ記載シテ投函スヘシ
6 投票ニ關スル記載ニ付テハ勅令ヲ以テ定ムル點字ハ之ヲ文字ト看做ス
7 自ラ被選擧人ノ氏名ヲ書スルコト能ハサル者ハ投票ヲ爲スコトヲ得ス
8 投票用紙ハ市長ノ定ムル所ニ依リ一定ノ式ヲ用ウヘシ
9 選擧區アル場合ニ於テ選擧人名簿ノ調製後選擧人ノ所屬ニ異動ヲ生スルコトアルモ其ノ選擧人ハ前所屬ノ選擧區ニ於テ投票ヲ爲スヘシ
10 投票分會ニ於テ爲シタル投票ハ投票分會長少クトモ一人ノ投票立會人ト共ニ投票函ノ儘之ヲ選擧長ニ送致スヘシ

第二十八條 左ノ投票ハ之ヲ無效トス
一 成規ノ用紙ヲ用キサルモノ
二 現ニ市會議員ノ職ニ在ル者ノ氏名ヲ記載シタルモノ
三 一投票中ニ二人以上ノ被選擧人ノ氏名ヲ記載シタルモノ
四 被選擧人ノ何人タルカヲ確認シ難キモノ

五　被選擧權ナキ者ノ氏名ヲ記載シタルモノ
六　被選擧人ノ氏名ノ外他事ヲ記入シタルモノ但シ爵位職業身分住所又ハ敬稱ノ類ヲ記入シタルモノハ此ノ限ニ在ラス
七　被選擧人ノ氏名ヲ自書セサルモノ

第三十條　市會議員ノ選擧ハ有效投票ノ最多數ヲ得タル者ヲ以テ當選者トス但シ議員ノ定數（選擧區アル場合ニ於テハ其ノ選擧區ノ配當議員數）ヲ以テ有效投票ノ總數ヲ除シテ得タル數ノ六分ノ一以上ノ得票アルコトヲ要ス

2　前項ノ規定ニ依リ當選者ヲ定ムルニ當リ得票ノ數同シキトキハ年長者ヲ取リ年齡同シキトキハ選擧長抽籤シテ之ヲ定ムヘシ

2　市會ハ議員中異議ナキトキハ前項ノ選擧ニ付指名推選ノ法ヲ用フルコトヲ得（同上）

3　指名推選ノ法ヲ用フル場合ニ於テハ被指名者ヲ以テ當選者ト定ムヘキヤ否ヲ會議ニ付シ議員全員ノ同意ヲ得タル者ヲ以テ當選者トス（同上）

4　一ノ選擧ヲ以テ二人以上ヲ選擧スル場合ニ於テハ被指名者ヲ區分シテ前項ノ規定ヲ適用スルコトヲ得ス（同上）

第五十六條　市會ノ會議ハ公開ス但シ左ノ場合ハ此ノ限ニ在ラス

一　市長ヨリ傍聽禁止ノ要求ヲ受ケタルトキ
二　議長又ハ議員三人以上ノ發議ニ依リ傍聽禁止ヲ可決シタルトキ
2 前項議長又ハ議員ノ發議ハ討論ヲ須ヰス其ノ可否ヲ決スヘシ
第五十七條　議長ハ會議ヲ總理シ會議ノ順序ヲ定メ其ノ日ノ會議ヲ開閉シ議場ノ秩序ヲ保持ス
2 議員定數ノ半數以上ヨリ請求アルトキハ議長ハ其ノ日ノ會議ヲ開クコトヲ要ス此ノ場合ニ於テ議長仍會議ヲ開カサルトキハ第四十九條ノ例ニ依ル

參照
第四十九條　議長故障アルトキハ副議長之ニ代ハリ議長及副議長共ニ故障アルトキハ臨時ニ議員中ヨリ假議長ヲ選擧スヘシ
2 前項假議長ノ選擧ニ付テハ年長ノ議員議長ノ職務ヲ代理ス年齡同シキトキハ抽籤ヲ以テ之ヲ定ム

3 前項議員ノ請求ニ依リ會議ヲ開キタルトキ又ハ議員中異議アルトキハ議長ハ會議ノ議決ニ依ルニ非サレハ其ノ日ノ會議ヲ閉チ又ハ中止スルコトヲ得ス

第五十七條ノ二　市會議員ハ市會ノ議決スヘキ事件ニ付市會ニ議案ヲ發スルコトヲ得但シ歳入出豫算ニ付テハ此ノ限ニ在ラス（昭和四年法律第五十六號本條追加）

2　前項ノ規定ニ依ル發案ハ議員三人以上ヨリ文書ヲ以テ之ヲ爲スコトヲ要ス

第五十八條　議員ハ選擧人ノ指示又ハ委囑ヲ受クヘカラス

2　議員ハ會議中無禮ノ語ヲ用ヰ又ハ他人ノ身上ニ渉リ言論スルコトヲ得ス

第五十九條　會議中本法又ハ會議規則ニ違ヒ其ノ他議場ノ秩序ヲ紊ス議員アルトキハ議長ハ之ヲ制止シ又ハ發言ヲ取消サシメ命ニ從ハサルトキハ當日ノ會議ヲ終ル迄發言ヲ禁止シ又ハ議場外ニ退去セシメ必要アル場合ニ於テハ警察官吏ノ處分ヲ求ムルコトヲ得

2　議場騷擾ニシテ整理シ難キトキハ議長ハ當日ノ會議ヲ中止シ又ハ之ヲ閉ツルコトヲ得

第六十條　傍聽人公然可否ヲ表シ又ハ喧騷ニ渉リ其ノ他會議ノ妨害ヲ爲ストキハ議長ハ之ヲ制止シ命ニ從ハサルトキハ之ヲ退場セシメ必要アル場

合ニ於テハ警察官吏ノ處分ヲ求ムルコトヲ得
2 傍聽席騷擾ナルトキハ議長ハ總テノ傍聽人ヲ退場セシメ必要アル場合ニ於テハ警察官吏ノ處分ヲ求ムルコトヲ得
第六十一條 市會ニ書記ヲ置キ議長ニ隸屬シテ庶務ヲ處理セシム
2 書記ハ議長之ヲ任免ス
第六十二條 議長ハ書記ヲシテ會議錄ヲ調製シ會議ノ顚末及出席議員ノ氏名ヲ記載セシムヘシ
2 會議錄ハ議長及議員二人以上之ニ署名スルコトヲ要ス其ノ議員ハ市會ニ於テ之ヲ定ムヘシ
3 議長ハ會議錄ヲ添ヘ會議ノ結果ヲ市長ニ報告スヘシ
第六十三條 市會ハ會議規則及傍聽人取締規則ヲ設クヘシ
2 會議規則ニハ本法及會議規則ニ違反シタル議員ニ對シ市會ノ議決ニ依リ五日以內出席ヲ停止スル規定ヲ設クルコトヲ得

第三章　市參事會

第一款　組織及選擧

第六十四條　市ニ市參事會ヲ置キ議長及名譽職參事會員ヲ以テ之ヲ組織ス（昭和四年四月法律第五十六號改正）

第六十五條　名譽職參事會員ノ定數ハ十人トス但シ勅令ヲ以テ指定スル市ニ於テハ市條例ヲ以テ十五人迄之ヲ增加スルコトヲ得（昭和四年法律第五十六號改正）

2 名譽職參事會員ハ市會ニ於テ其ノ議員中ヨリ之ヲ選擧スヘシ（同上）

3 名譽職參事會員中闕員アルトキハ直ニ補闕選擧ヲ行フヘシ

4 名譽職參事會員ハ隔年之ヲ選擧スヘシ（大正十五年法律第七十四號改正）

5 名譽職參事會員ハ後任者ノ就任スルニ至ル迄在任ス市會議員ノ任期滿了シタルトキ亦同シ（同上）

6 名譽職參事會員ハ其ノ選擧ニ關シ第九十條ノ處分確定シ又ハ判決アル迄

ハ會議ニ列席シ議事ニ參與スルノ權ヲ失ハス（同上追加）

第六十六條 市參事會ハ市長ヲ以テ議長トス市長故障アルトキハ市長代理者之ヲ代理ス

第二款　職務權限

第六十七條 市參事會ノ職務權限左ノ如シ

一 市會ノ權限ニ屬スル事件ニシテ其ノ委任ヲ受ケタルモノヲ議決スルコト

二 市會成立セサルトキ、第五十二條但書ノ場合ニ於テ仍會議ヲ開クコト能ハサルトキ又ハ市長ニ於テ市會ヲ招集スルノ暇ナシト認ムルトキ市會ノ權限ニ屬スル事件ヲ市會ニ代リテ議決スルコト（昭和四年四月法律第五十六號改正）

參照

第五十二條 但書

但シ第五十四條ノ除斥ノ爲半數ニ滿タサルトキ、同一事件ニ付招集再回ニ至ルモ仍半

數ニ滿タサルトキ又ハ招集ニ應スルモ出席議員定數ヲ闕キ議長ニ於テ出席ヲ催告シ仍半數ニ滿タサルトキハ此ノ限ニ在ラス

三　其ノ他法令ニ依リ市參事會ノ權限ニ屬スル事件

第六十八條　市參事會ハ市長之ヲ招集ス名譽職參事會員定數ノ半數以上ヨリ會議ニ付スヘキ事件ヲ示シテ市參事會招集ノ請求アルトキハ市長ハ之ヲ招集スヘシ（昭和四年四月法律第五十六號改正）

第六十九條　市參事會ノ會議ハ傍聽ヲ許サス

第七十條　市參事會ハ議長又ハ其ノ代理者及名譽職參事會員定數ノ半數以上出席スルニ非サレハ會議ヲ開クコトヲ得ス但シ第二項ノ除斥ノ爲名譽職參事會員其ノ半數ニ滿タサルトキ、同一ノ事件ニ付招集再回ニ至ルモ仍名譽職參事會員其ノ半數ニ滿タサルトキ又ハ招集ニ應スルモ出席名譽職參事會員定數ヲ闕キ議長ニ於テ出席ヲ催告シ仍半數ニ滿タサルトキハ此ノ限ニ在ラス

2　議長及參事會員ハ自己又ハ父母、祖父母、妻、子孫、兄弟姉妹ノ一身上ニ關スル事件ニ付テハ其ノ議事ニ參與スルコトヲ得ス但シ市參事會ノ同

意ヲ得タルトキハ會議ニ出席シ發言スルコトヲ得

3 議長及其ノ代理者共ニ前項ノ場合ニ當ルトキハ年長ノ名譽職參事會員議長ノ職務ヲ代理ス

第七十一條 第四十六條第四十七條第五十條第五十一條第二項及第五項第五十三條第五十五條第五十七條乃至第五十九條第六十一條竝第六十二條第一項及第二項ノ規定ハ市參事會ニ之ヲ準用ス

參照

第四十六條 市會ハ市ノ公益ニ關スル事件ニ付意見書ヲ關係行政廳ニ提出スルコトヲ得

第四十七條 市會ハ行政廳ノ諮問アルトキハ意見ヲ答申スヘシ

2 市會ノ意見ヲ徵シテ處分ヲ爲スヘキ場合ニ於テ市會成立セス、招集ニ應セス若ハ意見ヲ提出セス又ハ市會ヲ招集スルコト能ハサルトキハ當該行政廳ハ其ノ意見ヲ俟タスシテ直ニ處分ヲ爲スコトヲ得

第五十條 市長及其ノ委任又ハ囑託ヲ受ケタル者ハ會議ニ列席シテ議事ニ參與スルコトヲ得但シ議決ニ加ハルコトヲ得ス

2 前項ノ列席者發言ヲ求ムルトキハ議長ハ直ニ之ヲ許スヘシ但シ之カ爲議員ノ演說ヲ中止セシムルコトヲ得ス

第五十一條 第二項 第五項

2 市長ハ會期ヲ定メテ市會ヲ招集スルコトヲ得此ノ場合ニ於テ必要アリト認ムルトキハ市長ハ更ニ期限ヲ定メ市會ノ會期ヲ延長スルコトヲ得

5 市會ハ市長之ヲ開閉ス

第五十三條　市會ノ議事ハ過半數ヲ以テ決ス可否同數ナルトキハ議長ノ決スル所ニ依ル

2 議長ハ其ノ職務ヲ行フ場合ニ於テモ之カ爲議員トシテ議決ニ加ハルノ權ヲ失ハス

第五十五條　法律勅令ニ依リ市會ニ於テ行フ選擧ニ付テハ第二十五條、第二十八條及第三十條ノ規定ヲ準用ス其ノ投票ノ效力ニ關シ異議アルトキハ市會之ヲ決定ス

2 市會ハ議員中異議ナキトキハ前項ノ選擧ニ付指名推選ノ法ヲ用フルコトヲ得

3 指名推選ノ法ヲ用フル場合ニ於テハ被指名者ヲ以テ當選者ト定ムヘキヤ否ヲ會議ニ付シ議員全員ノ同意ヲ得タル者ヲ以テ當選者トス

第五十七條　議長ハ會議ヲ總理シ會議ノ順序ヲ定メ其ノ日ノ會議ヲ開閉シ議場ノ秩序ヲ保持ス

2 議員定數ノ半數以上ヨリ請求アルトキハ議長ハ其ノ日ノ會議ヲ開クコトヲ要ス此ノ場合ニ於テ議長仍會議ヲ開カサルトキハ第四十九條ノ例ニ依ル

3 前項議員ノ請求ニ依リ會議ヲ開キタルトキ又ハ議員中異議アルトキハ議長ハ會議ノ議決ニ依ルニ非レハ其ノ日ノ會議ヲ閉チ又ハ中止スルコトヲ得ス

第五十七條ノ二　市會議員ハ市會ノ議決スヘキ事件ニ付市會ニ議案ヲ發スルコトヲ得但シ歳入出豫算ニ付テハ此ノ限ニ在ラス

2 前項ノ規定ニ依ル發案ハ議員三人以上ヨリ文書ヲ以テ之ヲ爲スコトヲ要ス

第五十八條 議員ハ選擧人ノ指示又ハ委囑ヲ受クヘカラス

2 議員ハ會議中無禮ノ語ヲ用キ又ハ他人ノ身上ニ涉リ言論スルコトヲ得ス

第五十九條 會議中本法又ハ會議規則ニ違ヒ其ノ他議場ノ秩序ヲ紊ス議員アルトキハ議長ハ之ヲ制止シ又ハ發言ヲ取消サシメ命ニ從ハサルトキハ當日ノ會議ヲ終ル迄發言ヲ禁止シ又ハ議場外ニ退去セシメ必要アル場合ニ於テハ警察官吏ノ處分ヲ求ムルコトヲ得

2 議場騷擾ニシテ整理シ難キトキハ議長ハ當日ノ會議ヲ中止シ又ハ之ヲ閉ツルコトヲ得

第六十一條 市會ニ書記ヲ置キ議長ニ隸屬シテ庶務ヲ處理セシム

2 書記ハ議長之ヲ任免ス

第六十二條 議長ハ書記ヲシテ會議錄ヲ調製シ會議ノ顚末及出席議員ノ氏名ヲ記載セシムヘシ

2 會議錄ハ議長及議員二人以上之ニ署名スルコトヲ要ス其ノ議員ハ市會ニ於テ之ヲ定ムヘシ

第四章 市吏員

第一款 組織選擧及任免

第七十二條　市ニ市長及助役一人ヲ置ク（昭和四年四月法律第五十六號改正）

2 助役ノ定數ハ市條例ヲ以テ之ヲ増加スルコトヲ得

3 特別ノ必要アル市ニ於テハ市條例ヲ以テ市參與ヲ與クコトヲ得其ノ定數ハ其ノ市條例中ニ之ヲ規定スヘシ

第七十三條　市長ハ有給吏員トス但シ市條例ヲ以テ名譽職ト爲スコトヲ得

（昭和四年四月法律第五十六號本條改正）

2 市長ノ任期ハ四年トス

3 市長ハ市會ニ於テ之ヲ選擧ス

4 市長ノ在職中ニ行フ後任市長ノ選擧ハ現任市長ノ任期滿了ノ日前二十日以内又ハ現任市長ノ退職ノ申立アリタル場合ニ於テ其ノ退職スヘキ日前二十日以内ニ非サレハ之ヲ行フコトヲ得ス

5 第三項ノ選擧ニ於テ當選者定マリタルトキハ直ニ當選者ニ當選ノ旨ヲ告知スヘシ

6 市長ハ當選シタル者當選ノ告知ヲ受ケタル日ヨリ二十日以内ニ其ノ當選ニ應スルヤ否ヲ申立ツヘシ其ノ期間内ニ當選ニ應スル旨ノ申立ヲ爲サザ

ルトキハ當選ヲ辭シタルモノト看做ス

7第三十二條第四項ノ規定ハ市長ニ當選シタル者ニ之ヲ準用ス

參照

第三十二條 第四項

4官吏ニシテ當選シタル者ハ所屬長官ノ許可ヲ受クルニ非サレハ之ニ應スルコトヲ得ス

8名譽職市長ハ市公民中選擧權ヲ有スル者ニ限ル

9有給市長ハ其ノ退職セントスル日前三十日目迄ニ申立ツルニ非サレハ任期中退職スルコトヲ得ス但シ市會ノ承認ヲ得タルトキハ此ノ限ニ在ラス

第七十四條 市參與ハ名譽職トス但シ定數ノ全部又ハ一部ヲ有給吏員ト爲スコトヲ得此ノ場合ニ於テハ第七十二條第三項ノ市條例中ニ之ヲ規定スヘシ

參照

第七十二條 第三項

3特別ノ必要アル市ニ於テハ市條例ヲ以テ市參與ヲ置クコトヲ得其ノ定數ハ其ノ市條例中ニ之ヲ規定スヘシ

2市參與ハ市長ノ推薦ニ依リ市會之ヲ定ム（大正十五年六月法律第七十四號改正）

3 前條第四項乃至第七項ノ規定ハ市參與ニ之ヲ準用ス（昭和四年法律第五十六號追加）

4 名譽職市參與ハ市公民中選擧權ヲ有スル者ニ限ル（同上順位繰下ケ）

第七十五條　助役ハ有給吏員トシ其ノ任期ハ四年トス

2 助役ハ市長ノ推薦ニ依リ市會之ヲ定メ市長職ニ在ラサルトキハ市會ニ於テ之ヲ選擧ス（大正十五年六月法律第七十四號改正）

3 第七十三條第四項乃至第七項及第九項ノ規定ハ助役ニ之ヲ準用ス（昭和四年四月法律第五十六號改正）

參照

第七十三條　第四項乃至七項　第九項

4 市長ノ在職中ニ於テ行フ後任市長ノ選擧ハ現任市長ノ任期滿了ノ日前二十日以内又ハ現任市長ノ退職ノ申立アリタル場合ニ於テ其ノ退職スヘキ日前二十日以内ニ非サレハ之ヲ行フコトヲ得ス

5 第三項ノ選擧ニ於テ當選者定マリタルトキハ直ニ當選者ニ當選ノ旨ヲ告知スヘシ

6 市長ニ當選シタル者當選ノ告知ヲ受ケタルトキハ其ノ告知ヲ受ケタル日ヨリ二十日以内ニ其ノ當選ニ應スルヤ否ヲ申立ツヘシ其ノ期間内ニ當選ニ應スル旨ノ申立ヲ爲ササ

ルトキハ當選ヲ辭シタルモノト看做ス
7 第三十二條第四項ノ規定ハ市長ニ當選シタル者ニ之ヲ準用ス
9 有給市長ハ其ノ退職セントスル日前三十日目迄ニ申立ツルニ非サレハ任期中退職スルコトヲ得ス但シ市會ノ承認ヲ得タルトキハ此ノ限ニ在ラス

第七十六條 有給市長有給市參與及助役ハ第九條第一項ノ規定ニ拘ラス在職ノ間其ノ市ノ公民トス（昭和四年四月法律第五十六號改正）

參照

第九條 帝國臣民タル年齢二十五年以上ノ男子ニシテ二年以來市住民タル者ハ其ノ市公民トス但シ左ノ各號ノ一ニ該當スル者ハ此ノ限ニ在ラス

一 禁治産者及準禁治産者
二 破産者ニシテ復權ヲ得サル者
三 貧困ニ因リ生活ノ爲公私ノ救助ヲ受ケ又ハ扶助ヲ受クル者
四 一定ノ住居ヲ有セサル者
五 六年ノ懲役又ハ禁錮以上ノ刑ニ處セラレタル者
六 刑法第二編第一章、第三章、第九章、第十六章乃至第二十一章、第二十五章又ハ第三十六章乃至第三十九章ニ掲クル罪ヲ犯シ六年未滿ノ懲役ノ刑ニ處セラレ其ノ執行ヲ終リ又ハ執行ヲ受クルコトナキニ至リタル後其ノ刑期ノ二倍ニ相當スル期間ヲ

經過スルニ至ル迄ノ者但シ其ノ期間五年ヨリ短キトキハ五年トス

七　六年未滿ノ禁錮ノ刑ニ處セラレ又ハ前號ニ掲クル罪以外ノ罪ヲ犯シ六年未滿ノ懲役ノ刑ニ處セラレ其ノ執行ヲ終リ又ハ執行ヲ受クルコトナキニ至ル迄ノ者

第七十七條　市長市參與及助役ハ第十八條第二項又ハ第四項ニ掲ケタル職ト兼ヌルコトヲ得ス又其ノ市ニ對シ請負ヲ爲シ又ハ其ノ市ニ於テ費用ヲ負擔スル事業ニ付市長若ハ其ノ委任ヲ受ケタル者ニ對シ請負ヲ爲ス者及其ノ支配人又ハ主トシテ同一ノ行爲ヲ爲ス法人ノ無限責任社員、取締役監査役若ハ之ニ準スヘキ者、清算人及支配人タルコトヲ得ス

參照

第十八條　第二項　第四項

2在職ノ檢事、警察官吏及收稅官吏ハ被選擧權ヲ有セス

4市ノ有給ノ吏員敎員其ノ他ノ職員ニシテ在職中ノ者ハ其ノ市ノ市會議員ト相兼ヌルコトヲ得ス

第七十八條　有給市長ハ府縣知事ノ許可ヲ受クルニ非サレハ他ノ報償アル業務ニ從事スルコトヲ得ス（昭和四年四月法律第五十六號改正）

2有給市長有給市參與及助役ハ會社ノ取締役監査役若ハ之ニ準スヘキ者、

清算人又ハ支配人其ノ他ノ事務員タルコトヲ得ス（同上）

第七十九條 市ニ收入役一人ヲ置ク但シ市條例ヲ以テ副收入役ヲ置クコトヲ得

2 第七十三條第四項乃至第七項、第七十五條第一項及第二項、第七十六條第七十七條竝前條第二項ノ規定ハ收入役及副收入役ニ之ヲ準用ス（同上改正）

參照

第七十三條 第四項乃第七項

4 市長ノ在職中ニ於テ行フ後任市長ノ選擧ハ現任市長ノ任期滿了ノ日前二十日以內又ハ現任市長ノ退職ノ申立アリタル場合ニ於テ其ノ退職スヘキ日前二十日以內ニ非サレハ之ヲ行フコトヲ得ス

5 第三項ノ選擧ニ於テ當選者定マリタルトキハ直ニ當選者ニ當選ノ旨ヲ告知スヘシ

6 市長ニ當選シタル者當選ノ告知ヲ受ケタルトキハ其ノ告知ヲ受ケタル日ヨリ二十日以內ニ其ノ當選ニ應スルヤ否ヲ申立ツヘシ其ノ期間內ニ當選ニ應スル旨ノ申立ヲ爲ササルトキハ當選ヲ辭シタルモノト看做ス

7 第三十二條第四項ノ規定ハ市長ニ當選シタル者ニ之ヲ準用ス

第七十五條 助役ハ有給吏員トシテ其ノ任期ハ四年トス

2 助役ハ市長ノ推薦ニ依リ市會之ヲ定メ市長職ニ在ラサルトキハ市會ニ於テ之ヲ選擧ス

第七十六條　有給市長有給市參與及助役ハ第九條第一項ノ規定ニ拘ラス在職ノ間其ノ市ノ公民トス

第七十七條　市長市參與及助役ハ第十八條第二項又ハ第四項ニ揭ケタル職ト兼ヌルコトヲ得ス又其ノ市ニ對シ請負ヲ爲シ又ハ其ノ市ニ於テ費用ヲ負擔スル事業ニ付市長若ハ其ノ委任ヲ受ケタル者ニ對シ請負ヲ爲ス者及其ノ支配人又ハ主トシテ同一ノ行爲ヲ爲ス法人ノ無限責任社員、取締役監査役若ハ之ニ準スヘキ者、淸算人及支配人タルコトヲ得ス

第七十八條　第二項

2 有給市長有給市參與及助役ハ會社ノ取締役監査役若ハ之ニ準スヘキ者、淸算人又ハ支配人其ノ他ノ事務員タルコトヲ得ス

3 市長市參與又ハ助役ト父子兄弟タル緣故アル者ハ收入役又ハ副收入役ノ職ニ在ルコトヲ得ス收入役ト父子兄弟タル緣故アル者ハ副收入役ノ職ニ在ルコトヲ得ス

第八十條　第六條ノ市ノ區ニ區長一人ヲ置キ市有給吏員トシ市長之ヲ任免ス

2 第七十七條及第七十八條第二項ノ規定ハ區長ニ之ヲ準用ス

参照

第七十七條　市長市參與及助役ハ第十八條第二項又ハ第四項ニ掲ケタル職ト兼ヌルコトヲ得ス又其ノ市ニ對シ請負ヲ爲シ又ハ其ノ市ニ於テ費用ヲ負擔スル事業ニ付市長若ハ其ノ委任ヲ受ケタル者ニ對シ請負ヲ爲ス者及其ノ支配人又ハ主トシテ同一ノ行爲ヲ爲ス法人ノ無限責任社員、取締役監査役若ハ之ニ準スヘキ者、清算人及支配人タルコトヲ得ス

第七十八條　第二項

2 有給市長有給市參與及助役ハ會社ノ取締役監査役若ハ之ニ準スヘキ者、清算人其ノ他ノ事務員タルコトヲ得ス

第八十一條　第六條ノ市ノ區ニ區收入役一人又ハ區收入役及區副收入役各一人ヲ置ク

2 區收入役及區副收入役ハ第八十六條ノ吏員中市長、助役、市收入役、市副收入役、又ハ區長トノ間及其ノ相互ノ間ニ父子兄弟タル緣故アラサル者ニ就キ市長之ヲ命ス

参照

第八十六條　前數條ニ定ムル者ノ外第六條及第八十二條第三項ノ市ノ區ニ必要ノ市有給吏員ヲ置キ區長ノ申請ニ依リ市長之ヲ任免ス

2 前項吏員ノ定數ハ市會ノ議決ヲ經テ之ヲ定ム

3 區收入役又ハ區副收入役ト爲リタル後市長、助役、市收入役、市副收入役又ハ區長トノ間ニ父子兄弟タル緣故生シタルトキハ區收入役又ハ區副收入役ハ其ノ職ヲ失フ

4 前項ノ規定ハ區收入役及區副收入役相互ノ間ニ於テ區副收入役ニ之ヲ準用ス

第八十二條　第六條ノ市ヲ除キ其ノ他ノ市ハ處務便宜ノ爲區ヲ劃シ區長及其ノ代理者一人ヲ置クコトヲ得

2 前項ノ區長及其ノ代理者ハ名譽職トス市公民中選擧權ヲ有スル者ヨリ市長ノ推薦ニ依リ市會之ヲ定ム此ノ場合ニ於テハ第七十三條第四項乃至第七項ノ規定ヲ準用ス（昭和四年四月法律第五十六號改正）

參照

第七十三條　第四項乃第七項

4 市長在職中ニ於テ行フ後任市長ノ選擧ハ現任市長ノ任期滿了ノ日前二十日以內又ハ現

任市長ノ退職ノ申立アリタル場合ニ於テ其ノ退職スヘキ日前二十日以內ニ非サレハ之ヲ行フコトヲ得ス

5 第三項ノ選擧ニ於テ當選者定マリタルトキハ直ニ當選者ニ當選ノ旨ヲ告知スヘシ

6 市長ニ當選シタル者當選ノ告知ヲ受ケタルトキハ其ノ告知ヲ受ケタル日ヨリ二十日以內ニ其ノ當選ニ應スルヤ否ヲ申立ツヘシ其ノ期間內ニ當選ニ應スル旨ノ申立ヲ爲ササルトキハ當選ヲ辭シタルモノト看做ス

7 第三十二條第四項ノ規定ハ市長ニ當選シタル者ニ之ヲ準用ス

3 內務大臣ハ前項ノ規定ニ拘ラス區長ヲ有給吏員ト爲スヘキ市ヲ指定スルコトヲ得

4 前項ノ區ニ付テハ第八十條第八十一條第九十四條第二項第九十七條第四項第九十八條及第九十九條ノ規定ヲ準用スルノ外必要ナル事項ハ勅令ヲ以テ之ヲ定ム

參照

第八十條 第六條ノ市ノ區ニ區長一人ヲ置キ市有給吏員トシ市長之ヲ任免ス

2 第七十七條第一項及第七十八條第二項ノ規定ハ區長ニ之ヲ準用ス

第八十一條 第六條ノ市ノ區ニ區收入役一人又ハ區收入役及區副收入役各一人ヲ置ク

2 區收入役及區副收入役ハ第八十六條ノ吏員中市長、助役、市收入役、市副收入役又ハ

區長トノ間及其ノ相互ノ間ニ父子兄弟タル緣故アラサル者ニ就キ市長之ヲ命ス
3 區收入役又ハ區副收入役ト爲リタル後市長、助役、市收入役、市副收入役又ハ區長トノ間ニ父子兄弟タル緣故生シタルトキハ區收入役又ハ區副收入役ハ其ノ職ヲ失フ
4 前項ノ規定ハ區收入役及區副收入役相互ノ間ニ於テ區副收入役ニ之ヲ準用ス

第九十四條　**第二項**
2 第六條ノ市ノ市長ハ前項ノ例ニ依リ其ノ事務ノ一部ヲ區長ニ分掌セシムルコトヲ得

第九十七條　**第四項**
4 第六條ノ市ノ市長ハ前項ノ例ニ依リ收入役ノ事務ノ一部ヲ區收入役ニ分掌セシムルコトヲ得

第九十八條　第六條ノ市ノ區長ハ市長ノ命ヲ承ケ又ハ法令ノ定ムル所ニ依リ區內ニ關スル市ノ事務及區ノ事務ヲ掌ル
2 區長其ノ他區所屬ノ吏員ハ市長ノ命ヲ承ケ又ハ從來法令若ハ將來法律勅令ノ定ムル所ニ依リ國府縣其ノ他公共團體ノ事務ヲ掌ル
3 區長故障アルトキハ區收入役及區副收入役ニ非サル區所屬ノ吏員中上席者ヨリ順次之ヲ代理ス
4 第一項及第二項ノ事務ヲ執行スル爲要スル費用ハ市ノ負擔トス但シ法令中別段ノ規定アルモノハ此ノ限ニ在ラス

第九十九條　第六條ノ市ノ區收入役ハ市收入役ノ命ヲ承ケ又ハ法令ノ定ムル所ニ依リ市

及區ノ出納其ノ他ノ會計事務ヲ掌リ市收入役ノ命ヲ承ケ又ハ從來法令若ハ將來法律勅令ノ定ムル所ニ依リ國府縣其ノ他公共團體ノ出納其ノ他ノ會計事務ヲ掌ル

2 區長ハ市長ノ許可ヲ得テ區收入役ノ事務ノ一部ヲ區副收入役ニ分掌セシムルコトヲ得但シ區ノ出納其ノ他ノ會計事務ニ付テハ豫メ區會ノ同意ヲ得ルコトヲ要ス

3 市長ハ市ノ出納其ノ他ノ會計事務ニ付前項ノ許可ヲ爲ス場合ニ於テハ豫メ市會ノ同意ヲ得ルコトヲ要ス

4 區副收入役ヲ置カサル場合ニ於テハ市長ハ區收入役故障アルトキ之ヲ代理スヘキ吏員ヲ定ムヘシ

5 區收入役及區副收入役ノ職務權限ニ關シテハ前四項ニ規定スルモノノ外市收入役及市副收入役ニ關スル規定ヲ準用ス

第八十三條 市ハ臨時又ハ常設ノ委員ヲ置クコトヲ得

2 委員ハ名譽職トス市會議員、名譽職參事會員又ハ市公民中選擧權ヲ有スル者ヨリ市長ノ推薦ニ依リ市會之ヲ定ム但シ委員長ハ市長又ハ其ノ委任ヲ受ケタル市參與若ハ助役ヲ以テ之ヲ充ツ

3 第七十三條第四項乃至第七項ノ規定ハ委員ニ之ヲ準用ス（昭和四年四月法律第五十六號追加）

參照

第七十三條　第四項乃至第七項
4市長ノ在職中ニ於テ行フ後任市長ノ選擧ハ現任市長ノ任期滿了ノ日前二十日以内又ハ現任市長ノ退職ノ申立アリタル場合ニ於テ其ノ退職スヘキ日前二十日以内ニ非サレハ之ヲ行フコトヲ得ス
5第三項ノ選擧ニ於テ當選者定マリタルトキハ直ニ當選者ニ當選ノ旨ヲ告知スヘシ
6市長ニ當選シタル者當選ノ告知ヲ受ケタルトキハ其ノ告知ヲ受ケタル日ヨリ二十日以内ニ其ノ當選ニ應スルヤ否ヲ申立ツヘシ其ノ期間内ニ當選ニ應スル旨ノ申立ヲ爲ササルトキハ當選ヲ辭シタルモノト看做ス
7第三十二條第四項ノ規定ハ市長ニ當選シタル者ニ之ヲ準用ス

4委員ノ組織ニ關シテハ市條例ヲ以テ別段ノ規定ヲ設クルコトヲ得（同上）

第八十四條　市公民ニ限リテ擔任スヘキ職務ニ在ル吏員又ハ職ニ就キタルカ爲市公民タル者選擧權ヲ有セサルニ至リタルトキハ其ノ職ヲ失フ
2前項ノ職務ニ在ル者ニシテ禁錮以上ノ刑ニ當ルヘキ罪ノ爲豫審又ハ公判ニ付セラレタルトキハ監督官廳ハ其ノ職務ノ執行ヲ停止スルコトヲ得此ノ場合ニ於テハ其ノ停止期間報酬又ハ給料ヲ支給スルコトヲ得ス

第八十五條　前數條ニ定ムル者ノ外市ニ必要ノ有給吏員ヲ置キ市長之ヲ任

免ス

2 前項吏員ノ定數ハ市會ノ議決ヲ經テ之ヲ定ム

第八十六條 前數條ニ定ムル者ノ外第六條及第八十二條第三項ノ市ノ區ニ必要ノ市有給吏員ヲ置キ區長ノ申請ニ依リ市長之ヲ任免ス

參照

第六條 勅令ヲ以テ指定スル市ノ區ハ之ヲ法人トス其ノ財産及營造物ニ關スル事務其ノ他法令ニ依リ區ニ屬スル事務ヲ處理ス

2 區ノ廢置分合又ハ境界變更其ノ他區ノ境界ニ關シテハ前二條ノ規定ヲ準用ス但シ第四條ノ規定ヲ準用スル場合ニ於テハ關係アル市會ノ意見ヲモ徴スヘシ

第八十二條 第三項

3 内務大臣ハ前項ノ規定ニ拘ラス區長ヲ有給吏員ト爲スヘキ市ヲ指定スルコトヲ得

2 前項吏員ノ定數ハ市會ノ議決ヲ經テ之ヲ定ム

第二款 職務權限

第八十七條 市長ハ市ヲ統轄シ市ヲ代表ス

2 市長ノ擔任スル事務ノ概目左ノ如シ

一　市會及市參事會ノ議決ヲ經ヘキ事件ニ付其ノ議案ヲ發シ及其ノ議決ヲ執行スル事
二　財產及營造物ヲ管理スル事但シ特ニ之カ管理者ヲ置キタルトキハ其ノ事務ヲ監督スル事
三　收入支出ヲ命令シ及會計ヲ監督スル事
四　證書及公文書類ヲ保管スル事
五　法令又ハ市會ノ議決ニ依リ使用料、手數料、加入金、市稅又ハ夫役現品ヲ賦課徵收スル事
六　其ノ他法令ニ依リ市長ノ職權ニ屬スル事項

第八十八條　削除

第八十九條　市長ハ市吏員ヲ指揮監督シ之ニ對シ懲戒ヲ行フコトヲ得其ノ懲戒處分ハ譴責及十圓以下ノ過怠金トス

第九十條　市會又ハ市參事會ノ議決又ハ選擧其ノ權限ヲ越エ又ハ法令若ハ會議規則ニ背クト認ムルトキハ市長ハ其ノ意見ニ依リ又ハ監督官廳ノ指揮ニ依リ理由ヲ示シテ之ヲ再議ニ付シ又ハ再選擧ヲ行ハシムヘシ但シ特

別ノ事由アリト認ムルトキハ市長ハ議決ニ付テハ之ヲ再議ニ付セスシテ直ニ府縣參事會ノ裁決ヲ請フコトヲ得（昭和四年四月法律第五十六號本條改正）

2 前項ノ規定ニ依リ爲シタル市會又ハ市參事會ノ議決仍其ノ權限ヲ越エ又ハ法令若ハ會議規則ニ背クト認ムルトキハ市長ハ府縣參事會ノ裁決ヲ請フヘシ

3 監督官廳ハ前二項ノ議決又ハ選擧ヲ取消スコトヲ得

4 第一項若ハ第二項ノ裁決又ハ前項ノ處分ニ不服アル市長、市會又ハ市參事會ハ行政裁判所ニ出訴スルコトヲ得

5 第一項又ハ第二項ノ裁決ニ付テハ府縣知事ヨリモ訴訟ヲ提起スルコトヲ得

第九十條ノ二 市會又ハ市參事會ノ議決明ニ公益ヲ害スト認ムルトキハ市長ハ其ノ意見ニ依リ又ハ監督官廳ノ指揮ニ依リ理由ヲ示シテ之ヲ再議ニ付スヘシ但シ特別ノ事由アリト認ムルトキハ市長ハ之ヲ再議ニ付セスシテ直ニ府縣知事ノ指揮ヲ請フコトヲ得（昭和四年四月法律第五十六號本條追加）

2 前項ノ規定ニ依リ爲シタル市會又ハ市參事會ノ議決仍明ニ公益ヲ害スト

認ムルトキハ市長ハ府縣知事ノ指揮ヲ請フヘシ

3 市會又ハ市參事會ノ議決收支ニ關シ執行スルコト能ハサルモノアリト認ムルトキハ前二項ノ例ニ依ル左ニ掲クル費用ヲ削除シ又ハ減額シタル場合ニ於テ其ノ費用及之ニ伴フ收入ニ付亦同シ

一　法令ニ依リ負擔スル費用、當該官廳ノ職權ニ依リ命スル費用其ノ他ノ市ノ義務ニ屬スル費用

二　非常ノ災害ニ因ル應急又ハ復舊ノ施設ノ爲ニ要スル費用、傳染病豫防ノ爲ニ要スル費用其ノ他ノ緊急避クヘカラサル費用

4 前三項ノ規定ニ依ル府縣知事ノ處分ニ不服アル市長、市會又ハ市參事會ハ内務大臣ニ訴願スルコトヲ得

第九十一條　市會成立セサルトキ、第五十二條但書ノ場合ニ於テ仍會議ヲ開クコト能ハサルトキ又ハ市長ニ於テ市會ヲ招集スルノ暇ナシト認ムルトキハ市長ハ市會ノ權限ニ屬スル事件ヲ市參事會ノ議決ニ付スルコトヲ得

參照

第五十二條　但書

但シ第五十四條ノ除斥ノ爲半數ニ滿タサルトキ、同一ノ事件ニ付招集再回ニ至ルモ仍半數ニ滿タサルトキ又ハ招集ニ應スルモ出席議員定數ヲ闕キ議長ニ於テ出席ヲ催告シ仍半數ニ滿タサルトキハ此ノ限ニ在ラス

2 市參事會成立セサルトキ又ハ第七十條第一項但書ノ場合ニ於テ仍會議ヲ開クコト能ハサルトキハ市長ハ府縣知事ノ指揮ヲ請ヒ其ノ議決スヘキ事件ヲ處分スルコトヲ得（昭和四年四月法律第五十六號改正）

參照

第七十條　第一項　但書

但シ第二項ノ除斥ノ爲名譽職參事會員其ノ半數ニ滿タサルトキ、同一ノ事件ニ付招集再回ニ至ルモ仍名譽職參事會員其ノ半數ニ滿タサルトキ又ハ招集ニ應スルモ出席名譽職參事會員定數ヲ闕キ議長ニ於テ出席ヲ催告シ仍半數ニ滿タサルトキハ此ノ限ニ在ラス

3 市會又ハ市參事會ニ於テ其ノ議決スヘキ事件ヲ議決セサルトキハ前項ノ例ニ依ル（同上）

4 市會又ハ市參事會ノ決定スヘキ事件ニ關シテハ前三項ノ例ニ依ル此ノ場合ニ於ケル市參事會ノ決定又ハ市長ノ處分ニ關シテハ各本條ノ規定ニ準

シ訴願又ハ訴訟ヲ提起スルコトヲ得（同上）

5　前四項ノ規定ニ依ル處置ニ付テハ次回ノ會議ニ於テ之ヲ市會又ハ市參事會ニ報告スヘシ（同上）

第九十二條　市參事會ニ於テ議決又ハ決定スヘキ事件ニ關シ臨時急施ヲ要スル場合ニ於テ市參事會成立セサルトキ又ハ市長ニ於テ之ヲ招集スルノ暇ナシト認ムルトキハ市長ハ之ヲ專決シ次回ノ會議ニ於テ之ヲ市參事會ニ報告スヘシ

2　前項ノ規定ニ依リ市長ノ爲シタル處分ニ關シテハ各本條ノ規定ニ準シ訴願又ハ訴訟ヲ提起スルコトヲ得

第九十二條ノ二　市會及市參事會ノ權限ニ屬スル事項ノ一部ハ其ノ議決ニ依リ市長ニ於テ專決處分スルコトヲ得（昭和四年四月法律第五十六號改正）

第九十三條　市長其ノ他市吏員ハ從來法令又ハ將來法律勅令ノ定ムル所ニ依リ國府縣其ノ他公共團體ノ事務ヲ掌ル（昭和四年四月法律第五十六號改正）

2　前項ノ事務ヲ執行スル爲要スル費用ハ市ノ負擔トス但シ法令中別段ノ規定アルモノハ此ノ限ニ在ラス

第九十四條 市長ハ其ノ事務ノ一部ヲ助役ニ分掌セシムルコトヲ得但シ市ノ事務ニ付テハ豫メ市會ノ同意ヲ得ルコトヲ要ス

2 第六條ノ市ノ市長ハ前項ノ例ニ依リ其ノ事務ノ一部ヲ區長ニ分掌セシムルコトヲ得

3 市長ハ市吏員ヲシテ其ノ事務ノ一部ヲ臨時代理セシムルコトヲ得

第九十五條 市參與ハ市長ノ指揮監督ヲ承ケ市ノ經營ニ屬スル特別ノ事業ヲ擔任ス

第九十六條 助役ハ市長ノ事務ヲ補助ス

2 助役ハ市長故障アルトキ之ヲ代理ス助役數人アルトキハ豫メ市長ノ定メタル順序ニ依リ之ヲ代理ス

第九十七條 收入役ハ市ノ出納其ノ他ノ會計事務及第九十三條ノ事務ニ關スル國府縣其ノ他公共團體ノ出納其ノ他ノ會計事務ヲ掌ル但シ法令中別段ノ規定アルモノハ此ノ限ニ在ラス

2 副收入役ハ收入役ノ事務ヲ補助シ收入役故障アルトキ之ヲ代理ス副收入役數人アルトキハ豫メ市長ノ定メタル順序ニ依リ之ヲ代理ス

3 市長ハ收入役ノ事務ノ一部ヲ副收入役ニ分掌セシムルコトヲ得但シ市ノ出納其ノ他ノ會計事務ニ付テハ豫メ市會ノ同意ヲ得ルコトヲ要ス

4 第六條ノ市ノ市長ハ前項ノ例ニ依リ收入役ノ事務ノ一部ヲ區收入役ニ分掌セシムルコトヲ得

5 副收入役ヲ置カサル場合ニ於テハ市會ハ市長ノ推薦ニ依リ收入役故障アルトキ之ヲ代理スヘキ吏員ヲ定ムヘシ

第九十八條　第六條ノ市ノ區長ハ市長ノ命ヲ承ケ又ハ法令ノ定ムル所ニ依リ區内ニ關スル市ノ事務及區ノ事務ヲ掌ル

2 區長其ノ他區所屬ノ吏員ハ市長ノ命ヲ承ケ又ハ從來法令若ハ將來法律勅令ノ定ムル所ニ依リ國府縣其ノ他公共團體ノ事務ヲ掌ル（昭和四年四月法律第五十六號改正）

3 區長故障アルトキハ區收入役及區副收入役ニ非サル區所屬ノ吏員中上席者ヨリ順次之ヲ代理ス

4 第一項及第二項ノ事務ヲ執行スル爲要スル費用ハ市ノ負擔トス但シ法令中別段ノ規定アルモノハ此ノ限ニ在ラス

第九十九條 第六條ノ市ノ區收入役ハ市收入役ノ命ヲ承ケ又ハ法令ノ定ムル所ニ依リ市及區ノ出納其ノ他ノ會計事務ヲ掌リ市收入役ノ命ヲ承ケ又ハ從來法令若ハ將來法律勅令ノ定ムル所ニ依リ國府縣其ノ他公共團體ノ出納其ノ他ノ會計事務ヲ掌ル（昭和四年四月法律第五十六號改正）

2 區長ハ市長ノ許可ヲ得テ區收入役ノ事務ノ一部ヲ區副收入役ニ分掌セシムルコトヲ得但シ區ノ出納其ノ他ノ會計事務ニ付テハ豫メ區會ノ同意ヲ得ルコトヲ要ス

3 市長ハ市ノ出納其ノ他ノ會計事務ニ付前項ノ許可ヲ爲ス場合ニ於テハ豫メ市會ノ同意ヲ得ルコトヲ要ス

4 區收入役ヲ置カサル場合ニ於テハ市長ハ區收入役故障アルトキ之ヲ代理スヘキ吏員ヲ定ムヘシ

5 區收入役及區副收入役ノ職務權限ニ關シテハ前四項ニ規定スルモノノ外市收入役及市副收入役ニ關スル規定ヲ準用ス

第百條 名譽職區長ハ市長ノ命ヲ承ケ市長ノ事務ニシテ區內ニ關スルモノヲ補助ス

2 名譽職區長代理者ハ區長ノ事務ヲ補助シ區長故障アルトキ之ヲ代理ス

第百一條　委員ハ市長ノ指揮監督ヲ承ケ財產又ハ營造物ヲ管理シ其ノ他委託ヲ受ケタル市ノ事務ヲ調査シ又ハ之ヲ處辨ス

第百二條　第八十五條ノ吏員ハ市長ノ命ヲ承ケ事務ニ從事ス

參照

第八十五條　前數條ニ定ムル者ノ外市ニ必要ノ有給吏員ヲ置キ市長之ヲ任免ス

2 前項吏員ノ定數ハ市會ノ議決ヲ經テ之ヲ定ム

第百三條　第八十六條ノ吏員ハ區長ノ命ヲ承ケ事務ニ從事ス

參照

第八十六條　前數條ニ定ムル者ノ外第六條及第八十二條第三項ノ市ノ區ニ必要ノ市有給吏員ヲ置キ區長ノ申請ニ依リ市長之ヲ任免ス

2 前項吏員ノ定數ハ市會ノ議決ヲ經テ之ヲ定ム

2 區長ハ前項ノ吏員ヲシテ其ノ事務ノ一部ヲ臨時代理セシムルコトヲ得

第五章　給料及給與

第百四條　名譽職市長、名譽職市參與、市會議員、名譽職參事會員其ノ他

ノ名譽職員ハ職務ノ爲要スル費用ノ辨償ヲ受クルコトヲ得（昭和四年四月法律第五十六號改正）

2 名譽職市長、名譽職市參與、名譽職區長、名譽職區長代理者及委員ニハ費用辨償ノ外勤務ニ相當スル報酬ヲ給スルコトヲ得（同上）

3 費用辨償額、報酬額及其ノ支給方法ハ市條例ヲ以テ之ヲ規定スヘシ（同上）

第百五條 有給市長、有給市參與、助役其ノ他ノ有給吏員ノ給料額、旅費額及其ノ支給方法ハ市條例ヲ以テ之ヲ規定スヘシ（同上）

第百六條 有給吏員ニハ市條例ノ定ムル所ニ依リ退隱料、退職給與金、死亡給與金又ハ遺族扶助料ヲ給スルコトヲ得

第百七條 費用辨償、報酬、給料、旅費、退隱料、退職給與金、死亡給與金又ハ遺族扶助料ノ給與ニ付關係者ニ於テ異議アルトキハ之ヲ市長ニ申立ツルコトヲ得

2 前項ノ異議ノ申立アリタルトキハ市長ハ七日以內ニ之ヲ市參事會ノ決定ニ付スヘシ關係者其ノ決定ニ不服アルトキハ府縣參事會ニ訴願シ其ノ裁決又ハ第三項ノ裁決ニ不服アルトキハ行政裁判所ニ出訴スルコトヲ得

3 前項ノ決定及裁決ニ付テハ市長ヨリモ訴願又ハ訴訟ヲ提起スルコトヲ得

4 前二項ノ裁決ニ付テハ府縣知事ヨリモ訴訟ヲ提起スルコトヲ得

第百八條　費用辨償、報酬、給料、旅費、退隱料、退職給與金、死亡給與金、遺族扶助料其ノ他ノ給與ハ市ノ負擔トス

第六章　市ノ財務

第一款　財産營造物及市税

第百九條　收益ノ爲ニスル市ノ財産ハ基本財産トシ之ヲ維持スヘシ

2 市ハ特定ノ目的ノ爲特別ノ基本財産ヲ設ケ又ハ金穀等ヲ積立ツルコトヲ得

第百十條　舊來ノ慣行ニ依リ市住民中特ニ財産又ハ營造物ヲ使用スル權利ヲ有スル者アルトキハ其ノ舊慣ニ依ル舊慣ヲ變更又ハ廢止セムトスルトキハ市會ノ議決ヲ經ヘシ

2 前項ノ財産又ハ造營物ヲ新ニ使用セムトスル者アルトキハ市ハ之ヲ許可

スルコトヲ得

第百十一條 市ハ前條ニ規定スル財産ノ使用方法ニ關シ市規則ヲ設クルコトヲ得

第百十二條 市ハ第百十條第一項ノ使用者ヨリ使用料ヲ徴收シ同條第二項ノ使用ニ關シテハ使用料若ハ一時ノ加入金ヲ徴收シ又ハ使用料及加入金ヲ共ニ徴收スルコトヲ得

参照

第百十條 舊來ノ慣行ニ依リ市住民中特ニ財産又ハ營造物ヲ使用スル權利ヲ有スル者アルトキハ其ノ舊慣ニ依ル舊慣ヲ變更又ハ廢止セムトスルトキハ市會ノ議決ヲ經ヘシ

2 前項ノ財産又ハ營造物ヲ新ニ使用セムトスル者アルトキハ市ハ之ヲ許可スルコトヲ得

第百十三條 市ハ營造物ノ使用ニ付使用料ヲ徴收スルコトヲ得

2 市ハ特ニ一個人ノ爲ニスル事務ニ付手數料ヲ徴收スルコトヲ得

第百十四條 財産ノ賣却貸與、工事ノ請負及物件勞力其ノ他ノ供給ハ競爭入札ニ付スヘシ但シ臨時急施ヲ要スルトキ、入札ノ價格其ノ費用ニ比シテ得失相償ハサルトキ又ハ市會ノ同意ヲ得タルトキハ此ノ限ニ在ラス

第百十五條 市ハ其ノ公益上必要アル場合ニ於テハ寄附又ハ補助ヲ爲スコ

トヲ得

第百十六條 市ハ其ノ必要ナル費用及從來法令ニ依リ又ハ將來法律勅令ニ依リ市ノ負擔ニ屬スル費用ヲ支辨スル義務ヲ負フ

2 市ハ其ノ財産ヨリ生スル收入、使用料、手數料、過料、過怠金其ノ他法令ニ依リ市ニ屬スル收入ヲ以テ前項ノ支出ニ充テ仍不足アルトキハ市税及夫役現品ヲ賦課徴收スルコトヲ得

第百十七條 市税トシテ賦課スルコトヲ得ヘキモノ左ノ如シ

一 直接國税及府縣税ノ附加税（昭和四年四月法律第五十六號改正）

二 特別税

2 直接國税又ハ府縣税ノ附加税ハ均一ノ税率ヲ以テ之ヲ徴收スヘシ但シ百六十七條ノ規定ニ依リ許可ヲ受ケタル場合ハ此ノ限ニ在ラス（同上改正）

參照

第百六十七條 左ニ掲クル事件ハ府縣知事ノ許可ヲ受クヘシ但シ第一號、第四號、第六號及第十一號ニ掲クル事件ニシテ勅令ヲ以テ指定スルモノハ其ノ定ムル所ニ依リ主務大臣ノ許可ヲ受クヘシ

一 市條例ヲ設ケ又ハ改廢スルコト

二　基本財産及特別基本財産ノ處分ニ關スルコト
三　第百十條ノ規定ニ依リ舊慣ヲ變更シ又ハ廢止スルコト
四　使用料ヲ新設シ又ハ變更スルコト
五　均一ノ税率ニ依ラスシテ國税又ハ府縣税ノ附加税ヲ賦課スルコト
六　特別税ヲ新設シ又ハ變更スルコト
七　第百二十二條第一項、第二項及第四項ノ規定ニ依リ數人又ハ市ノ一部ニ費用ヲ負擔セシムルコト
八　第百二十四條ノ規定ニ依リ不均一ノ賦課ヲ爲シ又ハ數人若ハ市ノ一部ニ對シ賦課ヲ爲スコト
九　第百二十五條ノ準率ニ依ラスシテ夫役現品ヲ賦課スルコト但シ急迫ノ場合ニ賦課スル夫役ニ付テハ此ノ限ニ在ラス
十　繼續費ヲ定メ又ハ變更スルコト
十一　市債ヲ起シ並ニ起債ノ方法、利息ノ定率及償還ノ方法ヲ定メ又ハ之ヲ變更スルコト但シ第百三十二條第三項ノ借入金ハ此ノ限ニ在ラス

3　國税ノ附加税タル府縣税ニ對シテハ附加税ヲ賦課スルコトヲ得ス

4　特別税ハ別ニ税目ヲ起シテ課税スルノ必要アルトキ、賦課徴收スルモノトス

第百十八條　三月以上市内ニ滯在スル者ハ其ノ滯在ノ初ニ遡リ市税ヲ納ム

ル義務ヲ負フ

第百十九條　市內ニ住所ヲ有セス又ハ三月以上滯在スルコトナシト雖市內ニ於テ土地家屋物件ヲ所有シ使用シ若ハ占有シ、市內ニ營業所ヲ設ケテ營業ヲ爲シ又ハ市內ニ於テ特定ノ行爲ヲ爲ス者ハ其ノ土地家屋物件營業若ハ其ノ收入ニ對シ又ハ其ノ行爲ニ對シテ賦課スル市稅ヲ納ムル義務ヲ負フ

第百十九條ノ二　合併後存續スル法人又ハ合併ニ因リ設立シタル法人ハ合併ニ因リ消滅シタル法人ニ對シ其ノ合併前ノ事實ニ付賦課セラルヘキ市稅ヲ納ムル義務ヲ負フ（昭和四年四月法律第五十六號追加）

2　相續人又ハ相續財團ハ勅令ノ定ムル所ニ依リ被相續人ニ對シ其ノ相續開始前ノ事實ニ付賦課セラルヘキ市稅ヲ納ムル義務ヲ負フ（同上）

第百二十條　納稅者ノ市外ニ於テ所有シ使用シ占有スル土地家屋物件若ハ其ノ收入又ハ市外ニ於テ營業所ヲ設ケタル營業若ハ其ノ收入ニ對シテハ市稅ヲ賦課スルコトヲ得ス

2　市ノ內外ニ於テ營業所ヲ設ケ營業ヲ爲ス者ニシテ其ノ營業又ハ收入ニ對スル本稅ヲ分別シテ納メサルモノニ對シ附加稅ヲ賦課スル場合及住所滯

在市ノ内外ニ渉ル者ノ收入ニシテ土地家屋物件又ハ營業所ヲ設ケタル營業ヨリ生スル收入ニ非サルモノニ對シ市稅ヲ賦課スル場合ニ付テハ勅令ヲ以テ之ヲ定ム

第百二十一條 所得稅法第十八條ニ揭クル所得ニ對シテハ市稅ヲ賦課スルコトヲ得ス（大正十年四月法律第五十八號改正）

参照

所得稅法

第十八條 第三種ノ所得ニシテ左ノ各號ニ該當スルモノニハ所得稅ヲ課セス

一 軍人從軍中ノ俸給及手當
二 扶助料及傷痍疾病者ノ恩給又ハ退隱料
三 旅費、學資金及法定扶養料
四 郵便貯金、産業組合貯金及銀行貯蓄預金ノ利子
五 營利ノ事業ニ屬セサル一時ノ所得
六 日本ノ國籍ヲ有セサル者ノ本法施行地外ニ於ケル資産、營業又ハ職業ヨリ生スル所得

2 神社寺院祠宇佛堂ノ用ニ供スル建物及其ノ境內地竝敎會所說敎所ノ用ニ

供スル建物及其ノ構内地ニ對シテハ市税ヲ賦課スルコトヲ得ス但シ有料ニテ之ヲ使用セシムル者及住宅ヲ以テ教會所説教所ノ用ニ充ツル者ニ對シテハ此ノ限ニ在ラス

3 國府縣市町村其ノ他公共團體ニ於テ公用ニ供スル家屋物件及營造物ニ對シテハ市税ヲ賦課スルコトヲ得ス但シ有料ニテ之ヲ使用セシムル者及使用收益者ニ對シテハ此ノ限ニアラス

4 國ノ事業又ハ行爲及國有ノ土地家屋物件ニ對シテハ國ニ市税ヲ賦課スルコトヲ得ス

5 前四項ノ外市税ヲ賦課スルコトヲ得サルモノハ別ニ法律勅令ノ定ムル所ニ依ル

第百二十一條ノ二　市ハ公益上其ノ他ノ事由ニ因リ課税ヲ不適當トスル場合ニ於テハ命令ノ定ムル所ニ依リ市税ヲ課セサルコトヲ得

第百二十二條　數人ヲ利スル營造物ノ設置維持其ノ他ノ必要ナル費用ハ其ノ關係者ニ負擔セシムルコトヲ得

2 市ノ一部ヲ利スル營造物ノ設置維持其ノ他ノ必要ナル費用ハ其ノ部内ニ

於テ市稅ヲ納ムル義務アル者ニ負擔セシムルコトヲ得

3 前二項ノ場合ニ於テ營造物ヨリ生スル收入アルトキハ先ツ其ノ收入ヲ以テ其ノ費用ニ充ツヘシ前項ノ場合ニ於テ其ノ一部ノ收入アルトキ亦同シ

4 數人又ハ市ノ一部ヲ利スル財產ニ付テハ前三項ノ例ニ依ル

第百二十三條 市稅及其ノ賦課徵收ニ關シテハ本法其ノ他ノ法律ニ規定アルモノノ外勅令ヲ以テ之ヲ定ムルコトヲ得

第百二十四條 數人又ハ市ノ一部ニ對シ特ニ利益アル事件ニ關シテハ市ハ不均一ノ賦課ヲ爲シ又ハ數人若ハ市ノ一部ニ對シ賦課ヲ爲スコトヲ得

第百二十五條 夫役又ハ現品ハ直接市稅ヲ準率ト爲シ且之ヲ金額ニ算出シテ賦課スヘシ但シ第百六十七條規定ニ依リ許可ヲ受ケタル場合ハ此ノ限ニ在ラス（大正十年法律第五十八號改正）

參照

第百六十七條 左ニ掲クル事件ハ府縣知事ノ許可ヲ受クヘシ但シ第一號、第四號、第六號及第十一號ニ掲クル事件ニシテ勅令ヲ以テ指定スルモノハ其ノ定ムル所ニ依リ主務大臣ノ許可ヲ受クヘシ

一 市條例ヲ設ケ又ハ改廢スルコト

二　基本財産及特別基本財産ノ處分ニ關スルコト

三　第百十第ノ規定ニ依リ舊慣ヲ變更シ又ハ廢止スルコト

四　使用料ヲ新設シ又ハ變更スルコト

五　均一ノ税率ニ依ラスシテ國税又ハ府縣税ノ附加税ヲ賦課スルコト

六　特別税ヲ新設シ又ハ變更スルコト

七　第百二十二條第一項、第二項及四項ノ規定ニ依リ數人又ハ市ノ一部ニ費用ヲ負擔セシムルコト

八　第百二十四條ノ規定ニ依リ不均一ノ賦課ヲ爲シ又ハ數人若ハ市ノ一部ニ對シ賦課ヲ爲スコト

九　第百二十五條ノ準率ニ依ラスシテ夫役現品ヲ賦課スルコト但シ急迫ノ場合ニ賦課スル夫役ニ付テハ此ノ限ニ在ラス

十　繼續費ヲ定メ又ハ變更スルコト

十一　市債ヲ起シ竝ニ起債ノ方法、利息ノ定率及償還ノ方法ヲ定メ又ハ之ヲ變更スルコト但シ第百三十二條第三項ノ借入金ハ此ノ限ニ在ラス

2　學藝美術及手工ニ關スル勞務ニ付テハ夫役ヲ賦課スルコトヲ得ス

3　夫役ヲ賦課セラレタル者ハ本人自ラ之ニ當リ又ハ適當ノ代人ヲ出スコトヲ得

4 夫役又ハ現品ハ金錢ヲ以テ之ニ代フルコトヲ得

5 第一項及前項ノ規定ハ急迫ノ場合ニ賦課スル夫役ニ付テハ之ヲ適用セス

第百二十六條 非常災害ノ爲必要アルトキハ市ハ他人ノ土地ヲ一時使用シ又ハ其ノ土石竹木其ノ他ノ物品ヲ使用シ若ハ收用スルコトヲ得但シ其ノ損失ヲ補償スヘシ

2 前項ノ場合ニ於テ危險防止ノ爲必要アルトキハ市長、警察官吏又ハ監督官廳ハ市内ノ居住者ヲシテ防禦ニ從事セシムルコトヲ得

3 第一項但書ノ規定ニ依リ補償スヘキ金額ハ協議ニ依リ之ヲ定ム協議調ハサルトキハ鑑定人ノ意見ヲ徴シ府縣知事之ヲ決定ス決定ヲ受ケタル者其ノ決定ニ不服アルトキハ内務大臣ニ訴願スルコトヲ得

4 前項ノ決定ハ文書ヲ以テ之ヲ爲シ其ノ理由ヲ附シ之ヲ本人ニ交付スヘシ

5 第一項ノ規定ニ依リ土地ノ一時使用ノ處分ヲ受ケタル者其ノ處分ニ不服アルトキハ府縣知事ニ訴願シ其ノ裁決ニ不服アルトキハ内務大臣ニ訴願スルコトヲ得

第百二十七條 市税ノ賦課ニ關シ必要アル場合ニ於テハ當該吏員ハ日出ヨ

リ日沒迄ノ間營業者ニ關シテハ仍其ノ營業時間内家宅若ハ營業所ニ臨檢シ又ハ帳簿物件ノ檢査ヲ爲スコトヲ得

2 前項ノ場合ニ於テハ當該吏員ハ其ノ身分ヲ證明スヘキ證票ヲ携帶スヘシ

第百二十八條　市長ハ納税者中特別ノ事情アル者ニ對シ納税延期ヲ許スコトヲ得其ノ年度ヲ超ユル場合ハ市參事會ノ議決ヲ經ヘシ

2 市ハ特別ノ事情アル者ニ限リ市税ヲ減免スルコトヲ得

第百二十九條　使用料手數料及特別税ニ關スル事項ニ付テハ市條例ヲ以テ之ヲ規定スヘシ

2 詐僞其ノ他ノ不正ノ行爲ニ依リ使用料ノ徴收ヲ免レ又ハ市税ヲ逋脱シタル者ニ付テハ市條例ヲ以テ其ノ徴收ヲ免レ又ハ逋脱シタル金額ノ三倍ニ相當スル金額（其ノ金額五圓未滿ナルトキハ五圓）以下ノ過料ヲ科スル規定ヲ設クルコトヲ得

3 前項ニ定ムルモノヲ除クノ外使用料、手數料及市税ノ賦課徴收ニ關シテハ市條例ヲ以テ五圓以下ノ過料ヲ科スル規定ヲ設クルコトヲ得財産又ハ營造物ノ使用ニ關シ亦同シ

4 過料ノ處分ヲ受ケタル者其ノ處分ニ不服アルトキハ府縣參事會ニ訴願シ其ノ裁決ニ不服アルトキハ行政裁判ニ出訴スルコトヲ得

5 前項ノ裁決ニ付テハ府縣知事又ハ市長ヨリモ訴訟ヲ提起スルコトヲ得

第百三十條 市稅ノ賦課ヲ受ケタル者其ノ賦課ニ付違法又ハ錯誤アリト認ムルトキハ徵稅令書ノ交付ヲ受ケタル日ヨリ三月以内ニ市長ニ異議ノ申立ヲ爲スコトヲ得

2 財產又ハ營造物ヲ使用スル權利ニ關シ異議アル者ハ之ヲ市長ニ申立ツルコトヲ得

3 前二項ノ異議ノ申立アリタルトキハ市長ハ七日以内ニ之ヲ市參事會ノ決定ニ付スヘシ決定ヲ受ケタル者其ノ決定ニ不服アルトキハ府縣參事會ニ訴願シ其ノ裁決又ハ第五項ノ裁決ニ不服アルトキハ行政裁判所ニ出訴スルコトヲ得

4 第一項及前項ノ規定ハ使用料手數料及加入金ノ徵收竝夫役現品ノ賦課ニ關シ之ヲ準用ス

5 前二項ノ規定ニ依ル決定及裁決ニ付テハ市長ヨリモ訴願又ハ訴訟ヲ提起

スルコトヲ得

6 前三項ノ規定ニ依ル裁決ニ付テハ府縣知事ヨリモ訴訟ヲ提起スルコトヲ得

第百三十一條 市稅、使用料、手數料、加入金、過料、過怠金其ノ他ノ市ノ收入ヲ定期內ニ納メサル者アルトキハ市長ハ期限ヲ指定シテ之ヲ督促スヘシ

2 夫役現品ノ賦課ヲ受ケタル者定期內ニ其ノ履行ヲ爲サス又ハ夫役現品ニ代フル金錢ヲ納メサルトキハ市長ハ期限ヲ指定シテ之ヲ督促スヘシ急迫ノ場合ニ賦課シタル夫役ニ付テハ更ニ之ヲ金額ニ算出シ期限ヲ指定シテ其ノ納付ヲ命スヘシ

3 前二項ノ場合ニ於テハ市條例ノ定ムル所ニ依リ手數料ヲ徵收スルコトヲ得

4 滯納者第一項又ハ第二項ノ督促又ハ命令ヲ受ケ其ノ指定ノ期限內ニ之ヲ完納セサルトキハ國稅滯納處分ノ例ニ依リ之ヲ處分スヘシ

參照

第三章　滯納處分

第十條　左ノ場合ニ於テハ收税官吏ハ納税者ノ財産ヲ差押フヘシ

一　納税者督促ヲ受ケ其ノ指定ノ期限マテニ督促手數料、延滯金及税金ヲ完納セサルトキ

二　第四條ノ一第一號及第七號ノ場合ニ於テ納税者納期ノ到ラサル國税納付ノ告知ヲ受ケ税金ヲ完納セサルトキ

第十一條　收税官吏滯納處分ノ爲財産ノ差押ヲ爲ストキハ其ノ命令ヲ受ケタル官吏タルノ證票ヲ示スヘシ

第十二條　差押フヘキ財産ノ價格ニシテ督促手數料、延滯金、滯納處分費及第三條ニ依リ控除スヘキ債務額ニ充テ殘餘ヲ得ル見込ナキトキハ滯納處分ノ執行ヲ止ム

第十三條　收税官吏滯納者ノ財産ヲ差押フルニ當リ質權ノ設定セラレタル物件アルトキハ質權設定時期ノ如何ニ拘ラス其ノ質權者ハ質物ヲ收税官吏ニ引渡スヘシ

第十四條　收税官吏財産ノ差押ヲ爲シタル場合ニ於テ第三者其ノ財産ニ就キ所有權ヲ主張シ取戻ヲ請求セムトスルトキハ賣却決行ノ五日前マテニ所有者タルノ證憑ヲ具ヘテ收税官吏ニ申出ヘシ

第十五條　滯納處分ヲ執行スルニ當リ滯納者財産ノ差押ヲ免ルル爲故意ニ其ノ財産ヲ讓渡シ讓受人其ノ情ヲ知リ讓受ケタル場合ニ於テ政府ハ其ノ行爲ノ取消ヲ求ムルコトヲ

得

第十六條　左ニ掲クル物件ハ之ヲ差押フルコトヲ得ス

一　滯納者及其ノ同居ノ家族ノ生活上缺クヘカラサル衣服、寢具、家具及厨具

二　滯納者及其ノ同居家族ニ必要ナル一箇月間ノ食料及薪炭

三　實印其ノ他職業ニ必要ナル印

四　祭祀禮拜ニ必要ナリト認ムル物及石碑、墓地

五　系譜其ノ他滯納者ノ家ニ必要ナル日記書付類

六　職務上必要ナル制服、祭服、法衣

七　勳章其ノ他名譽ノ章票

八　滯納者及其ノ同居家族ノ修學上必要ナル書籍器具

九　發明又ハ著作ニ係ル物ニシテ未タ公ニセサルモノ

第十七條　左ニ掲クル物件ハ他ニ督促手數料、延滯金、滯納處分費及稅金ヲ償フニ足ルヘキ物件ヲ提供スルトキハ滯納者ノ選擇ニ依リ差押ヲ爲ササルモノトス

一　農業ニ必要ナル器具、種子、肥料及牛馬竝其ノ飼料

二　職業ニ必要ナル器具及材料

第十八條　差押ノ效力ハ差押物ヨリ生スル天然及法定ノ果實ニ及フモノトス

第十九條　滯納處分ハ裁判上ノ假差押又ハ假處分ノ爲ニ其ノ執行ヲ妨ケラルルコトナシ

第二十條　收稅官吏財産ノ差押ヲ爲ストキハ滯納者ノ家屋、倉庫及筐匣ヲ搜索シ又ハ閉

鎖シタル戸扉、筐匣ヲ開カシメ若ハ自ラ之ヲ開クコトヲ得滯納者ノ財産ヲ占有スル第三者其ノ財産ノ引渡ヲ拒ミタルトキ亦同シ

2 第三者ノ家屋、倉庫及筐匣ニ滯納者ノ財産ヲ藏匿スルノ疑アルトキハ收稅官吏ハ前項ニ準シ處分スルコトヲ得

3 前二項ニ依リ家屋、倉庫又ハ筐匣ヲ搜索スルハ日出ヨリ日沒マテニ限ル

第二十一條 收稅官吏前條ノ處分ヲ爲ストキハ滯納者若ハ前條ニ掲ケタル第三者又ハ其ノ家族雇人ヲシテ立會ハシムヘシ若シ立會フヘキ者不在ナルトキ又ハ立會ニ應セサルトキハ成丁者二人以上又ハ市町村吏員（市制町村制ヲ施行セサル地ニ在リテハ區戸長及其ノ附屬吏員）若ハ警察官吏ヲ證人トシテ立會ハシムヘシ

第二十二條 動産及有價證劵ノ差押ハ收稅官吏占有シテ之ヲ爲ス但シ差押物件運搬ヲ爲スニ困難ナルトキハ市町村長、滯納者又ハ第三者ヲシテ保管ヲ爲サシムルコトヲ得此ノ場合ニ於テハ封印其ノ他ノ方法ヲ以テ差押ヲ明白ニスヘシ

2 差押物件ノ保管證ニ關シテハ印紙稅ヲ納ムルコトヲ要セス

第二十三條ノ一 債權ノ差押ヲ爲ストキハ收稅官吏ハ之ヲ債務者ニ通知スヘシ

2 前項ノ通知ヲ爲シタルトキハ政府ハ督促手數料、延滯金、滯納處分費及稅金額ヲ限度トシテ債權者ニ代位ス

第二十三條ノ二 債權及所有權以外ノ財産權ノ差押ヲ爲ストキハ收稅官吏ハ之ヲ其ノ權利者ニ通知スヘシ

2 前項ノ財産權ニシテ其ノ移轉ニ付登記又ハ登錄ヲ要スルモノニ在リテハ差押ノ登記又ハ登錄ヲ關係官廳ニ囑託スヘシ其ノ抹消又ハ變更ニ付テモ亦同シ

第二十三條ノ三　不動產又ハ船舶ヲ差押ヘタルトキハ收稅官吏ハ差押ノ登記ヲ所轄登記所ニ囑託スヘシ其ノ抹消又ハ變更ノ登記ニ付テモ亦同シ

2 差押ノ爲不動產ヲ分割又ハ區分シタルトキハ收稅官吏ハ分割又ハ區分ノ登記ヲ所轄登記所ニ囑託スヘシ其ノ合併又ハ變更ノ登記ニ付テモ亦同シ

第二十三條ノ四　差押ノ解除ニ關シテハ登錄稅ヲ納ムルコトヲ要セス

第二十四條　差押ヘタル動產、有價證券、不動產及第二十三條ノ一ニ依リ收稅官吏カ第三債務者ヨリ給付ヲ受ケタル物件ハ通貨ヲ除クノ外公賣ニ付ス公賣ノ手續ハ勅令ヲ以テ之ヲ定ム

2 公賣ニ付スルモ買受人ナキカ又ハ其ノ價格見積價格ニ達セサルトキハ其ノ見積價格ヲ以テ政府ニ買上クルコトヲ得

3 債權及所有權以外ノ財產權ニ付テハ前二項ノ規定ヲ準用ス

第二十五條　見積價格僅少ニシテ其ノ公賣費用ヲ償フニ足ラサル物件ハ隨意契約ヲ以テ之ヲ賣却スルコトヲ得

第二十六條　滯納者及賣却ヲ爲ス地方ノ稅務ニ關スル官吏、公吏、雇員ハ直接ト間接トヲ問ハス其ノ賣却物件ヲ買受クルコトヲ得ス

第二十七條　滯納處分費ハ財產ノ差押、保管、運搬、公賣ニ關スル費用及通信費トス

第二十八條　物件ノ賣却代金、差押ヘタル通貨及第二十三條ノ一ニ依リ第三債務者ヨリ給付ヲ受ケタル通貨ハ督促手數料、延滯金、滯納處分費及稅金ニ充テ尙殘餘アルトキハ之ヲ滯納者ニ交付ス

2 賣却シタル物件質權、抵當權ノ目的物タルトキハ其ノ代金ヨリ先ツ督促手數料、延滯金、滯納處分費及稅金ヲ控除シ次ニ其ノ債務額ニ充ツルマテヲ債權者ニ交付シ尙殘餘アルトキハ之ヲ滯納者ニ交付ス但シ第三條ニ揭ケタル質權、抵當權ノ目的タル物件ニ關シテハ其ノ代金ヨリ先ツ督促手數料、延滯金、滯納處分費ヲ徵シ次ニ其ノ債務額ニ充ツルマテヲ債權者ニ交付シ次ニ稅金ヲ控除シ尙殘餘アルトキハ之ヲ滯納者ニ交付ス

第二十九條　會社ニ對シ滯納處分ヲ執行スル場合ニ於テ會社財產ヲ以テ督促手數料、延滯金滯納處分費及稅金ニ充テ仍不足アルトキハ無限責任社員ニ就キ之ヲ處分スルコトヲ得

第三十條　此ノ法律ニ依リ債權者又ハ滯納者ニ交付スヘキ金錢ハ之ヲ供託スルコトヲ得

第三十一條　滯納處分ヲ結了シ若ハ之ヲ中止シタルトキハ納稅義務及督促手數料、延滯金滯納處分費納付ノ義務ハ消滅ス

國稅徵收法施行規則

第十二條　質權又ハ抵當權ノ設定セラレタル財產ヲ差押フルトキハ收稅官吏ハ督促手數料、延滯金、滯納處分費及稅金額其ノ他必要ト認ムル事項ヲ其ノ債權者ニ通知スヘシ

2 國稅ニ對シ先取權ヲ有スル債權者前項ノ通知ヲ受ケ其ノ權利ヲ行使セムトスルトキハ證憑書類ヲ添ヘ其ノ事實ヲ證明スヘシ

第十三條　民事訴訟法ニ依リ假差押ヲ受ケタル財産ヲ差押フルトキハ之ヲ執行裁判所又ハ執達吏若ハ强制管理人ニ通知スヘシ假處分ヲ受ケタル財産ヲ差押フルトキ亦之ニ準ス

第十四條　差押フヘキ財産管轄區域外ニ在ルトキハ收税官吏ハ其ノ財産所在地ノ收税官吏ニ滯納處分ノ引繼ヲ爲スヘシ

第十五條　差押フヘキ財産數人ノ共有ニ係ルトキハ滯納者ニ屬スル持分ニ就キ滯納處分ヲ爲シ其ノ持分ノ定メナキモノハ持分相均シキモノトシテ處分スヘシ

第十六條　收税官吏財産ヲ差押ヘタルトキハ左ノ事項ヲ記載シタル差押調書ヲ作リ之ニ署名捺印スヘシ

一　滯納者ノ氏名及住所若ハ居所
二　差押財産ノ名稱、數量、性質、所在其ノ他重要ナル事項
三　差押ノ事由
四　調書ヲ作リタル場所、年月日

2 國税徴收法第二十一條ノ場合ニ於テハ收税官吏ハ立會人ト共ニ差押調書ニ署名捺印スヘシ但シ立會人ニ於テ署名捺印ヲ拒ミ又ハ署名捺印スルコト能ハサルトキハ其ノ理由ヲ附記スヘシ

3 收税官吏差押調書ヲ作リタルトキハ其ノ謄本ヲ滯納者及立會人ニ交付スヘシ但シ債權及所有權以外ノ財産權ノミヲ差押ヘタルトキハ此ノ限ニ在ラス

第十七條 收稅官吏財產ヲ差押ヘタル場合ニ於テ滯納者又ハ第三者ヨリ督促手數料、延滯金、滯納處分費及稅金ヲ完納シタルトキハ其ノ財產ノ差押ヲ解クヘシ
第十八條 公賣ハ入札又ハ競賣ノ方法ヲ以テ之ヲ爲スヘシ
第十九條 國稅徵收法第二十四條ニ依リ公賣ヲ爲サムトスルトキハ左ノ事項ヲ公告スヘシ
一 滯納者ノ氏名及住所若ハ居所
二 公賣財產ノ名稱、數量、性質、所在其ノ他重要ナル事項
三 入札又ハ競賣ノ場所、日時
四 開札ノ場所、日時
五 保證金ヲ徵收スルトキハ其ノ金額
六 代金納付ノ期限
第二十條 財產公賣ノ場合ニ於テ必要ト認ムルトキハ加入保證金又ハ契約保證金ヲ徵スヘシ
2 加入保證金又ハ契約保證金ハ國債ヲ以テ之ニ代用スルコトヲ得
3 落札者又ハ買受人義務ヲ履行セサルトキハ其ノ保證金又ハ之ニ代用シタル國債ハ之ヲ政府ノ所得トス
第二十一條 公賣ハ財產所在ノ市區町村內ニ於テ之ヲ爲スヘシ但シ收稅官吏必要ト認ムルトキハ他ノ地方ニ於テ之ヲ爲スコトヲ得

第二十二條　公賣ハ公告ノ初日ヨリ十日ノ期間ヲ過キタル後之ヲ執行スヘシ但シ其ノ物件不相應ノ保存費ヲ要スルモノ若ハ著シク其ノ價格ヲ減損スルノ虞アルモノナルトキハ此ノ限ニ在ラス

第二十三條　財産ヲ公賣セムトスルトキハ收稅官吏ハ其ノ財産ノ價格ヲ見積リ之ヲ封書トシ公賣ノ場所ニ置クヘシ

第二十四條　賣却シタル財産ニ付滯納者ヲシテ權利移轉ノ手續ヲ爲サシムル必要アルトキハ收稅官吏ハ期限ヲ指定シ其ノ手續ヲ爲サシムヘシ

2　前項ノ期間內ニ滯納者其ノ手續ヲ爲ササルトキハ收稅官吏ハ滯納者ニ代リテ之ヲ爲スコトヲ得

第二十五條　入札ノ方法ヲ以テ公賣ニ付スル場合ニ於テ落札トナルヘキ同價ノ入札ヲ爲シタル者二名以上アルトキハ其ノ同價ノ入札人ヲシテ追加入札ヲ爲サシメ落札者ヲ定ム追加入札ノ價格仍同キトキハ抽籤ヲ以テ落札者ヲ定ム

第二十六條　財産ヲ公賣ニ付スルモ買受望人ナキカ又ハ其ノ價格見積價格ニ達セサルトキハ更ニ公賣ヲ爲スコトアルヘシ

第二十七條　公賣財産ノ買受人代金納付ノ期限マテニ其ノ代金ヲ完納セサルトキハ收稅官吏ハ其ノ賣買ヲ解除シ更ニ之ヲ公賣ニ付スヘシ

第二十八條　前二條ニ依リ再公賣ヲ爲ス場合ニ於テハ第二十二條ノ期間ヲ短縮スルコトヲ得

第二十九條 國稅徵收法第四條ノ一第二號乃至第六號ニ該當スル場合ニ於テハ收稅官吏ハ當該官廳、公共團體、執行裁判所、執達吏、强制管理人、破產主任官又ハ淸算人ニ督促手數料、延滯金、滯納處分費及滯納稅金ノ交付ヲ求ムヘシ但シ他ニ差押フヘキ財產アルトキハ之ヲ差押フルコトヲ妨ケス

第三十條 滯納處分ヲ結了シタルトキハ收稅官吏ハ其ノ處分ニ關スル計算書ヲ作リ之ヲ滯納者ニ交付スヘシ

2 賣却シタル財產ニ對シ質權又ハ抵當權ヲ有スル者ハ其ノ計算ニ關スル記錄ノ閱覽ヲ收稅官吏ニ求ムルコトヲ得

第三十一條 納稅告知督促及滯納處分ニ關スル公告ハ稅務署ニ之ヲ爲スヘシ但シ必要ト認ムルトキハ稅務署ノ外適當ノ場所ニ又ハ他ノ方法ヲ以テ之ヲ爲スヘシ

國稅徵收法施行細則 抄

第九條 稅務署長ハ國稅滯納者ノ財產差押ヲ命シタル收稅官吏ニ左ノ證票ヲ交付スヘシ

用紙厚紙縱二寸五分橫一寸五分

表

第「何」號 國稅滯納者 財產差押 證票	稅務署印

裏

「何」稅務署 「官 氏 名」

第十條　收税官吏債權ノ差押ヲ爲ストキハ債務者ニ對シ、第十號書式債權及所有權以外ノ財産權ノ差押ヲ爲ストキハ權利者ニ對シ第十一號書式ノ差押通知書ヲ發スヘシ

第十一條　國税徴收法施行規則第十六條ノ差押調書ハ第十二號書式ニ依リ之ヲ調製スヘシ

第十二條　收税官吏財産ヲ賣却セムトスル場合ニ其ノ價格ヲ見積リ難キモノアルトキハ適當ナル鑑定人ヲ選ミ其ノ評價ヲ爲サシムルコトヲ得

第十三條　入札ノ方法ヲ以テ財産ヲ公賣スル場合ニハ買受望人ハ其ノ住所氏名買受財産ノ種類員數及入札價格ヲ記シタル入札書ヲ封緘シテ差出スヘシ

第十四條　入札書ハ公告ニ示シタル開札ノ場所日時ニ入札人ノ面前ニ於テ之ヲ開クモノトス入札人又ハ其代理人開札ノ場所ニ出席セサルトキハ其ノ立會ヲ要セスシテ開札スルコトヲ得

第十五條　競賣ノ方法ヲ以テ財産ヲ公賣スルトキハ競賣人ヲ選ミ之ヲ取扱ハシムルコトヲ得

第十六條　加入保證金又ハ契約保證金ノ割合ハ買受望人各自ノ公賣財産見積價格百分ノ五以上トシテ公賣ノ時々之ヲ定ルモノトス

第十七條　公賣財産ノ買受人又ハ競買人ハ納付書ヲ添ヘ其ノ代金ヲ税務署長ニ納付スヘシ

第十八條　督促又ハ滯納處分ニ關シ使丁ヲ以テ書類ノ送達ヲ爲ストキハ第十三號書式ノ

送達書ニ受取人ノ署名捺印ヲ求ムヘシ

第十九條　滯納處分ヲ結了シタルトキハ收稅官吏ハ第十四號書式ノ計算書ヲ調製シ之ヲ滯納者ニ交付スヘシ

第二十條　收稅官吏ハ債權者又ハ滯納者ニ交付スヘキ金錢ヲ供託シタルトキハ其ノ旨債權者又ハ滯納者ニ通知スヘシ（書式省略）

5 第一項乃至第三項ノ徵收金ハ府縣ノ徵收金ニ次テ先取特權ヲ有シ其ノ追徵還付及時效ニ付テハ國稅ノ例ニ依ル

6 前三項ノ處分ニ不服アル者ハ府縣參事會ニ訴願シ其ノ裁決ニ不服アルトキハ行政裁判所ニ出訴スルコトヲ得

7 前項ノ裁決ニ付テハ府縣知事又ハ市長ヨリモ訴訟ヲ提起スルコトヲ得

8 第四項ノ處分中差押物件ノ公賣ハ處分ノ確定ニ至ル迄執行ヲ停止ス

第百三十二條　市ハ其ノ負債ヲ償還スル爲、市ノ永久ノ利益ト爲ルヘキ支出ヲ爲ス爲又ハ天災事變等ノ爲必要アル場合ニ限リ市債ヲ起スコトヲ得

2 市債ヲ起スニ付市會ノ議決ヲ經ルトキハ併セテ起債ノ方法、利息ノ定率及償還ノ方法ニ付議決ヲ經ヘシ

3 市長ハ豫算內ノ支出ヲ爲ス爲市參事會ノ議決ヲ經テ一時ノ借入金ヲ爲ス

コトヲ得

4 前項ノ借入金ハ其ノ會計年度内ノ收入ヲ以テ償還スヘシ

第二款　歳入出豫算及決算

第百三十三條　市長ハ毎會計年度歳入出豫算ヲ調製シ遲クトモ年度開始ノ一月前ニ市會ノ議決ヲ經ヘシ

2 市ノ會計年度ハ政府ノ會計年度ニ依ル

3 豫算ヲ市會ニ提出スル時ハ市長ハ併セテ事務報告書及財産表ヲ提出スヘシ

第百三十四條　市長ハ市會ノ議決ヲ經テ既定豫算ノ追加又ハ更正ヲ爲スコトヲ得

第百三十五條　市費ヲ以テ支辨スル事件ニシテ數年ヲ期シテ其ノ費用ヲ支出スヘキモノハ市會ノ議決ヲ經テ其ノ年期間各年度ノ支出額ヲ定メ繼續費ト爲スコトヲ得

第百三十六條　市ハ豫算外ノ支出又ハ豫算超過ノ支出ニ充ツル爲豫備費ヲ

設クヘシ

2 特別會計ニハ豫備費ヲ設ケサルコトヲ得

3 豫備費ハ市會ノ否決シタル費途ニ充ツルコトヲ得ス

第百三十七條 豫算ハ議決ヲ經タル後直ニ之ヲ府縣知事ニ報告シ且其ノ要領ヲ告示スヘシ

第百三十八條 市ハ特別會計ヲ設クルコトヲ得

第百三十九條 市會ニ於テ豫算ヲ議決シタルトキハ市長ヨリ其ノ謄本ヲ收入役ニ交付スヘシ

2 收入役ハ市長又ハ監督官廳ノ命令アルニ非サレハ支拂ヲ爲スコトヲ得ス命令ヲ受クルモ支出ノ豫算ナク且豫備費支出、費目流用其ノ他財務ニ關スル規定ニ依リ支出ヲ爲スコトヲ得サルトキ亦同シ

第百四十條 市ノ支拂金ニ關スル時效ニ付テハ政府ノ支拂金ノ例ニ依ル

第百四十一條 市ノ出納ハ毎月例日ヲ定メテ之ヲ檢査シ且毎會計年度少クトモ二回臨時檢査ヲ爲スヘシ

2 檢査ハ市長之ヲ爲シ臨時檢査ニハ名譽職參事會員ニ於テ互選シタル參事

會員二人以上ノ立會ヲ要ス

第百四十二條　市ノ出納ハ翌年度五月三十一日ヲ以テ閉鎖ス

2 決算ハ出納閉鎖後一月以内ニ證書類ヲ併セテ收入役ヨリ之ヲ市長ニ提出スヘシ市長ハ之ヲ審査シ意見ヲ附シテ次ノ通常豫算ヲ議スル會議迄ニ之ヲ市會ノ認定ニ付スヘシ

3 決算ハ其ノ認定ニ關スル市會ノ議決ト共ニ之ヲ府縣知事ニ報告シ且其ノ要領ヲ告示スヘシ

第百四十三條　豫算調製ノ式、費目流用其ノ他財務ニ關シ必要ナル規定ハ內務大臣之ヲ定ム

第七章　市ノ一部ノ事務

第百四十四條　市ノ一部ニシテ財産ヲ有シ又ハ營造物ヲ設ケタルモノアルトキハ其ノ財産又ハ營造物ノ管理及處分ニ付テハ本法中市ノ財産又ハ營造物ニ關スル規定ニ依ル但シ法律勅令中別段ノ規定アル場合ハ此ノ限ニ在ラス

2 前項ノ財産又ハ營造物ニ關シ特ニ要スル費用ハ其ノ財産又ハ營造物ノ屬スル市ノ一部ノ負擔トス

3 前二項ノ場合ニ於テハ市ノ一部ハ其ノ會計ヲ分別スヘシ

第百四十五條 前條ノ財産又ハ營造物ニ關シ必要アリト認ムルトキハ府縣知事ハ市會ノ意見ヲ徵シ府縣參事會ノ議決ヲ經テ市條例ヲ設定シ區會ヲ設ケテ市會ノ議決スヘキ事項ヲ議決セシムルコトヲ得

第百四十六條 區會議員ハ市ノ名譽職トス其ノ定數、任期、選擧權及被選擧權ニ關スル事項ハ前條ノ市條例中ニ之ヲ規定スヘシ

2 區會議員ノ選擧ニ付テハ市會議員ニ關スル規定ヲ準用ス但シ選擧若ハ當選ノ效力ニ關スル異議ノ決定及被選擧權ノ有無ノ決定ハ市會ニ於テ之ヲ爲スヘシ（昭和四年四月法律第五十六號改正）

3 區會ニ關シテハ市會ニ關スル規定ヲ準用ス

第百四十七條 第百四十四條ノ場合ニ於テ市ノ一部府縣知事ノ處分ニ不服アルトキハ内務大臣ニ訴願スルコトヲ得

參照

第百四十四條　市ノ一部ニシテ財産ヲ有シ又ハ營造物ヲ設ケタルモノアルトキハ其ノ財産又ハ營造物ノ管理及處分ニ付テハ本法中市ノ財産又ハ營造物ニ關スル規定ニ依ル但シ法律勅令中別段ノ規定アル場合ハ此ノ限ニ在ラス

2 前項ノ財産又ハ營造物ニ關シ特ニ要スル費用ハ其ノ財産又ハ營造物ノ屬スル市ノ一部ノ負擔トス

3 前二項ノ場合ニ於テハ市ノ一部ハ其ノ會計ヲ分別スヘシ

第百四十八條　第百四十四條ノ市ノ一部ノ事務ニ關シテハ本法ニ規定スルモノノ外勅令ヲ以テ之ヲ定ム

第八章　市町村組合

第百四十九條　市町村ハ其ノ事務ノ一部ヲ共同處理スル爲其ノ協議ニ依リ府縣知事ノ許可ヲ得テ市町村組合ヲ設クルコトヲ得

2 公益上必要アル場合ニ於テハ府縣知事ハ關係アル市町村會ノ意見ヲ徵シ府縣參事會ノ議決ヲ經テ前項ノ市町村組合ヲ設クルコトヲ得

3 市村町組合ハ法人トス

第百五十條　市町村組合ニシテ其ノ組合市町村ノ數ヲ增減シ又ハ共同事務

ノ變更ヲ爲サムトスルトキハ關係市町村ノ協議ニ依リ府縣知事ノ許可ヲ受クヘシ

2 公益上必要アル場合ニ於テハ府縣知事ハ關係アル市町村會ノ意見ヲ徵シ府縣參事會ノ議決ヲ經テ組合市町村ノ數ヲ增減シ又ハ共同事務ノ變更ヲ爲スコトヲ得

第百五十一條 市町村組合ヲ設クルトキハ關係市町村ノ協議ニ依リ組合規約ヲ定メ府縣知事ノ許可ヲ受クヘシ組合規約ヲ變更セムトスルトキ亦同シ

2 公益上必要アル場合ニ於テハ府縣知事ハ關係アル市町村會ノ意見ヲ徵シ府縣參事會ノ議決ヲ經テ組合規約ヲ定メ又ハ變更スルコトヲ得

第百五十二條 組合規約ニハ組合ノ名稱、組合ヲ組織スル市町村、組合ノ共同事務、組合役場ノ位置、組合會ノ組織及組合會議員ノ選擧、組合吏員ノ組織及選任竝組合費用ノ支辨方法ニ付規定ヲ設クヘシ

第百五十三條 市町村組合ヲ解カムトスルトキハ關係市町村ノ協議ニ依リ府縣知事ノ許可ヲ受クヘシ

2 公益上必要アル場合ニ於テハ府縣知事ハ關係アル市町村會ノ意見ヲ徵シ府縣參事會ノ議決ヲ經テ市町村組合ヲ解クコトヲ得

第百五十四條　第百五十條第一項及前條第一項ノ場合ニ於テ財產ノ處分ニ關スル事項ハ關係市町村ノ協議ニ依リ之ヲ定ム

參照

第百五十條　市町村組合ニシテ其ノ組合市町村ノ數ヲ增減シ又ハ共同事務ノ變更ヲ爲サムトスルトキハ關係市町村ノ協議ニ依リ府縣知事ノ許可ヲ受クヘシ

第百五十三條　市町村組合ヲ解カムトスルトキハ關係市町村ノ協議ニ依リ府縣知事ノ許可ヲ受クヘシ

2 第百五十條第二項及前條第二項ノ場合ニ於テ財產ノ處分ニ關スル事項ハ關係アル市町村會ノ意見ヲ徵シ府縣參事會ノ議決ヲ經テ府縣知事之ヲ定ム

參照

第百五十條　第二項

2 公益上必要アル場合ニ於テハ府縣知事ハ關係アル市町村會ノ意見ヲ徵シ府縣參事會ノ議決ヲ經テ組合市町村ノ數ヲ增減シ又ハ共同事務ノ變更ヲ爲スコトヲ得

第百五十三條　第二項

2　公益上必要アル場合ニ於テハ府縣知事ハ關係アル市町村會ノ意見ヲ徵シ府縣參事會ノ議決ヲ經テ市町村組合ヲ解クコトヲ得

第百五十五條

第百四十九條第一項第百五十條第一項第百五十一條第一項第百五十三條第一項及前條第二項ノ規定ニ依ル府縣知事ノ處分ニ不服アル市町村又ハ市町村組合ハ內務大臣ニ訴願スルコトヲ得

參照

第百四十九條　市町村ハ其ノ事務ノ一部ヲ共同處理スル爲其ノ協議ニ依リ府縣知事ノ許可ヲ得テ市町村組合ヲ設クルコトヲ得

第百五十條　市町村組合ニシテ其ノ組合市町村ノ數ヲ增減シ又ハ共同事務ノ變更ヲ爲サムトスルトキハ關係市町村ノ協議ニ依リ府縣知事ノ許可ヲ受クヘシ

第百五十一條　市町村組合ヲ設クルトキハ關係市町村ノ協議ニ依リ組合規約ヲ定メ府縣知事ノ許可ヲ受クヘシ組合規約ヲ變更セムトスルトキ亦同シ

第百五十三條　市町村組合ヲ解カムトスルトキハ關係市町村ノ協議ニ依リ府縣知事ノ許可ヲ受クヘシ

第百五十四條　第二項

2　第百五十條第二項及前條第二項ノ場合ニ於テ財產ノ處分ニ關スル事項ハ關係アル市町

村會ノ意見ヲ徴シ府縣參事會ノ議決ヲ經テ府縣知事之ヲ定ム

2 組合費ノ分賦ニ關シ違法又ハ錯誤アリト認ムル市町村ハ其ノ告知アリタル日ヨリ三月以内ニ組合ノ管理者ニ異議ノ申立ヲ爲スコトヲ得

3 前項ノ異議ノ申立アリタルトキハ組合ノ管理者ハ七日以内ニ之ヲ組合會ノ決定ニ付スヘシ其ノ決定ニ不服アル市町村ハ府縣參事會ニ訴願シ其ノ裁決又ハ第四項ノ裁決ニ不服アルトキハ行政裁判所ニ出訴スルコトヲ得

4 前項ノ決定及裁決ニ付テハ組合ノ管理者ヨリモ訴願又ハ訴訟ヲ提起スルコトヲ得

5 前二項ノ裁決ニ付テハ府縣知事ヨリモ訴訟ヲ提起スルコトヲ得

第百五十六條　市町村組合ニ關シテハ法律勅令中別段ノ規定アル場合ヲ除クノ外市ニ關スル規定ヲ準用ス

第九章　市ノ監督

第百五十七條　市ハ第一次ニ於テ府縣知事之ヲ監督シ第二次ニ於テ内務大臣之ヲ監督ス

第百五十八條 本法中別段ノ規定アル場合ヲ除クノ外市ノ監督ニ關スル府縣知事ノ處分ニ不服アル市ハ内務大臣ニ訴願スルコトヲ得

第百五十九條 本法中行政裁判所ニ出訴スルコトヲ得ヘキ場合ニ於テハ内務大臣ニ訴願スルコトヲ得ス

第百六十條 異議ノ申立又ハ訴願ノ提起ハ處分決定又ハ裁決アリタル日ヨリ二十一日以内ニ之ヲ爲スヘシ但シ本法中別ニ期間ヲ定メタルモノハ此ノ限ニ在ラス

2 行政訴訟ノ提起ハ處分決定裁定又ハ裁決アリタル日ヨリ三十日以内ニ之ヲ爲スヘシ

3 決定書又ハ裁決書ノ交付ヲ受ケサル者ニ關シテハ前二項ノ期間ハ告示ノ日ヨリ之ヲ起算ス

4 異議ノ申立ニ關スル期間ノ計算ニ付テハ訴願法ノ規定ニ依ル

5 異議ノ申立ハ期限經過後ニ於テモ宥恕スヘキ事由アリト認ムルトキハ仍之ヲ受理スルコトヲ得

6 異議ノ決定ハ文書ヲ以テ之ヲ爲シ其ノ理由ヲ附シ之ヲ申立人ニ交付スヘ

シ

7 異議ノ申立アルモ處分ノ執行ハ之ヲ停止セス但シ行政廳ハ其ノ職權ニ依リ又ハ關係者ノ請求ニ依リ必要ト認ムルトキハ之ヲ停止スルコトヲ得

第百六十條ノ二　異議ノ決定ハ本法中別ニ期間ヲ定メタルモノヲ除クノ外其ノ決定ニ付セラレタル日ヨリ三月以内ニ之ヲ爲スヘシ

2 府縣參事會訴願ヲ受理シタルトキハ其ノ日ヨリ三月以内ニ之ヲ裁決スヘシ

第百六十一條　監督官廳ハ市ノ監督上必要アル場合ニ於テハ事務ノ報告ヲ爲サシメ、書類帳簿ヲ徵シ及實地ニ就キ事務ヲ視察シ又ハ出納ヲ檢閲スルコトヲ得

2 監督官廳ハ市ノ監督上必要ナル命令ヲ發シ又ハ處分ヲ爲スコトヲ得

3 上級監督官廳ハ下級監督官廳ノ市ノ監督ニ關シテ爲シタル命令又ハ處分ヲ停止シ又ハ取消スコトヲ得

第百六十二條　內務大臣ハ市會ノ解散ヲ命スルコトヲ得

2 市會解散ノ場合ニ於テハ三月以內ニ議員ヲ選擧スヘシ

第百六十三條 市ニ於テ法令ニ依リ負擔シ又ハ當該官廳ノ職權ニ依リ命スル費用ヲ豫算ニ載セサルトキハ府縣知事ハ理由ヲ示シテ其ノ費用ヲ豫算ニ加フルコトヲ得

2 市長其ノ他ノ吏員其ノ執行スヘキ事件ヲ執行セサルトキハ府縣知事又ハ其ノ委任ヲ受ケタル官吏吏員之ヲ執行スルコトヲ得但シ其ノ費用ハ市ノ負擔トス

3 前二項ノ處分ニ不服アル市又ハ市長其ノ他ノ吏員ハ行政裁判所ニ出訴スルコトヲ得

第百六十四條 市長、助役、收入役又ハ副收入役ニ故障アルトキハ監督官廳ハ臨時代理者ヲ選任シ又ハ官吏ヲ派遣シ其ノ職務ヲ管掌セシムルコトヲ得但シ官吏ヲ派遣シタル場合ニ於テハ其ノ旅費ハ市費ヲ以テ辨償セシムヘシ

2 臨時代理者ハ有給ノ市吏員トシ其ノ給料額旅費額等ハ監督官廳之ヲ定ム

第百六十五條 削除（昭和四年四月法律第五十六號）

第百六十六條 削除（昭和四年四月法律第五十六號）

第百六十七條　在ニ掲クル事件ハ府縣知事ノ許可ヲ受クヘシ但シ第一號、第四號、第六號及第十一號ニ掲クル事件ニシテ勅令ヲ以テ指定スルモノハ其ノ定ムル所ニ依リ主務大臣ノ許可ヲ受クヘシ（昭和四年四月法律第五十六號本條改正）

一　市條例ヲ設ケ又ハ改廢スルコト

二　基本財産及特別基本財産ノ處分ニ關スルコト

三　第百十條ノ規定ニ依リ舊慣ヲ變更シ又ハ廢止スルコト

四　使用料ヲ新設シ又ハ變更スルコト

五　均一ノ税率ニ依ラスシテ國税又ハ府縣税ノ附加税ヲ賦課スルコト

六　特別税ヲ新設シ又ハ變更スルコト

七　第百二十二條第一項、第二項及第四項ノ規定ニ依リ數人又ハ市ノ一部ニ費用ヲ負擔セシムルコト

參照

第百二十二條　數人ヲ利スル營造物ノ設置維持其ノ他ノ必要ナル費用ハ其ノ關係者ニ負擔セシムルコトヲ得

2 市ノ一部ヲ利スル營造物ノ設置維持其ノ他ノ必要ナル費用ハ其ノ部内ニ於テ市税ヲ納

ムル義務アル者ニ負擔セシムルコトヲ得

4 數人又ハ市ノ一部ヲ利スル財産ニ付テハ前三項ノ例ニ依ル

八 第百二十四條ノ規定ニ依リ不均一ノ賦課ヲ爲シ又ハ數人若ハ市ノ一部ニ對シ賦課ヲ爲スコト

參照

第百二十四條 數人又ハ市ノ一部ニ對シ特ニ利益アル事件ニ關シテハ市ハ不均一ノ賦課ヲ爲シ又ハ數人若ハ市ノ一部ニ對シ賦課ヲ爲スコトヲ得

九 第百二十五條ノ準率ニ依ラスシテ夫役現品ヲ賦課スルコト但シ急迫ノ場合ニ賦課スル夫役ニ付テハ此ノ限ニ在ラス

參照

第百二十五條 夫役又ハ現品ハ直接市稅ヲ準率ト爲シ且之ヲ金額ニ算出シテ賦課スヘシ但シ第百六十七條ノ規定ニ依リ許可ヲ受ケタル場合ハ此ノ限ニ在ラス

2 學藝美術及手工ニ關スル勞務ニ付テハ夫役ヲ賦課スルコトヲ得ス

3 夫役ヲ賦課セラレタル者ハ本人自ラ之ニ當リ又ハ適當ノ代人ヲ出スコトヲ得

4 夫役又ハ現品ハ金錢ヲ以テ之ニ代フルコトヲ得

5 第一項及前項ノ規定ハ急迫ノ場合ニ賦課スル夫役ニ付テハ之ヲ適用セス

十 繼續費ヲ定メ又ハ變更スルコト

十一　市債ヲ起シ竝ニ起債ノ方法、利息ノ定率及償還ノ方法ヲ定メ又ハ之ヲ變更スルコト但シ第百三十二條第三項ノ借入金ハ此ノ限ニ在ラス

（同上追加）

参照

第百三十二條　第三項

3市長ハ豫算内ノ支出ヲ爲ス爲市参事會ノ議決ヲ經テ一時ノ借入金ヲ爲スコトヲ得

第百六十八條　監督官廳ノ許可ヲ要スル事件ニ付テハ監督官廳ハ許可申請ノ趣旨ニ反セスト認ムル範圍内ニ於テ更正シテ許可ヲ與フルコトヲ得

第百六十九條　監督官廳ノ許可ヲ要スル事件ニ付テハ勅令ノ定ムル所ニ依リ其ノ許可ノ職權ヲ下級監督官廳ニ委任シ又ハ輕易ナル事件ニ限リ許可ヲ受ケシメサルコトヲ得

第百七十條　府縣知事ハ市長、市參與、助役、收入役、副收入役、區長、區長代理者、委員其ノ他ノ市吏員ニ對シ懲戒ヲ行フコトヲ得其ノ懲戒處分ハ譴責、二十五圓以下ノ過怠金及解職トス但シ市長、市參與、助役、收入役、副收入役及第六條又ハ第八十二條第三項ノ市ノ區長ニ對スル解職ハ懲戒審査會ノ議決ヲ經ルコトヲ要ス（昭和四年四月法律第五十六號改正）

参照

第六條　勅令ヲ以テ指定スル市ノ區ハ之ヲ法人トス其ノ財産及營造物ニ關スル事務其ノ他法令ニ依リ區ニ屬スル事務ヲ處理ス

2區ノ廢置分合又ハ境界變更其ノ他區ノ境界ニ關シテハ前二條ノ規定ヲ準用ス但シ第四條ノ規定ヲ準用スル場合ニ於テハ關係アル市會ノ意見ヲモ徴スヘシ

第八十二條　第三項

3內務大臣ハ前項ノ規定ニ拘ラス區長ヲ有給吏員ト爲スヘキ市ヲ指定スルコトヲ得

2 懲戒審査會ハ内務大臣ノ命シタル府縣高等官三人及府縣名譽職參事會員ニ於テ互選シタル者三人ヲ以テ其ノ會員トシ府縣知事ヲ以テ會長トス知事故障アルトキハ其ノ代理者會長ノ職務ヲ行フ

3 府縣名譽職參事會員ノ互選スヘキ會員ノ選擧補闕及任期竝懲戒審査會ノ招集及會議ニ付テハ府縣制中名譽職參事會員及府縣參事會ニ關スル規定ヲ準用ス但シ補充員ハ之ヲ設クルノ限ニ在ラス

4 解職ノ處分ヲ受ケタル者其ノ處分ニ不服アルトキハ內務大臣ニ訴願スルコトヲ得（昭和四年四月法律第五十六號改正）

5 府縣知事ハ市長、市參與、助役、收入役、副收入役及第六條又ハ第八十

二條第三項ノ市ノ區長ノ解職ヲ行ハムトスル前其ノ停職ヲ命スルコトヲ得此ノ場合ニ於テハ其ノ停職期間報酬又ハ給料ヲ支給スルコトヲ得ス

6 懲戒ニ依リ解職セラレタル者ハ二年間北海道府縣、市町村其ノ他之ニ準スヘキモノノ公職ニ就クコトヲ得ス（昭和四年四月法律第五十六號改正）

第百七十一條　市吏員ノ服務規律、賠償責任身元保證及事務引繼ニ關スル規定ハ命令ヲ以テ之ヲ定ム

2 前項ノ命令ニハ事務引繼ヲ拒ミタル者ニ對シ二十五圓以下ノ過料ヲ科スル規定ヲ設クルコトヲ得

第十章　雜　則

第百七十二條　府縣知事又ハ府縣參事會ノ職權ニ屬スル事件ニシテ數府縣ニ渉ルモノアルトキハ內務大臣ハ關係府縣知事ノ具狀ニ依リ其ノ事件ヲ管理スヘキ府縣知事又ハ府縣參事會ヲ指定スヘシ

第百七十三條　本法ニ規定スルモノノ外第六條ノ市ノ有給吏員ノ組織任用分限及其ノ區ニ關シ必要ナル事項ハ勅令ヲ以テ之ヲ定ム

第百七十四條　第十三條ノ人口ハ内務大臣ノ定ムル所ニ依ル

參照

第十三條　市會議員ハ其ノ被選擧權アル者ニ就キ選擧人之ヲ選擧ス

2 議員ノ定數左ノ如シ

一　人口五萬未滿ノ市　三十人

二　人口五萬以上十五萬未滿ノ市　三十六人

三　人口十五萬以上二十萬未滿ノ市　四十人

四　人口二十萬以上三十萬未滿ノ市　四十四人

五　人口三十萬以上ノ市　四十八人

3 人口三十萬ヲ超ユル市ニ於テハ人口十萬、人口五十萬ヲ超ユル市ニ於テハ人口二十萬ヲ加フル毎ニ議員四人ヲ增加ス

4 議員ノ定數ハ市條例ヲ以テ特ニ之ヲ增減スルコトヲ得

5 議員ノ定數ハ總選擧ヲ行フ場合ニ非サレハ之ヲ增減セス但シ著シク人口ノ增減アリタル場合ニ於テ内務大臣ノ許可ヲ得タルトキハ此ノ限ニ在ラス

第百七十五條　本法ニ於ケル直接稅及間接稅ノ種類ハ内務大臣及大藏大臣之ヲ定ム

第百七十六條　市又ハ市町村組合ノ廢置分合又ハ境界變更アリタル場合ニ

於テ市ノ事務ニ付必要ナル事項ハ本法ニ規定スルモノノ外勅令ヲ以テ之ヲ定ム

第百七十七條　本法中府縣、府縣制、府縣知事、府縣參事會、府縣名譽職參事會員、府縣高等官、所屬府縣ノ官吏若ハ有給吏員、府縣稅又ハ直接府縣稅ニ關スル規定ハ北海道ニ付テハ各地方費、道會法、道廳長官、道參事會、道名譽職參事會員、道廳高等官、道廳ノ官吏若ハ地方費ノ有給吏員、北海道地方稅又ハ直接北海道地方稅ニ、町村又ハ町村會ニ關スル規定ハ北海道ニ付テハ各町村又ハ町村會ニ該當スルモノニ關シ之ヲ適用ス（大正十一年四月法律第五十六號改正）

第百七十七條ノ二　本法中官吏ニ關スル規定ハ待遇官吏ニ之ヲ適用ス

附　則

第百七十八條　本法施行ノ期日ハ勅令ヲ以テ之ヲ定ム（明治四十四年勅令第二百三十八號ヲ以テ同年十月一日ヨリ施行）

第百七十九條　本法施行ノ際現ニ市會議員又ハ區會議員ノ職ニ在ル者ハ從

前ノ規定ニ依ル最近ノ定期改選期ニテ總テ其ノ職ヲ失フ

2 本法施行ノ際現ニ市長助役又ハ收入役ノ職ニ在ル者ハ從前ノ規定ニ依ル任期滿了ノ日ニ於テ其ノ職ヲ失フ

第百八十條 舊刑法ノ重罪ノ刑ニ處セラレタル者ハ本法ノ適用ニ付テハ六年ノ懲役又ハ禁錮以上ノ刑ニ處セラレタル者ト看做ス但シ復權ヲ得タル者ハ此ノ限ニ在ラス

2 舊刑法ノ禁錮以上ノ刑ハ本法ノ適用ニ付テハ禁錮以上ノ刑ト看做ス

第百八十一條 本法施行ノ際必要ナル規定ハ命令ヲ以テ之ヲ定ム

附則 （大正十年四月法律第五十八號）

1 本法中公民權及選擧ニ關スル規定ハ次ノ總選擧ヨリ之ヲ施行シ其ノ他ノ規定ノ施行ノ期日ハ勅令ヲ以テ之ヲ定ム （大正十年勅令第百八十九號ヲ以テ同年五月二十日ヨリ施行）

2 沖繩縣ノ區ヲ廢シテ市ヲ置カムトスルトキハ第三條ノ例ニ依ル

附　　則（大正十一年四月法律第五十六號）

1 本法施行ノ期日ハ勅令ヲ以テ之ヲ定ム（大正十一年勅令第二百五十五號ヲ以テ同年五月十五日ヨリ施行）

2 北海道ノ區ヲ廢シ市ヲ置カムトスルトキハ第三條ノ例ニ依ル

附　　則（大正十五年六月法律第七十四號）

本法中公民權及議員選擧ニ關スル規定ハ次ノ總選擧ヨリ之ヲ施行シ其ノ他ノ規定ノ施行ノ期日ハ勅令ヲ以テ之ヲ定ム（大正十五年六月勅令第二百七號ヲ以テ同年七月一日ヨリ施行）

2 本法ニ依リ初テ議員ヲ選擧スル場合ニ於テ必要ナル選擧人名簿ニ關シ第二十一條乃至第二十一條ノ五ニ規定スル期日又ハ期間ニ依リ難キトキハ命令ヲ以テ別ニ其ノ期日又ハ期間ヲ定ム但シ其ノ選擧人名簿ハ次ノ選擧人名簿確定迄其ノ效力ヲ有ス

3 本法施行ノ際大正十四年法律第四十七號衆議院議員選擧法又ハ大正十五

年府縣制中改正法律未タ施行セラレサル場合ニ於テハ本法ノ適用ニ付テハ同法ハ既ニ施行セラレタルモノト看做ス

4 本法施行ノ際必要ナル規定ハ命令ヲ以テ之ヲ定ム

附　則（昭和四年四月法律第五十六號）

1 本法施行ノ期日ハ勅令ヲ以テ之ヲ定ム

2 本法施行ノ際必要ナル規定ハ命令ヲ以テ之ヲ定ム

町村制

（明治四十四年四月七日法律第六十九號）

改正｛大正十年四月十一日法律第五十九號
同十五年六月二十四日同第七十五號
昭和四年四月十五日同第五十七號｝

第一章　總則

第一款　町村及其ノ區域

第一條　町村ハ從來ノ區域ニ依ル

第二條　町村ハ法人トス官ノ監督ヲ承ケ法令ノ範圍内ニ於テ其ノ公共事務竝從來法令又ハ慣例ニ依リ及將來法律勅令ニ依リ町村ニ屬スル事務ヲ處理ス

第三條　町村ノ廢置分合又ハ境界變更ヲ爲サムトスルトキハ府縣知事ハ關係アル市町村會ノ意見ヲ徵シ府縣參事會ノ議決ヲ經内務大臣ノ許可ヲ得テ之ヲ定ム所屬未定地ヲ町村ノ區域ニ編入セムトスルトキ亦同シ

2 前項ノ場合ニ於テ財産アルトキハ其ノ處分ハ關係アル市町村會ノ意見ヲ徵シ府縣參事會ノ議決ヲ經テ府縣知事之ヲ定ム

3 第一項ノ場合ニ於テ市ノ廢置分合ヲ伴フトキハ市制第三條ノ規定ニ依ル

參照

市制第三條　市ノ廢置分合ヲ爲サムトスルトキハ關係アル市町村會及府縣參事會ノ意見ヲ徵シテ內務大臣之ヲ定ム

2 前項ノ場合ニ於テ財産アルトキハ其ノ處分ハ關係アル市町村會ノ意見ヲ徵シ府縣參事會ノ議決ヲ經テ府縣知事之ヲ定ム

第四條　町村ノ境界ニ關スル爭論ハ府縣參事會之ヲ裁定ス其ノ裁定ニ不服アル町村ハ行政裁判所ニ出訴スルコトヲ得

2 町村ノ境界判明ナラサル場合ニ於テ前項ノ爭論ナキトキハ府縣知事ハ府縣參事會ノ決定ニ付スヘシ其ノ決定ニ不服アル町村ハ行政裁判所ニ出訴スルコトヲ得

3 第一項ノ裁定及前項ノ決定ハ文書ヲ以テ之ヲ爲シ其ノ理由ヲ附シ之ヲ關係町村ニ交付スヘシ

4 第一項ノ裁定及第二項ノ決定ニ付テハ府縣知事ヨリモ訴訟ヲ提起スルコ

トヲ得

第五條 町村ノ名稱ヲ變更セムトスルトキ、村ヲ町ト爲シ若ハ町ヲ村ト爲サムトスルトキ又ハ町村役場ノ位置ヲ定メ若ハ之ヲ變更セムトスルトキハ町村ハ府縣知事ノ許可ヲ受クヘシ

第二款 町村住民及其ノ權利義務

第六條 町村內ニ住所ヲ有スル者ハ其ノ町村住民トス

2 町村住民ハ本法ニ從ヒ町村ノ財產及營造物ヲ共用スル權利ヲ有シ町村ノ負擔ヲ分任スル義務ヲ負フ

第七條 帝國臣民タル年齡二十五年以上ノ男子ニシテ二年以來町村住民タル者ハ其ノ町村公民トス但シ左ノ各號ノ一ニ該當スル者ハ此ノ限ニ在ラス

一 禁治產者及準禁治產者

二 破產者ニシテ復權ヲ得サル者

三 貧困ニ因リ生活ノ爲公私ノ救助ヲ受ケ又ハ扶助ヲ受クル者

四　一定ノ住居ヲ有セサル者
五　六年ノ懲役又ハ禁錮以上ノ刑ニ處セラレタル者
六　刑法第二編第一章、第三章、第九章、第十六章乃至第二十一章、第二十五章又ハ第三十六章乃至第三十九章ニ揭クル罪ヲ犯シ六年未滿ノ懲役ノ刑ニ處セラレ其ノ執行ヲ終リ又ハ執行ヲ受クルコトナキニ至リタル後其ノ刑期ノ二倍ニ相當スル期間ヲ經過スルニ至ル迄ノ者但シ其ノ期間五年ヨリ短キトキハ五年トス

參照

刑法第二編　罪
- 第一章　皇室ニ對スル罪
- 第三章　外患ニ關スル罪
- 第九章　放火及失火ノ罪
- 第十六章　通貨僞造ノ罪
- 第十七章　文書僞造ノ罪
- 第十八章　有價證券僞造ノ罪
- 第十九章　印章僞造ノ罪

第二十章　僞證ノ罪
第二十一章　誣告ノ罪
第二十五章　瀆職ノ罪
第三十六章　竊盜及ヒ强盜ノ罪
第三十七章　詐欺及ヒ恐喝ノ罪
第三十八章　横領ノ罪
第三十九章　贓物ニ關スル罪

七　六年未滿ノ禁錮ノ刑ニ處セラレ又ハ前號ニ掲クル罪以外ノ罪ヲ犯シ六年未滿ノ懲役ノ刑ニ處セラレ其ノ執行ヲ終リ又ハ執行ヲ受クルコトナキニ至ル迄ノ者

2　町村ハ前項二年ノ制限ヲ特免スルコトヲ得

3　第一項二年ノ期間ハ市町村ノ廢置分合又ハ境界變更ノ爲中斷セラルルコトナシ

第八條　町村公民ハ町村ノ選擧ニ參與シ町村ノ名譽職ニ選擧セラルル權利ヲ有シ町村ノ名譽職ヲ擔任スル義務ヲ負フ

2　左ノ各號ノ一ニ該當セサル者ニシテ名譽職ノ當選ヲ辭シ又ハ其ノ職ヲ辭

シ若ハ其ノ職務ヲ實際ニ執行セサルトキハ町村ハ一年以上四年以下其ノ町村公民權ヲ停止スルコトヲ得

一　疾病ニ罹リ公務ニ堪ヘサル者
二　業務ノ爲常ニ町村内ニ居ルコトヲ得サル者
三　年齡六十年以上ノ者
四　官公職ノ爲町村ノ公務ヲ執ルコトヲ得サル者
五　四年以上名譽職町村吏員、町村會議員又ハ區會議員ノ職ニ任シ爾後同一ノ期間ヲ經過セサル者
六　其ノ他町村會ノ議決ニ依リ正當ノ理由アリト認ムル者

3 前項ノ處分ヲ受ケタル者其ノ處分ニ不服アルトキハ府縣參事會ニ訴願シ其ノ裁決ニ不服アルトキハ行政裁判所ニ出訴スルコトヲ得

4 第二項ノ處分ハ其ノ確定ニ至ル迄執行ヲ停止ス

5 第三項ノ裁決ニ付テハ府縣知事又ハ町村長ヨリモ訴訟ヲ提起スルコトヲ得

第九條　陸海軍軍人ニシテ現役中ノ者　未タ入營セサル者及歸休下士官兵

ヲ除クノ及戰時若ハ事變ニ際シ召集中ノ者ハ町村ノ公務ニ參與スルコトヲ得ス兵籍ニ編入セラレタル學生生徒　勅令ヲ以テ定ムル者ヲ除クノ及志願ニ依リ國民軍ニ編入セラレタル者亦同シ

第三款　町村條例及町村規則

第十條　町村ハ町村住民ノ權利義務又ハ町村ノ事務ニ關シ町村條例ヲ設クルコトヲ得

2 町村ハ町村ノ營造物ニ關シ町村條例ヲ以テ規定スルモノノ外町村規則ヲ設クルコトヲ得

3 町村條例及町村規則ハ一定ノ公告式ニ依リ之ヲ告示スヘシ

第二章　町村會

第一款　組織及選擧

第十一條　町村會議員ハ其ノ被選擧權アル者ニ就キ選擧人之ヲ選擧ス

2 議員ノ定數左ノ如シ

一　削除
二　人口五千未滿ノ町村　十二人
三　人口五千以上一萬未滿ノ町村　十八人
四　人口一萬以上二萬未滿ノ町村　二十四人
五　人口二萬以上ノ町村　三十人

3 議員ノ定數ハ町村條例ヲ以テ特ニ之ヲ増減スルコトヲ得

4 議員ノ定數ハ總選擧ヲ行フ場合ニ非サレハ之ヲ増減セス但シ著シク人口ノ増減アリタル場合ニ於テ府縣知事ノ許可ヲ得タルトキハ此ノ限ニ在ラス

第十二條　町民公民ハ總テ選擧權ヲ有ス但シ公民權停止中ノ者又ハ第九條ノ規定ニ該當スル者ハ此ノ限ニ非ラス

參照

第九條　陸海軍軍人ニシテ現役中ノ者（未タ入營セサル者及歸休下士官兵ヲ除ク）及戰時若ハ事變ニ際シ召集中ノ者ハ町村ノ公務ニ參照スルコトヲ得ス兵籍ニ編入セラレタル學生生徒（勅令ヲ以テ定ムル者ヲ除ク）及志願ニ依リ國民軍ニ編入セラレタル者亦同シ

第十三條 削除

第十四條 特別ノ事情アルトキハ町村ハ區劃ヲ定メテ投票分會ヲ設クルコトヲ得

第十五條 選擧權ヲ有スル町村公民ハ被選擧權ヲ有ス

2 在職ノ檢事、警察官吏及收稅官吏ハ被選擧權ヲ有セス

3 選擧事務ニ關係アル官吏及町村ノ有給吏員ハ其ノ關係區域內ニ於テ被選擧權ヲ有セス

4 町村ノ有給ノ吏員敎員其ノ他ノ職員ニシテ在職中ノ者ハ其ノ町村ノ町村會議員ト相兼ヌルコトヲ得ス

第十六條 町村會議員ハ名譽職トス

2 議員ノ任期ハ四年トシ總選擧ノ日ヨリ之ヲ起算ス（大正十年法律第五十九號改正）

3 議員ノ定數ニ異動ヲ生シタル爲解任ヲ要スル者アルトキハ町村長抽籤シテ之ヲ定ム但シ闕員アルトキハ其ノ闕員ヲ以テ之ニ充ツヘシ（同上）

4 前項但書ノ場合ニ於テ闕員ノ數解任ヲ要スル者ノ數ニ滿チサルトキハ其

ノ不足ノ員數ニ付町村長抽籤シテ解任スヘキ者ヲ定メ闕員ノ數解任ヲ要スル者ノ數ヲ超ユルトキハ解任ヲ要スル者ニ充ツヘキ闕員ハ最モ先ニ闕員ト爲リタル者ヨリ順次之ニ充テ闕員ト爲リタル時同シキトキハ町村長抽籤シテ之ヲ定ム

5 議員ノ定數ニ異動ヲ生シタル爲新ニ選擧セラレタル議員ハ總選擧ニ依リ選擧セラレタル議員ノ任期滿了ノ日迄在任ス

第十七條　町村會議員中闕員ヲ生シタル場合ニ於テ第二十七條第二項ノ規定ノ適用ヲ受ケタル得票者ニシテ當選者ト爲ラサリシ者アルトキハ直ニ選擧會ヲ開キ其ノ者ノ中ニ就キ當選者ヲ定ムヘシ此ノ場合ニ於テハ第三十條第三項及第四項ノ規定ヲ準用ス（昭和四年四月法律第五十七號改正）

參照

第二十七條　**第二項**

2 前項ノ規定ニ依リ當選者ヲ定ムルニ當リ得票ノ數同シキトキハ年長者ヲ取リ年齢同シキトキハ選擧長抽籤シテ之ヲ定ムヘシ

第三十條　**第三項及第四項**

3 前項ノ場合ニ於テ第二十七條第一項但書ノ得票者ニシテ當選者ト爲ラサリシ者選擧ノ

期日後ニ於テ被選舉權ヲ有セサルニ至リタルトキハ之ヲ當選者ト定ムルコトヲ得ス
4第二項ノ場合ニ於テハ町村長ハ豫メ選舉會ノ場所及日時ヲ告示スヘシ

2前項ノ規定ノ適用ヲ受クル者ナク若クハ前項ノ規定ノ適用ニ依リ當選者ヲ定ムルモ仍其ノ闕員カ議員定數ノ六分ノ一ヲ超ユルニ至リタルトキ又ハ町村長若ハ町村會ニ於テ必要ト認ムルトキハ補闕選舉ヲ行フヘシ（同上追加）

3第三十條第五項及第六項ノ規定ハ補闕選舉ニ之ヲ準用ス（大正十五年法律第七十五號改正）

第三十條　第五項　第六項

5第一項ノ期間ハ第三十三條第八項ノ規定ノ適用アル場合ニ於テハ選舉ヲ行フコトヲ得サル事由已ミタル日ノ翌日ヨリ之ヲ起算ス
6第一項ノ事由議員ノ任期滿了前六月以内ニ生シタルトキハ第一項ノ選舉ハ之ヲ行ハス但シ議員ノ數其ノ定數ノ三分ノ二ニ滿チサルニ至リタルトキハ此ノ限ニ在ラス

4補闕議員ハ其ノ前任者ノ殘任期間存在ス（昭和四年四月法律第五十七號項順位繰下ケ）

第十八條　町村長ハ毎年九月十五日ノ現在ニ依リ選舉人名簿ヲ調製スヘシ

2 選擧人名簿ニハ選擧人ノ氏名、住所及生年月日等ヲ記載スヘシ

第十八條ノ二 町村長ハ十一月五日ヨリ十五日間町村役場又ハ其ノ指定シタル場所ニ於テ選擧人名簿ヲ關係者ノ縱覽ニ供スヘシ

2 町村長ハ縱覽開始ノ日前三日目迄ニ縱覽ノ場所ヲ告示スヘシ

第十八條ノ三 選擧人名簿ニ關シ關係者ニ於テ異議アルトキハ縱覽期間内ニ之ヲ町村長ニ申立ツルコトヲ得此ノ場合ニ於テハ町村長ハ其ノ申立ヲ受ケタル日ヨリ十四日以内ニ之ヲ決定シ名簿ノ修正ヲ要スルトキハ直ニ之ヲ修正スヘシ（昭和四年四月法律第五十七號改正）

2 前項ノ決定ニ不服アル者ハ府縣參事會ニ訴願シ其ノ裁決ニ不服アル者ハ行政裁判所ニ出訴スルコトヲ得（同上）

3 前項ノ裁決ニ付テハ府縣知事又ハ町村長ヨリモ訴訟ヲ提起スルコトヲ得（同上）

4 第一項ノ規定ニ依リ決定ヲ爲シタルトキハ町村長ハ直ニ其ノ要領ヲ告示スベシ同項ノ規定ニ依リ名簿ヲ修正シタルトキ亦同シ（同上）

第十八條ノ四 選擧人名簿ハ十二月二十五日ヲ以テ確定ス（大正十五年六月法

律第七十五號追加）

2 選擧人名簿ハ次年ノ十二月二十四日迄之ヲ据置クヘシ（同上）

3 前條第二項又ハ第三項ノ場合ニ於テ裁決確定シ又ハ判決アリタルニ依リ名簿ノ修正ヲ要スルトキハ町村長ハ直ニ之ヲ修正スヘシ（昭和四年四年法律第五十七號改正）

4 前項ノ規定ニ依リ名簿ヲ修正シタルトキハ町村長ハ直ニ其ノ要領ヲ告示スヘシ（同上）

5 投票分會ヲ設クル場合ニ於テ必要アルトキハ町村長ハ確定名簿ニ依リ分會ノ區劃毎ニ名簿ノ抄本ヲ調製スヘシ（同上）

第十八條ノ五 第十八條ノ三ノ場合ニ於テ決定若ハ裁決確定シ又ハ判決アリタルニ依リ選擧人名簿無效ト爲リタルトキハ更ニ名簿ヲ調製スヘシ

（大正十五年六月法律第七十五號追加）

參照

第十八條ノ三 選擧人名簿ニ關シ關係者ニ於テ異議アルトキハ縱覽期間内ニ之ヲ町村長ニ申立ツルコトヲ得此ノ場合ニ於テハ町村長ハ其ノ申立ヲ受ケタル日ヨリ十四日以内ニ之ヲ決定シ名簿ノ修正ヲ要スルトキハ直ニ之ヲ修正スヘシ

2 前項ノ決定ニ不服アル者ハ府縣參事會ニ訴願シ其ノ裁決ニ不服アル者ハ行政裁判所ニ出訴スルコトヲ得
3 前項ノ裁決ニ付テハ府縣知事又ハ町村長ヨリモ訴訟ヲ提起スルコトヲ得（同上）
4 第一項ノ規定ニ依リ決定ヲ爲シタルトキハ町村長ハ直ニ其ノ要領ヲ告示スヘシ同項ノ規定ニ依リ名簿ヲ修正シタルトキ亦同シ

2 天災事變等ノ爲必要アルトキハ更ニ名簿ヲ調製スヘシ（同上）
3 前二項ノ規定ニ依ル名簿ノ調製、縱覽、確定及異議ノ決定ニ關スル期日及期間ハ府縣知事ノ定ムル所ニ依ル（昭和四年四月法律第五十七號改正）
4 町村ノ廢置分合又ハ境界變更アリタル場合ニ於テ名簿ニ關シ其ノ分合其ノ他必要ナル事項ハ命令ヲ以テ定ム

第十九條　町村長ハ選擧ノ期日前七日目迄ニ選擧會場（投票分會場ヲ含ム以下之ニ同シ）投票ノ日時及選擧スヘキ議員數ヲ告示スヘシ投票分會ヲ設クル場合ニ於テハ併セテ其ノ區劃ヲ告示スヘシ
2 投票分會ノ投票ハ選擧會ト同日時ニ之ヲ行フ
3 天災事變等ノ爲投票ヲ行フコト能ハサルトキ又ハ更ニ投票ヲ行フノ必要アルトキハ町村長ハ其ノ投票ヲ行フヘキ選擧會又ハ投票分會ノミニ付更

ニ期日ヲ定メ投票ヲ行ハシムヘシ此ノ場合ニ於テ選擧會場及投票ノ日時ハ選擧ノ期日前五日目迄ニ之ヲ告示スヘシ

第二十條 町村長ハ選擧長ト爲リ選擧會ヲ開閉シ其ノ取締ニ任ス

2 町村長ハ選擧人名簿ニ登錄セラレタル者ノ中ヨリ二人乃至四人ノ選擧立會人ヲ選任スヘシ

3 投票分會ハ町村長ノ指名シタル吏員投票分會長ト爲リ之ヲ開閉シ其ノ取締ニ任ス

4 町村長ハ分會ノ區劃内ニ於ケル選擧人名簿ニ登錄セラレタル者ノ中ヨリ二人乃至四人ノ投票立會人ヲ選任スヘシ

5 選擧立會人及投票立會人ハ名譽職トス

第二十一條 選擧人ニ非サル者ハ選擧會場ニ入ルコトヲ得ス但シ選擧會場ノ事務ニ從事スル者、選擧會場ヲ監視スル職權ヲ有スル者又ハ警察官吏ハ此ノ限ニ在ラス

2 選擧會場ニ於テ演說討論ヲ爲シ若ハ喧擾ニ渉リ又ハ投票ニ關シ協議若ハ勸誘ヲ爲シ其ノ他選擧會場ノ秩序ヲ紊ス者アルトキハ選擧長又ハ投票分

會長ハ之ヲ制止シ命ニ從ハサルトキハ之ヲ選擧會場外ニ退出セシムヘシ
3 前項ノ規定ニ依リ退出セシメラレタル者ハ最後ニ至リ投票ヲ爲スコトヲ得但シ選擧長又ハ投票分會長會場ノ秩序ヲ紊スノ虞ナシト認ムル場合ニ於テ投票ヲ爲サシムルヲ妨ケス

第二十二條　選擧ハ無記名投票ヲ以テ之ヲ行フ
2 投票ハ一人一票ニ限ル
3 選擧人ハ選擧ノ當日投票時間内ニ自ラ選擧會場ニ到リ選擧人名簿又ハ其ノ抄本ノ對照ヲ經テ投票ヲ爲スヘシ
4 投票時間内ニ選擧會場ニ入リタル選擧人ハ其ノ時間ヲ過クルモ投票ヲ爲スコトヲ得
5 選擧人ハ選擧會場ニ於テ投票用紙ニ自ラ被選擧人一人ノ氏名ヲ記載シテ投函スヘシ（大正十年法律第五十九號改正）
6 投票ニ關スル記載ニ付テハ勅令ヲ以テ定ムル點字ハ之ヲ文字ト看做ス
7 自ラ被選擧人ノ氏名ヲ書スルコト能ハサル者ハ投票ヲ爲スコトヲ得ス
8 投票用紙ハ町村長ノ定ムル所ニ依リ一定ノ式ヲ用ウヘシ

9 投票分會ニ於テ爲シタル投票ハ投票分會長少クトモ一人ノ投票立會人ト共ニ投票函ノ儘之ヲ選擧長ニ送致スヘシ

第二十二條ノ二 確定名簿ニ登錄セラレサル者ハ投票ヲ爲スコトヲ得ス但シ選擧人名簿ニ登錄セラルヘキ確定裁決書又ハ判決書ヲ所持シ選擧ノ當日選擧會場ニ到ル者ハ此ノ限ニ在ラス

2 確定名簿ニ登錄セラレタル者選擧人名簿ニ登錄セラルルコトヲ得サル者ナルトキハ投票ヲ爲スコトヲ得ス選擧ノ當日選擧權ヲ有セサル者ナルトキ亦同シ

第二十二條ノ三 投票ノ拒否ハ選擧立會人又ハ投票立會人之ヲ決定ス可否同數ナルトキハ選擧長又ハ投票分會長之ヲ決スヘシ

2 投票分會ニ於テ投票拒否ノ決定ヲ受ケタル選擧人不服アルトキハ投票分會長ハ假ニ投票ヲ爲サシムヘシ

3 前項ノ投票ハ選擧人ヲシテ之ヲ封筒ニ入レ封緘シ表面ニ自ラ其ノ氏名ヲ記載シ投函セシムヘシ

4 投票分會長又ハ投票立會人ニ於テ異議アル選擧人ニ對シテモ亦前二項ニ

同シ

第二十三條　第三十條若ハ第三十四條ノ選擧、增員選擧又ハ補闕選擧ヲ同時ニ行フ場合ニ於テハ一ノ選擧ヲ以テ合併シテ之ヲ行フ（大正十年法律第五十九號改正）

參照

第三十條　當選者左ニ掲クル事由ノ一ニ該當スルトキハ三月以内ニ更ニ選擧ヲ行フヘシ但シ第二項ノ規定ニ依リ更ニ選擧ヲ行フコトナクシテ當選者ヲ定メ得ル場合ハ此ノ限ニ在ラス

一　當選ヲ辭シタルトキ

二　第二十七條ノ二ノ規定ニ依リ當選ヲ失ヒタルトキ

三　死亡者ナルトキ

四　選擧ニ關スル犯罪ニ依リ刑ニ處セラレ其ノ當選無效ト爲リタルトキ但シ同一人ニ關シ前各號ノ事由ニ依ル選擧又ハ補闕選擧ノ告示ヲ爲シタル場合ハ此ノ限ニ在ラス

2　前項ノ事由前條第二項若ハ第四項ノ規定ニ依ル期限前ニ生シタル場合ニ於テ第二十七條第一項但書ノ得票者ニシテ當選者ト爲ラサリシ者アルトキ又ハ其ノ期限經過後ニ生シタル場合ニ於テ第二十七條第二項ノ規定ノ適用ヲ受ケタル得票者ニシテ當選者ト爲ラサリシ者アルトキハ直ニ選擧會ヲ開キ其ノ者ノ中ニ就キ當選者ヲ定ムヘシ

3 前項ノ場合ニ於テ第二十七條第一項但書ノ得票者ニシテ當選者ト爲ラサリシ者選擧ノ期日後ニ於テ被選擧權ヲ有セサルニ至リタルトキハ之ヲ當選者ト定ムルコトヲ得ス

4 第二項ノ場合ニ於テハ町村長ハ豫メ選擧會ノ場所及日時ヲ告示スヘシ

5 第一項ノ期間ハ第三十三條第八項ノ規定ノ適用アル場合ニ於テハ選擧ヲ行フコトヲ得サル事由已ミタル日ノ翌日ヨリ之ヲ起算ス

6 第一項ノ事由議員ノ任期滿了前六月以内ニ生シタルトキハ第一項ノ選擧ハ之ヲ行ハス但シ議員ノ數其ノ定數ノ三分ノ二ニ滿チサルニ至リタルトキハ此ノ限ニ在ラス

第三十四條　選擧無效ト確定シタルトキハ三月以内ニ更ニ選擧ヲ行フヘシ

2 當選無效ト確定シタルトキハ直ニ選擧會ヲ開キ更ニ當選者ヲ定ムヘシ此ノ場合ニ於テハ第三十條第三項及第四項ノ規定ヲ準用ス

3 當選者ナキトキ、當選者ナキニ至リタルトキ又ハ當選者其ノ選擧ニ於ケル議員ノ定數ニ達セサルトキ若ハ定數ニ達セサルニ至リタルトキハ三月以内ニ更ニ選擧ヲ行フヘシ

4 第三十條第五項及第六項ノ規定ハ第一項及前項ノ選擧ニ之ヲ準用ス

第二十四條　町村長ハ豫メ開票ノ日時ヲ告示スヘシ

第二十四條ノ二　選擧長ハ投票ノ日又ハ其ノ翌日（投票分會ヲ設ケタルトキハ總テノ投票函ノ送致ヲ受ケタル日又ハ其ノ翌日）選擧立會人立會ノ上投票函ヲ開キ投票ノ總數ト投票人ノ總數トヲ計算スヘシ

2 前項ノ計算終リタルトキハ選擧長ハ先ツ第二十二條ノ三第二項及第四項ノ投票ヲ調査スヘシ其ノ投票ノ受理如何ハ選擧立會人之ヲ決定ス可否同數ナルトキハ選擧長之ヲ決スヘシ

參照

第二十二條ノ三　第二項第四項

2 投票分會ニ於テ投票拒否ノ決定ヲ受ケタル選擧人不服アルトキハ投票分會長ハ假ニ投票ヲ爲サシムヘシ

4 投票分會長又ハ投票立會人ニ於テ異議アル選擧人ニ對シテモ亦前二項ニ同シ

3 選擧長ハ選擧立會人ト共ニ投票ヲ點檢スヘシ

4 天災事變等ノ爲開票ヲ行フコト能ハサルトキハ町村長ハ更ニ開票ノ期日ヲ定ムヘシ此ノ場合ニ於テ選擧會場ノ變更ヲ要スルトキハ豫メ更ニ其ノ場所ヲ告示スヘシ

第二十四條ノ三　選擧人ハ其ノ選擧會ノ參觀ヲ求ムルコトヲ得但シ開票開始前ハ此ノ限ニ在ラス

第二十四條ノ四　特別ノ事情アルトキハ町村ハ府縣知事ノ許可ヲ得區劃ヲ定メテ開票分會ヲ設クルコトヲ得

2 前項ノ規定ニ依リ開票分會ヲ設クル場合ニ於テ必要ナル事項ハ命令ヲ以テ之ヲ定ム

第二十五條 左ノ投票ハ之ヲ無效トス

一 成規ノ用紙ヲ用ヰサルモノ

二 現ニ町村會議員ノ職ニ在ル者ノ氏名ヲ記載シタルモノ

三 一投票中二人以上ノ被選擧人ノ氏名ヲ記載シタルモノ

四 被選擧人ノ何人タルカヲ確認シ難キモノ

五 被選擧權ナキ者ノ氏名ヲ記載シタルモノ

六 被選擧人ノ氏名ノ外他事ヲ記入シタルモノ但シ爵位職業身分住所又ハ敬稱ノ類ヲ記入シタルモノハ此ノ限ニ在ラス

七 被選擧人ノ氏名ヲ自書セサルモノ

(第二項削除)(大正十年法律第五十九號)

第二十六條 投票ノ效力ハ選擧立會人之ヲ決定ス可否同數ナルトキハ選擧長之ヲ決スヘシ

第二十七條 町村會議員ノ選擧ハ有效投票ノ最多數ヲ得タル者ヲ以テ當選

者トス但シ議員ノ定數ヲ以テ有效投票ノ總數ヲ除シテ得タル數ノ六分ノ一以上ノ得票アルコトヲ要ス

2 前項ノ規定ニ依リ當選者ヲ定ムルニ當リ得票ノ數同シキトキハ年長者ヲ取リ年齢同シキトキハ選擧長抽籤シテ之ヲ定ムヘシ

第二十七條ノ二　當選者選擧ノ期日後ニ於テ被選擧權ヲ有セサルニ至リタルトキハ當選ヲ失フ

第二十八條　選擧長ハ選擧錄ヲ作リ選擧會ニ關スル顚末ヲ記載シ之ヲ朗讀シ二人以上ノ選擧立會人ト共ニ之ニ署名スヘシ

2 投票分會長ハ投票錄ヲ作リ投票ニ關スル顚末ヲ記載シ之ヲ朗讀シ二人以上ノ投票立會人ト共ニ之ニ署名スヘシ

3 投票分會長ハ投票凾ト同時ニ投票錄ヲ選擧長ニ送致スヘシ

4 選擧錄及投票錄ハ投票、選擧人名簿其ノ他ノ關係書類ト共ニ議員ノ任期間町村長ニ於テ之ヲ保存スヘシ

第二十九條　當選者定マリタルトキハ町村長ハ直ニ當選者ニ當選ノ旨ヲ告知シ同時ニ當選者ノ住所氏名ヲ告示シ且選擧錄ノ寫（投票錄アルトキハ

併セテ投票錄ノ寫ヽヲ添ヘ之ヲ府縣知事ニ報告スヘシ當選者ナキトキハ直ニ其ノ旨ヲ告示シ且選擧錄ノ寫(投票錄アルトキハ併セテ投票錄ノ寫)ヲ添ヘ之ヲ府縣知事ニ報告スヘシ

2 當選者當選ヲ辭セムトスルトキハ當選ノ告知ヲ受ケタル日ヨリ五日以内ニ之ヲ町村長ニ申立ツヘシ

3 官吏ニシテ當選シタル者ハ所屬長官ノ許可ヲ受クルニ非サレハ之ニ應スルコトヲ得ス

4 前項ノ官吏ハ當選ノ告知ヲ受ケタル日ヨリ二十日以内ニ之ニ應スヘキ旨ヲ町村長ニ申立テサルトキハ其ノ當選ヲ辭シタルモノト看做ス(大正十年法律第五十九號改正)

5 町村ニ對シ請負ヲ爲シ又ハ町村ニ於テ費用ヲ負擔スル事業ニ付町村長若ハ其ノ委任ヲ受ケタル者ニ對シ請負ヲ爲ス者若ハ其ノ支配人又ハ主トシテ同一ノ行爲ヲ爲ス法人ノ無限責任社員、役員若ハ支配人ニシテ當選シタル者ハ其ノ請負ヲ罷メ又ハ請負ヲ爲ス者ノ支配人若ハ主トシテ同一ノ行爲ヲ爲ス法人ノ無限責任社員、役員若ハ支配人タルコトナキニ至ルニ

非サレハ當選ニ應スルコトヲ得ス第二項ノ期限前ニ其ノ旨ヲ町村長ニ申立テサルトキハ其ノ當選ヲ辭シタルモノト看做ス

6 前項ノ役員トハ取締役、監査役及之ニ準スヘキ者並清算人ヲ謂フ

第三十條　當選者左ニ揭クル事由ノ一ニ該當スルトキハ三月以內ニ更ニ選擧ヲ行フヘシ但シ第二項ノ規定ニ依リ更ニ選擧ヲ行フコトナクシテ當選者ヲ定メ得ル場合ハ此ノ限ニ在ラス

一　當選ヲ辭シタルトキ

二　第二十七條ノ二ノ規定ニ依リ當選ヲ失ヒタルトキ

三　死亡者ナルトキ

四　選擧ニ關スル犯罪ニ依リ刑ニ處セラレ其ノ當選無效ト爲リタルトキ
但シ同一人ニ關シ前各號ノ事由ニ依ル選擧又ハ補闕選擧ノ告示ヲ爲シタル場合ハ此ノ限ニ在ラス

2 前項ノ事由前條第二項若ハ第四項ノ規定ニ依ル期限前ニ生シタル場合ニ於テ第二十七條第一項但書ノ得票者ニシテ當選者ト爲ラサリシ者アルトキ又ハ其ノ期限經過後ニ生シタル場合ニ於テ第二十七條第二項ノ規定ノ

適用ヲ受ケタル得票者ニシテ當選者ト爲ラサリシ者アルトキハ直ニ選擧會ヲ開キ其ノ者ノ中ニ就キ當選者ヲ定ムヘシ

參照

第二十九條　第二項　第四項

2 當選者當選ヲ辭セムトスルトキハ當選ノ告知ヲ受ケタル日ヨリ五日以内ニ之ヲ町村長ニ申立ツヘシ

4 前項ノ官吏ハ當選ノ告知ヲ受ケタル日ヨリ二十日以内ニ之ニ應スヘキ旨ヲ町村長ニ申立テサルトキハ其ノ當選ヲ辭シタルモノト看做ス

第二十七條　第一項但書　但シ議員ノ定數ヲ以テ有效投票ノ總數ヲ除シテ得タル數ノ六分ノ一以上ノ得票アルコトヲ要ス

2 前項ノ規定ニ依リ當選者ヲ定ムルニ當リ得票ノ數同シトキハ年長者ヲ取リ年齡同シトキハ選擧長抽籤シテ之ヲ定ムヘシ

3 前項ノ場合ニ於テ第二十七條第一項但書ノ得票者ニシテ當選者ト爲ラサリシ者選擧ノ期日後ニ於テ被選擧權ヲ有セサルニ至リタルトキハ之ヲ當選者ト定ムルコトヲ得ス

4 第二項ノ場合ニ於テハ町村長ハ豫メ選擧會ノ場所及日時ヲ告示スヘシ

5 第一項ノ期間ハ第三十三條第八項ノ規定ノ適用アル場合ニ於テハ選擧ヲ行フコトヲ得サル事由已ミタル日ノ翌日ヨリ之ヲ起算ス

參照

第三十三條　八項

第十七條、第三十條又ハ第三十四條第一項若ハ第三項ノ選擧ハ之ニ關係アル選擧又ハ當選ニ關スル異議申立期間、異議ノ決定若ハ訴願ノ裁決確定セサル間又ハ訴訟ノ繫屬スル間之ヲ行フコトヲ得ス

6 第一項ノ事由議員ノ任期滿了前六月以內ニ生シタルトキハ第一項ノ選擧ハ之ヲ行ハス但シ議員ノ數其ノ定數ノ三分ノ二ニ滿チサルニ至リタルトキハ此ノ限ニ在ラス

第三十一條　第二十九條第二項ノ期間ヲ經過シタルトキ又ハ同條第四項ノ申立アリタルトキハ町村長ハ直ニ當選者ノ住所氏名ヲ告示シ併セテ之ヲ府縣知事ニ報告スヘシ

參照

第二十九條　第二項　第四項

2 當選者當選ヲ辭セムトスルトキハ當選ノ告知ヲ受ケタル日ヨリ五日以內ニ之ヲ町村長

ニ申立ツヘシ

4 前項ノ官吏ハ當選ノ告知ヲ受ケタル日ヨリ二十日以内ニ之ニ應スヘキ旨ヲ町村長ニ申立テサルトキハ其ノ當選ヲ辭シタルモノト看做ス

2 當選者ナキニ至リタルトキ又ハ當選者其ノ選擧ニ於ケル議員ノ定數ニ達セサルニ至リタルトキハ町村長ハ直ニ其ノ旨ヲ告示シ併セテ之ヲ府縣知事ニ報告スヘシ

第三十二條 選擧ノ規定ニ違反スルコトアルトキハ選擧ノ結果ニ異動ヲ生スルノ虞アル場合ニ限リ其ノ選擧ノ全部又ハ一部ヲ無效トス但シ當選ニ異動ヲ生スルノ虞ナキ者ヲ區分シ得ルトキハ其ノ者ニ限リ當選ヲ失フコトナシ

第三十三條 選擧人選擧又ハ當選ノ效力ニ關シ異議アルトキハ選擧ニ關シテハ選擧ノ日ヨリ當選ニ關シテハ第二十九條第一項又ハ第三十一條第二項ノ告示ノ日ヨリ七日以内ニ之ヲ町村長ニ申立ツルコトヲ得此ノ場合ニ於テハ町村長ハ七日以内ニ町村會ノ決定ニ付スヘシ町村會ハ其ノ送付ヲ受ケタル日ヨリ十四日以内ニ之ヲ決定スヘシ

参照

第二十九條　當選者定マリタルトキハ町村長ハ直ニ當選者ニ當選ノ旨ヲ告知シ同時ニ當選者ノ住所氏名ヲ告示シ且選擧錄ノ寫（投票錄アルトキハ併セテ投票錄ノ寫）ヲ添ヘ之ヲ府縣知事ニ報告スヘシ當選者ナキトキハ直ニ其ノ旨ヲ告示シ且選擧錄ノ寫（投票錄アルトキハ併セテ投票錄ノ寫）ヲ添ヘ之ヲ府縣知事ニ報告スヘシ

第三十一條　第二項

2 當選者ナキニ至リタルトキ又ハ當選者其ノ選擧ニ於ケル議員ノ定數ニ達セサルニ至リタルトキハ町村長ハ直ニ其ノ旨ヲ告示シ併セテ之ヲ府縣知事ニ報告スヘシ

2 前項ノ決定ニ不服アル者ハ府縣參事會ニ訴願スルコトヲ得

3 府縣知事ハ選擧又ハ當選ノ效力ニ關シ異議アルトキハ選擧ニ關シテハ第二十九條第一項ノ報告ヲ受ケタル日ヨリ、當選ニ關シテハ第二十九條第一項又ハ第三十一條第二項ノ報告ヲ受ケタル日ヨリ二十日以內ニ之ヲ府縣參事會ノ決定ニ付スルコトヲ得

4 前項ノ決定アリタルトキハ同一事件ニ付爲シタル異議ノ申立及町村會ノ決定ハ無效トス

5 第二項若ハ第六項ノ裁決又ハ第三項ノ決定ニ不服アル者ハ行政裁判所ニ

出訴スルコトヲ得
6 第一項ノ決定ニ付テハ町村長ヨリモ訴願ヲ提起スルコトヲ得
7 第二項若ハ前項ノ裁決又ハ第三項ノ決定ニ付テハ府縣知事又ハ町村長ヨリモ訴訟ヲ提起スルコトヲ得
8 第十七條、第三十條又ハ第三十四條第一項若ハ第三項ノ選擧ハ之ニ關係アル選擧又ハ當選ニ關スル異議申立期間、異議ノ決定若ハ訴願ノ裁決確定セサル間又ハ訴訟ノ繫屬スル間之ヲ行フコトヲ得ス

參照

第十七條 町村會議員中闕員ヲ生シタル場合ニ於テ第二十七條第二項ノ規定ノ適用ヲ受ケタル得票者ニシテ當選者ト爲ラサリシ者アルトキハ直ニ選擧會ヲ開キ其ノ者ノ中ニ就キ當選者ヲ定ムヘシ此ノ場合ニ於テハ第三十條第三項及第四項ノ規定ヲ準用ス
2 前項ノ規定ノ適用ヲ受クル者ナク若ハ前項ノ規定ノ適用ニ依リ當選者ヲ定ムルモ仍其ノ闕員カ議員定數ノ六分ノ一ヲ超ユルニ至リタルトキ又ハ町村長若ハ町村會ニ於テ必要ト認ムルトキハ補闕選擧ヲ行フヘシ
3 第三十條第五項及第六項ノ規定ハ補闕選擧ニ之ヲ準用ス
4 補闕議員ハ其ノ前任者ノ殘任期間在任ス

第三十條　當選者左ニ掲クル事由ノ一ニ該當スルトキハ三月以內ニ更ニ選擧ヲ行フヘシ但シ第二項ノ規定ニ依リ更ニ選擧ヲ行フコトナクシテ當選者ヲ定メ得ル場合ハ此ノ限ニ在ラス

一　當選ヲ辭シタルトキ
二　第二十七條ノ二ノ規定ニ依リ當選ヲ失ヒタルトキ
三　死亡者ナルトキ
四　選擧ニ關スル犯罪ニ依リ刑ニ處セラレ其ノ當選無效ト爲リタルトキ但シ同一人ニ關シ前各號ノ事由ニ依ル選擧又ハ補闕選擧ノ告示ヲ爲シタル場合ハ此ノ限ニ在ラス

2　前項ノ事由前條第二項若ハ第四項ノ規定ニ依ル期限前ニ生シタル場合ニ於テ第二十七條第一項但書ノ得票者ニシテ當選者ト爲ラサリシ者アルトキ又ハ其ノ期限經過後ニ生シタル場合ニ於テ第二十七條第二項ノ規定ノ適用ヲ受ケタル得票者ニシテ當選者ト爲ラサリシ者アルトキハ直ニ選擧會ヲ開キ其ノ者ノ中ニ就キ當選者ヲ定ムヘシ

3　前項ノ場合ニ於テ第二十七條第一項但書ノ得票者ニシテ當選者ト爲ラサリシ者選擧ノ期日後ニ於テ被選擧權ヲ有セサルニ至リタルトキハ之ヲ當選者ト定ムルコトヲ得ス

4　第二項ノ場合ニ於テハ町村長ハ豫メ選擧會ノ場所及日時ヲ告示スヘシ

5　第一項ノ期間ハ第三十三條第八項ノ規定ノ適用アル場合ニ於テハ選擧ヲ行フコトヲ得サル事由已ミタル日ノ翌日ヨリ之ヲ起算ス

6　第一項ノ事由議員ノ任期滿了前六月以內ニ生シタルトキハ第一項ノ選擧ハ之ヲ行ハス

但シ議員ノ數其ノ三分ノ二ニ滿チサルニ至リタルトキハ此ノ限ニ在ラス

第三十四條　選擧無效ト確定シタルトキハ三月以内ニ更ニ選擧ヲ行フヘシ

3 當選者ナキトキ、當選者ナキニ至リタルトキ又ハ當選者其ノ選擧ニ於ケル議員ノ定數ニ達セサルトキ若ハ定數ニ達セサルニ至リタルトキハ三月以内ニ更ニ選擧ヲ行フヘシ

9 町村會議員ハ選擧又ハ當選ニ關スル決定若ハ裁決確定シ又ハ判決アル迄ハ會議ニ列席シ議事ニ參與スルノ權ヲ失ハス

第三十四條　選擧無效ト確定シタルトキハ三月以内ニ更ニ選擧ヲ行フヘシ

2 當選無效ト確定シタルトキハ直ニ選擧會ヲ開キ更ニ當選者ヲ定ムヘシ此ノ場合ニ於テハ第三十條第三項及第四項ノ規定ヲ準用ス

參照

第三十條　第三項　第四項

3 前項ノ場合ニ於テ第二十七條第一項但書ノ得票者ニシテ當選者ト爲ラサリシ者選擧ノ期日後ニ於テ被選擧權ヲ有セサルニ至リタルトキハ之ヲ當選者ト定ムルコトヲ得ス

4 第二項ノ場合ニ於テハ町村長ハ豫メ選擧會ノ場所及日時ヲ告示スヘシ

3 當選者ナキトキ、當選者ナキニ至リタルトキ又ハ當選者其ノ選擧ニ於ケル議員ノ定數ニ達セサルトキ若ハ定數ニ達セサルニ至リタルトキハ三月

以内ニ更ニ選擧ヲ行フヘシ

4 第三十條第五項及第六項ノ規定ハ第一項及前項ノ選擧ニ之ヲ準用ス

參照

第三十條　第五項　第六項

5 第一項ノ期間ハ第三十三條第八項ノ規定ノ適用アル場合ニ於テハ選擧ヲ行フコトヲ得サル事由巳ミタル日ノ翌日ヨリ之ヲ起算ス

6 第一項ノ事由議員ノ任期滿了前六月以内ニ生シタルトキハ第一項ノ選擧ハ之ヲ行ハス但シ議員ノ數其ノ定數ノ三分ノ二ニ滿チルニ至リタルトキハ此ノ限ニ在ラス

第三十五條　町村會議員被選擧權ヲ有セサルモノナルトキ又ハ第二十九條第五項ニ揭クル者ナルトキハ其ノ職ヲ失フ其ノ被選擧權ノ有無又ハ第二十九條第五項ニ揭クル者ニ該當スルヤ否ヤハ町村會議員カ左ノ各號ノ一ニ該當スルニ因リ被選擧權ヲ有セサル場合ヲ除クノ外町村會之ヲ決定ス

一　禁治產者又ハ準禁治產者ト爲リタルトキ

二　破產者ト爲リタルトキ

三　禁錮以上ノ刑ニ處セラレタルトキ

四　選擧ニ關スル犯罪ニ依リ罰金ノ刑ニ處セラレタルトキ

參照

第二十九條　第五項

5 町村ニ對シ請負ヲ爲シ、又ハ町村ニ於テ費用ヲ負擔スル事業ニ付町村長若ハ其ノ委任ヲ受ケタル者ニ對シ請負ヲ爲ス者若ハ其ノ支配人又ハ主トシテ同一ノ行爲ヲ爲ス法人ノ無限責任社員、役員若ハ支配人シテ當選シタル者ハ其ノ請負ヲ罷メ又ハ請負ヲ爲ス者ノ支配人若ハ主トシテ同一ノ行爲ヲ爲ス法人ノ無限責任社員、役員若ハ支配人タルコトナキニ至ルニ非サレハ當選ニ應スルコトヲ得ス第二項ノ期限前ニ其ノ旨ヲ町村長ニ申立テサルトキハ其ノ當選ヲ辭シタルモノト看做ス

2 町村長ハ町村會議員中被選擧權ヲ有セサル者又ハ第二十九條第五項ニ掲クル者アリト認ムルトキハ之ヲ町村會ノ決定ニ付スヘシ町村會ハ其ノ送付ヲ受ケタル日ヨリ十四日以内ニ之ヲ決定スヘシ

3 第一項ノ決定ヲ受ケタル者其ノ決定ニ不服アルトキハ府縣參事會ニ訴願シ其ノ裁決又ハ第四項ノ裁決ニ不服アルトキハ行政裁判所ニ出訴スルコトヲ得

4 第一項ノ決定及前項ノ裁決ニ付テハ町村長ヨリモ訴願又ハ訴訟ヲ提起スルコトヲ得

5 前二項ノ裁決ニ付テハ府縣知事ヨリモ訴訟ヲ提起スルコトヲ得

6 第三十三條第九項ノ規定ハ第一項及前三項ノ場合ニ之ヲ準用ス

參照

第三十三條　第九項

9 町村會議員ハ選擧又ハ當選ニ關スル決定若ハ裁決確定シ又ハ判決アル迄ハ會議ニ列シ議事ニ參與スルノ權ヲ失ハス

第一項ノ決定ハ文書ヲ以テ之ヲ爲シ其ノ理由ヲ附シ之ヲ本人ニ交付スヘシ

第三十六條　第十八條ノ三及第三十三條ノ場合ニ於テ府縣參事會ノ決定及裁決ハ府縣知事、町村會ノ決定ハ町村長直ニ之ヲ告示スヘシ

參照

第十八條ノ三　選擧人名簿ニ關シ關係者ニ於テ異議アルトキハ縱覽期間內ニ之ヲ町村長ニ申立ツルコトヲ得此ノ場合ニ於テハ町村長ハ其ノ申立ヲ受ケタル日ヨリ十四日以內ニ之ヲ決定シ名簿ノ修正ヲ要スルトキハ直ニ之ヲ修正スヘシ

2 前項ノ決定ニ不服アル者ハ府縣參事會ニ訴願シ其ノ裁決ニ不服アル者ハ行政裁判所ニ出訴スルコトヲ得

3 前項ノ裁決ニ付テハ府縣知事又ハ町村長ヨリモ訴訟ヲ提起スルコトヲ得

4 第一項ノ規定ニ依リ決定ヲ爲シタルトキハ町村長ハ直ニ其ノ要領ヲ告示スヘシ同項ノ規定ニ依リ名簿ヲ修正シタルトキ亦同シ

第三十三條 選擧人選擧又ハ當選ノ效力ニ關シ異議アルトキハ選擧ニ關シテハ選擧ノ日ヨリ當選ニ關シテハ第二十九條第一項又ハ第三十一條第二項ノ告示ノ日ヨリ七日以内ニ之ヲ町村長ニ申立ツルコトヲ得此ノ場合ニ於テハ町村長ハ七日以内ニ町村會ノ決定ニ付スヘシ町村會ハ其ノ送付ヲ受ケタル日ヨリ十四日以内ニ之ヲ決定スヘシ

2 前項ノ決定ニ不服アル者ハ府縣參事會ニ訴願スルコトヲ得

3 府縣知事ハ選擧又ハ當選ノ效力ニ關シ異議アルトキハ選擧ニ關シテハ第二十九條第一項ノ報告ヲ受ケタル日ヨリ當選ニ關シテハ第二十九條第一項又ハ第三十一條第二項ノ報告ヲ受ケタル日ヨリ二十日以内ニ之ヲ府縣參事會ノ決定ニ付スルコトヲ得

4 前項ノ決定アリタルトキハ同一事件ニ付爲シタル異議ノ申立及町村會ノ決定ハ無效トス

5 第二項若ハ第六項ノ裁決又ハ第三項ノ決定ニ不服アル者ハ行政裁判所ニ出訴スルコトヲ得

6 第一項ノ決定ニ付テハ町村長ヨリモ訴願ヲ提起スルコトヲ得

7 第二項若ハ前項ノ裁決又ハ第三項ノ決定ニ付テハ府縣知事又ハ町村長ヨリモ訴訟ヲ提起スルコトヲ得

8 第十七條、第三十條又ハ第三十四條第一項若ハ第三項ノ選擧ハ之ニ關係アル選擧又ハ

當選ニ關スル異議申立期間、異議ノ決定若ハ訴願ノ裁決確定セサル間又ハ訴訟ノ繫屬スル間之ヲ行フコトヲ得ス

9 町村會議員ハ選擧又ハ當選ニ關スル決定若ハ裁決確定シ又ハ判決アル迄ハ會議ニ列席シ議事ニ參與スルノ權ヲ失ハス

第三十六條ノ二　町村會議員ノ選擧ニ付テハ衆議院議員選擧法第九十一條第九十二條、第九十八條、第九十九條第二項、第百條及第百四十二條ノ規定ヲ準用ス

參照

衆議院議員選擧法

第九十一條　選擧事務所ハ選擧ノ當日ニ限リ投票所ヲ設ケタル場所ノ入口ヨリ三丁以內ノ區域ニ之ヲ置クコトヲ得ス

第九十二條　休憩所其ノ他之ニ類似スル設備ハ選擧運動ノ爲之ヲ設クルコトヲ得ス

第九十八條　何人ト雖投票ヲ得若ハ得シメ又ハ得シメサルノ目的ヲ以テ戶別訪問ヲ爲スコトヲ得ス

2 何人ト雖前項ノ目的ヲ以テ連續シテ個個ノ選擧人ニ對シ面接シ又ハ電話ニ依リ選擧運動ヲ爲スコトヲ得ス

第九十九條　第二項

2 選擧事務ニ關係アル官吏及吏員ハ其ノ關係區域內ニ於ケル選擧運動ヲ爲スコトヲ得ス

第百條　內務大臣ハ選擧運動ノ爲頒布シ又ハ揭示スル文書圖畫ニ關シ命令ヲ以テ制限ヲ設クルコトヲ得

第百四十二條　第十章ニ揭クル罪ニ關スル刑事訴訟ニ付テハ上告裁判所ハ刑事訴訟法第四百二十二條第一項ノ期間ニ依ラサルコトヲ得

刑事訴訟法

第四百二十二條　上告裁判所ハ遲クトモ最初ニ定メタル公判期日ノ五十日前ニ其ノ期日ヲ上告申立人及對手人ニ通知スヘシ

第三十七條　本法又ハ本法ニ基キテ發スル勅令ニ依リ設置スル議會ノ議員ノ選擧ニ付テハ衆議院議員選擧ニ關スル罰則ヲ準用ス

參照

衆議院議員選擧法

第十二章　罰則

第百十一條　詐僞ノ方法ヲ以テ選擧人名簿ニ登錄セラレタル者又ハ第二十五條第二項ノ場合ニ於テ虛僞ノ宣言ヲ爲シタル者ハ百圓以下ノ罰金ニ處ス

第百十二條　左ノ各號ニ揭クル行爲ヲ爲シタル者ハ二年以下ノ懲役若ハ禁錮又ハ千圓以下ノ罰金ニ處ス

一　當選ヲ得若ハ得シメ又ハ得シメサル目的ヲ以テ選擧人又ハ選擧運動者ニ對シ金錢物品其ノ他ノ財産上ノ利益若ハ公私ノ職務ノ供與、其ノ供與ノ申込若ハ約束ヲ爲シ又ハ饗應接待、其ノ申込若ハ約束ヲ爲シタルトキ

二　當選ヲ得若ハ得シメ又ハ得シメサル目的ヲ以テ選擧人又ハ選擧運動者ニ對シ其ノ者又ハ其ノ者ノ關係アル社寺、學校、會社、組合、市町村等ニ對スル用水、小作、債權、寄附其ノ他特殊ノ直接利害關係ヲ利用シテ誘導ヲ爲シタルトキ

三　投票ヲ爲シ若ハ爲ササルコト、選擧運動ヲ爲シ若ハ止メタルコト又ハ其ノ周旋勸誘ヲ爲シタルコトノ報酬ト爲ス目的ヲ以テ選擧人又ハ選擧運動者ニ對シ第一號ニ揭クル行爲ヲ爲シタルトキ

四　第一號若ハ前號ノ供與、饗應接待ヲ受ケ若ハ要求シ、第一號若ハ前號ノ申込ヲ承諾シ又ハ第二號ノ誘導ニ應シ若ハ之ヲ促シタルトキ

五　前各號ニ揭クル行爲ニ關シ周旋又ハ勸誘ヲ爲シタルトキ

第百十三條　左ノ各號ニ揭クル行爲ヲ爲シタル者ハ三年以下ノ懲役若ハ禁錮又ハ二千圓以下ノ罰金ニ處ス

一　議員候補者タルコト若ハ議員候補者タラムトスルコトヲ止メシムル目的ヲ以テ議員候補者若ハ議員候補者タラムトスル者ニ對シ又ハ當選ヲ辭セシムル目的ヲ以テ當選人ニ對シ前條第一號又ハ第二號ニ揭クル行爲ヲ爲シタルトキ

二　議員候補者タルコト若ハ議員候補者タラムトスルコトヲ止メタルコト、當選ヲ辭

シタルコト又ハ其ノ周旋勸誘ヲ爲シタルコトノ報酬ト爲ス目的ヲ以テ議員候補者タリシ者、議員候補者タラムトシタル者又ハ當選人タリシ者ニ對シ前條第一號ニ掲クル行爲ヲ爲シタルトキ

三　前二號ノ供與、饗應接待ヲ受ケ若ハ要求シ、前二號ノ申込ヲ承諾シ又ハ第一號ノ誘導ニ應シ若ハ之ヲ促シタルトキ

四　前各號ニ掲クル行爲ニ關シ周旋又ハ勸誘ヲ爲シタルトキ

第百十四條　前二條ノ場合ニ於テ收受シタル利益ハ之ヲ沒收ス其ノ全部又ハ一部ヲ沒收スルコト能ハサルトキハ其ノ價格ヲ追徵ス

第百十五條　選擧ニ關シ左ノ各號ニ掲クル行爲ヲ爲シタル者ハ三年以下ノ懲役若ハ禁錮又ハ二千圓以下ノ罰金ニ處ス

一　選擧人、議員候補者、議員候補者タラムトスル者、選擧運動者又ハ當選人ニ對シ暴行若ハ威力ヲ加ヘ又ハ之ヲ拐引シタルトキ

二　交通若ハ集會ノ便ヲ妨ケ又ハ演說ヲ妨害シ其ノ他僞計詐僞等不正ノ方法ヲ以テ選擧ノ自由ヲ妨害シタルトキ

三　選擧人、議員候補者、議員候補者タラムトスル者、選擧運動者若ハ當選人又ハ其ノ關係アル社寺、學校、會社、組合、市町村等ニ對スル用水、小作、債權、寄附其ノ他特殊ノ利害關係ヲ利用シテ選擧人、議員候補者、議員候補者タラムトスル者、選擧運動者又ハ當選人ヲ威逼シタルトキ

第百十六條　選擧ニ關シ官吏又ハ吏員故意ニ其ノ職務ノ執行ヲ怠リ又ハ職權ヲ濫用シテ選擧ノ自由ヲ妨害シタルトキハ三年以下ノ禁錮ニ處ス

2 官吏又ハ吏員選擧人ニ對シ其ノ投票セムトシ又ハ投票シタル被選擧人ノ氏名ノ表示ヲ求メタルトキハ三月以下ノ禁錮又ハ百圓以下ノ罰金ニ處ス

第百十七條　選擧事務ニ關係アル官吏、吏員、立會人又ハ監視者選擧人ノ投票シタル被選擧人ノ氏名ヲ表示シタルトキハ二年以下ノ禁錮又ハ千圓以下ノ罰金ニ處ス其ノ表示シタル事實虛僞ナルトキ亦同シ

第百十八條　投票所又ハ開票所ニ於テ正當ノ事由ナクシテ選擧人ノ投票ニ關渉シ又ハ被選擧人ノ氏名ヲ認知スルノ方法ヲ行ヒタル者ハ一年以下ノ禁錮又ハ五百圓以下ノ罰金ニ處ス

2 法令ノ規定ニ依ラスシテ投票函ヲ開キ又ハ投票函中ノ投票ヲ取出シタル者ハ三年以下ノ懲役若ハ禁錮又ハ二千圓以下ノ罰金ニ處ス

第百十九條　投票管理者、開票管理者、選擧長、立會人若ハ選擧監視者ニ暴行若ハ脅迫ヲ加ヘ、選擧會場、開票所若ハ投票所ヲ騷擾シ又ハ投票、投票函其ノ他關係書類ヲ抑留、毀壞若ハ奪取シタル者ハ四年以下ノ懲役又ハ禁錮ニ處ス

第百二十條　多衆聚合シテ第百十五條第一號又ハ前條ノ罪ヲ犯シタル者ハ左ノ區別ニ從テ處斷ス

一　首魁ハ一年以上七年以下ノ懲役又ハ禁錮ニ處ス

二 他人ヲ指揮シ又ハ他人ニ率先シテ勢ヲ助ケタル者ハ六月以上五年以下ノ懲役又ハ禁錮ニ處ス

三 附加隨行シタル者ハ百圓以下ノ罰金又ハ科料ニ處ス

2 第百十五條第一號又ハ前條ノ罪ヲ犯ス爲多衆聚合シ當該公務員ヨリ解散ノ命ヲ受クルコト三回以上ニ及フモ仍解散セサルトキハ首魁ハ二年以下ノ禁錮ニ處シ其ノ他ノ者ハ百圓以下ノ罰金又ハ科料ニ處ス

第百二十一條 選擧ニ關シ銃砲、刀劍、棍棒其ノ他人ヲ殺傷スルニ足ルヘキ物件ヲ携帶シタル者ハ二年以下ノ禁錮又ハ千圓以下ノ罰金ニ處ス

第百二十二條 前條ノ物件ヲ携帶シテ選擧會場、開票所又ハ投票所ニ入リタル者ハ三年以下ノ禁錮又ハ二千圓以下ノ罰金ニ處ス

2 警察官吏又ハ憲兵ハ必要ト認ムル場合ニ於テ前項ノ物件ヲ領置スルコトヲ得

第百二十三條 前二條ノ罪ヲ犯シタル場合ニ於テハ其ノ携帶シタル物件ヲ沒收ス

第百二十四條 選擧ニ關シ多衆聚合シ若ハ隊伍ヲ組ミテ往來シ又ハ煙火、松明ノ類ヲ用ヒ若ハ鐘鼓、喇叭ノ類ヲ鳴ラシ旗幟其ノ他ノ標章ヲ用フル等氣勢ヲ張ルノ行爲ヲ爲シ警察官吏ノ制止ヲ受クルモ仍其ノ命ニ從ハサル者ハ六月以下ノ禁錮又ハ三百圓以下ノ罰金ニ處ス

第百二十五條 演說又ハ新聞紙、雜誌、引札、張札其ノ他何等ノ方法ヲ以テスルニ拘ラス第百十二條、第百十三條、第百十五條、第百十八條乃至第百二十二條及前條ノ罪ヲ

犯サシムル目的ヲ以テ人ヲ煽動シタル者ハ一年以下ノ禁錮又ハ五百圓以下ノ罰金ニ處ス但シ新聞紙及雜誌ニ在リテハ仍其ノ編輯人及實際編輯ヲ擔當シタル者ヲ罰ス

第百二十六條　演說又ハ新聞紙、雜誌、引札、張札其ノ他何等ノ方法ヲ以テスルニ拘ラス左ノ各號ニ揭クル行爲ヲ爲シタル者ハ二年以下ノ禁錮又ハ千圓以下ノ罰金ニ處ス新聞紙及雜誌ニ在リテハ前條但書ノ例ニ依ル

一　當選ヲ得又ハ得シムル目的ヲ以テ議員候補者ノ身分、職業又ハ經歷ニ關シ虛僞ノ事項ヲ公ニシタルトキ

二　當選ヲ得シメサル目的ヲ以テ議員候補者ニ關シ虛僞ノ事項ヲ公ニシタルトキ

第百二十七條　選擧人ニ非サル者投票ヲ爲シタルトキハ一年以下ノ禁錮又ハ五百圓以下ノ罰金ニ處ス

2 氏名ヲ詐稱シ其ノ他詐僞ノ方法ヲ以テ投票ヲ爲シタル者ハ二年以下ノ禁錮又ハ千圓以下ノ罰金ニ處ス

3 投票ヲ僞造シ又ハ其ノ數ヲ增減シタル者ハ三年以下ノ懲役若ハ禁錮又ハ二千圓以下ノ罰金ニ處ス

4 選擧事務ニ關係アル官吏、吏員、立會人又ハ監視者前項ノ罪ヲ犯シタルトキハ五年以下ノ懲役若ハ禁錮又ハ二千圓以下ノ罰金ニ處ス

第百二十八條　立會人正當ノ事故ナクシテ本法ニ定メタル義務ヲ缺クトキハ百圓以下ノ罰金ニ處ス

第百二十九條 第九十六條若クハ第九十八條ノ規定ニ違反シタル者又ハ第九十四條ノ規定ニ依ル命令ニ從ハサル者ハ一年以下ノ禁錮又ハ五百圓以下ノ罰金ニ處ス

第百三十條 第九十條第一項第二項ノ規定ニ依ル定數ヲ超エ若ハ第九十一條ノ規定ニ違反シテ選擧事務所ヲ設置シタル者又ハ第九十二條ノ規定ニ違反シテ休憩所其ノ他之ニ類似スル設備ヲ設ケタル者ハ三百圓以下ノ罰金ニ處ス

2 第九十三條ノ規定ニ依ル定數ヲ超エテ選擧委員又ハ選擧事務員ノ選任ヲ爲シタル者亦前項ニ同シ

第百三十一條 第八十九條第一項、第九十九條又ハ第百九條ノ規定ニ違反シタル者ハ六月以下ノ禁錮又ハ三百圓以下ノ罰金ニ處ス

第百三十二條 第八十八條第五項乃至第七項又ハ第八十九條第四項ノ屆出ヲ怠リタル者ハ百圓以下ノ罰金ニ處ス

2 第百條ノ規定ニ依ル命令ニ違反シタル者亦前項ニ同シ

第百三十三條 選擧事務長又ハ選擧事務長ニ代リ其ノ職務ヲ行フ者第百二條第二項ノ規定ニ依リ告示セラレタル額ヲ超エ選擧運動ノ費用ヲ支出シ又ハ第百一條第一項但書ノ規定ニ依ル承諾ヲ與ヘテ支出セシメタルトキハ一年以下ノ禁錮又ハ五百圓以下ノ罰金ニ處ス

第百三十四條 第百一條ノ規定ニ違反シテ選擧運動ノ費用ヲ支出シタル者ハ一年以下ノ禁錮ニ處ス

第百三十五條 左ノ各號ニ掲クル行爲ヲ爲シタル者ハ六月以下ノ禁錮又ハ三百圓以下ノ罰金ニ處ス

一 第百五條ノ規定ニ違反シテ帳簿ヲ備ヘス又ハ帳簿ニ記載ヲ爲サス若ハ之ニ虛僞ノ記入ヲ爲シタルトキ

二 第百六條第一項ノ屆出ヲ怠リ又ハ虛僞ノ屆出ヲ爲シタルトキ

三 第百七條第一項ノ規定ニ違反シテ帳簿又ハ書類ヲ保存セサルトキ

四 第百七條第一項ノ規定ニ依リ保存スヘキ帳簿又ハ書類ニ虛僞ノ記入ヲ爲シタルトキ

五 第百八條ノ規定ニ依ル帳簿若ハ書類ノ提出若ハ檢査ヲ拒ミ若ハ之ヲ妨ケ又ハ說明ノ求ニ應セサルトキ

第百三十六條 當選人其ノ選擧ニ關シ本章ニ掲クル罪ヲ犯シ刑ニ處セラレタルトキハ其ノ當選ヲ無效トス選擧事務長第百十二條又ハ第百十三條ノ罪ヲ犯シ刑ニ處セラレタルトキ亦同シ但シ選擧事務長ノ選任及監督ニ付キ相當ノ注意ヲ爲シタルトキハ此ノ限ニ在ラス

第百三十七條 本章ニ掲クル罪ヲ犯シタル者ニシテ罰金ノ刑ニ處セラレタル者ニ在リテハ其ノ裁判確定ノ後五年間、禁錮以上ノ刑ニ處セラレタル者ニ在リテハ其ノ裁判確定ノ後刑ノ執行ヲ終ル迄又ハ刑ノ時效ニ因ル場合ヲ除クノ外刑ノ執行ノ免除ヲ受クル迄ノ間及其ノ後五年間衆議院議員及選擧ニ付本章ノ規定ヲ準用スル議會ノ議員ノ選擧權

及被選擧權ヲ有セス禁錮以上ノ刑ニ處セラレタル者ニ付其ノ裁判確定ノ後刑ノ執行ヲ受クルコトナキニ至ル迄ノ間亦同シ

2 前項ニ規定スル者ト雖モ情狀ニ因リ裁判所ハ刑ノ言渡ト同時ニ前項ノ規定ヲ適用セス又ハ其ノ期間ヲ短縮スル旨ノ宣告ヲ爲スコトヲ得

3 前二項ノ規定ハ第六條第五號ノ規定ニ該當スル者ニハ之ヲ適用セス

第百三十八條 第百二十七條第三項及第四項ノ罪ノ時效ハ一年ヲ經過スルニ因リテ完成ス

2 前項ニ揭クル罪以外ノ本章ノ罪ノ時效ハ六月ヲ經過スルニ因リテ完成ス但シ犯人逃亡シタルトキハ其ノ期間ハ一年トス

第三十八條 特別ノ事情アル町村ニ於テハ府縣知事ハ其ノ町村ヲシテ町村會ヲ設ケス選擧權ヲ有スル町村公民ノ總會ヲ以テ之ニ充テシムルコトヲ得

2 町村總會ニ關シテハ町村會ニ關スル規定ヲ準用ス

第二款　職務權限

第三十九條 町村會ハ町村ニ關スル事件及法律勅令ニ依リ其ノ權限ニ屬ス

ル事件ヲ議決ス

第四十條　町村會ノ議決スヘキ事件ノ概目左ノ如シ

一　町村條例及町村規則ヲ設ケ又ハ改廢スル事

二　町村費ヲ以テ支辨スヘキ事業ニ關スル事但シ第七十七條ノ事務及法律勅令ニ規定アルモノハ此ノ限ニ在ラス

參照

第七十七條　町村長其ノ他町村吏員ハ從來法令又ハ將來法律勅令ノ定ムル所ニ依リ國府縣其ノ他公共團體ノ事務ヲ掌ル

2　前項ノ事務ヲ執行スル爲要スル費用ハ町村ノ負擔トス但シ法令中別段ノ規定アルモノハ此ノ限ニ在ラス

三　歲入出豫算ヲ定ムル事

四　決算報告ヲ認定スル事

五　法令ニ定ムルモノヲ除クノ外使用料、手數料、加入金、町村稅又ハ夫役現品ノ賦課徵收ニ關スル事

六　不動產ノ管理處分及取得ニ關スル事

七　基本財產及積立金穀等ノ設置管理及處分ニ關スル事

八　歲入出豫算ヲ以テ定ムルモノヲ除クノ外新ニ義務ノ負擔ヲ爲シ及權利ノ抛棄ヲ爲ス事
九　財產及營造物ノ管理方法ヲ定ムル事但シ法律勅令ニ規定アルモノハ此ノ限ニ在ラス
十　町村吏員ノ身元保證ニ關スル事
十一　町村ニ係ル訴願訴訟及和解ニ關スル事
第四十一條　町村會ハ法律勅令ニ依リ其ノ權限ニ屬スル選擧ヲ行フヘシ
第四十二條　町村會ハ町村ノ事務ニ關スル書類及計算書ヲ檢閱シ町村長ノ報告ヲ請求シテ事務ノ管理、議決ノ執行及出納ヲ檢查スルコトヲ得
2　町村會ハ議員中ヨリ委員ヲ選擧シ町村長又ハ其ノ指名シタル吏員立會ノ上實地ニ就キ前項町村會ノ權限ニ屬スル事件ヲ行ハシムルコトヲ得
第四十三條　町村會ハ町村ノ公益ニ關スル事件ニ付意見書ヲ關係行政廳ニ提出スルコトヲ得（昭和四年四月法律第五十七號改正）
第四十四條　町村會ハ行政廳ノ諮問アルトキハ意見ヲ答申スヘシ
2　町村會ノ意見ヲ徵シテ處分ヲ爲スヘキ場合ニ於テ町村會成立セス、招集

ニ應セス若ハ意見ヲ提出セス又ハ町村會ヲ招集スルコト能ハサルトキハ當該行政廳ハ其ノ意見ヲ俟タスシテ直ニ處分ヲ爲スコトヲ得

第四十五條　町村會ハ町村長ヲ以テ議長トス町村長故障アルトキハ其ノ代理者議長ノ職務ヲ代理ス町村長及其ノ代理者共ニ故障アルトキハ臨時ニ議員中ヨリ假議長ヲ選擧スヘシ

2 前項假議長ノ選擧ニ付テハ年長ノ議員議長ノ職務ヲ代理ス年齡同シキトキハ抽籤ヲ以テ定ム

3 特別ノ事情アル町村ニ於テハ第一項ノ規定ニ拘ラス町村條例ヲ以テ町村會ノ選擧ニ依ル議長及其ノ代理者一人ヲ置クコトヲ得此ノ場合ニ於テハ市制第四十八條及第四十九條ノ規定ヲ準用ス

參照

市制

第四十八條　市會ハ議員中ヨリ議長及副議長一人ヲ選擧スヘシ

2 議長及副議長ノ任期ハ議員ノ任期ニ依ル

第四十九條　議長故障アルトキハ副議長之ニ代ハリ議長及副議長共ニ故障アルトキハ臨時ニ議員中ヨリ假議長ヲ選擧スヘシ

2 前項假議長ノ選擧ニ付テハ年長ノ議員議長ノ職務ヲ代理ス年齡同シキトキハ抽籤ヲ以テ之ヲ定ム

第四十六條 町村長及其ノ委任又ハ囑託ヲ受ケタル者ハ會議ニ列席シテ議事ニ參與スルコトヲ得但シ議決ニ加ハルコトヲ得ス

2 前項ノ列席者發言ヲ求ムルトキハ議長ハ直ニ之ヲ許スヘシ但シ之カ爲議員ノ演說ヲ中止セシムルコトヲ得ス

第四十七條 町村會ハ町村長之ヲ招集ス議員定數ノ三分ノ一以上ヨリ會議ニ付スヘキ事件ヲ示シテ町村會招集ノ請求アルトキハ町村長ハ之ヲ招集スヘシ（昭和四年四月法律第五十七號改正）

2 町村長ハ會期ヲ定メテ町村會ヲ招集スルコトヲ得此ノ場合ニ於テ必要アリト認ムルトキハ町村長ハ更ニ期限ヲ定メ町村會ノ會期ヲ延長スルコトヲ得（同上）

3 招集及會議ノ事件ハ開會ノ日前三日目迄ニ之ヲ告知スヘシ但シ急施ヲ要スル場合ハ此ノ限ニ在ラス（大正十五年法律第七十五號改正）

4 町村會開會中急施ヲ要スル事件アルトキハ町村長ハ直ニ之ヲ其ノ會議ニ

付スルコトヲ得會議ニ付スル日前三日目迄ニ告知ヲ爲シタル事件ニ付亦同シ（同上）

5 町村會ハ町村長之ヲ開閉ス

第四十八條　町村會ハ議員定數ノ半數以上出席スルニ非サレハ會議ヲ開クコトヲ得ス但シ第五十條ノ除斥ノ爲半數ニ滿タサルトキ、同一ノ事件ニ付招集再回ニ至ルモ仍半數ニ滿タサルトキ又ハ招集ニ應スルモ出席議員定數ヲ闕キ議長ニ於テ出席ヲ催告シ仍半數ニ滿タサルトキハ此ノ限ニ在ラス

第四十九條　町村會ノ議事ハ過半數ヲ以テ決ス可否同數ナルトキハ議長ノ決スル所ニ依ル

2 議長ハ其ノ職務ヲ行フ場合ニ於テモ之カ爲議員トシテ議決ニ加ハルノ權ヲ失ハス

第五十條　議長及議員ハ自己又ハ父母、祖父母、妻、子孫、兄弟姉妹ノ一身上ニ關スル事件ニ付テハ其ノ議事ニ參與スルコトヲ得ス但シ町村會ノ同意ヲ得タルトキハ會議ニ出席シテ發言スルコトヲ得

第五十一條　法律勅令ニ依リ町村會ニ於テ行フ選擧ニ付テハ第二十二條第二十五條及第二十七條ノ規定ヲ準用ス其ノ投票ノ效力ニ關シ異議アルトキハ町村會之ヲ決定ス（昭和四年四月法律第五十七號改正）

參照

第二十二條　選擧ハ無記名投票ヲ以テ之ヲ行フ

2 投票ハ一人一票ニ限ル

3 選擧人ハ選擧ノ當日投票時間內ニ自ラ選擧會場ニ到リ選擧人名簿又ハ其ノ抄本ノ對照ヲ經テ投票ヲ爲スヘシ

4 投票時間內ニ選擧會場ニ入リタル選擧人ハ其ノ時間ヲ過クルモ投票ヲ爲スコトヲ得

5 選擧人ハ選擧會場ニ於テ投票用紙ニ自ラ被選擧人一人ノ氏名ヲ記載シテ投函スヘシ

6 投票ニ關スル記載ニ付テハ勅令ヲ以テ定ムル點字ハ之ヲ文字ト看做ス

7 自ラ被選擧人ノ氏名ヲ書スルコト能ハサル者ハ投票ヲ爲スコトヲ得ス

8 投票用紙ハ町村長ノ定ムル所ニ依リ一定ノ式ヲ用ウヘシ

9 投票分會ニ於テ爲シタル投票ハ投票分會長少クトモ一人ノ投票立會人ト共ニ投票函ノ儘之ヲ選擧長ニ送致スヘシ

第二十五條　左ノ投票ハ之ヲ無效トス

一　成規ノ用紙ヲ用キサルモノ

二　現ニ町村會議員ノ職ニ在ル者ノ氏名ヲ記載シタルモノ
三　一投票中二人以上ノ被選擧人ノ氏名ヲ記載シタルモノ
四　被選擧人ノ何人タルカヲ確認シ難キモノ
五　被選擧權ナキ者ノ氏名ヲ記載シタルモノ
六　被選擧人ノ氏名ノ外他事ヲ記入シタルモノ但シ爵位職業身分住所又ハ敬稱ノ類ヲ記ノシタルモノハ此ノ限ニ在ラス
七　被選擧人ノ氏名ヲ自書セサルモノ

第二十七條　町村會議員ノ選擧ハ有效投票ノ最多數ヲ得タル者ヲ以テ當選者トス但シ議員ノ定數ヲ以テ有效投票ノ總數ヲ除シテ得タル數ノ六分ノ一以上ノ得票アルコトヲ要ス

2　前項ノ規定ニ依リ當選者ヲ定ムルニ當リ得票ノ數同シキトキハ年長者ヲ取リ年齡同シキトキハ選擧長抽籤シテ之ヲ定ムヘシ

2　町村會ハ議員中異議ナキトキハ前項ノ選擧ニ付指名推選ノ法ヲ用フルコトヲ得（同上）

3　指名推選ノ法ヲ用フル場合ニ於テハ被指名者ヲ以テ當選者ト定ムヘキヤ否ヲ會議ニ付シ議員全員ノ同意ヲ得タル者ヲ以テ當選者トス（同上）

4　一ノ選擧ヲ以テ二人以上ヲ選擧スル場合ニ於テハ被指名者ヲ區分シテ前

項ノ規定ヲ適用スルコトヲ得ス（同上）

第五十二條 町村會ノ會議ハ公開ス但シ左ノ場合ハ此ノ限ニ在ラス

一 議長ノ意見ヲ以テ傍聽ヲ禁止シタルトキ

二 議員二人以上ノ發議ニ依リ傍聽禁止ヲ可決シタルトキ

2 前項議員ノ發議ハ討論ヲ須キス其ノ可否ヲ決スヘシ

3 第四十五條第三項ノ町村ニ於ケル町村會ノ會議ニ付テハ前二項ノ規定ニ拘ラス市制第五十六條ノ規定ヲ準用ス

參照

第四十五條 第三項

3 特別ノ事情アル町村ニ於テハ第一項ノ規定ニ拘ラス町村條例ヲ以テ町村會ノ選擧ニ依ル議長及其ノ代理者一人ヲ置クコトヲ得此ノ場合ニ於テハ市制第四十八條及第四十九條ノ規定ヲ準用ス

市制第五十六條 市會ノ會議ハ公開ス但シ左ノ場合ハ此ノ限ニ在ラス

一 市長ヨリ傍聽禁止ノ要求ヲ受ケタルトキ

二 議長又ハ議員三人以上ノ發議ニ依リ傍聽禁止ヲ可決シタルトキ

2 前項議長又ハ議員ノ發議ハ討論ヲ須キス其ノ可否ヲ決スヘシ

第五十三條　議長ハ會議ヲ總理シ會議ノ順序ヲ定メ其ノ日ノ會議ヲ開閉シ議場ノ秩序ヲ保持ス

2　議員定數ノ半數以上ヨリ請求アルトキハ議長ハ其ノ日ノ會議ヲ開クコトヲ要ス此ノ場合ニ於テ議長仍會議ヲ開カサルトキハ第四十五條ノ例ニ依ル（大正十年法律第五十九號追加）

參照

第四十五條　町村會ハ町村長ヲ以テ議長トス町村長故障アルトキハ其ノ代理者議長ノ職務ヲ代理ス町村長及其ノ代理者共ニ故障アルトキハ臨時ニ議員中ヨリ假議長ヲ選擧スヘシ

2　前項假議長ノ選擧ニ付テハ年長ノ議員議長ノ職務ヲ代理ス年齡同シキトキハ抽籤ヲ以テ之ヲ定ム

3　特別ノ事情アル町村ニ於テハ第一項ノ規定ニ拘ラス町村條例ヲ以テ町村會ノ選擧ニ依ル議長及其ノ代理者一人ヲ置クコトヲ得此ノ場合ニ於テハ市制第四十八條及第四十九條ノ規定ヲ準用ス

3　前項議員ノ請求ニ依リ會議ヲ開キタルトキ又ハ議員中異議アルトキハ議長ハ會議ノ議決ニ依ルニ非サレハ其ノ日ノ會議ヲ閉チ又ハ中止スルコト

ヲ得ス（同上）

第五十三條ノ二 町村會議員ハ町村會ノ議決スヘキ事件ニ付町村會ニ議案ヲ發スルコトヲ得但シ歳入出豫算ニ付テハ此ノ限ニ在ラス（昭和四年四月法律第五十七號追加）

2 前項ノ規定ニ依ル發案ハ議員三人以上ヨリ文書ヲ以テ之ヲ爲スコトヲ要ス（同上）

第五十四條 議員ハ選擧人ノ指示又ハ委囑ヲ受クヘカラス

2 議員ハ會議中無禮ノ語ヲ用ヰ又ハ他人ノ身上ニ涉リ言論スルコトヲ得ス

第五十五條 會議中本法又ハ會議規則ニ違ヒ其ノ他議場ノ秩序ヲ紊ス議員アルトキハ議長ハ之ヲ制止シ又ハ發言ヲ取消サシメ命ニ從ハサルトキハ當日ノ會議ヲ終ル迄發言ヲ禁止シ又ハ議場外ニ退去セシメ必要アル場合ニ於テハ警察官吏ノ處分ヲ求ムルコトヲ得

2 議場騷擾ニシテ整理シ難キトキハ議長ハ當日ノ會議ヲ中止シ又ハ之ヲ閉ツルコトヲ得

第五十六條 傍聽人公然可否ヲ表シ又ハ喧騷ニ涉リ其ノ他會議ノ妨害ヲ爲

ストキハ議長ハ之ヲ制止シ命ニ從ハサルトキハ之ヲ退場セシメ必要アル場合ニ於テハ警察官吏ノ處分ヲ求ムルコトヲ得

2 傍聽席騷擾ナルトキハ議長ハ總テノ傍聽人ヲ退場セシメ必要アル場合ニ於テハ警察官吏ノ處分ヲ求ムルコトヲ得

第五十七條　町村會ニ書記ヲ置キ議長ニ隷屬シテ庶務ヲ處理セシム

2 書記ハ議長之ヲ任免ス

第五十八條　議長ハ書記ヲシテ會議錄ヲ調製シ會議ノ顚末及出席議員ノ氏名ヲ記載セシムヘシ

2 會議錄ハ議長及議員二人以上之ニ署名スルコトヲ要ス其ノ議員ハ町村會ニ於テ之ヲ定ムヘシ

3 第四十五條第三項ノ町村ニ於ケル町村會ノ會議ニ付テハ市制第六十二條第三項ノ規定ヲ準用ス

參照

第四十五條　第三項

3 特別ノ事情アル町村ニ於テハ第一項ノ規定ニ拘ラス町村條例ヲ以テ町村會ノ選擧ニ依

ル議長及其ノ代理者一人ヲ置クコトヲ得此ノ場合ニ於テハ市制第四十八條及第四十九條ノ規定ヲ準用ス

市制第六十二條　第三項

3議長ハ會議録ヲ添ヘ會議ノ結果ヲ市長ニ報告スヘシ

第五十九條　町村會ハ會議規則及傍聽人取締規則ヲ設クヘシ

2會議規則ニハ本法及會議規則ニ違反シタル議員ニ對シ町村會ノ議決ニ依リ五日以内出席ヲ停止スル規定ヲ設クルコトヲ得

第三章　町村吏員

第一款　組織選擧及任免

第六十條　町村ニ町村長及助役一人ヲ置ク但シ町村條例ヲ以テ助役ノ定數ヲ増加スルコトヲ得

第六十一條　町村長及助役ハ名譽職トス

2町村ハ町村條例ヲ以テ町村長又ハ助役ヲ有給ト爲スコトヲ得

第六十二條　町村長及助役ノ任期ハ四年トス

第六十三條　町村長ハ町村會ニ於テ之ヲ選擧ス
2 町村長ノ在職中ニ於テ行フ後任町村長ノ選擧ハ現任町村長ノ任期滿了ノ日前二十日以內又ハ現任町村長ノ退職ノ申立アリタル場合ニ於テ其ノ退職スヘキ日前二十日以內ニ非サレハ之ヲ行フコトヲ得ス（昭和四年法律第五十七號改正）
3 第一項ノ選擧ニ於テ當選者定マリタルトキハ直ニ當選者ニ當選ノ旨ヲ告知スヘシ（同上）
4 町村長ニ當選シタル者當選ノ告知ヲ受ケタルトキハ其ノ告知ヲ受ケタル日ヨリ二十日以內ニ其ノ當選ニ應スルヤ否ヲ申立ツヘシ其ノ期間內ニ當選ニ應スル旨ノ申立ヲ爲ササルトキハ當選ヲ辭シタルモノト看做ス（同上）
5 第二十九條第三項ノ規定ハ町村長ニ當選シタル者ニ之ヲ準用ス（同上）

參照
第二十九條　第三項
3 官吏ニシテ當選シタル者ハ所屬長官ノ許可ヲ受クルニ非アレハ之ニ應スルコトヲ得ス

6 助役ハ町村長ノ推薦ニ依リ町村會之ヲ定ム町村長職ニ在ラサルトキハ第

一項ノ例ニ依ル（同上改正）

7 第二項乃至第五項ノ規定ハ助役ニ之ヲ準用ス（同上追加）

8 名譽職町村長及名譽職助役ハ其ノ町村公民中選擧權ヲ有スル者ニ限ル

9 有給町村長及有給助役ハ第七條第一項ノ規定ニ拘ラス在職ノ間其ノ町村ノ公民トス

參照

第七條 帝國臣民タル年齡二十五年以上ノ男子ニシテ二年以來町村住民タル者ハ其ノ町村公民トス但シ左ノ各號ノ一ニ該當スル者ハ此ノ限ニ在ラス

一 禁治產者及準禁治產者

二 破產者ニシテ復權ヲ得サル者

三 貧困ニ因リ生活ノ爲公私ノ救助ヲ受ケ又ハ扶助ヲ受クル者

四 一定ノ住居ヲ有セサル者

五 六年ノ懲役又ハ禁錮以上ノ刑ニ處セラレタル者

六 刑法第二編第一章、第三章、第九章、第十六章乃至第二十一章、第二十五章又ハ第三十六章乃至第三十九章ニ掲クル罪ヲ犯シ六年未滿ノ懲役ノ刑ニ處セラレ其ノ執行ヲ終リ又ハ執行ヲ受クルコトナキニ至リタル後其ノ刑期ノ二倍ニ相當スル期間ヲ經過スルニ至ル迄ノ者但シ其ノ期間五年ヨリ短キトキハ五年トス

七　六年未滿ノ禁錮ノ刑ニ處セラレ又ハ前號ニ揭クル罪以外ノ罪ヲ犯シ六年未滿ノ懲役ノ刑ニ處セラレ其ノ執行ヲ終リ又ハ執行ヲ受クルコトナキニ至ル迄ノ者

第六十四條　有給町村長及有給助役ハ其ノ退職セムトスル日前三十日目迄ニ申立ツルニ非サレハ任期中退職スルコトヲ得ス但シ町村會ノ承認ヲ得タルトキハ此ノ限ニ在ラス

第六十五條　町村長及助役ハ第十五條第二項又ハ第四項ニ揭ケタル職ト兼ヌルコトヲ得ス又其ノ町村ニ對シ請負ヲ爲シ又ハ其ノ町村ニ於テ費用ヲ負擔スル事業ニ付町村長若ハ其ノ委任ヲ受ケタル者ニ對シ請負ヲ爲ス者及其ノ支配人又ハ主トシテ同一ノ行爲ヲ爲ス法人ノ無限責任社員、取締役監査役若ハ之ニ準スヘキ者、清算人及支配人タルコトヲ得ス

參照

第十五條　第二項　第四項

2 在職ノ檢事、警察官吏及收稅官吏ハ被選擧權ヲ有セス

4 町村ノ有給ノ吏員教員其ノ他ノ職員ニシテ在職中ノ者ハ其ノ町村ノ町村會議員ト相兼ヌルコトヲ得ス

第六十六條　有給町村長ハ府縣知事ノ許可ヲ受クルニ非サレハ他ノ報償ア

ル業務ニ從事スルコトヲ得ス

2 有給町村長及有給助役ハ會社ノ取締役監査役若ハ之ニ準スヘキ者、清算人又ハ支配人其ノ他ノ事務員タルコトヲ得ス

第六十七條 町村ニ收入役一人ヲ置ク但シ特別ノ事情アル町村ニ於テハ町村條例ヲ以テ副收入役一人ヲ置クコトヲ得

2 收入役及副收入役ハ有給吏員トシ其ノ任期ハ四年トス

3 第六十三條第二項乃至第六項及第九項、第六十五條並前條第二項ノ規定ハ收入役及副收入役ニ之ヲ準用ス（昭和四年四月法律第五十七號改正）

參照

第六十三條　第二項乃至**第六項**及**第九項**

2 町村長ノ在職中ニ於テ行フ後任町村長ノ選擧ハ現任町村長ノ任期滿了ノ日前二十日以內又ハ現任町村長ノ退職ノ申立アリタル場合ニ於テ其ノ退職スヘキ日前二十日以內ニ非サレハ之ヲ行フコトヲ得ス

3 第一項ノ選擧ニ於テ當選者定マリタルトキハ直ニ當選者ニ當選ノ旨ヲ告知スヘシ（同上追加）

4 町村長ニ當選シタル者當選ノ告知ヲ受ケタルトキハ其ノ告知ヲ受ケタル日ヨリ二十日

以内ニ其ノ當選ニ應スルヤ否ヲ申立ツヘシ其ノ期間内ニ當選ニ應スル旨ノ申立ヲ爲ササルトキハ當選ヲ辭シタルモノト看做ス

5 第二十九條第三項ノ規定ハ町村長ニ當選シタル者ニ之ヲ準用ス

6 助役ハ町村長ノ推薦ニ依リ町村會之ヲ定ム町村長職ニ在ラサルトキハ第一項ノ例ニ依ル

9 有給町村長及有給助役ハ第七條第一項ノ規定ニ拘ラス在職ノ間其ノ町村ノ公民トス

第六十五條　町村長及助役ハ第十五條第二項又ハ第四項ニ掲ケタル職ト兼ヌルコトヲ得ス又其ノ町村ニ對シ請負ヲ爲シ又ハ其ノ町村ニ於テ費用ヲ負擔スル事業ニ付町村長若ハ其ノ委任ヲ受ケタル者ニ對シ請負ヲ爲ス者及其ノ支配人又ハ主トシテ同一ノ行爲ヲ爲ス法人ノ無限責任社員、取締役監査役若ハ之ニ準スヘキ者、清算人及支配人タルコトヲ得ス

第六十六條　第二項

2 有給町村長及有給助役ハ會社ノ取締役監査役若ハ之ニ準スヘキ者、清算人又ハ支配人其ノ他ノ事務員タルコトヲ得ス

4 町村長又ハ助役ト父子兄弟タル縁故アル者ハ收入役又ハ副收入役ノ職ニ在ルコトヲ得ス收入役ト父子兄弟タル縁故アル者ハ副收入役ノ職ニ在ルコトヲ得ス

5特別ノ事情アル町村ニ於テハ府縣知事ノ許可ヲ得テ町村長又ハ助役ヲシテ收入役ノ事務ヲ兼掌セシムルコトヲ得

第六十八條 町村ハ處務便宜ノ爲區ヲ劃シ區長及其ノ代理者一人ヲ置クコトヲ得

2區長及其ノ代理者ハ名譽職トス町村公民中選擧權ヲ有スル者ヨリ町村長ノ推薦ニ依リ町村會之ヲ定ム此ノ場合ニ於テハ第六十三條第二項乃至第五項ノ規定ヲ準用ス（昭和四年四月法律第五十七號改正）

參照

第六十三條 第二項乃至第五項

2町村長ノ在職中ニ於テ行フ後任町村長ノ選擧ハ現任町村長ノ任期滿了ノ日前二十日以内又ハ現任町村長ノ退職ノ申立アリタル場合ニ於テ其ノ退職スヘキ日前二十日以内ニ非サレハ之ヲ行フコトヲ得ス

3第一項ノ選擧ニ於テ當選者定マリタルトキハ直ニ當選者ニ當選ノ旨ヲ告知スヘシ

4町村長ニ當選シタル者當選ノ告知ヲ受ケタルトキハ其ノ告知ヲ受ケタル日ヨリ二十日以内ニ其ノ當選ニ應スルヤ否ヲ申立ツヘシ其ノ期間内ニ當選ニ應スル旨ノ申立ヲ爲ササルトキハ當選ヲ辭シタルモノト看做ス

5 第二十九條第三項ノ規定ハ町村長ニ當選シタル者ニ之ヲ準用ス

第六十九條　町村ハ臨時又ハ常設ノ委員ヲ置クコトヲ得

2 委員ハ名譽職トス町村會議員又ハ町村公民中選擧權ヲ有スル者ヨリ町村長ノ推薦ニ依リ町村會之ヲ定ム但シ委員長ハ町村長又ハ其ノ委任ヲ受ケタル助役ヲ以テ之ニ充ツ

3 第六十三條第二項乃至第五項ノ規定ハ委員ニ之ヲ準用ス（昭和四年四月法律第五十七號追加）

參照

第六十三條　第二項乃至第五項

2 町村長ノ在職中ニ於テ行フ後任町村長ノ選擧ハ現任町村長ノ任期滿了ノ日前二十日以内又ハ現任町村長ノ退職ノ申立アリタル場合ニ於テ其ノ退職スヘキ日前二十日以内ニ非サレハ之ヲ行フコトヲ得ス

3 第一項ノ選擧ニ於テ當選者定マリタルトキハ直ニ當選者ニ當選ノ旨ヲ告知スヘシ

4 町村長ニ當選シタル者當選ノ告知ヲ受ケタルトキハ其ノ告知ヲ受ケタル日ヨリ二十日以内ニ其ノ當選ニ應スルヤ否ヲ申立ツヘシ其ノ期間内ニ當選ニ應スル旨ノ申立ヲ爲サヽルトキハ當選ヲ辭シタルモノト看做ス

5 第二十九條第三項ノ規定ハ町村長ニ當選シタル者ニ之ヲ準用ス

4 委員ノ組織ニ關シテハ町村條例ヲ以テ別段ノ規定ヲ設クルコトヲ得

第七十條 町村公民ニ限リテ擔任スヘキ職務ニ在ル吏員又ハ職ニ就キタルカ爲町村公民タル者選擧權ヲ有セサルニ至リタルトキハ其ノ職ヲ失フ

2 前項ノ職務ニ在ル者ニシテ禁錮以上ノ刑ニ當ルヘキ罪ノ爲豫審又ハ公判ニ付セラレタルトキハ監督官廳ハ其ノ職務ノ執行ヲ停止スルコトヲ得此ノ場合ニ於テハ其ノ停止期間報酬又ハ給料ヲ支給スルコトヲ得ス

第七十一條 前數條ニ定ムル者ノ外町村ニ必要ノ有給吏員ヲ置キ町村長之ヲ任免ス

2 前項吏員ノ定數ハ町村會ノ議決ヲ經テ之ヲ定ム

第二款　職務權限

第七十二條 町村長ハ町村ヲ統轄シ町村ヲ代表ス

2 町村長ノ擔任スル事務ノ概目左ノ如シ

一 町村會ノ議決ヲ經ヘキ事件ニ付其ノ議案ヲ發シ及其ノ議決ヲ執行スル事

二　財產及營造物ヲ管理スル事但シ特ニ之カ管理者ヲ置キタルトキハ其ノ事務ヲ監督スル事
三　收入支出ヲ命令シ及會計ヲ監督スル事
四　證書及公文書類ヲ保管スル事
五　法令又ハ町村會ノ議決ニ依リ使用料、手數料、加入金、町村稅又ハ夫役現品ヲ賦課徵收スル事
六　其ノ他法令ニ依リ町村長ノ職權ニ屬スル事項

第七十三條　町村長ハ町村吏員ヲ指揮監督シ之ニ對シ懲戒ヲ行フコトヲ得
其ノ懲戒處分ハ譴責及五圓以下ノ過怠金トス

第七十四條　町村會ノ議決又ハ選舉其ノ權限ヲ越エ又ハ法令若ハ會議規則ニ背クト認ムルトキハ町村長ハ其ノ意見ニ依リ又ハ監督官廳ノ指揮ニ依リ理由ヲ示シテ之ヲ再議ニ付シ又ハ再選舉ヲ行ハシムヘシ但シ特別ノ事由アリト認ムルトキハ町村長ハ議決ニ付テハ之ヲ再議ニ付セスシテ直ニ府縣參事會ノ裁決ヲ請フコトヲ得（昭和四年四月法律第五十七號改正）
2　前項ノ規定ニ依リ爲シタル町村會ノ議決仍其ノ權限ヲ越エ又ハ法令若ハ

會議規則ニ背クト認ムルトキハ町村長ハ府縣參事會ノ裁決ヲ請フヘシ（同上）

3 監督官廳ハ第二項ノ議決又ハ選擧ヲ取消スコトヲ得（同上）

4 第一項若ハ第二項ノ裁決又ハ前項ノ處分ニ不服アル町村長又ハ町村會ハ行政裁判所ニ出訴スルコトヲ得（同上）

5 第一項又ハ第二項ノ裁決ニ付テハ府縣知事ヨリモ訴訟ヲ提起スルコトヲ得（同上）

第七十四條ノ二 町村會ノ議決明ニ公益ヲ害スト認ムルトキハ町村長ハ其ノ意見ニ依リ又ハ監督官廳ノ指揮ニ依リ理由ヲ示シテ之ヲ再議ニ付スヘシ但シ特別ノ事由アリト認ムルトキハ町村長ハ之ヲ再議ニ付セスシテ直ニ府縣知事ノ指揮ヲ請フコトヲ得（同上追加）

2 前項ノ規定ニ依リ爲シタル町村會ノ議決仍明ニ公益ヲ害スト認ムルトキハ町村長ハ府縣知事ノ指揮ヲ請フヘシ（同上）

3 町村會ノ議決收支ニ關シ執行スルコト能ハサルモノアリト認ムルトキハ前二項ノ例ニ依ル左ニ掲クル費用ヲ削除シ又ハ減額シタル場合ニ於テ其

ノ費用及之ニ伴フ收入ニ付亦同シ（同上）

一　法令ニ依リ負擔スル費用、當該官廳ノ職權ニ依リ命スル費用其ノ他ノ町村ノ義務ニ屬スル費用

二　非常ノ災害ニ因ル應急又ハ復舊ノ施設ノ爲ニ要スル費用、傳染病豫防ノ爲ニ要スル費用其ノ他ノ緊急避クヘカラサル費用

4 前三項ノ規定ニ依ル府縣知事ノ處分ニ不服アル町村長又ハ町村會ハ內務大臣ニ訴願スルコトヲ得（同上）

第七十五條　町村會成立セサルトキ又ハ第四十八條但書ノ場合ニ於テ仍會議ヲ開クコト能ハサルトキハ町村長ハ府縣知事ニ具狀シテ指揮ヲ請ヒ町村會ノ議決スヘキ事件ヲ處置スルコトヲ得

參照

第四十八條　但書

但シ第五十條ノ除斥ノ爲半數ニ滿タサルトキ、同一ノ事件ニ付招集再回ニ至ルモ仍半數ニ滿タサルトキ又ハ招集ニ應スルモ出席議員定數ヲ闕キ議長ニ於テ出席ヲ催告シ仍半數ニ滿タサルトキハ此ノ限ニ在ラス

2 町村會ニ於テ其ノ議決スヘキ事件ヲ議決セサルトキハ前項ノ例ニ依ル

3 町村會ノ決定スヘキ事件ニ關シテハ前二項ノ例ニ依ル此ノ場合ニ於ケル町村長ノ處置ニ關シテハ各本條ノ規定ニ準シ訴願又ハ訴訟ヲ提起スルコトヲ得

4 前三項ノ規定ニ依ル處置ニ付テハ次回ノ會議ニ於テ之ヲ町村會ニ報告スヘシ

第七十六條 町村會ニ於テ議決又ハ決定スヘキ事件ニ關シ臨時急施ヲ要スル場合ニ於テ町村會成立セサルトキ又ハ町村長ニ於テ之ヲ招集スルノ暇ナシト認ムルトキハ町村長ハ之ヲ專決シ次回ノ會議ニ於テ之ヲ町村會ニ報告スヘシ

2 前項ノ規定ニ依リ町村長ノ爲シタル處分ニ關シテハ各本條ノ規定ニ準シ訴願又ハ訴訟ヲ提起スルコトヲ得

第七十六條ノ二 町村會ノ權限ニ屬スル事項ノ一部ハ其ノ議決ニ依リ町村長ニ於テ專決處分スルコトヲ得（昭和四年四月法律第五十七號追加）

第七十七條 町村長其ノ他町村吏員ハ從來法令又ハ將來法律勅令ノ定ムル所ニ依リ國府縣其ノ他公共團體ノ事務ヲ掌ル（昭和四年四月法律第五十七號改

正）

2 前項ノ事務ヲ執行スル爲要スル費用ハ町村ノ負擔トス但シ法令中別段ノ規定アルモノハ此ノ限ニ在ラス

第七十八條　町村長ハ其ノ事務ノ一部ヲ助役又ハ區長ニ分掌セシムルコトヲ得但シ町村ノ事務ニ付テハ豫メ町村會ノ同意ヲ得ルコトヲ要ス

2 町村長ハ町村吏員ヲシテ其ノ事務ノ一部ヲ臨時代理セシムルコトヲ得

第七十九條　助役ハ町村長ノ事務ヲ補助ス

2 助役ハ町村長故障アルトキ之ヲ代理ス助役數人アルトキハ豫メ町村長ノ定メタル順序ニ依リ之ヲ代理ス

第八十條　收入役ハ町村ノ出納其ノ他ノ會計事務及第七十七條ノ事務ニ關スル國府縣其ノ他公共團體ノ出納其ノ他ノ會計事務ヲ掌ル但シ法令中別段ノ規定アルモノハ此ノ限ニ在ラス

參照

第七十七條　町村長其ノ他町村吏員ハ從來法令又ハ將來法律勅令ノ定ムル所ニ依リ國府縣其ノ他公共團體ノ事務ヲ掌ル

2 前項ノ事務ヲ執行スル爲要スル費用ハ町村ノ負擔トス但シ法令中別段ノ規定アルモノ

ハ此ノ限ニ在ラス

2 町村會ハ町村長ノ推薦ニ依リ收入役故障アルトキ之ヲ代理スヘキ吏員ヲ定ムヘシ但シ副收入役ヲ置キタル町村ハ此ノ限ニ在ラス

3 副收入ハ收入役ノ事務ヲ補助シ收入役故障アルトキ之ヲ代理ス

4 町村長ハ收入役ノ事務ノ一部ヲ副收入役ニ分掌セシムルコトヲ得但シ町村ノ出納其ノ他ノ會計事務ニ付テハ豫メ町村會ノ同意ヲ得ルコトヲ要ス

第八十一條 區長ハ町村長ノ命ヲ受ケ町村長ノ事務ニシテ區內ニ關スルモノヲ補助ス

2 區長代理者ハ區長ノ事務ヲ補助シ區長故障アルトキ之ヲ代理ス

第八十二條 委員ハ町村長ノ指揮監督ヲ承ケ財產又ハ營造物ヲ管理シ其ノ他委託ヲ受ケタル町村ノ事務ヲ調查シ又ハ之ヲ處辨ス

第八十三條 第七十一條ノ吏員ハ町村長ノ命ヲ承ケ事務ニ從事ス

參照

第七十一條 前數條ニ定ムル者ノ外町村ニ必要ノ有給吏員ヲ置キ町村長之ヲ任免ス

2 前項吏員ノ定數ハ町村會ノ議決ヲ經テ之ヲ定ム

第四章　給料及給與

第八十四條　名譽職町村長、名譽職助役、町村會議員其ノ他ノ名譽職員ハ職務ノ爲要スル費用ノ辨償ヲ受クルコトヲ得

2 名譽職町村長、名譽職助役、區長、區長代理者及委員ニハ費用辨償ノ外勤務ニ相當スル報酬ヲ給スルコトヲ得

3 費用辨償額、報酬額及其ノ支給方法ハ町村條例ヲ以テ之ヲ規定スヘシ（昭和四年四月法律第五十七號改正）

第八十五條　有給町村長、有給助役其ノ他ノ有給吏員ノ給料額、旅費額及其ノ支給方法ハ町村條例ヲ以テ之ヲ規定スヘシ（昭和四年四月法律第五十七號改正）

第八十六條　有給吏員ニハ町村條例ノ定ムル所ニ依リ退隱料、退職給與金死亡給與金又ハ遺族扶助料ヲ給スルコトヲ得

第八十七條　費用辨償、報酬、給料、旅費、退隱料、退職給與金、死亡給與金又ハ遺族扶助料ノ給與ニ付關係者ニ於テ異議アルトキハ之ヲ町村長ニ申立ツルコトヲ得

2 前項ノ異議ノ申立アリタルトキハ町村長ハ七日以内ニ之ヲ町村會ノ決定ニ付スヘシ關係者其ノ決定ニ不服アルトキハ府縣參事會ニ訴願シ其ノ裁決又ハ第三項ノ裁決ニ不服アルトキハ行政裁判所ニ出訴スルコトヲ得

3 前項ノ決定及裁決ニ付テハ町村長ヨリモ訴願又ハ訴訟ヲ提起スルコトヲ得

4 前二項ノ裁決ニ付テハ府縣知事ヨリモ訴訟ヲ提起スルコトヲ得

第八十八條 費用辨償、報酬、給料、旅費、退隱料、退職給與金、死亡給與金、遺族扶助料其ノ他ノ給與ハ町村ノ負擔トス

第五章 町村ノ財務

第一款 財産營造物及町村稅

第八十九條 收益ノ爲ニスル町村ノ財産ハ基本財産トシテ之ヲ維持スヘシ

2 町村ハ特定ノ目的ノ爲特別ノ基本財産ヲ設ケ又ハ金穀等ヲ積立ツルコトヲ得

第九十條　舊來ノ慣行ニ依リ町村住民中特ニ財産又ハ營造物ヲ使用スル權利ヲ有スル者アルトキハ其ノ舊慣ニ依ル舊慣ヲ變更又ハ廢止セムトスルトキハ町村會ノ議決ヲ經ヘシ

2　前項ノ財産又ハ營造物ヲ新ニ使用セムトスル者アルトキハ町村ハ之ヲ許可スルコトヲ得

第九十一條　町村ハ前條ニ規定スル財産ノ使用方法ニ關シ町村規則ヲ設クルコトヲ得

第九十二條　町村ハ第九十條第一項ノ使用者ヨリ使用料ヲ徴收シ同條第二項ノ使用ニ關シテハ使用料若ハ一時ノ加入金ヲ徴收シ又ハ使用料及加入金ヲ共ニ徴收スルコトヲ得

參照

第九十條　舊來ノ慣行ニ依リ町村住民中特ニ財産又ハ營造物ヲ使用スル權利ヲ有スル者アルトキハ其ノ舊慣ニ依ル舊慣ヲ變更又ハ廢止セムトスルトキハ町村會ノ議決ヲ經ヘシ

2　前項ノ財産又ハ營造物ヲ新ニ使用セムトスル者アルトキハ町村ハ之ヲ許可スルコトヲ得

第九十三條 町村ハ營造物ノ使用ニ付使用料ヲ徴收スルコトヲ得

2 町村ハ特ニ一個人ノ爲ニスル事務ニ付手數料ヲ徴收スルコトヲ得

第九十四條 財産ノ賣却貸與、工事ノ請負及物件勞力其ノ他ノ供給ハ競爭入札ニ付スヘシ但シ臨時急施ヲ要スルトキ、入札ノ價額其ノ費用ニ比シテ得失相償ハサルトキ又ハ町村會ノ同意ヲ得タルトキハ此ノ限ニ在ラス

第九十五條 町村ハ其ノ公益上必要アル場合ニ於テハ寄附又ハ補助ヲ爲スコトヲ得

第九十六條 町村ハ其ノ必要ナル費用及從來法令ニ依リ又ハ將來法律勅令ニ依リ町村ノ負擔ニ屬スル費用ヲ支辨スル義務ヲ負フ

2 町村ハ其ノ財産ヨリ生スル收入、使用料、手數料、過料、過怠金其ノ他法令ニ依リ町村ニ屬スル收入ヲ以テ前項ノ支出ニ充テ仍不足アルトキハ町村税及夫役現品ヲ賦課徴收スルコトヲ得

第九十七條 町村税トシテ賦課スルコトヲ得ヘキモノ左ノ如シ

一 直接國税及府縣税ノ附加税（昭和四年四月法律第五十七號改正）

二 特別税

2 直接國税又ハ府縣税ノ附加税ハ均一ノ税率ヲ以テ之ヲ徴收スヘシ但シ第百四十七條ノ規定ニ依リ許可ヲ受ケタル場合ハ此ノ限ニ在ラス（同上）

參照

第百四十七條 左ニ掲クル事件ハ府縣知事ノ許可ヲ受クヘシ但シ第一號、第四號、第六號及第十一號ニ掲クル事件ニシテ勅令ヲ以テ指定スルモノハ其ノ定ムル所ニ依リ主務大臣ノ許可ヲ受クヘシ

一 町村條例ヲ設ケ又ハ改廢スルコト

二 基本財産及特別基本財産竝ニ林野ノ處分ニ關スルコト

三 第九十條ノ規定ニ依リ舊慣ヲ變更シ又廢止スルコト

四 使用料ヲ新設シ又ハ變更スルコト

五 均一ノ税率ニ依ラスシテ國税又ハ府縣税ノ附加税ヲ賦課スルコト

六 特別税ヲ新設シ又ハ變更スルコト

七 第百二條第一項、第二項及第四項ノ規定ニ依リ數人又ハ町村ノ一部ニ費用ヲ負擔セシムルコト

八 第百四條ノ規定ニ依リ不均一ノ賦課ヲ爲シ又ハ數人若ハ町村ノ一部ニ對シ賦課ヲ爲スコト

九 第百五條ノ準率ニ依ラスシテ夫役現品ヲ賦課スルコト但シ急迫ノ場合ニ賦課スル

夫役ニ付テハ此ノ限ニ在ラス

十 繼續費ヲ定メ又ハ變更スルコト

十一 町村債ヲ起シ竝ニ起債ノ方法、利息ノ定率及償還ノ方法ヲ定メ又ハ之ヲ變更スルコト但シ第百十二條第三項ノ借入金ハ此ノ限ニ存ラス

3 國稅ノ附加稅タル府縣稅ニ對シテハ附加稅ヲ賦課スルコトヲ得ス

4 特別稅ハ別ニ稅目ヲ起シテ課稅スルノ必要アルトキ賦課徵收スルモノトス

第九十八條 三月以上町村內ニ滯在スル者ハ其ノ滯在ノ初ニ遡リ町村稅ヲ納ムル義務ヲ負フ

第九十九條 町村內ニ住所ヲ有セス又ハ三月以上滯在スルコトナシト雖町村內ニ於テ土地家屋物件ヲ所有シ使用シ若ハ占有シ、町村內ニ營業所ヲ設ケテ營業ヲ爲シ又ハ町村內ニ於テ特定ノ行爲ヲ爲ス者ハ其ノ土地家屋物件營業若ハ其ノ收入ニ對シ又ハ其ノ行爲ニ對シテ賦課スル町村稅ヲ納ムル義務ヲ負フ

第九十九條ノ二 合併後存續スル法人又ハ合併ニ因リ設立シタル法人ハ合

併ニ因リ消滅シタル法人ニ對シ其ノ合併前ノ事實ニ付賦課セラルヘキ町村税ヲ納ムル義務ヲ負フ（昭和四年四月法律第五十七號追加）

2 相續人又ハ相續財團ハ勅令ノ定ムル所ニ依リ被相續人ニ對シ其ノ相續開始前ノ事實ニ付賦課セラルヘキ町村税ヲ納ムル義務ヲ負フ（同上）

第百條　納税者ノ町村外ニ於テ所有シ使用シ占有スル土地家屋物件若ハ其ノ收入又ハ町村外ニ於テ營業所ヲ設ケタル營業若ハ其ノ收入ニ對シテハ町村税ヲ賦課スルコトヲ得ス

2 町村ノ内外ニ於テ營業所ヲ設ケ營業ヲ爲ス者ニシテ其ノ營業又ハ收入ニ對スル本税ヲ分別シテ納メサルモノニ對シ附加税ヲ賦課スル場合及住所滯在町村ノ内外ニ渉ル者ノ收入ニシテ土地家屋物件又ハ營業所ヲ設ケタル營業ヨリ生スル收入ニ非ルサモノニ對シ町村税ヲ賦課スル場合ニ付テハ勅令ヲ以テ之ヲ定ム

第百一條　所得税法第十八條ニ掲クル所得ニ對シテハ町村税ヲ賦課スルコトヲ得ス（大正十年四月法律第五十九號改正）

參照

所得税法

第十八條 第三種ノ所得ニシテ左ノ各號ニ該當スルモノニハ所得税ヲ課セス

一 軍人從軍中ノ俸給及手當

二 扶助料及傷痍疾病者ノ恩給又ハ退隱料

三 旅費、學資金及法定扶養料

四 郵便貯金、産業組合貯金及銀行貯蓄預金ノ利子

五 營利ノ事業ニ屬セサル一時ノ所得

六 日本ノ國籍ヲ有セサル者ノ本法施行地外ニ於ケル資産、營業又ハ職業ヨリ生スル所得

2 神社寺院祠宇佛堂ノ用ニ供スル建物及其ノ境內地竝敎會所說敎所ノ用ニ供スル建物及其ノ構內地ニ對シテ町村税ヲ賦課スルコトヲ得ス但シ有料ニテ之ヲ使用セシムル者及住宅ヲ以テ敎會所說敎所ノ用ニ充ツル者ニ對シテハ此ノ限ニ在ラス

3 國府縣市町村其ノ他公共團體ニ於テ公用ニ供スル家屋物件及營造物ニ對シテハ町村税ヲ賦課スルコトヲ得ス但シ有料ニテ之ヲ使用セシムル者及使用收益者ニ對シテハ此ノ限ニ在ラス

4 國ノ事業又ハ行爲及國有ノ土地家屋物件ニ對シテハ國ニ町村税ヲ賦課スルコトヲ得ス

5 前四項ノ外町村税ヲ賦課スルコトヲ得サルモノハ別ニ法律勅令ノ定ムル所ニ依ル

第百一條ノ二　町村ハ公益上其ノ他ノ事由ニ因リ課税ヲ不適當トスル場合ニ於テハ命令ノ定ムル所ニ依リ町村税ヲ課セサルコトヲ得

第百二條　數人ヲ利スル營造物ノ設置維持其ノ他ノ必要ナル費用ハ其ノ關係者ニ負擔セシムルコトヲ得

2 町村ノ一部ヲ利スル營造物ノ設置維持其ノ他ノ必要ナル費用ハ其ノ部内ニ於テ町村税ヲ納ムル義務アル者ニ負擔セシムルコトヲ得

3 前二項ノ場合ニ於テ營造物ヨリ生スル收入アルトキハ先ツ其ノ收入ヲ以テ其ノ費用ニ充ツヘシ前項ノ場合ニ於テ其ノ一部ノ收入アルトキ亦同シ

4 數人又ハ町村ノ一部ヲ利スル財産ニ付テハ前三項ノ例ニ依ル

第百三條　町村税及其ノ賦課徴收ニ關シテハ本法其ノ他ノ法律ニ規定アルモノノ外勅令ヲ以テ之ヲ定ムルコトヲ得

第百四條 數人又ハ町村ノ一部ニ對シ特ニ利益アル事件ニ關シテハ町村ハ不均一ノ賦課ヲ爲シ又ハ數人若ハ町村ノ一部ニ對シ賦課ヲ爲スコトヲ得

第百五條 夫役又ハ現品ハ直接町村稅ヲ準率ト爲シ直接町村稅ヲ課セサル町村ニ於テハ直接國稅ヲ準率ト爲シ且之ヲ金額ニ算出シテ賦課スヘシ但シ第百四十七條ノ規定ニ依リ許可ヲ受ケタル場合ハ此ノ限ニ在ラス

參照

第百四十七條 左ニ揭クル事件ハ府縣知事ノ許可ヲ受クヘシ但シ第一號、第四號、第六號及第十一號ニ揭クル事件ニシテ勅令ヲ以テ指定スルモノハ其ノ定ムル所ニ依リ主務大臣ノ許可ヲ受クヘシ

一 町村條例ヲ設ケ又ハ改廢スルコト

二 基本財產及特別基本財產並ニ林野ノ處分ニ關スルコト

三 第九十條ノ規定ニ依リ舊慣ヲ變更シ又ハ廢止スルコト

四 使用料ヲ新設シ又ハ變更スルコト

五 均一ノ稅率ニ依ラスシテ國稅又ハ府縣稅ノ附加稅ヲ賦課スルコト

六 特別稅ヲ新設シ又ハ變更スルコト

七 第百二條第一項、第二項及第四項ノ規定ニ依リ數人又ハ町村ノ一部ニ費用ヲ負擔セシムルコト

八　第百四條ノ規定ニ依リ不均一ノ賦課ヲ爲シ又ハ數人若ハ町村ノ一部ニ對シ賦課ヲ爲スコト
九　第百五條ノ準率ニ依ラスシテ夫役現品ヲ賦課スルコト但シ急迫ノ場合ニ賦課スル夫役ニ付テハ此ノ限ニ在ラス
十　繼續費ヲ定メ又ハ變更スルコト
十一　町村債ヲ起シ並ニ起債ノ方法、利息ノ定率及償還ノ方法ヲ定メ又ハ之ヲ變更スルコト但シ第百十二條第三項ノ借入金ハ此ノ限ニ在ラス

2 學藝美術及手工ニ關スル勞務ニ付テハ夫役ヲ賦課スルコトヲ得ス
3 夫役ヲ賦課セラレタル者ハ本人自ラ之ニ當リ又ハ適當ノ代人ヲ出スコトヲ得
4 夫役又ハ現品ハ金錢ヲ以テ之ニ代フルコトヲ得
5 第一項及前項ノ規定ハ急迫ノ場合ニ賦課スル夫役ニ付テハ之ヲ適用セス

第百六條　非常災害ノ爲必要アルトキハ町村ハ他人ノ土地ヲ一時使用シ又ハ其ノ土石竹木其ノ他ノ物品ヲ使用シ若ハ收用スルコトヲ得但シ其ノ損失ヲ補償スヘシ
2 前項ノ場合ニ危險防止ノ爲必要アルトキハ町村長、警察官吏又ハ監督官

廳ハ町村內ノ居住者ヲシテ防禦ニ從事セシムルコトヲ得

3 第一項但書ノ規定ニ依リ補償スヘキ金額ハ協議ニ依リ之ヲ定ム協議調ハサルトキハ鑑定人ノ意見ヲ徵シ府縣知事之ヲ決定ス決定ヲ受ケタル者其ノ決定ニ不服アルトキハ內務大臣ニ訴願スルコトヲ得

4 前項ノ決定ハ文書ヲ以テ之ヲ爲シ其ノ理由ヲ附シ之ヲ本人ニ交付スヘシ

5 第一項ノ規定ニ依リ土地ノ一時使用ノ處分ヲ受ケタル者其ノ處分ニ不服アルトキハ府縣知事ニ訴願シ其ノ裁決ニ不服アルトキハ內務大臣ニ訴願スルコトヲ得

第百七條 町村稅ノ賦課ニ關シ必要アル場合ニ於テハ當該吏員ハ日出ヨリ日沒迄ノ間營業者ニ關シテハ仍其ノ營業時間內家宅若ハ營業所ニ臨檢シ又ハ帳簿物件ノ檢査ヲ爲スコトヲ得

2 前項ノ場合ニ於テハ當該吏員ハ其ノ身分ヲ證明スヘキ證票ヲ携帶スヘシ

第百八條 町村長ハ納稅者中特別ノ事情アル者ニ對シ納稅延期ヲ許スコトヲ得其ノ年度ヲ越ユル場合ハ町村會ノ議決ヲ經ヘシ

2 町村ハ特別ノ事情アル者ニ限リ町村稅ヲ減免スルコトヲ得

第百九條　使用料手數料及特別稅ニ關スル事項ニ付テハ町村條例ヲ以テ之ヲ規定スヘシ

2 詐僞其ノ他ノ不正ノ行爲ニ依リ使用料ノ徵收ヲ免シ又ハ町村稅ヲ逋脫シタル者ニ付テハ町村條例ヲ以テ其ノ徵收ヲ免レ又ハ逋脫シタル金額ノ三倍ニ相當スル金額（其ノ金額五圓未滿ナルトキハ五圓）以下ノ過料ヲ科スル規定ヲ設クルコトヲ得

3 前項ニ定ムルモノヲ除クノ外使用料、手數料及町村稅ノ賦課徵收ニ關シテハ町村條例ヲ以テ五圓以下ノ過料ヲ科スル規定ヲ設クルコトヲ得財產又ハ營造物ノ使用ニ關シ亦同シ

4 過料ノ處分ヲ受ケタル者其ノ處分ニ不服アルトキハ府縣參事會ニ訴願シ其ノ裁決ニ不服アルトキハ行政裁判所ニ出訴スルコトヲ得

5 前項ノ裁決ニ付テハ府縣知事又ハ町村長ヨリモ訴訟ヲ提起スルコトヲ得

第百十條　町村稅ノ賦課ヲ受ケタル者其ノ賦課ニ付違法又ハ錯誤アリト認ムルトキハ徵稅令書ノ交付ヲ受ケタル日ヨリ三月以內ニ町村長ニ異議ノ申立ヲ爲スコトヲ得

2 財產又ハ營造物ヲ使用スル權利ニ關シ異議アル者ハ之ヲ町村長ニ申立ツルコトヲ得

3 前二項ノ異議ノ申立アリタルトキハ町村長ハ七日以內ニ之ヲ町村會ノ決定ニ付スヘシ決定ヲ受ケタル者其ノ決定ニ不服アルトキハ府縣參事會ニ訴願シ其ノ裁決又ハ第五項ノ裁決ニ不服アルトキハ行政裁判所ニ出訴スルコトヲ得

4 第一項及前項ノ規定ハ使用料手數料及加入金ノ徵收竝夫役現品ノ賦課ニ關シ之ヲ準用ス

5 前二項ノ規定ニ依ル決定及裁決ニ付テハ町村長ヨリモ訴願又ハ訴訟ヲ提起スルコトヲ得

6 前三項ノ規定ニ依ル裁決ニ付テハ府縣知事ヨリモ訴訟ヲ提起スルコトヲ得

第百十一條 町村稅、使用料、手數料、加入金、過料、過怠金其ノ他ノ町村ノ收入ヲ定期內ニ納メサル者アルトキハ町村長ハ期限ヲ指定シテ之ヲ督促スヘシ

2 夫役現品ノ賦課ヲ受ケタル者定期内ニ其ノ履行ヲ爲サス又ハ夫役現品ニ代フル金錢ヲ納メサルトキハ町村長ハ期限ヲ指定シテ之ヲ督促スヘシ急迫ノ場合ニ賦課シタル夫役ニ付テハ更ニ之ヲ金額ニ算出シ期限ヲ指定シテ其ノ納付ヲ命スヘシ

3 前二項ノ場合ニ於テハ町村條例ノ定ムル所ニ依リ手數料ヲ徴收スルコトヲ得

4 滯納者第一項又ハ第二項ノ督促又ハ命令ヲ受ケ其ノ指定ノ期限内ニ之ヲ完納セサルトキハ國税滯納處分ノ例ニ依リ之ヲ處分スヘシ

參照

國税徴收法

第三章　滯納處分

第十條　左ノ場合ニ於テハ收税官吏ハ納税者ノ財産ヲ差押フヘシ

一　納税者督促ヲ受ケ其ノ指定ノ期限マテニ督促手數料、延滯金及税金ヲ完納セサルトキ

二　第四條ノ一第一號及第七號ノ場合ニ於テ納税者納期ノ到ラサル國税納付ノ告知ヲ受ケ税金ヲ完納セサルトキ

第十一條　收稅官吏滯納處分ノ爲財産ノ差押ヲ爲ストキハ其ノ命令ヲ受ケタル官吏タルノ證票ヲ示スヘシ

第十二條　差押フヘキ財産ノ價格ニシテ督促手數料、延滯金、滯納處分費及第三條ニ依リ控除スヘキ債務額ニ充テ殘餘ヲ得ル見込ナキトキハ滯納處分ノ執行ヲ止ム

（第三條　納稅人ノ財産上ニ質權又ハ抵當權ヲ有スル者其ノ質權又ハ抵當權ノ設定カ國稅ノ納期限ヨリ一箇年前ニ在ルコトヲ公正證書ヲ以テ證明シタルトキハ該物件ノ價額ヲ限トシ其ノ債權ニ對シテ國稅ヲ先取セサルモノトス）

第十三條　收稅官吏滯納者ノ財産ヲ差押フルニ當リ質權ノ設定セラレタル物件アルトキハ質權設定時期ノ如何ニ拘ラス其ノ質權者ハ質物ヲ收稅官吏ニ引渡スヘシ

第十四條　收稅官吏財産ノ差押ヲ爲シタル場合ニ於テ第三者其ノ財産ニ就キ所有權ヲ主張シ取戻ヲ請求セムトスルトキハ賣却決行ノ五日前マテニ所有者タルノ證憑ヲ具ヘテ收稅官吏ニ申出ヘシ

第十五條　滯納處分ヲ執行スルニ當リ滯納者財産ノ差押ヲ免ルル爲故意ニ其ノ財産ヲ讓渡シ讓受人其ノ情ヲ知リ讓受ケタル場合ニ於テ政府ハ其行爲ノ取消ヲ求ムルコトヲ得

第十六條　左ニ揭クル物件ハ之ヲ差押フルコトヲ得ス

一　滯納者及其ノ同居家族ノ生活上缺クヘカラサル衣服、寢具、家具及厨具

二　滯納者及其ノ同居家族ニ必要ナル一箇月間ノ食料及薪炭

三　實印其ノ他職業ニ必要ナル印

四　祭祀禮拜ニ必要ナリト認ムル物及石碑、墓地
五　系譜其ノ他滯納者ノ家ニ必要ナル日記書付類
六　職務上必要ナル制服、祭服、法衣
七　勳章其ノ他名譽ノ章票
八　滯納者及其ノ同居家族ノ修學上必要ナル書籍器具
九　發明又ハ著作ニ係ル物ニシテ未タ公ニセサルモノ

第十七條　左ニ掲クル物件ハ他ニ督促手數料、延滯金、滯納處分費及税金ヲ償フニ足ルヘキ物件ヲ提供スルトキハ滯納者ノ選擇ニ依リ差押ヲ爲ササルモノトス
一　農業ニ必要ナル器具、種子、肥料及牛馬竝其ノ飼料
二　職業ニ必要ナル器具及材料

第十八條　差押ノ效力ハ差押物ヨリ生スル天然及法定ノ果實ニ及フモノトス

第十九條　滯納處分ハ裁判上ノ假差押又ハ假處分ノ爲ニ其ノ執行ヲ妨ケラルルコトナシ

第二十條　收税官吏財産ノ差押ヲ爲ストキハ滯納者ノ家屋、倉庫及筐匣ヲ捜索シ又ハ閉鎖シタル戸扉、筐匣ヲ開カシメ若ハ自ラ之ヲ開クコトヲ得滯納者ノ財産ヲ占有スル第三者其ノ財産ノ引渡ヲ拒ミタルトキ亦同シ
2　第三者ノ家屋、倉庫及筐匣ニ滯納者ノ財産ヲ藏匿スルノ疑アルトキハ收税官吏ハ前項ニ準シ處分スルコトヲ得
3　前二項ニ依リ家屋、倉庫又ハ筐匣ヲ捜索スルハ日出ヨリ日沒マテニ限ル

第二十一條　收稅官吏前條ノ處分ヲ爲ストキハ滯納者若ハ前條ニ揭ケタル第三者又ハ其ノ家族雇人ヲシテ立會ハシムヘシ若シ立會フヘキ者不在ナルトキ又ハ立會ニ應セサルトキハ成丁者二人以上又ハ市町村吏員（市制町村制ヲ施行セサル地ニ在リテハ區戸長及其ノ附屬吏員）若ハ警察官吏ヲ證人トシテ立會ハシムヘシ

第二十二條　動產及有價證券ノ差押ハ收稅官吏占有シテ之ヲ爲ス但シ差押物件運搬ヲ爲スニ困難ナルトキハ市町村長、滯納者又ハ第三者ヲシテ保管ヲ爲サシムルコトヲ得此ノ場合ニ於テハ封印其ノ他ノ方法ヲ以テ差押ヲ明白ニスヘシ

2 差押物件ノ保管證ニ關シテハ印紙稅ヲ納ムルコトヲ要セス

第二十三條ノ一　債權ノ差押ヲ爲ストキハ收稅官吏ハ之ヲ債務者ニ通知スヘシ

2 前項ノ通知ヲ爲シタルトキハ政府ハ督促手數料、延滯金、滯納處分費及稅金額ヲ限度トシテ債權者ニ代位ス

第二十三條ノ二　債權及所有權以外ノ財產權ノ差押ヲ爲ストキハ收稅官吏ハ之ヲ其ノ權利者ニ通知スヘシ

2 前項ノ財產權ニシテ其ノ移轉ニ付登記又ハ登錄ヲ要スルモノニ在リテハ差押ノ登記又ハ登錄ヲ關係官廳ニ囑託スヘシ其ノ抹消又ハ變更ニ付テモ亦同シ

第二十三條ノ三　不動產又ハ船舶ヲ差押ヘタルトキハ收稅官吏ハ差押ノ登記ヲ所轄登記所ニ囑託スヘシ其ノ抹消又ハ變更ノ登記ニ付テモ亦同シ

2 差押ノ爲不動產ヲ分割又ハ區分シタルトキハ收稅官吏ハ分割又ハ區分ノ登記ヲ所轄登

記所ニ囑託スヘシ其ノ合併又ハ變更ノ登記ニ付テモ又同シ

第二十三條ノ四　差押ノ解除ニ關シテハ登録税ヲ納ムルコトヲ要セス

第二十四條　差押ヘタル動産、有價證券、不動産及第二十三條ノ一ニ依リ收税官吏カ第三債務者ヨリ給付ヲ受ケタル物件ハ通貨ヲ除クノ外公賣ニ付ス公賣ノ手續ハ勅令ヲ以テ之ヲ定ム

2 公賣ニ付スルモ買受人ナキカ又ハ其ノ價格見積價格ニ達セサルトキハ其ノ見積價格ヲ以テ政府ニ買上クルコトヲ得

3 債權及所有權以外ノ財産權ニ付テハ前二項ノ規定ヲ準用ス

第二十五條　見積價格僅少ニシテ其ノ公賣費用ヲ償フニ足ラサル物件ハ隨意契約ヲ以テ之ヲ賣却スルコトヲ得

第二十六條　滯納者及賣却ヲ爲ス地方ノ税務ニ關スル官吏、公吏、雇員ハ直接ト間接トヲ問ハス其ノ賣却物件ヲ買受クルコトヲ得ス

第二十七條　滯納處分費ハ財産ノ差押、保管、運搬、公賣ニ關スル費用及通信費トス

第二十八條　物件ノ賣却代金、差押ヘタル通貨及第二十三條ノ一ニ依リ第三債務者ヨリ給付ヲ受ケタル通貨ハ督促手數料、延滯金、滯納處分費及税金ニ充テ尙殘餘アルトキハ之ヲ滯納者ニ交付ス

2 賣却シタル物件質權、抵當權ノ目的タルトキハ其ノ代金ヨリ先ツ督促手數料、延滯金滯納處分費及税金ヲ控除シ次ニ其ノ債務額ニ充ツルマテヲ債權者ニ交付シ尙殘餘アルトキハ之ヲ滯納者ニ交付ス但シ第三條ニ掲ケタル質權、抵當權ノ目的タル物件ニ關シ

テハ其ノ代金ヨリ先ツ督促手數料、延滯金、滯納處分費ヲ徵シ次ニ其ノ債務額ニ充ツルマテヲ債權者ニ交付シ次ニ稅金ヲ控除シ尙殘餘アルトキハ之ヲ滯納者ニ交付ス

第二十九條 會社ニ對シ滯納處分ヲ執行スル場合ニ於テ會社財產ヲ以テ督促手數料、延滯金、滯納處分費及稅金ニ充テ仍不足アルトキハ無限責任社員ニ就キ之ヲ處分スルコトヲ得

第三十條 此ノ法律ニ依リ債權者又ハ滯納者ニ交付スヘキ金錢ハ之ヲ供託スルコトヲ得

第三十一條 滯納處分ヲ結了シ若ハ之ヲ中止シタルトキハ納稅義務及督促手數料、延滯金滯納處分費納付ノ義務ハ消滅ス

國稅徵收法施行規則

第十二條 質權又ハ抵當權ノ設定セラレタル財產ヲ差押フルトキハ收稅官吏ハ督促手數料、延滯金、滯納處分費及稅金額其ノ他必要ト認ムル事項ヲ其ノ債權者ニ通知スヘシ

2 國稅ニ對シ先取權ヲ有スル債權者前項ノ通知ヲ受ケ其ノ權利ヲ行使セムトスルトキハ證憑書類ヲ添ヘ其ノ事實ヲ證明スヘシ

第十三條 民事訴訟法ニ依リ假差押ヲ受ケタル財產ヲ差押ソルトキハ之ヲ執行裁判所又ハ執達吏若ハ强制管理人ニ通知スヘシ假處分ヲ受ケタル財產ヲ差押フルトキ亦之ニ準ス

第十四條 差押フヘキ財產管轄區域外ニ在ルトキハ收稅官吏ハ其ノ財產所在地ノ收稅官吏ニ滯納處分ノ引繼ヲ爲スヘシ

第十五條　差押フヘキ財產數人ノ共有ニ係ルトキハ滯納者ニ屬スル持分ニ就キ滯納處分ヲ爲シ其ノ持分ノ定メナキモノハ持分相均シキモノトシテ處分スヘシ

第十六條　收稅官吏財產ヲ差押ヘタルトキハ左ノ事項ヲ記載シタル差押調書ヲ作リ之ニ署名捺印スヘシ

一　滯納者ノ氏名及住所若ハ居所

二　差押財產ノ名稱、數量、性質、所在其ノ他重要ナル事項

三　差押ノ事由

四　調書ヲ作リタル場所、年月日

2　國稅徵收法第二十一條ノ場合ニ於テハ收稅官吏ハ立會人ト共ニ差押調書ニ署名捺印スヘシ但シ立會人ニ於テ署名捺印ヲ拒ミ又ハ署名捺印スルコト能ハサルトキハ其ノ理由ヲ附記スヘシ

3　收稅官吏差押調書ヲ作リタルトキハ其ノ謄本ヲ滯納者及立會人ニ交付スヘシ但シ債權及所有權以外ノ財產權ノミヲ差押ヘタルトキハ此ノ限ニ在ラス

第十七條　收稅官吏財產ヲ差押ヘタル場合ニ於テ滯納者又ハ第三者ヨリ督促手數料、延滯金、滯納處分費及稅金ヲ完納シタルトキハ其ノ財產ノ差押ヲ解クヘシ

第十八條　公賣ハ入札又ハ競賣ノ方法ヲ以テ之ヲ爲スヘシ

第十九條　國稅徵收法第二十四條ニ依リ公賣ヲ爲サムトスルトキハ左ノ事項ヲ公告スヘシ

一　滞納者ノ　名及住所若ハ居所

二　公賣財産ノ名稱、數量、性質、所在其ノ他重要ナル事項

三　入札又ハ競賣ノ場所、日時

四　開札ノ場所、日時

五　保證金ヲ徴スルトキハ其ノ金額

六　代金納付ノ期限

第二十條　財産公賣ノ場合ニ於テ必要ト認ムルトキハ加入保證金又ハ契約保證金ヲ徴スヘシ

2 加入保證金又ハ契約保證金ハ國債ヲ以テ之ニ代用スルコトヲ得

3 落札者又ハ買受人義務ヲ履行セサルトキハ其ノ保證金又ハ之ニ代用シタル國債ハ之ヲ政府ノ所得トス

第二十一條　公賣ハ財産所在ノ市區町村内ニ於テ之ヲ爲スヘシ但シ收税官吏必要ト認ムルトキハ他ノ地方ニ於テ之ヲ爲スコトヲ得

第二十二條　公賣ハ公告ノ初日ヨリ十日ノ期間ヲ過キタル後之ヲ執行スヘシ但シ其ノ物件不相應ノ保存費ヲ要スルモノ若ハ著シク其ノ價格ヲ減損スルノ虞アルモノナルトキハ此ノ限ニ在ラス

第二十三條　財産ヲ公賣セムトスルトキハ收税官吏ハ其ノ財産ノ價格ヲ見積リ之ヲ封書トシ公賣ノ場所ニ置クヘシ

第二十四條　賣却シタル財産ニ付滯納者ヲシテ權利移轉ノ手續ヲ爲サシムル必要アルトキハ收稅官吏ハ期限ヲ指定シ其ノ手續ヲ爲サシムヘシ

2前項ノ期間內ニ滯納者其ノ手續ヲ爲ササルトキハ收稅官吏ハ滯納者ニ代リテ之ヲ爲スコトヲ得

第二十五條　入札ノ方法ヲ以テ公賣ニ付スル場合ニ於テ落札トナルヘキ同價ノ入札ヲ爲シタル者二名以上アルトキハ其ノ同價ノ入札人ヲシテ追加入札ヲ爲サシメ落札者ヲ定ム追加入札ノ價格仍同シキトキハ抽籤ヲ以テ落札者ヲ定ム

第二十六條　財産ヲ公賣ニ付スルモ買受望人ナキカ又ハ其ノ價格見積價格ニ達セサルトキハ更ニ公賣ヲ爲スコトアルヘシ

第二十七條　公賣財産ノ買受人代金納付ノ期限マテニ其ノ代金ヲ完納セサルトキハ收稅官吏ハ其ノ賣買ヲ解除シ更ニ之ヲ公賣ニ付スヘシ

第二十八條　前二條ニ依リ再公賣ヲ爲ス場合ニ於テハ第二十二條ノ期間ヲ短縮スルコトヲ得

第二十九條　國稅徵收法第四條ノ一第二號乃至第六號ニ該當スル場合ニ於テハ收稅官吏ハ當該官廳、公共團體、執行裁判所、執達吏、强制管理人、破産主任官又ハ淸算人ニ督促手數料、延滯金、滯納處分費及滯納稅金ノ交付ヲ求ムヘシ但シ他ニ差押フヘキ財産アルトキハ之ヲ差押フルコトヲ妨ケス

第三十條　滯納處分ヲ結了シタルトキハ收稅官吏ハ其ノ處分ニ關スル計算書ヲ作リ之ヲ

滯納者ニ交付スヘシ

2 賣却シタル財產ニ對シ質權又ハ抵當權ヲ有スル者ハ其ノ計算ニ關スル記錄ノ閱覽ヲ收稅官吏ニ求ムルコトヲ得

第三十一條 納稅告知督促及滯納處分ニ關スル公告ハ稅務署ニ之ヲ爲スヘシ但シ必要ト認ムルトキハ稅務署ノ外適當ノ場所ニ又ハ他ノ方法ヲ以テ之ヲ爲スヘシ

國稅徵收法施行細則 抄

第九條 稅務署長ハ國稅滯納者ノ財產差押ヲ命シタル收稅官吏ニ左ノ證票ヲ交付スヘシ

用紙厚紙 縱二寸五分 橫一寸五分

表

第何號 國稅滯納者 財產差押 證票	稅務署印

裏

「何」稅務署 「官氏名」

第十條 收稅官吏債權ノ差押ヲ爲ストキハ債務者ニ對シ第十號書式、債權及所有權以外ノ財產權ノ差押ヲ爲ストキハ權利者ニ對シ第十一號書式ノ差押通知書ヲ發スヘシ

第十一條 國稅徵收法施行規則第十六條ノ差押調書ハ第十二號書式ニ依リ之ヲ調製スヘシ

第十二條　收稅官吏財産ヲ賣却セムトスル場合ニ其ノ價格ヲ見積リ難キモノアルトキハ適當ナル鑑定人ヲ選ミ其ノ評價ヲ爲サシムルコトヲ得

第十三條　入札ノ方法ヲ以テ財産ヲ公賣スル場合ニハ買受望人ハ其ノ住所氏名買受財産ノ種類員額及入札價額ヲ記シタル入札書ヲ封緘シテ差出スヘシ

第十四條　入札書ハ公告ニ示シタル開札ノ場所、日時ニ入札人ノ面前ニ於テ之ヲ開クモノトス但シ入札又ハ其ノ代理人開札ノ場所ニ出席セサルトキハ其ノ立會ヲ要セスシテ開札スルコトヲ得

第十五條　競賣ノ方法ヲ以テ財産ヲ公賣スルトキハ競賣人ヲ選ミ之ヲ取扱ハシムルコトヲ得

第十六條　加入保證金又ハ契約保證金ノ割合ハ買受望人各自ノ公賣財産見積價格百分ノ五以上トシ公賣ノ時々之ヲ定ムルモノトス

第十七條　公賣財産買受人又ハ競賣人ハ納付書ヲ添ヘ其ノ代金ヲ稅務署長ニ納付スヘシ

第十八條　督促又ハ滯納處分ニ關シ使丁ヲ以テ書類ノ送達ヲ爲ストキハ第十三號書式ノ送達書ニ受取人ノ署名捺印ヲ求ムヘシ

第十九條　滯納處分ヲ結了シタルトキハ收稅官吏ハ第十四號書式ノ計算書ヲ調製シ之ヲ滯納者ニ交付スヘシ

第二十條　收稅官吏ハ債權者又ハ滯納者ニ交付スヘキ金錢ヲ供託シタルトキハ其ノ旨債權者又ハ滯納者ニ通知スヘシ（書式省略）

5 第一項乃至第三項ノ徴收金ハ府縣ノ徴收金ニ次テ先取特權ヲ有シ其ノ追徴還付及時效ニ付テハ國稅ノ例ニ依ル

6 前三項ノ處分ニ不服アル者ハ府縣參事會ニ訴願シ其ノ裁決ニ不服アルトキハ行政裁判所ニ出訴スルコトヲ得

7 前項ノ裁決ニ付テハ府縣知事又ハ町村長ヨリモ訴訟ヲ提起スルコトヲ得

8 第四項ノ處分中差押物件ノ公賣ハ處分ノ確定ニ至ル迄執行ヲ停止ス

第百十二條　町村ハ其ノ負債ヲ償還スル爲、町村ノ永久ノ利益ト爲ルヘキ支出ヲ爲ス爲又ハ天災事變等ノ爲必要アル場合ニ限リ町村債ヲ起スコトヲ得

2 町村債ヲ起スニ付町村會ノ議決ヲ經ルトキハ併セテ起債ノ方法、利息ノ定率及償還ノ方法ニ付議決ヲ經ヘシ

3 町村ハ豫算内ノ支出ヲ爲ス爲一時ノ借入金ヲ爲スコトヲ得

4 前項ノ借入金ハ其ノ會計年度内ノ收入ヲ以テ償還スヘシ

第二款　歳入出豫算及決算

第百十三條　町村長ハ毎會計年度歳入出豫算ヲ調製シ遲クトモ年度開始ノ一月前ニ町村會ノ議決ヲ經ヘシ
2 町村ノ會計年度ハ政府ノ會計年度ニ依ル
3 豫算ヲ町村會ニ提出スルトキハ町村長ハ併セテ事務報告書及財產表ヲ提出スヘシ
第百十四條　町村長ハ町村會ノ議決ヲ經テ既定豫算ノ追加又ハ更正ヲ爲スコトヲ得
第百十五條　町村費ヲ以テ支辨スル事件ニシテ數年ヲ期シテ其ノ費用ヲ支出スヘキモノハ町村會ノ議決ヲ經テ其ノ年期間各年度ノ支出損ヲ定メ繼續費ト爲スコトヲ得
第百十六條　町村ハ豫算外ノ支出又ハ豫算超過ノ支出ニ充ツル爲豫備費ヲ設クヘシ
2 特別會計ニハ豫備費ヲ設ケサルコトヲ得（大正十年法律第五十九號追加）
3 豫備費ハ町村會ノ否決シタル費途ニ充ツルコトヲ得ス
第百十七條　豫算ハ議決ヲ經タル後直ニ之ヲ府縣知事ニ報告シ且其ノ要領

ヲ告示スヘシ

第百十八條 町村ハ特別會計ヲ設クルコトヲ得

第百十九條 町村會ニ於テ豫算ヲ議決シタルトキハ町村長ヨリ其ノ謄本ヲ收入役ニ交附スヘシ

2 收入役ハ町村長又ハ監督官廳ノ命令アルニ非サレハ支拂ヲ爲スコトヲ得ス命令ヲ受クルモ支出ノ豫算ナク且豫備費支出、費目流用其ノ他財務ニ關スル規定ニ依リ支出ヲ爲スコトヲ得サルトキ亦同シ

3 前二項ノ規定ハ收入役ノ事務ヲ兼掌シタル町村長又ハ助役ニ之ヲ準用ス

第百二十條 町村ノ支拂金ニ關スル時效ニ付テハ政府ノ支拂金ノ例ニ依ル

第百二十一條 町村ノ出納ハ毎月例日ヲ定メテ之ヲ檢査シ且毎會計年度少クトモ二回臨時檢査ヲ爲スヘシ

2 檢査ハ町村長之ヲ爲シ臨時檢査ニハ町村會ニ於テ選擧シタル議員二人以上ノ立會ヲ要ス

第百二十二條 町村ノ出納ハ翌年度五月三十一日ヲ以テ閉鎖ス

2 決算ハ出納閉鎖後一月以内ニ證書類ヲ併セテ收入役ヨリ之ヲ町村長ニ提

出スヘシ町村長ハ之ヲ審査シ意見ヲ付シテ次ノ通常豫算ヲ議スル會議迄ニ之ヲ町村會ノ認定ニ付スヘシ

3 第六十七條第五項ノ場合ニ於テハ前項ノ例ニ依ル但シ町村長ニ於テ兼掌シタルトキハ直ニ町村會ノ認定ニ付スヘシ

參照

第六十七條　第五項

5 特別ノ事情アル町村ニ於テハ府縣知事ノ許可ヲ得テ町村長又ハ助役ヲシテ收入役ノ事務ヲ兼掌セシムルコトヲ得

4 決算ハ其ノ認定ニ關スル町村會ノ議決ト共ニ之ヲ府縣知事ニ報告シ且其ノ要領ヲ告示スヘシ

5 決算ノ認定ニ關スル會議ニ於テハ町村長及助役共ニ議長ノ職務ヲ行フコトヲ得ス

第百二十三條　豫算調製ノ式、費目流用其ノ他財務ニ關シ必要ナル規定ハ内務大臣之ヲ定ム

第六章　町村ノ一部ノ事務

第百二十四條 町村ノ一部ニシテ財産ヲ有シ又ハ營造物ヲ設ケタルモノアルトキハ其ノ財産又ハ營造物ノ管理及處分ニ付テハ本法中町村ノ財産又ハ營造物ニ關スル規定ニ依ル但シ法律勅令中別段ノ規定アル場合ハ此ノ限ニ在ラス

2 前項ノ財産又ハ營造物ニ關シ特ニ要スル費用ハ其ノ財産又ハ營造物ノ屬スル町村ノ一部ノ負擔トス

3 前二項ノ場合ニ於テハ町村ノ一部ハ其ノ會計ヲ分別スヘシ

第百二十五條 前條ノ財産又ハ營造物ニ關シ必要アリト認ムルトキハ府縣知事ハ町村會ノ意見ヲ徴シテ町村條例ヲ設定シ區會又ハ區總會ヲ設ケテ町村會ノ議決スヘキ事項ヲ議決セシムルコトヲ得

第百二十六條 區會議員ハ町村ノ名譽職トス其ノ定數、任期、選擧權及被選擧權ニ關スル事項ハ前條ノ町村條例中ニ之ヲ規定スヘシ區總會ノ組織ニ關スル事項ニ付亦同シ

2 區會議員ノ選擧ニ付テハ町村會議員ニ關スル規定ヲ準用ス但シ選擧若ハ當選ノ效力ニ關スル異議ノ決定及被選擧權ノ有無ノ決定ハ町村會ニ於テ

之ヲ爲スヘシ（昭和四年四月法律第五十七號改正）
3 區會又ハ區總會ニ關シテハ町村會ニ關スル規定ヲ準用ス
第百二十七條　第百二十四條ノ場合ニ於テ町村ノ一部府縣知事ノ處分ニ不服アルトキハ内務大臣ニ訴願スルコトヲ得

參照

第百二十四條　町村ノ一部ニシテ財産ヲ有シ又ハ營造物ヲ設ケタルモノアルトキハ其ノ財産又ハ營造物ノ管理及處分ニ付テハ本法中町村ノ財産又ハ營造物ニ關スル規定ニ依ル但シ法律勅令中別段ノ規定アル場合ハ此ノ限ニ在ラス
2 前項ノ財産又ハ營造物ニ關シ特ニ要スル費用ハ其ノ財産又ハ營造物ノ屬スル町村ノ一部ノ負擔トス
3 前二項ノ場合ニ於テハ町村ノ一部ハ其ノ會計ヲ分別スヘシ

第百二十八條　第百二十四條ノ町村ノ一部ノ事務ニ關シテハ本法ニ規定スルモノノ外勅令ヲ以テ之ヲ定ム

第七章　町村組合

第百二十九條　町村ハ其ノ事務ノ一部ヲ共同處理スル爲其ノ協議ニ依リ府

縣知事ノ許可ヲ得テ町村組合ヲ設クルコトヲ得此ノ場合ニ於テ組合內各町村ノ町村會又ハ町村吏員ノ職務ニ屬スル事項ナキニ至リタルトキハ其ノ町村會又ハ町村吏員ハ組合成立ト同時ニ消滅ス

2 町村ハ特別ノ必要アル場合ニ於テハ其ノ協議ニ依リ府縣知事ノ許可ヲ得テ其ノ事務ノ全部ヲ共同處理スル爲町村組合ヲ設クルコトヲ得此ノ場合ニ於テハ組合內各町村ノ町村會及町村吏員ハ組合成立ト同時ニ消滅ス

3 公益上必要アル場合ニ於テハ府縣知事ハ關係アル町村會ノ意見ヲ徵シ府縣參事會ノ議決ヲ經テ前二項ノ町村組合ヲ設クルコトヲ得

4 町村組合ハ法人トス

第百三十條 前條第一項町村組合ニシテ其ノ組ノ組合町村ノ數ヲ增減シ又ハ共同事務ノ變更ヲ爲サムトスルトキハ關係町村ノ協議ニ依リ府縣知事ノ許可ヲ受クヘシ

2 前條第二項ノ町村組合ニシテ其ノ組合町村ノ數ヲ減少セムトスルトキハ組合會ノ議決ニ依リ其ノ組合町村ノ數ヲ增加セムトスルトキハ其ノ町村組合ト新ニ加ハラムトスル町村トノ協議ニ依リ府縣知事ノ許可ヲ受クヘ

シ

3 公益上必要アル場合ニ於テハ府縣知事ハ關係アル町村會又ハ組合會ノ意見ヲ徴シ府縣參事會ノ議決ヲ經テ組合町村ノ數ヲ增減シ又ハ一部事務ノ爲設クル組合ノ共同事務ノ變更ヲ爲スコトヲ得

第百三十一條　町村組合ヲ設クルトキハ關係町村ノ協議ニ依リ組合規約ヲ定メ府縣知事ノ許可ヲ受クヘシ

2 組合規約ヲ變更セムトスルトキハ一部事務ノ爲ニ設クル組合ニ在リテハ關係町村ノ協議ニ依リ全部事務ノ爲ニ設クル組合ニ在リテハ組合會ノ議決ヲ經府縣知事ノ許可ヲ受クヘシ

3 公益上必要アル場合ニ於テハ府縣知事ハ關係アル町村會又ハ組合會ノ意見ヲ徴シ府縣參事會ノ議決ヲ經テ組合規約ヲ定メ又ハ變更スルコトヲ得

第百三十二條　組合規約ニハ組合ノ名稱、組合ヲ組織スル町村、組合ノ共同事務及組合役場ノ位置ヲ定ムヘシ

2 一部事務ノ爲ニ設クル組合ノ組合規約ニハ前項ノ外組合會ノ組織及組合會議員ノ選擧、組合吏員ノ組織及選任竝組合費用ノ支辨方法ニ付規定ヲ

設クヘシ

第百三十三條　町村組合ヲ解カムトスルトキハ一部事務ノ爲ニ設クル組合ニ於テハ關係町村ノ協議ニ依リ全部事務ノ爲ニ設クル組合ニ於テハ組合會ノ議決ニ依リ府縣知事ノ許可ヲ受クヘシ

2公益上必要アル場合ニ於テハ府縣知事ハ關係アル町村會又ハ組合會ノ意見ヲ徴シ府縣參事會ノ議決ヲ經テ町村組合ヲ解クコトヲ得

第百三十四條　第百三十條第一項第二項及前條第一項ノ場合ニ於テ財産ノ處分ニ關スル事項ハ關係町村ノ協議、關係町村ト組合トノ協議又ハ組合會ノ議決ニ依リ之ヲ定ム

参照

第百三十條　前條第一項町村組合ニシテ其ノ組ノ組合町村ノ數ヲ増減シ又ハ共同事務ノ變更ヲ爲サムトスルトキハ關係町村ノ協議ニ依リ府縣知事ノ許可ヲ受クヘシ

2前條第二項ノ町村組合ニシテ其ノ組合町村ノ數ヲ減少セムトスルトキハ組合會ノ議決ニ依リ其ノ組合町村ノ數ヲ増加セムトスルトキハ其ノ町村組合ト新ニ加ハラムトスル町村トノ協議ニ依リ府縣知事ノ許可ヲ受クベシ

第百三十三條　町村組合ヲ解カムトスルトキハ一部事務ノ爲ニ設クル組合ニ於テハ關係

町村ノ協議ニ依リ全部事務ノ爲ニ設クル組合ニ於テハ組合會ノ議決ニ依リ府縣知事ノ許可ヲ受クヘシ

2 第百三十條第三項及前條第二項ノ場合ニ於テ財産ノ處分ニ關スル事項ハ關係アル町村會又ハ組合會ノ意見ヲ徵シ府縣參事會ノ議決ヲ經テ府縣知事之ヲ定ム

參照

第百三十條　第三項

3 公益上必要アル場合ニ於テハ府縣知事ハ關係アル町村會又ハ組合會ノ意見ヲ徵シ府縣參事會ノ議決ヲ經テ組合町村ノ數ヲ增減シ又ハ一部事務ノ爲設クル組合ノ共同事務ノ變更ヲ爲スコトヲ得

第百三十三條　第二項

2 公益上必要アル場合ニ於テハ府縣知事ハ關係アル町村會又ハ組合會ノ意見ヲ徵シ府縣參事會ノ議決ヲ經テ町村組合ヲ解クコトヲ得

第百三十五條　第百二十九條第一項及第二項第百三十條第一項及第二項第百三十一條第一項及第二項第百三十三條第一項竝前條第二項ノ規定ニ依ル府縣知事ノ處分ニ不服アル町村又ハ町村組合ハ內務大臣ニ訴願スルコ

トヲ得

参照

第百二十九條　町村ハ其ノ事務ノ一部ヲ共同處理スル爲其ノ協議ニ依リ府縣知事ノ許可ヲ得テ町村組合ヲ設クルコトヲ得此ノ場合ニ於テ組合內各町村ノ町村會又ハ町村吏員ノ職務ニ屬スル事項ナキニ至リタルトキハ其ノ町村會又ハ町村吏員ハ組合成立ト同時ニ消滅ス

2 町村ハ特別ノ必要アル場合ニ於テハ其ノ協議ニ依リ府縣知事ノ許可ヲ得テ其ノ事務ノ全部ヲ共同處理スル爲町村組合ヲ設クルコトヲ得此ノ場合ニ於テハ組合內各町村ノ町村會及町村吏員ハ組合成立ト同時ニ消滅ス

第百三十條　前條第一項町村組合ニシテ其ノ組ノ組合町村ノ數ヲ增減シ又ハ共同事務ノ變更ヲ爲サムトスルトキハ關係町村ノ協議ニ依リ府縣知事ノ許可ヲ受クヘシ

2 前條第二項ノ町村組合ニシテ其ノ組合町村ノ數ヲ減少セムトスルトキハ組合會ノ議決ニ依リ其ノ組合町村ノ數ヲ增加セムトスルトキハ其ノ町村組合ト新ニ加ハラムトスル町村トノ協議ニ依リ府縣知事ノ許可ヲ受クヘシ

第百三十一條　町村組合ヲ設クルトキハ關係町村ノ協議ニ依リ組合規約ヲ定メ府縣知事ノ許可ヲ受クヘシ

2 組合規約ヲ變更セムトスルトキハ一部事務ノ爲ニ設クル組合ニ在リテハ關係町村ノ協議ニ依リ全部事務ノ爲ニ設クル組合ニ在リテハ組合會ノ議決ヲ經府縣知事ノ許可ヲ受

クヘシ

第百三十三條　町村組合ヲ解カムトスルトキハ一部事務ノ爲ニ設クル組合ニ於テハ關係町村ノ協議ニ依リ全部事務ノ爲ニ設クル組合ニ於テハ組合會ノ議決に依リ府縣知事ノ許可ヲ受クヘシ

第百三十四條　第二項

2 第百三十條第三項及前條第二項ノ場合各ニ於テ財產ノ處分ニ關スル事項ハ關係アル町村會又ハ組合會ノ意見ヲ徵シ府縣參事會ノ議決ヲ經テ府縣知事之ヲ定ム

2 組合費ノ分賦ニ關シ違法又ハ錯誤アリト認ムル町村ハ其ノ告知アリタル日ヨリ三月以內ニ組合ノ管理者ニ異議ノ申立ヲ爲スコトヲ得

3 前項ノ異議ノ申立アリタルトキハ組合ノ管理者ハ七日以內ニ之ヲ組合會ノ決定ニ付スヘシ其ノ決定ニ不服アル町村ハ府縣參事會ニ訴願シ其ノ裁決又ハ第四項ノ裁決ニ不服アルトキハ行政裁判所ニ出訴スルコトヲ得

4 前項ノ決定及裁決ニ付テハ組合ノ管理者ヨリモ訴願又ハ訴訟ヲ提起スルコトヲ得

5 前二項ノ裁決ニ付テハ府縣知事ヨリモ訴訟ヲ提起スルコトヲ得

第百三十六條　町村組合ニ關シテハ法律勅令中別段ノ規定アル場合ヲ除ク

ノ外町村ニ關スル規定ヲ準用ス

第八章　町村ノ監督

第百三十七條　町村ハ第一次ニ於テ府縣知事之ヲ監督シ第二次ニ於テ内務大臣之ヲ監督ス

第百三十八條　本法中別段ノ規定アル場合ヲ除クノ外町村ノ監督ニ關スル府縣知事ノ處分ニ不服アル町村ハ内務大臣ニ訴願スルコトヲ得

第百三十九條　本法中行政裁判所ニ出訴スルコトヲ得ヘキ場合ニ於テハ内務大臣ニ訴願スルコトヲ得ス

第百四十條　異議ノ申立又ハ訴願ノ提起ハ處分決定又ハ裁決アリタル日ヨリ二十一日以内ニ之ヲ爲スヘシ但シ本法中別ニ期間ヲ定メタルモノハ此ノ限ニ在ラス

2　行政訴訟ノ提起ハ處分決定裁定又ハ裁決アリタル日ヨリ三十日以内ニ之ヲ爲スヘシ

3　決定書又ハ裁決書ノ交付ヲ受ケサル者ニ關シテハ前二項ノ期間ハ告示ノ

日ヨリ之ヲ起算ス

4 異議ノ申立ニ關スル期間ノ計算ニ付テハ訴願法ノ規定ニ依ル

5 異議ノ申立ハ期限經過後ニ於テモ宥恕スヘキ事由アリト認ムルトキハ仍之ヲ受理スルコトヲ得

6 異議ノ決定ハ文書ヲ以テ之ヲ爲シ其ノ理由ヲ附シ之ヲ申立人ニ交付スヘシ

7 異議ノ申立アルモ處分ノ執行ハ之ヲ停止セス但シ行政廳ハ其ノ職權ニ依リ又ハ關係者ノ請求ニ依リ必要ト認ムルトキハ之ヲ停止スルコトヲ得

第百四十條ノ二　異議ノ決定ハ本法中別ニ期間ヲ定メタルモノヲ除クノ外其ノ決定ニ付セラレタル日ヨリ三月以内ニ之ヲ爲スヘシ

2 府縣參事會訴願ヲ受理シタルトキハ其ノ日ヨリ三月以内ニ之ヲ裁決スヘシ

第百四十一條　監督官廳ハ町村ノ監督上必要アル場合ニ於テハ事務ノ報告ヲ爲サシメ、書類帳簿ヲ徵シ及實地ニ就キ事務ヲ視察シ又ハ出納ヲ檢閲スルコトヲ得

2 監督官廳ハ町村ノ監督上必要ナル命令ヲ發シ又ハ處分ヲ爲スコトヲ得

3 上級監督官廳ハ下級監督官廳ノ町村ノ監督ニ關シテ爲シタル命令又ハ處分ヲ停止シ又ハ取消スコトヲ得

第百四十二條 内務大臣ハ町村會ノ解散ヲ命スルコトヲ得

2 町村會解散ノ場合ニ於テハ三月以内ニ議員ヲ選擧スヘシ

第百四十三條 町村ニ於テ法令ニ依リ負擔シ又ハ當該官廳ノ職權ニ依リ命スル費用ヲ豫算ニ載セサルトキハ府縣知事ハ理由ヲ示シテ其ノ費用ヲ豫算ニ加フルコトヲ得

2 町村長其ノ他ノ吏員其ノ執行スヘキ事件ヲ執行セサルトキハ府縣知事又ハ其ノ委任ヲ受ケタル官吏吏員之ヲ執行スルコトヲ得但シ其ノ費用ハ町村ノ負擔トス

3 前二項ノ處分ニ不服アル町村又ハ町村長其ノ他ノ吏員ハ行政裁判所ニ出訴スルコトヲ得

第百四十四條 町村長、助役、收入役又ハ副收入役ニ故障アルトキハ監督官廳ハ臨時代理者ヲ選任シ又ハ官吏ヲ派遣シ其ノ職務ヲ管掌セシムルコ

トヲ得但シ官吏ヲ派遣シタル場合ニ於テハ其ノ旅費ハ町村費ヲ以テ辨償セシムヘシ

2 臨時代理者ハ有給ノ町村吏員トシ其ノ給料額旅費額等ハ監督官廳之ヲ定ム

第百四十五條　削除（昭和四年四月法律第五十七號）

第百四十六條　削除（昭和四年四月法律第五十七號）

第百四十七條　左ニ揭クル事件ハ府縣知事ノ許可ヲ受クヘシ但シ第一號、第四號、第六號及第十一號ニ揭クル事件ニシテ勅令ヲ以テ指定スルモノハ其ノ定ムル所ニ依リ主務大臣ノ許可ヲ受クヘシ（昭和四年四月法律第五十七號本條改正）

一　町村條例ヲ設ケ又ハ改廢スルコト

二　基本財産及特別基本財産竝ニ林野ノ處分ニ關スルコト

三　第九十條ノ規定ニ依リ舊慣ヲ變更シ又ハ廢止スルコト

參照

第九十條　舊來ノ慣行ニ依リ町村住民中特ニ財産又ハ營造物ヲ使用スル權利ヲ有スル者

アルトキハ其ノ舊慣ニ依ル舊慣ヲ變更又ハ廢止セムトスルトキハ町村會ノ議決ヲ經ヘシ

2 前項ノ財產又ハ營造物ヲ新ニ使用セムトスル者アルトキハ町村ハ之ヲ許可スルコトヲ得

四 使用料ヲ新設シ又ハ變更スルコト

五 均一ノ稅率ニ依ラスシテ國稅又ハ府縣稅ノ附加稅ヲ賦課スルコト

六 特別稅ヲ新設シ又ハ變更スルコト

七 第百二條第一項、第二項及第四項ノ規定ニ依リ數人又ハ町村ノ一部ニ費用ヲ負擔セシムルコト

參照

第百二條 數人ヲ利スル營造物ノ設置維持其ノ他ノ必要ナル費用ハ其ノ關係者ニ負擔セシムルコトヲ得

2 町村ノ一部ヲ利スル營造物ノ設置維持其ノ他ノ必要ナル費用ハ其ノ部內ニ於テ町村稅ヲ納ムル義務アル者ニ負擔セシムルコトヲ得

4 數人又ハ町村ノ一部ヲ利スル財產ニ付テハ前三項ノ例ニ依ル

八 第百四條ノ規定ニ依リ不均一ノ賦課ヲ爲シ又ハ數人若ハ町村ノ一部

ニ對シ賦課ヲ爲スコト

參照

第百四條　數人又ハ町村ノ一部ニ對シ特ニ利益アル事件ニ關シテハ町村ハ不均一ノ賦課ヲ爲シ又ハ數人若ハ町村ノ一部ニ對シ賦課ヲ爲スコトヲ得

九　第百五條ノ準率ニ依ラスシテ夫役現品ヲ賦課スルコト但シ急迫ノ場合ニ賦課スル夫役ニ付テハ此ノ限ニ在ラス

參照

第百五條　夫役又ハ現品ハ直接町村稅ヲ準率ト爲シ直接町村稅ヲ賦課セサル町村ニ於テハ直接國稅ヲ準率ト爲シ且之ヲ金額ニ算出シテ賦課スヘシ但シ第百四十七條ノ規定ニ依リ許可ヲ受ケタル場合ハ此ノ限ニ在ラス

2 學藝美術及手工ニ關スル勞務ニ付テハ夫役ヲ賦課スルコトヲ得ス

3 夫役ヲ賦課セラレタル者ハ本人自ラ之ニ當リ又ハ適當ノ代人ヲ出スコトヲ得

4 夫役又ハ現品ハ金錢ヲ以テ之ニ代フルコトヲ得

5 第一項及前項ノ規定ハ急迫ノ場合ニ賦課スル夫役ニ付テハ之ヲ適用セス

十　繼續費ヲ定メ又ハ變更スルコト

十一　町村債ヲ起シ竝ニ起債ノ方法、利息ノ定率及償還ノ方法ヲ定メ又ハ之ヲ變更スルコト但シ第百十二條第三項ノ借入金ハ此ノ限ニ在ラス

（同上追加）

參照

第百十二條　第三項

3 町村ハ豫算內ノ支出ヲ爲ス爲一時ノ借入金ヲ爲スコトヲ得

第百四十八條　監督官廳ノ許可ヲ要スル事件ニ付テハ監督官廳ハ許可申請ノ趣旨ニ反セスト認ムル範圍內ニ於テ更正シテ許可ヲ與フルコトヲ得

第百四十九條　監督官廳ノ許可ヲ要スル事件ニ付テハ勅令ノ定ムル所ニ依リ其ノ許可ノ職權ヲ下級監督官廳ニ委任シ又ハ輕易ナル事件ニ限リ許可ヲ受ケシメサルコトヲ得

第百五十條　府縣知事ハ町村長、助役、收入役、副收入役、區長、區長代理者、委員其ノ他ノ町村吏員ニ對シ懲戒ヲ行フコトヲ得其ノ懲戒處分ハ譴責、二十五圓以下ノ過怠金及解職トス但シ町村長、助役、收入役及副收入役ニ對スル解職ハ懲戒審査會ノ議決ヲ經テ府縣知事之ヲ行フ

2 懲戒審査會ハ內務大臣ノ命シタル府縣高等官三人及府縣名譽職參事會員ニ於テ互選シタル者三人ヲ以テ其ノ會員トシ府縣知事ヲ以テ會長トス知

事故障アルトキハ其ノ代理者會長ノ職務ヲ行フ
3 府縣名譽職參事會員ノ互選スヘキ會員ノ選擧補闕及任期竝懲戒審査會ノ招集及會議ニ付テハ府縣制中名譽職參事會員及府縣參事會ニ關スル規定ヲ準用ス但シ補充員ハ之ヲ設クルノ限ニ在ラス
4 解職ノ處分ヲ受ケタル者其ノ處分ニ不服アルトキハ内務大臣ニ訴願スルコトヲ得
5 府縣知事ハ町村長、助役、收入役及副收入役ノ解職ヲ行ハムトスル前其ノ停職ヲ命スルコトヲ得此ノ場合ニ於テハ其ノ停職期間報酬又ハ給料ヲ支給スルコトヲ得ス
6 懲戒ニ依リ解職セラレタル者ハ二十年間北海道府縣、市町村其ノ他之ニ準スヘキモノノ公職ニ就クコトヲ得ス（昭和四年四月法律第五十七號改正）

第百五十一條　町村吏員ノ服務規律、賠償責任、身元保證及事務引繼ニ關スル規定ハ命令ヲ以テ之ヲ定ム
2 前項ノ命令ニハ事務引繼ヲ拒ミタル者ニ對シ二十五圓以下ノ過料ヲ科スル規定ヲ設クルコトヲ得

第九章　雜　　　則

第百五十二條　削除

第百五十三條　府縣知事又ハ府縣參事會ノ職權ニ屬スル事件ニシテ數府縣ニ渉ルモノアルトキハ内務大臣ハ關係府縣知事ノ具狀ニ依リ其ノ事件ヲ管理スヘキ府縣知事又ハ府縣參事會ヲ指定スヘシ

第百五十四條　第十一條ノ人口ハ内務大臣ノ定ムル所ニ依ル

參照

第十一條　町村會議員ハ其ノ被選擧權アル者ニ就キ選擧人之ヲ選擧ス

2 議員ノ定數左ノ如シ

一	削除	
二	人口五千未滿ノ町村	十二人
三	人口五千以上一萬未滿ノ町村	十八人
四	人口一萬以上二萬未滿ノ町村	二十四人
五	人口二萬以上ノ町村	三十人

3 議員ノ定數ハ町村條例ヲ以テ特ニ之ヲ增減スルコトヲ得

4 議員ノ定數ハ總選擧ヲ行フ場合ニ非サレハ之ヲ増減セス但シ著シク人口ノ増減アリタル場合ニ於テ府縣知事ノ許可ヲ得タルトキハ此ノ限ニ在ラス

第百五十五條　本法ニ於ケル直接稅及間接稅ノ種類ハ内務大臣及大藏大臣之ヲ定ム

第百五十六條　町村又ハ町村組合ノ廢置分合又ハ境界變更アリタル場合ニ於テ町村ノ事務ニ付必要ナル事項ハ本法ニ規定スルモノノ外勅令ヲ以テ之ヲ定ム

第百五十六條ノ二　本法中官吏ニ關スル規定ハ待遇官吏ニ之ヲ適用ス

第百五十七條　本法ハ北海道其ノ他勅令ヲ以テ指定スル島嶼ニ之ヲ施行セス

（大正十年四月法律第五十九號改正）

2 前項ノ地域ニ付テハ勅令ヲ以テ別ニ本法ニ代ハルヘキ制ヲ定ムルコトヲ得

附則

第百五十八條　本法施行ノ期日ハ勅令ヲ以テ之ヲ定ム（明治四十四年十月一日

施行）

第百五十九條　本法施行ノ際現ニ町村會議員、區會議員又ハ全部事務ノ爲ニ設クル町村組合會議員ノ職ニ在ル者ハ從前ノ規定ニ依ル最近ノ定期改選期ニ於テ總テ其ノ職ヲ失フ

第百六十條　舊刑法ノ重罪ノ刑ニ處セラレタル者ハ本法ノ適用ニ付テハ六年ノ懲役又ハ禁錮以上ノ刑ニ處セラレタル者ト看做ス但シ復權ヲ得タル者ハ此ノ限ニ在ラス

2 舊刑法ノ禁錮以上ノ刑ハ本法ノ適用ニ付テハ禁錮以上ノ刑ト看做ス

第百六十一條　本法施行ノ際必要ナル規定ハ命令ヲ以テ之ヲ定ム

附　則　（大正十年四月法律第五十九號）

本法中公民權及選擧ニ關スル規定ハ次ノ總選擧ヨリ之ヲ施行シ其ノ他ノ規定ノ施行ノ期日ハ勅令ヲ以テ之ヲ定ム（大正十年勅令第百八十九號同年五月二十日ヨリ施行）

附　則（大正十五年六月法律第七十五號）

1 本法中公民權及議員選擧ニ關スル規定ハ次ノ總選擧ヨリ之ヲ施行シ其ノ他ノ規定ノ施行ノ期日ハ勅令ヲ以テ之ヲ定ム（大正十五年勅令第二百八號同年七月一日施行）

2 第三十八條ノ規定ニ依リ町村會ヲ設ケサル町村ニ付テハ本法ノ施行ノ期日ハ勅令ヲ以テ之ヲ定ム（同上）

3 次ノ總選擧ニ至ル迄ノ間從前ノ第十四條、第十七條、第十八條、第三十一條、第三十三條及第三十六條ノ規定ニ依リ難キ事項ニ付テハ勅令ヲ以テ特別ノ規定ヲ設クルコトヲ得

4 本法ニ依リ初テ議員ヲ選擧スル場合ニ於テ必要ナル選擧人名簿ニ關シ第十八條乃至第十八條ノ五ニ規定スル期日又ハ期間ニ依リ難キトキハ命令ヲ以テ別ニ其ノ期日又ハ期間ヲ定ム但シ其ノ選擧人名簿ハ次ノ選擧人名簿確定迄其ノ效力ヲ有ス

5 本法施行ノ際大正十四年法律第四十七號衆議院議員選擧法未タ施行セラ

レサル場合ニ於テハ本法ノ適用ニ付テハ同法ハ既ニ施行セラレタルモノト看做ス

6 本法施行ノ際必要ナル規定ハ命令ヲ以テ之ヲ定ム

附　則（昭和四年四月法律第五十七號）

1 本法施行ノ期日ハ勅令ヲ以テ之ヲ定ム（昭和四年六月勅令第百八十五號ヲ以テ同年七月一日ヨリ施行）

2 本法施行ノ際必要ナル規定ハ命令ヲ以テ之ヲ定ム

◎市制中改正法律施行期日ノ件（大正十五年六月二十四日勅令第二百七號）

大正十五年市制中改正法律ハ公民權及議員選擧ニ關スル規定ヲ除クノ外大正十五年七月一日ヨリ之ヲ施行ス

◎同上ノ件（昭和四年六月十九日勅令第百八十四號）

昭和四年法律第五十六號ハ昭和四年七月一日ヨリ之ヲ施行ス

◎町村制中改正法律施行期日ノ件（大正十五年六月二十四日勅令第二百八號）

1　大正十五年町村制中改正法律ハ公民權及議員選擧ニ關スル規定ヲ除クノ外大正十五年七月一日ヨリ之ヲ施行ス

2　町村制第三十八條ノ規定ニ依リ町村會ヲ設ケサル町村ニ付テハ大正十五年町村制中改正法律ハ大正十五年七月一日ヨリ之ヲ施行ス

◎同上ノ件（昭和四年六月十九日勅令第百八十五號）

昭和四年法律第五十七號ハ昭和四年七月一日ヨリ之ヲ施行ス

◉市制町村制施行令

（大正十五年六月二十四日勅令第二百一號）

改正（昭和二年三月勅令第三十八號、三年十一月同第二百六十號、四年六月十九日同第百八十六號）

第一章　總則

第一條　市町村ノ設置アリタル場合ニ於テハ市町村長ノ臨時代理者又ハ職務管掌ノ官吏ハ歳入歳出豫算カ市町村會ノ議決ヲ經テ成立スルニ至ル迄ノ間必要ナル收支ニ付豫算ヲ設ケ府縣知事ノ許可ヲ受クヘシ

第二條　市町村ノ設置アリタル場合ニ於テハ府縣知事ハ必要ナル事項ニ付市町村條例ノ設定施行セラルルニ至ル迄ノ間從來其ノ地域ニ施行セラレタル市町村條例ヲ市町村ノ條例トシテ當該地域ニ引續キ施行スルコトヲ得

第三條　市町村ノ廢置分合アリタル場合ニ於テハ其ノ地域ノ新ニ屬シタル市町村其ノ事務ヲ承繼ス、其ノ地域ニ依リ難キトキハ府縣知事ハ事務ノ分界ヲ定メ又ハ承繼スヘキ市町村ヲ指定ス

2　前項ノ場合ニ於テ消滅シタル市町村ノ收支ハ消滅ノ日ヲ以テ打切リ其ノ市町村長（又ハ市町村長ノ職務ヲ行フ者）タリシ者之ヲ決算ス

3　前項ノ決算ハ事務ヲ承繼シタル各市町村ノ市町村長之ヲ市町村會ノ認定ニ付スヘシ

4　市制條百四十二條第三項又ハ町村制第百二十二條第四項ノ規定ハ前項ノ場合ニ之ヲ準用ス

第四條　市町村ノ境界變更アリタル爲事務ノ分割ヲ要スルトキハ其ノ事務ノ承繼ニ付

テハ府縣知事之ヲ定ム

第五條 市制第八十二條第三項ノ市ニ於テ新ニ區ヲ劃シ又ハ其ノ區域ヲ變更セントスルトキハ市ハ内務大臣ノ許可ヲ受クヘシ但シ耕地整理若ハ區劃整理ノ爲區ノ區域ヲ變更スントスルトキ又ハ第六十條第一號若ハ第二號ノ場合ニ於テ區ノ區域ヲ變更セントスルトキハ此ノ限ニ在ラス（昭和四年六月勅令第百八十六號但書追加）

第六條 市制第十一條及町村制第九條ノ規定ニ依リ除外スヘキ學生生徒左ノ如シ

一 陸軍各部依託學生生徒

二 海軍軍醫學生藥劑學生主計學生造船學生造機學生造兵學生並ニ海軍豫備生徒及海軍豫備練習生

第二章 市町村會議員ノ選擧

第七條 市制第二十一條ノ五第三項又ハ町村制第十八條ノ五第三項ノ規定ニ依リ選擧人名簿ノ調製、縱覽、確定及異議ノ決定ニ關スル期日及期間ヲ定メタルトキハ府縣知事ハ直ニ之ヲ告示スヘシ（昭和四年六月勅令第百八十六號改正）

第八條 市町村ノ境界變更アリタル場合ニ於テハ市町村長ハ選擧人名簿ヲ分割シ其ノ部分ヲ其ノ地域ノ新ニ屬シタル市町村ノ市町村長ニ送付スヘシ

2 市町村ノ廢置分合アリタル場合ニ於テ名簿ノ分割ヲ以テ足ルトキハ前項ノ例ニ依リ、其ノ他ノ場合ニ於テハ從前ノ市町村ノ市町村長（又ハ市町村長ノ職務ヲ行フ者）タリシ者ハ直ニ其ノ地域ノ新ニ屬シタル市町村ノ市町村長ニ選擧人名簿ヲ送付スヘシ

3 市町村長選擧人名簿ノ送付ヲ受ケタルトキハ直ニ其ノ旨ヲ告示シ併セテ之ヲ府縣知

事ニ報告スヘシ

第九條 前條ノ規定ニ依リ送付ヲ受ケタル選擧人名簿ハ市町村ノ廢置分合又ハ境界變更ニ係ル地域ノ新ニ屬シタル市町村ノ選擧人名簿ト看做ス

第十條 第八條ノ規定ニ依リ送付ヲ受ケタル選擧人名簿確定前ナルトキハ名簿ノ縱覽、確定及異議ノ決定ニ關スル期日及期間ハ府縣知事ノ定ムル所ニ依ル**（昭和四年六月勅令第百八十六號改正）**

2 前項ノ規定ニ依リ期日及期間ヲ定メタルトキハ府縣知事ハ直ニ之ヲ告示スヘシ

第十一條 市制第二十五條第六項又ハ町村制第二十二條第六項ノ規定ニ依リ盲人カ投票ニ關スル記載ニ使用スルコトヲ得ル點字ハ別表ヲ以テ之ヲ定ム

2 點字ニ依リ投票ヲ爲サントスル選擧人ハ選擧長又ハ投票分會長ニ對シ其ノ旨ヲ申立ツヘシ、此ノ場合ニ於テハ選擧長又ハ投票分會長ハ投票用紙ニ點字投票ナル旨ノ印ヲ押捺シテ交付スヘシ

3 點字ニ依ル投票ノ拒否ニ付テハ市制第二十五條ノ三又ハ町村制第二十二條ノ三ノ例ニ依ル、此ノ場合ニ於テハ封筒ニ點字投票ナル旨ノ印ヲ押捺シテ交付スヘシ

4 前項ノ規定ニ依リ假ニ爲サシメタル投票ハ市制第二十七條ノ二第二項及第三項又ハ町村制第二十四條ノ二第二項及第三項ノ規定ノ適用ニ付テハ市制第二十五條ノ三第二項第四項又ハ町村制第二十二條ノ三第二項及第四項ノ投票ト看做ス

第十二條 市制第二十七條ノ四又ハ町村制第二十四條ノ四ノ規定ニ依リ開票分會ヲ設ケタルトキハ市町村長ハ直ニ其ノ區劃及開票分會場ヲ告示スヘシ

第十三條　開票分會ハ市町村長ノ指名シタル吏員開票分會長ト爲リ之ヲ開閉シ其ノ取締ニ任ス

第十四條　開票分會ノ區劃內ノ投票分會ニ於テ爲シタル投票ハ投票分會長少クトモ一人ノ投票立會人ト共ニ投票函ノ儘投票錄及選擧人名簿ノ抄本(又ハ選擧人名簿)ト併セテ之ヲ開票分會長ニ送致スヘシ(昭和四年六月勅令第百八十六號改正)

第十五條　投票ノ點檢終リタルトキハ開票分會長ハ直ニ其ノ結果ヲ選擧長ニ報告スヘシ

第十六條　開票分會長ハ開票錄ヲ作リ開票ニ關スル顚末ヲ記載シ之ヲ朗讀シ二人以上ノ開票立會人ト共ニ之ニ署名シ直ニ投票錄及投票ト併セテ之ヲ選擧長ニ送致スヘシ

第十七條　選擧長ハ總テノ開票分會長ヨリ第十五條ノ報告ヲ受ケタル日若ハ其ノ翌日(又ハ總テノ投票函ノ送致ヲ受ケタル日若ハ其ノ翌日)選擧會ニ於テ選擧立會人立會ノ上其ノ報告ヲ調査シ市制第二十七條ノ二第三項又ハ町村制第二十四條ノ二第三項ノ規定ニ依リ爲シタル點檢ノ結果ト併セテ各被選擧人(市制第三十九條ノ二ノ市ニ於テハ各議員候補者ノ)得票總數ヲ計算スヘシ

第十八條　選擧ノ一部無效ト爲リ更ニ選擧ヲ行ヒタル場合ニ於テハ選擧長ハ前條ノ規定ニ準シ其ノ部分ニ付前條ノ手續ヲ爲シ他ノ部分ニ於ケル各被選擧人(市制第三十九條ノ二ノ市ニ於テハ各議員候補者)ノ得票數ト併セテ其ノ得票總數ヲ計算スヘシ

第十九條　開票分會ヲ設ケタル場合ニ於テハ市町村長ハ市制第三十二條第一項又ハ町村制第二十九條第一項ノ報告ニ開票錄ノ寫ヲ添附スヘシ

第二十條　市制第二十三條第五項及第六項竝ニ町村制第二十條第四項及第五項ノ規定ハ開票立會人ニ、市制第二十四條第一項及第二項竝ニ町村制第二十一條第一項及第二項ノ規定ハ開票分會場ニ、市制第二十七條ノ二、第二十七條ノ三及第二十九條竝ニ町村制第二十四條ノ二、第二十四條ノ三及第二十六條ノ規定ハ開票分會ニ於ケル開票ニ之ヲ準用ス

第二十一條　市制第八十二條第三項ノ市ハ其ノ區ヲ以テ選擧區ト爲シタル場合ニ於テハ市制第二章第一款(第十六條第三項ノ規定ヲ除ク)及本令第二十二條ノ規定ノ適用ニ付テハ之ヲ市制第六條ノ市ト看做ス

第三章　市制第三十九條ノ二ノ市ノ市會議員ノ選擧ニ關スル特例

第二十二條　議員候補者ハ選擧人名簿(選擧區アル場合ニ於テハ當該選擧區ノ選擧人名簿)ニ登錄セラレタル者ノ中ヨリ本人ノ承諾ヲ得テ選擧立會人タルヘキ者一人ヲ定メ選擧ノ期日前二日目迄ニ市長(市制第六條ノ市ニ於テハ區長)ニ屆出ツルコトヲ得(昭和三年十一月勅令第二百六十號改正)

2 前項ノ規定ニ依リ屆出アリタル者(議員候補者死亡シ又ハ議員候補者タルコトヲ辭シタルトキハ其ノ屆出ニ係ル者ヲ除ク)十人ヲ超エサルトキハ直ニ其ノ者ヲ以テ選擧立會人トシ十人ヲ超ユルトキハ市長(市制第六條ノ市ニ於テハ區長)ハ其ノ者ノ中ニ就キ抽籤ニ依リ選擧立會人十人ヲ定ムヘシ(昭和三年十一月勅令第二百六十號追加)

3 前項ノ抽籤ハ選擧ノ期日ノ前日之ヲ行フ第一項ノ屆出ヲ爲シタル議員候補者ハ之ニ立會フコトヲ得(同上)

4 前項ノ抽籤ヲ行フヘキ場所及日時ハ市長（市制第六條ノ市ニ於テハ區長）ニ於テ豫メ之ヲ告示スヘシ（昭和三年勅令第二百六十號追加、昭和四年六月同第百八十六號改正）
5 第二項ノ規定ニ依リ選擧立會人定マリタルトキハ市長（市制第六條ノ市ニ於テハ區長）ハ直ニ之ヲ本人ニ通知スヘシ（同上）
6 議員候補者死亡シ又ハ議員候補者タルコトヲ辭シタルトキハ其ノ屆出ニ係ル選擧立會人ハ其ノ職ヲ失フ（昭和三年十一月勅令第二百六十號追加）
7 第二項ノ規定ニ依ル擧選立會人三人ニ達セサルトキ若ハ三人ニ達セサルニ至リタルトキ又ハ選擧立會人ニシテ參會スル者選擧會ヲ開クヘキ時刻ニ至リ三人ニ達セサルトキ若ハ其ノ後三人ニ達セサルニ至リタルトキハ市長（市制第六條ノ市ニ於テハ區長）ハ選擧人名簿（選擧區アルトキハ當該選擧區ノ選擧人名簿）ニ登錄セラレタル者ノ中ヨリ三人ニ達スル迄ノ選擧立會人ヲ選任シ直ニ之ヲ本人ニ通知シ選擧ニ立會ハシムヘシ（昭和三年十一月勅令第二百六十號改正）
8 前七項ノ規定ハ投票立會人及開票立會人ニ之ヲ準用ス但シ選擧人名簿ニ登錄セラレタル者トアルハ分會ノ區劃內ニ於ケル選擧人名簿ニ登錄セラレタル者トス（同上）

第二十三條　市制第二十五條第五項及第七項ノ規定中被選擧人トアルハ議員候補者トシ同規定ヲ適用ス

第二十四條　投票ノ拒否ハ選擧立會人又ハ投票立會人ノ意見ヲ聽キ選擧長又ハ投票分會長之ヲ決定スヘシ
2 市制第二十五條ノ三第二項乃至第四項ノ規定ハ前項ノ場合ニ之ヲ準用ス但シ投票分

會長又ハ投票立會人トアルハ投票立會人トス

3 市制第二十五條ノ三第二項及第四項ノ投票ノ受理如何ハ市制第二十七條ノ二第二項ノ規定ニ拘ラス選擧立會人又ハ開票立會人ノ意見ヲ聽キ選擧長又ハ開票分會長之ヲ決定スヘシ（昭和四年六月勅令第百八十六號追加）

第二十五條 市制第二十八條ノ規定中被選擧人トアルハ議員候補者トシ同規定ヲ適用ス

2 前項ノ規定ニ依ルノ外議員候補者ニ非サル者ノ氏名ヲ記載シタル投票ハ之ヲ無效トス

第二十六條 投票ノ效力ハ選擧立會人又ハ開票立會人ノ意見ヲ聽キ選擧長又ハ開票分會長之ヲ決定スヘシ

第二十七條 市制第三十三條第一項ノ規定ハ同項第六號トシテ左ノ一號ヲ加ヘ之ヲ適用ス

六 府縣制第三十四條ノ二ノ規定ノ準用ニ依ル訴訟ノ結果當選無效ト爲リタルトキ

第二十八條 市制第三十六條第一項ノ規定中選擧人トアルハ選擧人又ハ議員候補者トシ同規定ヲ適用ス

第四章　市制第三十九條ノ二ノ市ノ市會議員ノ選擧運動及其ノ費用竝ニ公立學校等ノ設備ノ使用

第二十九條 選擧事務所ハ議員候補者一人ニ付議員ノ定數（選擧區アル場合ニ於テハ當該選擧區ノ配當議員數）ヲ以テ選擧人名簿（選擧區アル場合ニ於テハ當該選擧區ノ選擧人名簿）確定ノ日ニ於テ之ニ登錄セラレタル者ノ總數ヲ除シテ得タル數一千以上ナルトキハ二箇所ヲ、一千未滿ナルトキハ一箇所ヲ超ユルコトヲ得ス

2 選擧ノ一部無效ト爲リ更ニ選擧ヲ行フ場合又ハ市制第二十二條第四項ノ規定ニ依リ投票ヲ行フ場合ニ於テハ選擧事務所ハ前項ノ規定ニ依ル數ヲ超エサル範圍內ニ於テ府縣知事(東京府ニ於テハ警視總監)ノ定メタル數ヲ超ユルコトヲ得ス

3 府縣知事(東京府ニ於テハ警視總監)ハ選擧ノ期日ノ告示アリタル後直ニ前二項ノ規定ニ依ル選擧事務所ノ數ヲ告示スヘシ

第三十條　選擧委員及選擧事務員ハ議員候補者一人ニ付議員ノ定數（選擧區アル場合ニ於テハ當該選擧區ノ配當議員數)ヲ以テ選擧人名簿(選擧區アル場合ニ於テハ當該選擧區ノ選擧人名簿)確定ノ日ニ於テ之ニ登錄セラレタル者ノ總數ヲ除シテ得タル數一千以上ナルトキハ通シテ十五人ヲ、一千未滿ナルトキハ通シテ十人ヲ超ユルコトヲ得ス

2 前條第二項及第三項ノ規定ハ選擧委員及選擧事務員ニ之ヲ準用ス

第三十一條　選擧運動ノ費用ハ議員候補者一人ニ付左ノ各號ノ額ヲ超ユルコトヲ得ス

一　議員ノ定數(選擧區アル場合ニ於テハ當該選擧區ノ配當議員數)ヲ以テ選擧人名簿(選擧區アル場合ニ於テハ當該選擧區ノ選擧人名簿)確定ノ日ニ於テ之ニ登錄セラレタル者ノ總數ヲ除シテ得タル數ヲ四十錢ニ乘シテ得タル額但シ三百圓未滿ナルモノハ三百圓トス

二　選擧ノ一部無效ト爲リ更ニ選擧ヲ行フ場合ニ於テハ議員ノ定數（選擧區アル場合ニ於テハ當該選擧區ノ配當議員數)ヲ以テ選擧人名簿(選擧區アル場合ニ於テハ當該選擧區ノ選擧人名簿)確定ノ日ニ於テ關係區域ノ選擧人名簿ニ登錄セラレタ

ル者ノ總數ヲ除シテ得タル數ヲ四十錢ニ乘シテ得タル額

三　市制第二十二條第四項ノ規定ニ依リ投票ヲ行フ場合ニ於テハ前號ノ規定ニ準シテ算出シタル額但シ府縣知事（東京府ニ於テハ警視總監）必要アリト認ムルトキハ之ヲ減額スルコトヲ得

2 府縣知事（東京府ニ於テハ警視總監）ハ選擧ノ期日ノ告示アリタル後直ニ前項ノ規定ニ依ル額ヲ告示スヘシ

第三十二條　衆議院議員選擧法施行令第八章、第九章及第十二章ノ規定ハ市制第三十九條ノ二ノ市ノ市會議員選擧ニ之ヲ準用ス

第五章　市町村吏員ノ賠償責任及身元保證

第三十三條　市町村吏員其ノ管掌ニ屬スル現金、證券其ノ他ノ財產ヲ亡失又ハ毀損シタルトキハ市町村ハ期間ヲ指定シ其ノ損害ヲ賠償セシムヘシ但シ避クヘカラサル事故ニ原因シタルトキ又ハ他ノ者ノ使用ニ供シタル場合ニ於テ合規ノ監督ヲ怠ラサリシトキハ市町村ハ其ノ賠償ノ責任ヲ免除スヘシ

第三十四條　收入役、副收入役若ハ收入役代理者又ハ收入役ノ事務ヲ兼掌スル町村長若ハ助役市制第百三十九條第二項又ハ町村制第百十九條第二項ノ規定ニ違反シテ支出ヲ爲シタルトキハ市町村ハ期間ヲ指定シ之ニ因リテ生シタル損害ヲ賠償セシムヘシ區收入役、區副收入役又ハ區收入役代理者ニ付亦同シ

第三十五條　市町村吏員其ノ執務上必要ナル物品ノ交付ヲ受ケ故意又ハ怠慢ニ因リ之ヲ亡失又ハ毀損シタルトキハ市町村ハ期間ヲ指定シ其ノ損害ヲ賠償セシムヘシ

第三十六條　前三條ノ處分ヲ受ケタル者其ノ處分ニ不服アルトキハ府縣參事會ニ訴願シ其ノ裁決ニ不服アルトキハ行政裁判所ニ出訴スルコトヲ得
2 前項ノ裁決ニ付テハ府縣知事又ハ市町村ヨリモ訴訟ヲ提起スルコトヲ得
3 府縣參事會訴願ヲ受理シタルトキハ其ノ日ヨリ三月以内ニ之ヲ裁決スヘシ
4 市制第百六十條第一項乃至第三項又ハ町村制第百四十條第一項乃至第三項ノ規定ハ第一項及第二項ノ訴願及訴訟ニ之ヲ準用ス

第三十七條　賠償金ノ徴收ニ關シテハ市制第百三十一條又ハ町村制第百十一條ノ例ニ依ル

第三十八條　市町村吏員ニ對シ身元保證ヲ徴スルノ必要アリト認ムルトキハ市町村ハ其ノ種類、價格、程度其ノ他必要ナル事項ヲ定ムヘシ

第三十九條　本章中市町村ニ關スル規定ハ市制第六條ノ市ノ區及市制第百四十四條ノ市ノ一部及町村制第百二十四條ノ町村ノ一部ニ之ヲ準用ス

第六章　市町村税ノ賦課徴收

第四十條　市町村ノ内外ニ於テ營業所ヲ設ケ營業ヲ爲ス者ニシテ其ノ營業又ハ收入ニ對スル本税ヲ分別シテ納メサル者ニ對シ附加税ヲ賦課セントスルトキハ市町村長ハ關係市長又ハ町村長（町村長ニ準スヘキ者ヲ含ム）ト協議ノ上其ノ本税額ノ歩合ヲ定ムヘシ
2 前項ノ協議調ハサルトキハ府縣知事之ヲ定メ其ノ數府縣ニ渉ルモノハ内務大臣及大藏大臣之ヲ定ムヘシ

3 第一項ノ場合ニ於テ直接ニ收入ヲ生スルコトナキ營業所アルトキハ他ノ營業所ト收入ヲ共通スルモノト認メ前二項ノ規定ニ依リ本稅額ノ步合ヲ定ムヘシ

4 府縣ニ於テ數府縣ニ涉ル營業又ハ其ノ收入ニ對シ營業稅附加稅、營業收益稅附加稅又ハ所得稅附加稅賦課ノ步合ヲ定メタルモノアルトキハ其ノ步合ニ依ル本稅額ヲ以テ其ノ府縣ニ於ケル本稅額ト看做ス

第四十一條 鑛區(砂鑛區域ヲ含ム以下之ニ同シ)カ市町村ノ內外ニ涉ル場合ニ於テ鑛區稅(砂鑛區稅ヲ含ム)ノ附加稅ヲ賦課セントスルトキハ鑛區ノ屬スル地表ノ面積ニ依リ其ノ本稅額ヲ分割シ其ノ一部ニノミ賦課スヘシ

2 市町村ノ內外ニ於テ鑛業ニ關スル事務所其ノ他ノ營業所ヲ設ケタル場合ニ於テ鑛產稅ノ附加稅ヲ賦課セントスルトキハ前條ノ例ニ依ル、鑛區カ營業所所在ノ市町村ノ內外ニ涉ル場合亦同シ

第四十二條 住所滯在カ市町村ノ內外ニ涉ル者ノ收入ニシテ土地家屋物件又ハ營業所ヲ設ケタル營業ヨリ生スル收入ニ非サルモノニ對シ市町村稅ヲ賦課セントスルトキハ其ノ收入ヲ平分シ其ノ一部ニノミ賦課スヘシ

2 前項ノ住所又ハ滯在カ其ノ時ヲ異ニシタルトキハ納稅義務ノ發生シタル翌月ノ初メヨリ其ノ消滅シタル月ノ終迄月割ヲ以テ賦課スヘシ但シ賦課後納稅義務者ノ住所又ハ滯在ニ異動ヲ生スルモ賦課額ハ變更セス其ノ新ニ住所ヲ有シ又ハ滯在スル市町村ニ於テハ賦課ナキ部分ニノミ賦課スヘシ

3 住所滯在カ同一府縣內ノ市町村ノ內外ニ涉ル者其ノ住所又ハ滯在ノ時ヲ異ニシタル

場合ニ於テ其ノ者ニ對シ戸數割附加税ヲ賦課セントスルトキハ前項ノ規定ヲ準用スヘシ

第四十三條　市町村税ヲ徴收セントスルトキハ市町村長ハ徴税令書ヲ納税人ニ交付スヘシ

第四十四條　徴税令書ヲ受ケタル納税人納期内ニ税金ヲ完納セサルトキハ市町村長ハ直ニ督促狀ヲ發スヘシ

第四十五條　督促ヲ爲シタル場合ニ於テハ一日ニ付税金額ノ萬分ノ四以内ニ於テ市町村ノ定ムル割合ヲ以テ納期限ノ翌日ヨリ税金完納又ハ財産差押ノ日ノ前日迄ノ日數ニ依リ計算シタル延滯金ヲ徴收スヘシ但シ左ノ各號ノ一ニ該當スル場合又ハ滯納ニ付市町村長ニ於テ酌量スヘキ情狀アリト認ムルトキハ此ノ限ニ在ラス

一　令書一通ノ税金額五圓未滿ナルトキ

二　納期ヲ繰上ケ徴收ヲ爲ストキ

三　納税者ノ住所及居所カ帝國内ニ在ラサル爲又ハ共ニ不明ナル爲公示送達ノ方法ニ依リ納税ノ命令又ハ督促ヲ爲シタルトキ

2督促狀ノ指定期限迄ニ税金及督促手數料ヲ完納シタルトキハ延滯金ハ之ヲ徴收セス

第四十六條　納税人左ノ場合ニ該當スルトキハ徴税令書ヲ交付シタル市町村税ニ限リ納期前ト雖モ之ヲ徴收スルコトヲ得

一　國税徴收法ニ依ル滯納處分ヲ受クルトキ

二　强制執行ヲ受クルトキ

三　破産ノ宣告ヲ受ケタルトキ

四　競賣ノ開始アリタルトキ

五　法人カ解散ヲ爲シタルトキ

六　納稅人脫稅又ハ逋稅ヲ謀ルノ行爲アリト認ムルトキ

第四十六條ノ二　相續人又ハ相續財團ハ被相續人ニ對シ相續開始前ノ事實ニ付賦課セラルヘキ市町村稅ヲ納ムル義務ヲ負フ但シ戶主ノ死亡以外ノ原因ニ依リ家督相續ノ開始アリタルトキハ被相續人モ亦之ヲ納ムル義務ヲ負フ　（昭和四年六月勅令第百八十六號追加）

2　國籍喪失ニ因ル相續人又ハ限定承認ヲ爲シタル相續人ハ相續ニ因リテ得タル財產ヲ限度トシテ前項ノ義務ヲ負フ　（同上）

第四十七條　相續開始ノ場合ニ於テハ市町村稅、督促手數料、延滯金及滯納處分費ハ相續財團又ハ相續人ヨリ之ヲ徵收スヘシ但シ戶主ノ死亡以外ノ原因ニ依リ家督相續ノ開始アリタルトキハ被相續人ヨリモ之ヲ徵收スルコトヲ得

2　國籍喪失ニ因ル相續人又ハ限定承認ヲ爲シタル相續人ハ相續ニ因リテ得タル財產ヲ限度トシテ市町村稅、督促手數料、延滯金及滯納處分費ヲ納付スルノ義務ヲ有ス

3　法人合併ノ場合ニ於テハ合併ニ因リ消滅シタル法人ノ納付スヘキ市町村稅、督促手數料、延滯金及滯納處分費ハ合併後存續スル法人又ハ合併ニ因リ設立シタル法人ヨリ之ヲ徵收スヘシ

第四十八條　共有物、共同事業、共同事業ニ因リ生シタル物件又ハ共同行爲ニ係ル市町村稅、督促手數料、延滯金及滯納處分費ハ納稅者連帶シテ其ノ義務ヲ負擔ス

第四十九條　同一年度ノ市町村税ニシテ既納ノ税金過納ナルトキハ爾後ノ納期ニ於テ徴收スヘキ同一税目ノ税金ニ充ツルコトヲ得

第五十條　納税義務者納税地ニ住所又ハ居所ヲ有セサルトキハ納税ニ關スル事項ヲ處理セシムル爲納税管理人ヲ定メ市町村長ニ申告スヘシ其ノ納税管理人ヲ變更シタルトキ亦同シ

第五十一條　徴税令書、督促狀及滯納處分ニ關スル書類ハ名宛人ノ住所又ハ居所ニ送達ス名宛人カ相續財團ニシテ財産管理人アルトキハ財産管理人ノ住所又ハ居所ニ送達ス

2 納税管理人アルトキハ納税ノ告知及督促ニ關スル書類ニ限リ其ノ住所又ハ居所ニ送達ス

第五十二條　書類ノ送達ヲ受クヘキ者カ其ノ住所若ハ居所ニ於テ書類ノ受取ヲ拒ミタルトキ又ハ其ノ者ノ住所及居所カ帝國内ニ在ラサルトキ若ハ共ニ不明ナルトキハ書類ノ要旨ヲ公告シ公告ノ初日ヨリ七日ヲ經過シタルトキハ書類ノ送達アリタルモノト看做ス

第五十三條　市町村ハ内務大臣及大藏大臣ノ指定シタル市町村税ニ付テハ其ノ徴收ノ便宜ヲ有スル者ヲシテ之ヲ徴收セシムルコトヲ得

2 前項ノ市町村税ノ徴收ニ付テハ第四十三條ノ規定ニ依ラサルコトヲ得

第五十四條　前條第一項ノ規定ニ依リ市町村税ヲ徴收セシムル場合ニ於テハ納税人ハ其ノ税金ヲ徴收義務者ニ拂込ムニ依リテ納税ノ義務ヲ了ス

第五十五條 第五十三條第一項ノ規定ニ依ル徴收義務者ハ徴收スヘキ市町村稅ヲ市町村長ノ指定シタル期日迄ニ市町村ニ拂込ムヘシ、其ノ期日迄ニ拂込マサルトキハ市町村長ハ相當ノ期限ヲ指定シ督促狀ヲ發スヘシ

第五十六條 市町村ハ前條ノ徴收ノ費用トシテ拂込金額ノ百分ノ四ヲ徴收義務者ニ交付スヘシ

第五十七條 第五十三條第一項ノ規定ニ依ル徴收義務者避クヘカラスル災害ニ依リ既收ノ稅金ヲ失ヒタルトキハ其ノ稅金拂込義務ノ免除ヲ市町村長ニ申請スルコトヲ得

2 市町村長前項ノ申請ヲ受ケタルトキハ七日以內ニ市參事會又ハ町村會ノ決定ニ付スヘシ市參事會又ハ町村會ハ其ノ送付ヲ受ケタル日ヨリ三月以內ニ之ヲ決定スヘシ

3 前項ノ決定ニ不服アル者ハ府縣參事會ニ訴願シ其ノ裁決又ハ第四項ノ裁決ニ不服アル者ハ內務大臣ニ訴願スルコトヲ得

4 第二項ノ決定ニ付テハ市町村長ヨリモ訴願ヲ提起スルコトヲ得

5 前二項ノ裁決ニ付テハ市町村長又ハ府縣知事ヨリモ內務大臣ニ訴願スルコトヲ得

6 府縣參事會訴願ヲ受理シタルトキハ其ノ日ヨリ三月以內ニ之ヲ裁決スヘシ

7 市制第百六十條第一項乃至第三項又ハ町村制第百四十條第一項乃至第三項ノ規定ハ第三項乃至第五項ノ訴願ニ之ヲ準用ス

8 第二項ノ決定ハ文書ヲ以テ之ヲ爲シ其ノ理由ヲ附シ之ヲ本人ニ交付スヘシ

第五十八條 第四十五條乃至第四十八條ノ規定ハ第五十三條第一項ノ規定ニ依リ市町村稅ヲ徴收セシムル場合ノ拂込金ニ之ヲ準用ス

第七章　市町村ノ監督

第五十九條　左ニ掲クル事件ハ内務大臣ノ許可ヲ受クヘシ（昭和四年六月勅令第百八十六號改正）

一　市町村會議員ノ定數增減ニ關スル條例（著シク人口ノ增減アリタルニ因ル町村會議員ノ定數增減ニ關スル條例ヲ除ク）ヲ設ケ又ハ改正スルコト（同上）

二　市會議員選擧區ニ關スル條例ヲ設ケ又ハ改正スルコト（同上）

三　町村制第四十五條第三項ノ規定ニ依リ議長及其ノ代理者ヲ置クコトニ關スル條例ヲ設クルコト（同上）

四　名譽職市長又ハ市參與ヲ置クコトニ關スル條例ヲ設ケ又ハ改正スルコト（同上）

第五十九條ノ二　左ニ掲クル事件ハ內務大臣及大藏大臣ノ許可ヲ受クヘシ但シ第三號及第四號ニ掲クル事件ニシテ傳染病豫防費又ハ急施ヲ要スル災害復舊工事費ニ充ツル爲借入ルル市町村債、府縣ノ基金又ハ教育資金ヨリ借入ルル市町村債及市町村ニ轉貸ノ爲主務大臣ノ許可ヲ得テ借入レタル府縣債ノ收入金ヨリ借入ルル市町村債ニ付テハ此ノ限ニ在ラス（同上改正追加）

一　水道、電氣、瓦斯、鐵道、軌道及自動車竝ニ中央卸賣市場法ニ依ル市場ノ使用料ニ關スルコト（同上）

二　特別稅段別割ヲ除クノ外特別稅ヲ新設シ又ハ變更スルコト（同上）

三　小學校舍ノ建築、增築、改築其ノ他小學校設備ノ費用ニ充ツル爲借入ルル市町村債ニシテ据置期間ヲ通シ償還期限十年度ヲ超ユルモノニ關スルコト（同上）

四　前號ニ掲クル費用ニ充ツル爲借入ルル市町村債ヲ除クノ外据置期間ヲ通シ償還

期限二年度ヲ超ユル市町村債及借入ノ翌年度ニ於テ借入金ヲ以テ償還スル市町村債ニ關スルコト（同上）

第六十條　左ニ掲クル事件ハ監督官廳ノ許可ヲ受クルコトヲ要セス（同上改正）

一　耕地整理又ハ區劃整理ノ爲市町村又ハ市制第六條ノ市ノ區ノ境界ヲ變更スルコト但シ關係アル市町村會又ハ區會ニ於テ意見ヲ異ニスルトキハ此ノ限ニ在ラス（同上）

二　所屬未定地ヲ市町村又ハ市制第六條ノ市ノ區ノ區域ニ編入スルコト但シ關係アル市町村會又ハ區會ニ於テ意見ヲ異ニスルトキハ此ノ限ニ在ラス（同上）

三　公告式、印鑑、書類送達、諸證明、市町村ノ一部ノ區會又ハ區總會ニ關スル條例ヲ設ケ又ハ改廢スルコト（同上）

四　公會堂、公園、水族館、動物園、植物園、鑛泉、浴場、共同宿泊所、消毒所、產婆、胞衣及產穢物燒却場、幼兒哺育場、商品陳列所、勸業館、農業倉庫、殺蛹乾燥場、種畜、牛馬種付所、斃獸解剖場、獸醫、上屋、荷揚場、貯木場、土砂採取場、石材採取場、農具ノ管理及使用竝ニ使用料ニ關スル條例ヲ設ケ又ハ改廢スルコト（同上）

五　手數料、加入金、延滯金及積立金穀等ニ關スル條例ヲ設ケ又ハ改廢スルコト（同上）

六　府縣費ノ全部ノ分賦ヲ受クル市ニ於テ特別稅特別地稅又ハ大正十五年勅令第二百三十九號第十七條第一項ニ掲クル種類ト同種類ノ特別稅ノ賦課ニ關スル條例ヲ設ケ又ハ改正スルコト但シ特別稅特別地稅ニ付テハ大正十五年勅令第百四十三號ニ依リ府縣知事ニ於テ許可スル課稅ノ限度ヲ超ユルモノ及新ニ漁業ニ對シ特別稅

ヲ賦課シ又ハ其ノ賦課率若ハ賦課方法ヲ變更スルモノニ付テハ此ノ限ニ在ラス（昭和二年三月勅令第三十八號改正）

七　特別税戸數割ヲ新設シ又ハ變更スルコト及之ニ關スル條例ヲ設ケ又ハ改正スルコト（同上追加）（昭和四年六月同第百八十六號改正）

八　使用料、特別税又ハ委員ニ關スル條例ヲ廢止スルコト（昭和四年勅令第百八十六號追加）

九　三年度ヲ超エサル繼續費ヲ定メ又ハ其ノ年期内ニ於テ之ヲ變更スルコト

十　繼續費ヲ減額スルコト

十一　市町村債ノ借入額ヲ減少シ又ハ利息ノ定率ヲ低減スルコト（同上改正）

十二　市町村債ノ借入先ヲ變更シ又ハ債券發行ノ方法ニ依ル市町村債ヲ其ノ他ノ方法ニ依ル市町村債ニ變更スルコト

十三　市町村債ノ償還年限ヲ短縮シ又ハ其ノ償還年限ヲ延長セスシテ低利借替ヲ爲シ若ハ繰上償還ヲ爲スコト但シ外資ニ依リタル市町村債ノ借替又ハ外資ヲ以テスル借替ニ付テハ此ノ限ニ在ラス

十四　市町村債ノ償還年限ヲ延長セスシテ不均等償還ヲ元利均等償還ニ變更シ又ハ年度内ノ償還期若ハ償還期數ヲ變更スルコト

十五　市町村債ニ關スル條例ヲ設ケ又ハ改廢スルコト（昭和四年勅令第百八十六號追加）

第八章　市制第六條ノ市ノ區

第六十一條　府縣知事ハ市會ノ意見ヲ徴シ府縣參事會ノ議決ヲ經テ市條例ヲ設定シ新ニ區會ヲ設クルコトヲ得

第六十二條 區內ニ住所ヲ有スル市公民ハ總テ區會議員ノ選擧權ヲ有ス但シ公民權停止中ノ者又ハ市制第十一條ノ規定ニ該當スル者ハ此ノ限ニ在ラス

第六十三條 區會議員ノ選擧權ヲ有スル市公民ハ區會議員ノ被選擧權ヲ有ス

2 在職ノ檢事、警察官吏及收稅官吏ハ被選擧權ヲ有セス

3 選擧事務ニ關係アル官吏及市ノ有給吏員ハ其ノ關係區域內ニ於テ被選擧權ヲ有セス

4 市ノ有給ノ吏員敎員其ノ他ノ職員ニシテ在職中ノ者ハ其ノ所屬區ノ區會議員ト相兼ヌルコトヲ得ス

第六十四條 區會議員ハ市ノ名譽職トス

2 議員ノ任期ハ四年トシ總選擧ノ日ヨリ之ヲ起算ス

3 議員ノ定數ニ異動ヲ生シタル爲解任ヲ要スル者アルトキハ區長抽籤シテ之ヲ定ム但シ闕員アルトキハ闕員ヲ以テ之ニ充ツヘシ

4 前項但書ノ場合ニ於テ闕員ノ數解任ヲ要スル者ノ數ニ滿チサルトキハ其ノ不足ノ員數ニ付區長抽籤シテ解任スヘキ者ヲ定メ闕員ノ數解任ヲ要スル者ノ數ヲ超ユルトキハ解任ヲ要スル者ニ充ツヘキ闕員ハ最モ先ニ闕員ト爲リタル者ヨリ順次之ニ充テ闕員ト爲リタル時同シキトキハ區長抽籤シテ之ヲ定ム

5 議員ノ定數ニ異動ヲ生シタル爲新ニ選擧セラレタル議員ハ總選擧ニ依リ選擧セラレタル議員ノ任期滿了ノ日迄在任ス

第六十五條 區會ノ組織及區會議員ノ選擧ニ關シテハ前數條ニ定ムルモノノ外市制第十三條、第十七條及第二十條乃至第三十九條竝ニ本令第七條乃至第二十條ノ規定ヲ

準用ス但シ市制第十三條第四項ノ規定ノ準用ニ依ル市條例ノ設定ニ付テハ市ハ區會ノ意見ヲ徴スヘク、市制第三十二條及第三十四條ノ規定ノ準用ニ依ル報告ハ市長ヲ經テ之ヲ爲スヘシ

第六十六條　第三章及第四章ノ規定ハ市制第三十九條ノ二ノ區ノ區會議員選擧ニ之ヲ準用ス

第六十七條　區會ノ職務權限ニ關シテハ市會ノ職務權限ニ關スル規定ヲ準用ス

2 區長ト區會トノ關係ニ付テハ市長ト市會トノ關係ニ關スル規定及市制第九十二條ノ規定ヲ準用ス

第六十八條　區會ヲ設ケサル區ニ於テハ區會ノ職務ハ市會之ヲ行フ

第六十九條　市ハ區會ノ意見ヲ徴シ區ノ營造物ニ關シ市條例又ハ市規則ヲ設クルコトヲ得

2 市制第百二十九條ノ規定ハ前項ノ場合ニ之ヲ準用ス

3 區ハ前二項ノ市條例ノ定ムル所ニ依リ區ノ營造物ノ使用ニ付使用料ヲ徴收シ又ハ過料ヲ科スルコトヲ得

第七十條　區ハ其ノ財產及營造物ニ關シ必要ナル費用ヲ支辨スル義務ヲ負フ

2 前項ノ支出ハ區ノ財產ヨリ生スル收入、使用料其ノ他法令ニ依リ區ニ屬スル收入ヲ以テ之ニ充テ仍不足アルトキハ市ハ其ノ區ニ於テ特ニ賦課徴收スル市稅ヲ以テ之ニ充ツヘシ

3 前項ノ市稅ニ付市會ノ議決スヘキ事項ハ區會之ヲ議決ス但シ市ノ定メタル制限ヲ超

ユルコトヲ得ス

4 市制第九十八條第四項ノ規定ニ依リ市ノ負擔スル費用ニ付テハ前二項ノ規定ヲ準用ス

第七十一條 前數條ニ定ムルモノノ外區ニ關シテハ市制第百十四條、第百十五條、第百三十條第二項乃至第六項、第百三十一條第一項、第二項、第四項乃至第八項及第百三十三條乃至第百四十三條竝ニ本令第一條乃至第四條ノ規定ヲ準用ス但シ第百三十條第三項中市參事會トアルハ區會、第百四十一條第二項中名譽職參事會員トアルハ區會議員トス

2 前項ノ規定ニ依リ市制第百三十一條第一項ノ規定ヲ準用スル場合ニ於テハ市ハ區會ノ意見ヲ徴シ市條例ヲ定メ區ヲシテ手數料ヲ徴收セシムルコトヲ得

第七十二條 區ノ監督ニ付テハ市ノ監督ニ關スル規定ヲ準用ス

第九章 雜則

第七十三條 市町村組合又ハ町村組合ニ關シテハ第一條乃至第四條ノ規定ニ拘ラス組合規約ニ於テ別段ノ定ヲ爲スコトヲ得

第七十四條 本令中府縣、府縣知事又ハ府縣參事會ニ關スル規定ハ北海道ニ付テハ各北海道、北海道廳長官又ハ北海道參事會ニ、本令第一章中町村長又ハ町村條例ニ關スル規定ハ北海道ニ付テハ各町村長又ハ町村條例ニ準スヘキモノニ之ヲ適用ス

2 北海道二級町村ノ區域ノ境界ニ涉リ市ノ設置又ハ境界變更アリタル場合ニ於テ新ニ市ノ區域ニ屬シタル地域ニ關シ必要ナル選擧人名簿ハ其ノ地域ノ新ニ屬シタル市ノ

市長之ヲ調製スヘシ（昭和三年十一月勅令第二百六十號追加）

3 前項ノ選擧人名簿ニ關シ市制第二十一條乃至第二十一條ノ五ニ規定スル期日又ハ期間ニ依リ難キトキハ北海道廳長官ニ於テ其ノ期日又ハ期間ヲ定ムヘシ但シ其ノ選擧人名簿ハ次ノ選擧人名簿確定迄其ノ效力ヲ有ス（同上）

4 前項ノ規定ニ依リ期日又ハ期間ヲ定メタルトキハ北海道廳長官ハ直ニ之ヲ告示スヘシ（同上）

5 市ノ區域ノ境界ニ渉リ北海道二級町村ノ設置又ハ境界變更アリタル場合ニ於テハ市長ハ其ノ市ニ於ケル選擧人名簿中新ニ町村ノ區域ニ屬シタル地域ニ係ル部分ヲ抹消スヘシ（同上）

附　則

1 本令中公民權及議員選擧ニ關スル規定ハ次ノ總選擧ヨリ、其ノ他ノ規定ハ大正十五年七月一日ヨリ之ヲ施行ス

2 左ノ勅令ハ之ヲ廢止ス

明治四十四年勅令第二百四十號
明治四十四年勅令第二百四十一號
明治四十四年勅令第二百四十四號
明治四十四年勅令第二百四十五號
明治四十四年勅令第二百四十八號
大正九年勅令第百六十八號

大正十年勅令第四百十二號

3 從前ノ規定ニ依ル手續其ノ他ノ行爲ハ本令ニ別段ノ規定アル場合ヲ除クノ外之ヲ本令ニ依リ爲シタルモノト看做ス

4 大正十年勅令第四百十二號第二條ノ規定ニ依リ爲シタル許可ノ申請ニシテ大正十五年六月三十日迄ニ許可ヲ得サルモノハ之ヲ本令第五十九條ノ規定ニ依リ府縣知事ニ爲シタル許可ノ申請ト看做ス

5 大正十五年市制中改正法律又ハ同年町村制中改正法律中選擧ニ關スル規定ノ施行セラレタル市町村及未タ施行セラレサル市町村ノ區域ノ境界ニ渉リ市町村ノ廢置分合又ハ境界變更アリタル場合ニ於テ右選擧ニ關スル規定ノ施行セラレサリシ市町村ノ區域ニ屬シタル地域ニ關シ必要ナル選擧人名簿ハ其ノ地域ノ新ニ屬シタル市町村ノ市町村長之ヲ調製スヘシ、此ノ場合ニ於テハ大正十五年市制中改正法律附則第二項又ハ同年町村制中改正法律附則第四項ノ例ニ依ル

6 明治四十四年勅令第二百四十五號第四條又ハ大正九年勅令第百六十八號第四條ノ規定ニ依リ爲シタル決定又ハ裁決ニ對スル訴願又ハ訴訟ノ提起期間ハ決定又ハ裁決アリタル日ノ翌日ヨリ之ヲ起算ス

7 從前市町村長ニ爲シタル申請ニシテ大正十五年六月三十日迄ニ市參事會又ハ町村會ノ決定ニ付セラレサルモノニ付テハ第五十七條第二項ノ期間ハ同年七月一日ヨリ之ヲ起算ス

8 從前市參事會若ハ町村會ノ決定ニ付セラレタル申請又ハ府縣參事會ニ於テ受理シタ

ル訴願ニシテ大正十五年六月三十日迄ニ決定又ハ裁決ナキモノニ付テハ第三十六條第三項竝ニ第五十七條第二項及第六項ノ期間ハ同年七月一日ヨリ之ヲ起算ス

9 本令ニ依リ初メテ區會議員ヲ選擧スル場合ニ於テ必要ナル選擧人名簿ニ關シ市制第二十一條乃至第二十一條ノ五ノ規定ノ準用ニ依ル期日又ハ期間ニ依リ難キトキハ命令ヲ以テ別ニ其ノ期日又ハ期間ヲ定ム但シ其ノ選擧人名簿ハ次ノ選擧人名簿確定迄其ノ效力ヲ有ス

10 本令中公民權及議員選擧ニ關スル規定施行ノ際大正十五年府縣制中改正法律中議員選擧ニ關スル規定若ハ同年市制中改正法律中公民權及議員選擧ニ關スル規定又ハ同年勅令第三號衆議院議員選擧法施行令未タ施行セラレサル場合ニ於テハ本令ノ適用ニ付テハ同規定又ハ同令ハ既ニ施行セラレタルモノト看做ス

附　則（昭和二年三月三十一日勅令第三十八號）

本令ハ昭和二年度分ヨリ之ヲ適用ス

附　則（昭和三年十一月一日勅令第二百六十號）

1 本令ハ公布ノ日ヨリ之ヲ施行ス

2 昭和二年勅令第二百六十九號北海道一級町村制中公民權及議員選擧ニ關スル規定ノ未タ施行セラレサル一級町村ノ區域ノ境界ニ渉リ市ノ設置又ハ境界變更アリタル場合ニ於テ其ノ異動アリタル地域ニ係ル市會議員選擧人名簿ニ付テハ第七十四條第二項乃至第五項ノ例ニ依ル

附　則（昭和四年六月勅令第百八十六號）

本令ハ昭和四年七月一日ヨリ之ヲ施行ス

別表

點字

（右側ノ記載ハ各點字ノ發音ヲ示スモノトス）

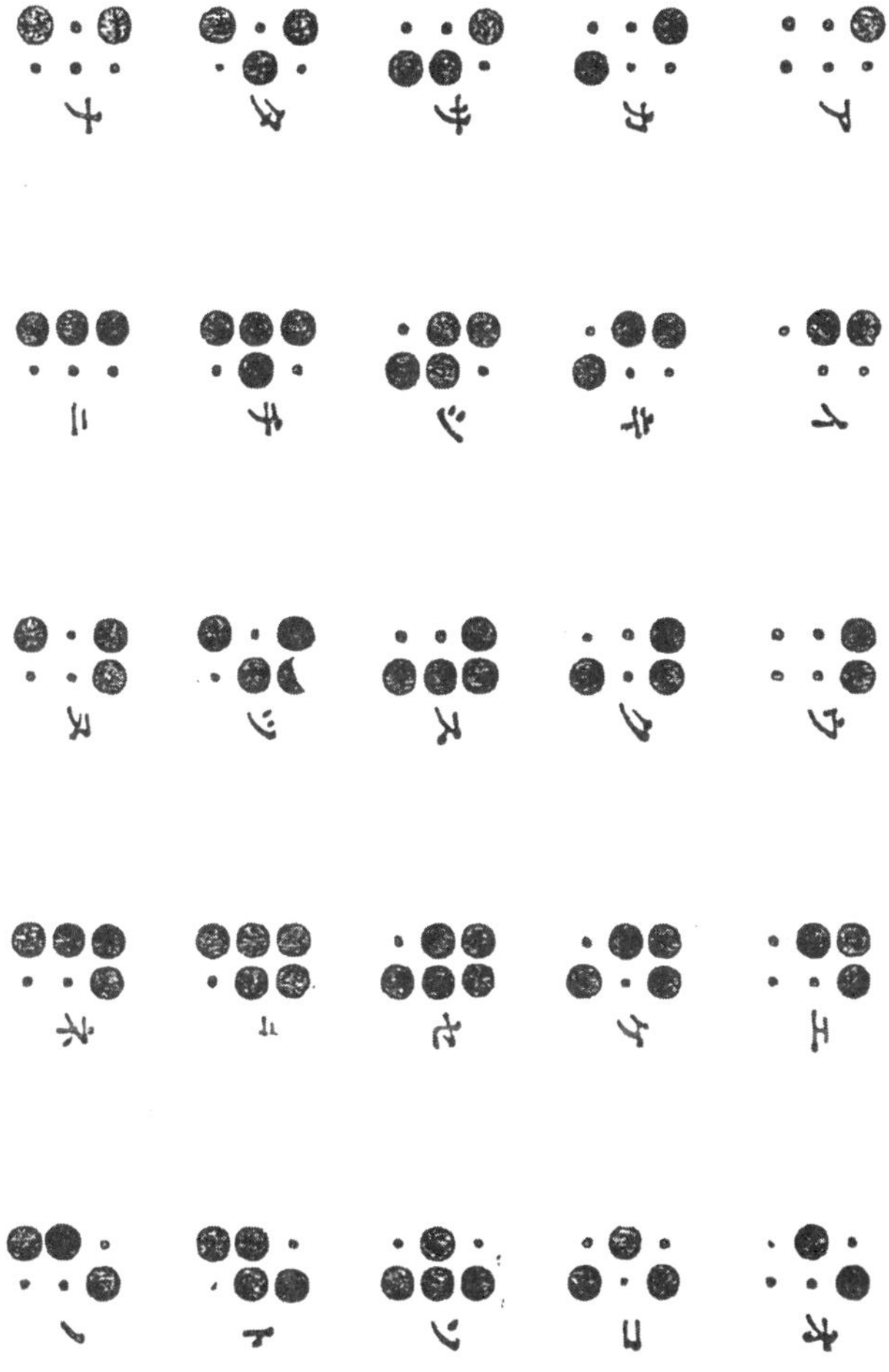

ア	イ	ウ	エ	オ
カ	キ	ク	ケ	コ
サ	シ	ス	セ	ソ
タ	チ	ツ	テ	ト
ナ	ニ	ヌ	ネ	ノ

ハ　ヒ　フ　ヘ　ホ

マ　ミ　ム　メ　モ

ヤ　ユ　ヨ

ラ　リ　ル　レ　ロ

ワ　ヰ　ヱ　ヲ

ン

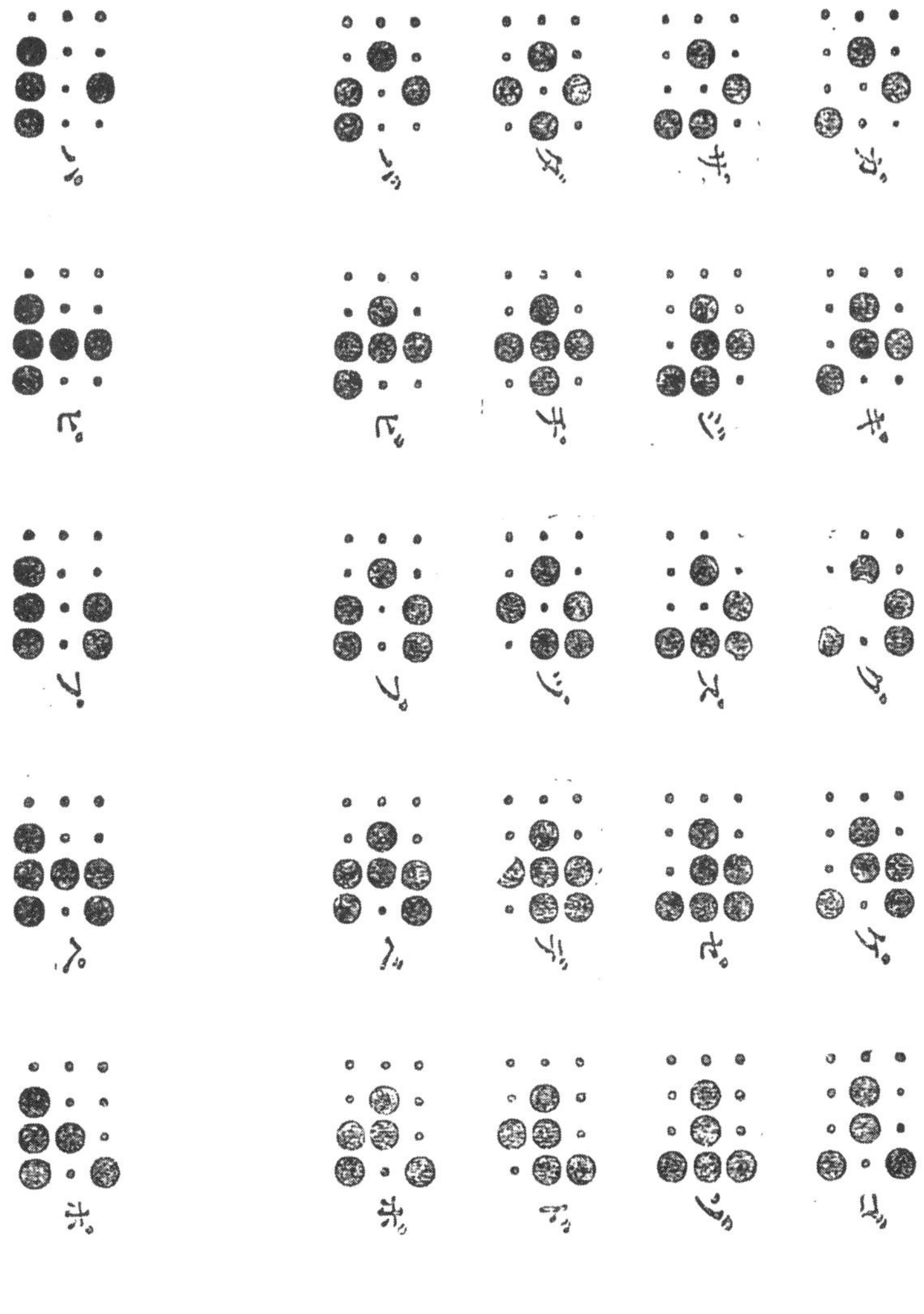

ガ　ギ　グ　ゲ　ゴ

ザ　ジ　ズ　ゼ　ゾ

ダ　ヂ　ヅ　デ　ド

バ　ビ　ブ　ベ　ボ

パ　ピ　プ　ペ　ポ

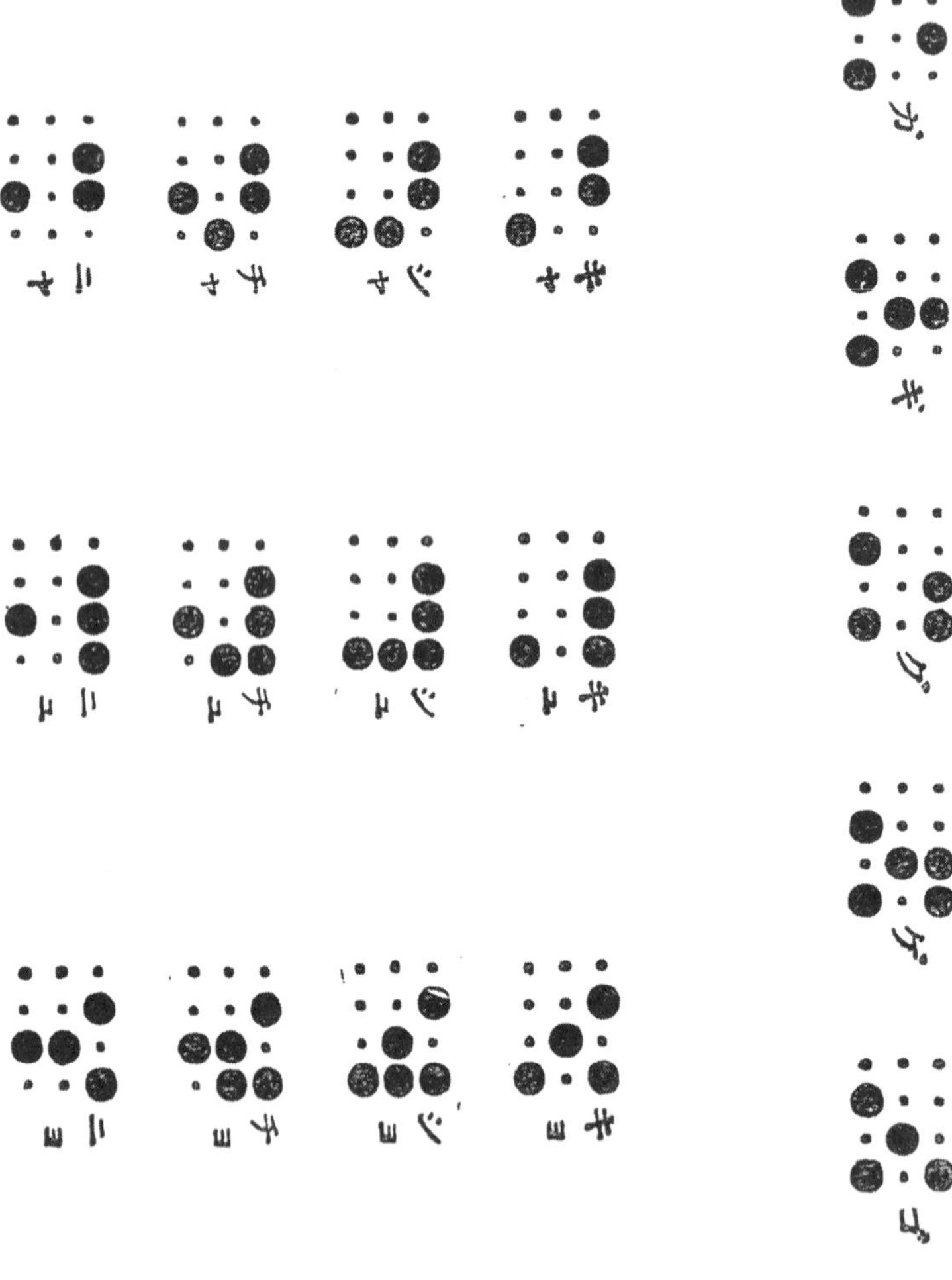
ガ
ギ
グ
ゲ
ゴ
キャ
キュ
キョ
ジャ
ジュ
ジョ
チャ
チュ
チョ
ニャ
ニュ
ニョ

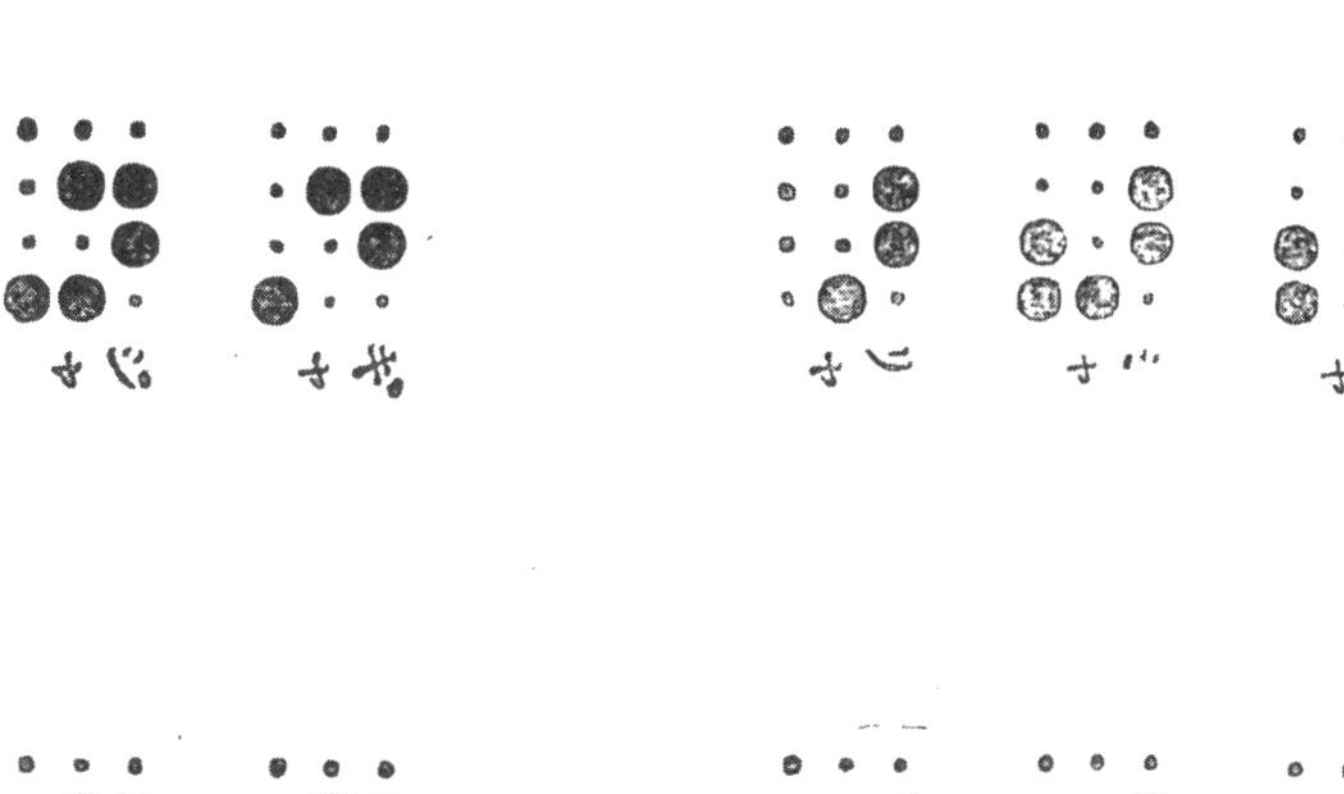
リャ
ギャ
ジャ

リュ
ギュ

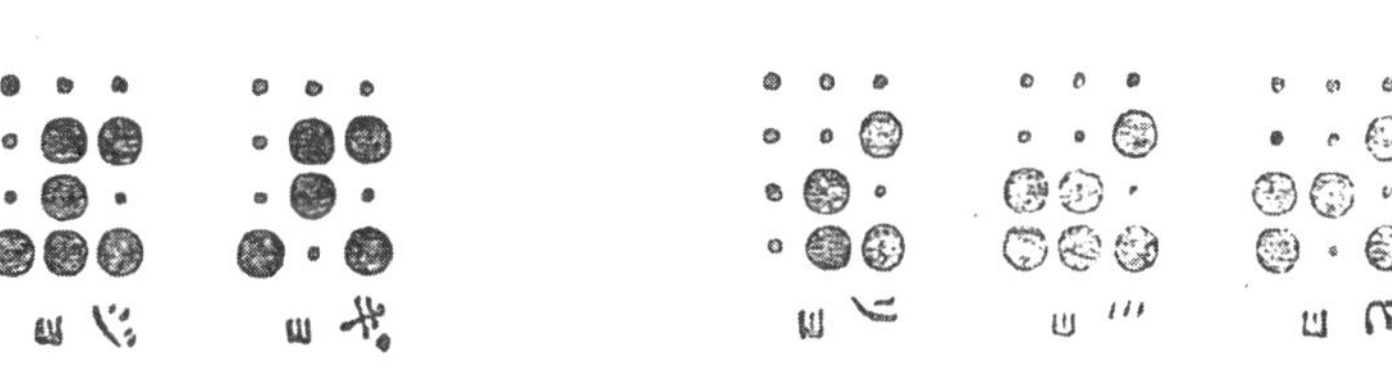
リョ
ギョ
ジョ

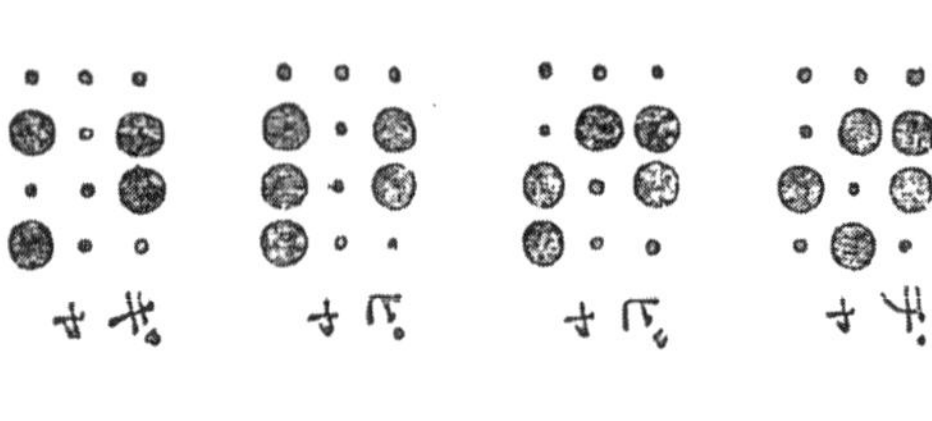

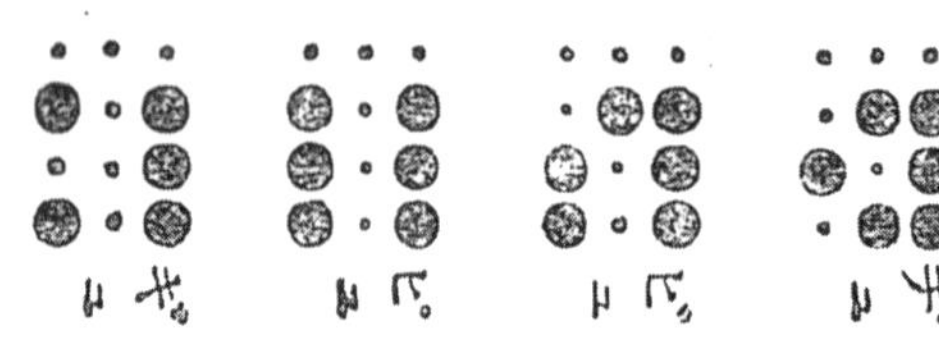

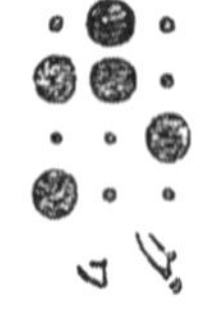

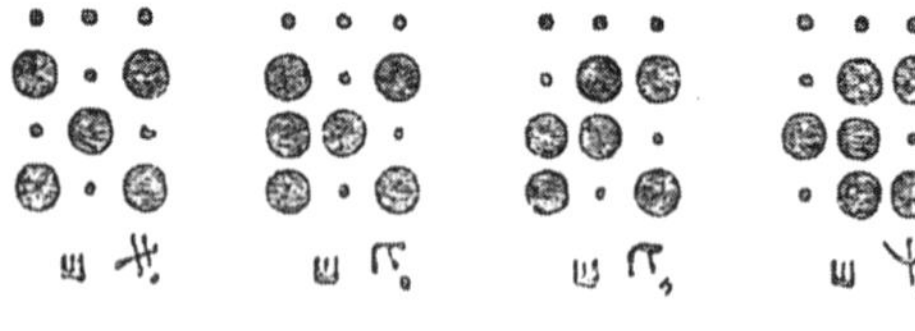

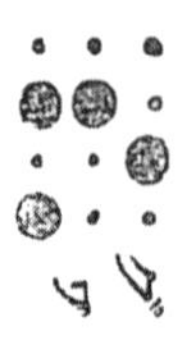

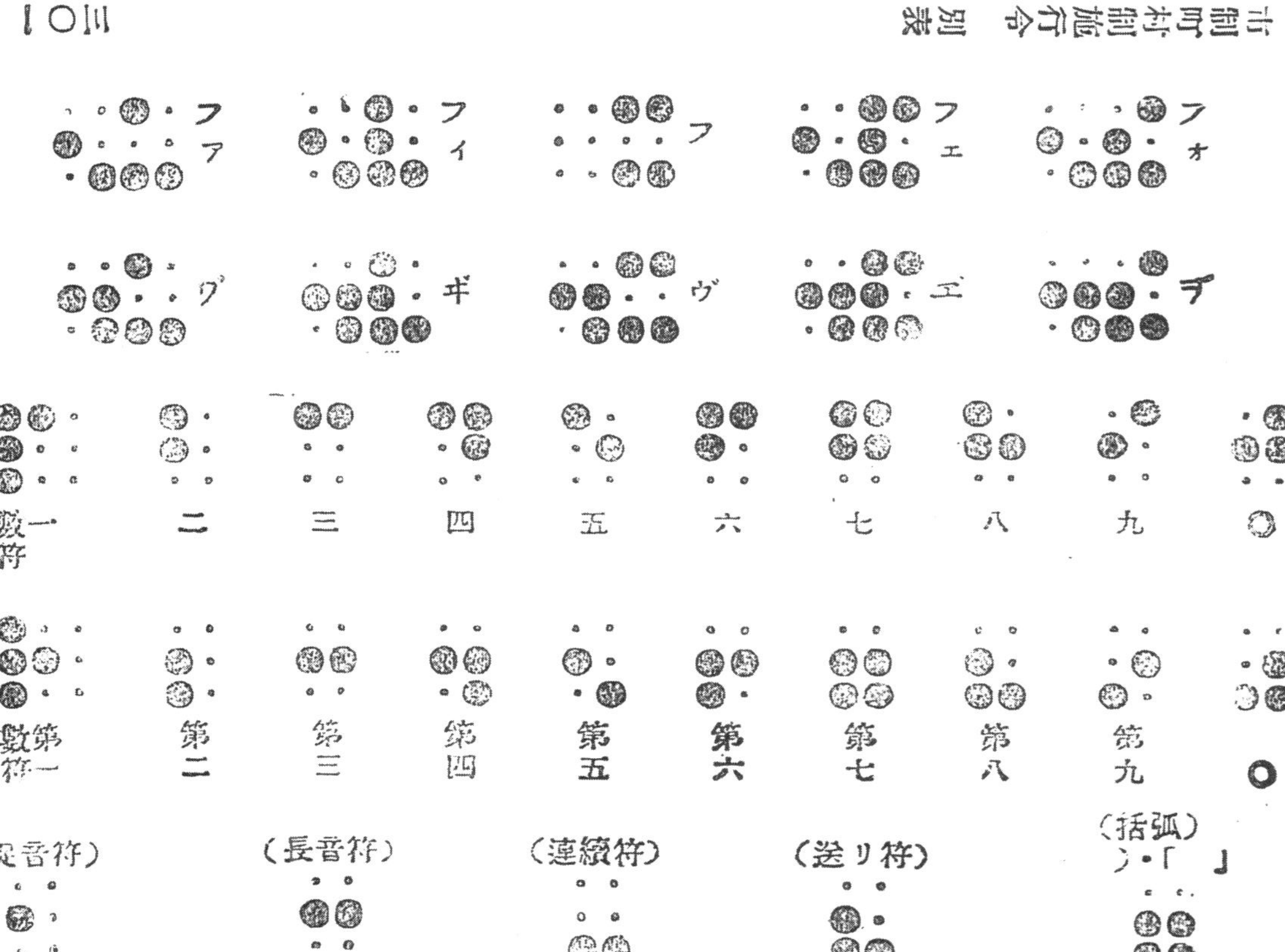
ファ
フィ
フ
フェ
フォ
グ
ギ
ヴ
ヱ
デ
數符一
二
三
四
五
六
七
八
九
〇
數符第一
第二
第三
第四
第五
第六
第七
第八
第九
〇
（促音符）
（長音符）
（連續符）
（送り符）
（括弧）
）・「　」

◎市制町村制施行規則

（大正十五年六月二十四日内務省令第十九號）

改正（昭和三年十一月内務省令第三十九號、四年一月同第一號、同年六月同第二十二號、同五年同第二十一號）

第一章　市町村會議員ノ選擧

第一條　市制町村制ニ規定セル市區町村ノ人口ハ内閣ニ於テ官報ヲ以テ公示シタル最近ノ人口ニ依ル

2 前項公示ノ人口現在ノ日以後ニ於テ市區町村ノ廢置分合、境界變更ヲ爲シ又ハ所屬未定地ヲ市區町村ノ區域ニ編入シタルトキハ關係市區町村ノ人口ハ左ノ區別ニ依リ府縣知事ノ告示シタル人口ニ依ル但シ市區町村ノ境界變更又ハ所屬未定地編入ノ地域ニ現住者ナキトキハ此ノ限ニ在ラス

一　一市區町村若ハ數市區町村ノ全部ノ區域ヲ以テ一市區町村ヲ置キタル場合又ハ一市區町村若ハ數市區町村ノ全部ノ區域ヲ他ノ市區町村ノ區域ニ編入シタル場合ニ於テハ關係市區町村ノ人口又ハ之ヲ集計シタルモノ

二　前號以外ノ場合ニ於テハ當該市區町村ノ人口ヲ廢置分合又ハ境界變更アリタル日ノ現在ニ依リ府縣知事ノ調査シタル人口ニ按分シテ算出シタル當該地域ノ人口又ハ其ノ人口ヲ集計シタルモノ又ハ其ノ人口ヲ關係市區町村ノ人口ニ加算シ若ハ關係市區町村ノ人口ヨリ控除シタルモノ

三　所屬未定地ヲ市區町村ニ編入シタルトキハ編入ノ日ノ現在ニ依リ府縣知事ノ調査シタル其ノ地域ノ人口ヲ關係市區町村ノ人口ニ加算シタルモノ

四　前三號ノ規定ニ依ル人口ノ告示アリタル日以後ニ於テ市區町村ノ廢置分合若ハ

境界變更又ハ所屬未定地編入前ノ日ニ屬スル最近ノ人口ヲ內閣ニ於テ官報ヲ以テ公示アリタルトキハ更ニ其ノ公示ニ依ル人口ヲ基礎トシ前三號ノ規定ニ依リ算出シタルモノ

3 前項ノ規定ハ市區町村ノ境界確定シタル場合ニ之ヲ準用ス

4 前三項ノ人口中ニハ部隊艦船及監獄內ニ在リタル人員ヲ含マス

第二條 市町村長(市制第六條ノ市ニ於テハ區長)投票立會人(又ハ開票立會人)ヲ選任シタルトキハ直ニ之ヲ投票分會長(又ハ開票分會長)ニ通知スヘシ

第三條 市町村長(市制第六條ノ市ニ於テハ區長)必要アリト認ムルトキハ選擧會場入場券(又ハ投票分會場入場券)ヲ交付スルコトヲ得(昭和四年一月內務省令第一號改正)

2 選擧長(又ハ投票分會長)必要アリト認ムルトキハ到著番號札ヲ選擧人ニ交付スルコトヲ得

第四條 投票記載ノ場所ハ選擧人ノ投票ヲ覗ヒ又ハ投票ノ交換其ノ他不正ノ手段ヲ用フルコト能ハサラシムル爲相當ノ設備ヲ爲スヘシ

第五條 投票函ハ二重ノ蓋ヲ造リ各別ニ鎖鑰ヲ設クヘシ

第六條 選擧長(又ハ投票分會長)ハ投票ヲ爲サシムルニ先チ選擧會場(又ハ投票分會場)ニ參會シタル選擧人ノ面前ニ於テ投票函ヲ開キ其ノ空虛ナルコトヲ示シタル後內蓋ヲ鎖スヘシ

第七條 選擧長(又ハ投票分會長)ハ選擧立會人(又ハ投票立會人)ノ面前ニ於テ選擧人ヲ選擧人名簿(又ハ選擧人名簿ノ抄本)ニ對照シタル後投票用紙(假ニ投票ヲ爲サシ

ムヘキ選擧人ニ對シテハ併セテ封筒ヲ交付スヘシ

第八條　選擧人誤リテ投票ノ用紙又ハ封筒ヲ汚損シタルトキハ其ノ引換ヲ請求スルコトヲ得

第九條　投票ハ選擧長(又ハ投票分會長)及選擧立會人(又ハ投票立會人)ノ面前ニ於テ選擧人自ラ之ヲ投函スヘシ

第十條　選擧人投票前選擧會場(又ハ投票分會場)外ニ退出シ又ハ退出ヲ命セラレタルトキハ選擧長(又ハ投票分會長)ハ投票用紙(交付シタル封筒アルトキハ併セテ封筒)ヲ返付セシムヘシ

第十一條　投票ヲ終リタルトキハ選擧長(又ハ投票分會長)ハ投票函ノ內蓋ノ投票口及外蓋ヲ鎖シ其ノ內蓋ノ鑰ハ選擧立會人(投票分會ニ於テハ投票函ヲ送致スヘキ投票立會人)之ヲ保管シ外蓋ノ鑰ハ選擧長(又ハ投票分會長)之ヲ保管スヘシ

第十二條　投票函ハ其ノ閉鎖後選擧長(又ハ開票分會長)ニ送致ノ爲ノ外之ヲ會場外ニ搬出スルコトヲ得ス

第十三條　投票ヲ點檢スルトキハ選擧長ハ選擧會ノ事務ニ從事スル者二人ヲシテ各別ニ同一被選擧人(市制第三十九條ノ二ノ市ニ於テハ議員候補者以下之ニ同シ)ノ得票數ヲ計算セシムヘシ

第十四條　前條ノ計算終リタルトキハ選擧長ハ各被選擧人ノ得票數ヲ朗讀スヘシ

第十五條　前二條ノ規定ハ開票分會ヲ設ケタル場合ニ於ケル開票ニ之ヲ準用ス

2　開票分會ヲ設ケタル場合ニ於テハ選擧長ハ自ラ開票ヲ行ヒタル部分ニ付各被選擧人

ノ得票數ヲ朗讀シタル後開票分會毎ニ各被選擧人ノ得票數ヲ朗讀シ終リニ各被選擧人ノ得票總數ヲ朗讀スヘシ

第十六條 選擧長(又ハ開票分會長)ハ投票ノ有效無效ヲ區別シ各之ヲ封筒ニ入レ二人以上ノ選擧立會人(又ハ開票立會人)ト共ニ封印ヲ施スヘシ

2 受理スヘカラスト決定シタル投票ハ其ノ封筒ヲ開披セス前項ノ例ニ依リ封印ヲ施スヘシ

第十七條 市制第三十九條ノ二ノ市ノ市會議員選擧ニ付テハ府縣制施行規則第五條、第七條乃至第九條第二十二條ノ規定ヲ準用ス

第十八條 市制第三十九條ノ二ノ市ノ市會議員選擧ニ付開票分會ヲ設ケタルトキハ選擧長ハ豫メ議員候補者ノ氏名、職業、住所、生年月日其ノ他必要ナル事項ヲ當該開票分會長ニ通知スヘシ、議員候補者議員候補者タルコトヲ辭シタルトキ又ハ其ノ死亡シタルコトヲ知リタルトキ亦同シ

第十九條 點字投票ナル旨ノ印ハ投票用紙及封筒ノ表面ニ之ヲ押捺スヘシ

第二十條 市町村會議員選擧人名簿及其ノ抄本ハ別記樣式ニ依リ之ヲ調製スヘシ

第二十一條 選擧錄、投票錄及開票錄ハ別記樣式ニ依リ之ヲ調製スヘシ

第二十二條 市制第三十九條ノ二ノ市ノ市會議員選擧ニ關スル立會人タルヘキ者ノ屆出書及之ニ添附スヘキ承諾書、議員候補者ノ屆出書又ハ推薦屆出書、議員候補者タルコトヲ辭スルコトノ屆出書竝ニ選擧運動ノ費用ノ精算屆書ハ府縣制施行規則別記ニ定ムル各樣式ニ準シ之ヲ調製スヘシ(昭和三年十一月內務省令第三十九號改正)

第二章　市町村吏員ノ事務引繼

第二十三條　市町村長更迭ノ場合ニ於テハ前任者ハ退職ノ日ヨリ十日以内ニ其ノ擔任スル事務ヲ後任者ニ引繼クヘシ、後任者ニ引繼クコトヲ得サル事情アルトキハ之ヲ助役ニ引繼クヘシ、此ノ場合ニ於テハ助役ハ後任者ニ引繼クコトヲ得ルニ至リタルトキハ直ニ後任者ニ引繼クヘシ

2 前項引繼ノ場合ニ於テハ書類帳簿及財産ノ目錄ヲ調製シ處分未濟若ハ未著手又ハ將來企畫スヘキ見込ノ事項ニ付テハ其ノ順序方法及意見ヲ記載スルコトヲ要ス

第二十四條　助役退職ノ場合ニ於テ其ノ分掌事務アルトキハ之ヲ市町村長ニ引繼クヘシ

2 前條ノ規定ハ前項ノ事務引繼ニ之ヲ準用ス

第二十五條　收入役更迭ノ場合ニ於テハ前任者ハ退職ノ日ヨリ十日以内ニ其ノ擔任スル事務ヲ後任者ニ引繼クヘシ、後任者ニ引繼クコトヲ得サル事情アルトキハ之ヲ副收入役又ハ收入役代理者ニ引繼クヘシ、此ノ場合ニ於テハ副收入役又ハ收入役代理者ハ後任者ニ引繼クコトヲ得ルニ至リタルトキハ直ニ之ヲ後任者ニ引繼クヘシ

2 前項引繼ノ場合ニ於テハ現金書類帳簿其ノ他ノ物件ニ付テハ各目錄ヲ調製シ仍現金ニ付テハ各帳簿ニ對照シタル明細書ヲ添附シ帳簿ニ付テハ事務引繼ノ日ニ於テ最終記帳ノ次ニ合計高及年月日ヲ記入シ且引繼ヲ爲ス者及引繼ヲ受クル者之ニ連署スヘシ

第二十六條　副收入役退職ノ場合ニ於テ其ノ分掌事務アルトキハ之ヲ收入役ニ引繼クヘシ

2 前條ノ規定ハ前項ノ事務引繼ニ之ヲ準用ス

第二十七條　第二十三條第二項、第二十四條第二項、第二十五條第二項及前條第二項

ノ規定ニ依リ調製スヘキ書類帳簿及財産ノ目錄ハ現ニ設備セル目錄又ハ臺帳ニ依リテ引繼ヲ爲ストキノ現在ヲ確認シ得ル場合ニ於テハ之ヲ以テ充用スルコトヲ得、此ノ場合ニ於テハ其ノ旨引繼書ニ記載スヘシ

第二十八條 第二十三條又ハ第二十五條乃至前條ノ規定ハ市制第六條又ハ第八十二條第三項ノ市ノ區長若ハ區收入役ノ更迭又ハ分掌事務アル區副收入役ノ退職ノ場合ニ、第二十四條及前條ノ規定ハ分掌事務アル町村區長ノ退職ノ場合ニ之ヲ準用ス

第二十九條 市町村ノ廢置分合ニ依リ新ニ市町村ヲ置キタル場合ニ於テハ前市町村ノ吏員ノ擔任スル事務ハ之ヲ市町村長、收入役又ハ市町村長ノ臨時代理者若ハ職務管掌ノ官吏ニ引繼クヘシ、市町村ノ境界變更アリタルトキ亦同シ

2 第二十三條乃至第二十七條ノ規定ハ前項ノ事務引繼ニ之ヲ準用ス

第三十條 第二十三條乃至前條ノ場合ニ於テ所定ノ期間内ニ引繼ヲ了スルコトヲ得サルトキハ其ノ事由ヲ具シ府縣知事ノ許可ヲ受クヘシ

第三十一條 第二十三條乃至第二十九條ノ場合ニ於テ引繼ヲ拒ミタル者ニ對シテハ府縣知事ハ二十五圓以下ノ過料ヲ科スルコトヲ得、其ノ故ナク引繼ヲ遷延シタルカ爲市町村長ニ於テ期日ヲ指定シ催告ヲ爲シ仍之ニ應セサル者ニ付亦同シ

第三十二條 第二十三條乃至前條ニ規定スルモノノ外市町村吏員ノ事務引繼ニ關シ必要ナル事項ハ府縣知事之ヲ定ム

第三章 市町村ノ財務

第三十三條 市町村稅其ノ他一切ノ收入ヲ歲入トシ一切ノ經費ヲ歲出トシ歲入歲出ハ

豫算ニ編入スヘシ

第三十四條　各年度ニ於テ決定シタル歳入ヲ以テ他ノ年度ニ屬スヘキ歳出ニ充ツルコトヲ得ス

第三十五條　歳入ノ所屬年度ハ左ノ區分ニ依ル

一　納期ノ一定シタル收入ハ其ノ納期末日ノ屬スル年度

二　定期ニ賦課スルコトヲ得サルカ爲特ニ納期ヲ定メタル收入又ハ隨時ノ收入ニシテ徴税令書、賦課令書又ハ納額告知書ヲ發スルモノハ令書又ハ告知書ヲ發シタル日ノ屬スル年度

三　隨時ノ收入ニシテ徴税令書、賦課令書又ハ納額告知書ヲ發セサルモノハ領收ヲ爲シタル日ノ屬スル年度但シ市町村債、交付金、補助金、寄附金、請負金、償還金其ノ他之ニ類スル收入ニシテ其ノ收入ヲ豫算シタル年度ノ出納閉鎖前ニ領收シタルモノハ其ノ豫算ノ屬スル年度

第三十六條　歳出ノ所屬年度ハ左ノ區分ニ依ル

一　費用辨償、報酬、給料、旅費、退隱料、退職給與金、死亡給與金、遺族扶助料、其ノ他ノ給與、傭人料ノ類ハ其ノ支給スヘキ事實ノ生シタル時ノ屬スル年度但シ別ニ定マリタル支拂期日アルトキハ其ノ支拂期日ノ屬スル年度

二　通信運搬費、土木建築費其ノ他物件ノ購入代價ノ類ハ契約ヲ爲シタル時ノ屬スル年度但シ契約ニ依リ定メタル支拂期日アルトキハ其ノ支拂期日ノ屬スル年度

三　市町村債ノ元利金ニシテ支拂期日ノ定アルモノハ其ノ支拂期日ノ屬スル年度

四　補助金、寄附金、負擔金ノ類ハ其ノ支拂ヲ豫算シタル年度
五　缺損補塡ハ其ノ補塡ノ決定ヲ爲シタル日ノ屬スル年度
六　前各號ニ掲クルモノヲ除クノ外ハ總テ支拂命令ヲ發シタル日ノ屬スル年度
第三十七條　各年度ニ於テ歳計ニ剩餘アルトキハ翌年度ノ歳入ニ編入スヘシ但シ市町村條例ノ規定又ハ市町村會ノ議決ニ依リ剩餘金ノ全部又ハ一部ヲ基本財産ニ編入スル場合ニ於テハ繰越ヲ要セス之カ支出ヲ爲スコトヲ得
第三十八條　市町村税ハ徴税令書ニ依リ夫役現品ハ賦課令書ニ依リ負擔金、使用料、手數料、加入金、過料、過怠金及物件ノ賃貸料ノ類ハ納額告知書ニ依リ之ヲ徴收シ其ノ他ノ收入ハ納付書ニ依リ收入スヘシ但シ市制町村制施行令第五十三條ノ規定ニ依リ徴收スル市町村税及急迫ノ場合ニ賦課スル夫役竝ニ納額告知書又ハ納付書ニ依リ難キモノニ付テハ此ノ限ニ在ラス
第三十九條　支出ハ債主ニ對スルニ非サレハ之ヲ爲スコトヲ得ス
第四十條　左ノ經費ニ付テハ市町村吏員ヲシテ現金支拂ヲ爲サシムル爲其ノ資金ヲ當該吏員ニ前渡スルコトヲ得
一　市町村債ノ元利支拂
二　外國ニ於テ物品ヲ購入スル爲必要ナル經費
三　市町村外遠隔ノ地ニ於テ支拂ヲ爲ス經費
2 特別ノ必要アルトキハ前項ノ資金前渡ハ市町村吏員以外ノ者ニ之ヲ爲スコトヲ得
第四十一條　旅費及訴訟費用ニ付テハ概算拂ヲ爲スコトヲ得

第四十二條　前二條ニ掲クルモノノ外必要アルトキハ市町村ハ府縣知事ノ許可ヲ得テ資金前渡又ハ概算拂ヲ爲スコトヲ得

第四十三條　前金支拂ニ非サレハ購入又ハ借入ノ契約ヲ爲シ難キモノニ付テハ前金拂ヲ爲スコトヲ得

第四十四條　歳入ノ誤納過納ト爲リタル金額ノ拂戻ハ各之ヲ收入シタル歳入ヨリ支拂フヘシ

2　歳出ノ誤拂過渡ト爲リタル金額、資金前渡、概算拂、前金拂及繰替拂ノ返納ハ各之ヲ支拂ヒタル經費ノ定額ニ戻入スヘシ

第四十五條　出納閉鎖後ノ收入支出ハ之ヲ現年度ノ歳入歳出ト爲スベシ前條ノ拂戻金戻入金ノ出納閉鎖後ニ係ルモノ亦同シ

第四十六條　繼續費ハ毎年度ノ支拂殘額ヲ繼續年度ノ終リ迄遞次繰越使用スルコトヲ得此ノ場合ニ於テハ市町村長ハ翌年度四月三日迄ニ繼續費繰越計算書ヲ調製シ次回ノ會議ニ於テ之ヲ市ニ在リテハ市參事會ニ、町村ニ在リテハ町村會ニ報告スヘシ

第四十七條　歳入歳出豫算ハ必要アルトキハ之ヲ經常臨時ノ二部ニ別ツヘシ

2　歳入歳出豫算ハ之ヲ款項ニ區分スヘシ

第四十八條　歳入歳出豫算ニハ豫算說明ヲ附スヘシ

第四十九條　特別會計ニ屬スル歳入歳出ハ別ニ其ノ豫算ヲ調製スヘシ

第五十條　市町村歳入歳出豫算ハ別記市町村歳入歳出豫算樣式ニ依リ之ヲ調製スヘシ

第五十一條　繼續費ノ年期及支出方法ハ別記繼續費ノ年期及支出方法樣式ニ依リ之ヲ調製スヘシ

第五十二條　豫算ハ會計年度經過後ニ於テ更正又ハ追加ヲ爲スコトヲ得ス

第五十三條　豫算ニ定メタル各款ノ金額ハ彼此流用スルコトヲ得ス

2　豫算各項ノ金額ハ市町村會ノ議決ヲ經テ之ヲ流用スルコトヲ得

第五十四條 決算ハ豫算ト同一ノ區分ニ依リ之ヲ調製シ左ノ事項ノ計算ヲ明記シタル說明ヲ附スヘシ

歳入ノ部

歳入豫算額

繼續費繰越財源豫定額

調定濟歳入額

收入濟歳入額

不納缺損額

收入未濟歳入額

歳出ノ部

歳出豫算額

豫算決定後增加歳出額

支出濟歳出額

翌年度繰越額

不用額

第五十五條 會計年度經過後ニ至リ歳入ヲ以テ歳出ニ充ツルニ足ラサルトキハ府縣知事ノ許可ヲ得テ翌年度ノ歳入ヲ繰上ケ之ニ充用スルコトヲ得此ノ場合ニ於テハ其ノ充用ニ要スル額ヲ翌年度ノ歳入歳出豫算ニ編入スヘシ

第五十六條 市ハ其ノ歳入歳出ニ屬スル公金ノ受拂ニ付郵便振替貯金ノ法ニ依ルコトヲ得

第五十七條 市町村ハ現金ノ出納及保管ノ爲市町村金庫ヲ置クコトヲ得

第五十八條 金庫事務ノ取扱ヲ爲サシムヘキ銀行ハ市町村會ノ議決ヲ經テ市町村長之ヲ定ム

第五十九條 金庫ハ收入役ノ通知アルニ非サレハ現金ノ出納ヲ爲スコトヲ得ス

第六十條 金庫事務ノ取扱ヲ爲ス者ハ現金ノ出納保管ニ付市町村ニ對シテ責任ヲ有ス

第六十一條 市町村ハ金庫事務ノ取扱ヲ爲ス者ヨリ擔保ヲ徴スヘシ、其ノ種類、價格及程度ニ關シテハ市町村會ノ議決ヲ經テ市町村長之ヲ定ム

第六十二條 金庫事務ノ取扱ヲ爲ス者ノ保管スル現金ハ市町村ノ歳入歳出ニ屬スルモノニ限リ支出ニ妨ケナキ限度ニ於テ市町村ハ其ノ運用ヲ許スコトヲ得

2 前項ノ場合ニ於テハ金庫事務ノ取扱ヲ爲ス者ハ市町村ノ定ムル所ニ依リ利子ヲ市町

村ニ納付スヘシ

第六十三條 收入役ハ定期及臨時ニ金庫ノ現金帳簿ヲ檢査スヘシ

第六十四條 市町村ハ收入役ヲシテ其ノ保管ニ屬スル市町村歳計現金ヲ郵便官署又ハ銀行若ハ信用組合ニ預入セシムルコトヲ得

2 前項ノ銀行及信用組合ニ付テハ府縣知事ノ許可ヲ受クルコトヲ要ス

第六十五條 第三十三條乃至前條ニ規定スルモノノ外市町村ハ府縣知事ノ許可ヲ得テ必要ナル規定ヲ設クルコトヲ得

第六十六條 第三十三條乃至第五十五條及前條ノ規定ハ市町村ノ一部ニ之ヲ準用ス

第四章　市制第六條ノ市ノ區

第六十七條 第二條乃至第十六條及第十九條乃至第二十一條ノ規定ハ市制第六條ノ市ノ區ノ區會議員選擧ニ、第十七條、第十八條及第二十二條ノ規定ハ市制第三十九條ノ二ノ區ノ區會議員選擧ニ之ヲ準用ス

第六十八條 第三十三條乃至第六十五條ノ規定ハ市制第六條ノ市ノ區ニ之ヲ準用ス

附　則

1 本令中議員選擧ニ關スル規定ハ次ノ總選擧ヨリ、財務ニ關スル規定ハ大正十六年度分ヨリ、其ノ他ノ規定ハ大正十五年七月一日ヨリ之ヲ施行ス

2 左ノ内務省令ハ之ヲ廢止ス

明治四十四年内務省令第十五號
明治四十四年内務省令第十七號
大正元年内務省令第十八號
大正三年内務省令第九號

3 從前ノ規定ニ依ル手續其ノ他ノ行爲ハ本令ニ別段ノ規定アル場合ヲ除クノ外之ヲ本令ニ依リ爲シタルモノト看做ス

4従前ノ規定ニ依リ郡長ニ爲シタル許可ノ申請ニシテ大正十五年六月三十日迄ニ許可ヲ得サルモノハ之ヲ新規定ニ依リ府縣知事ニ爲シタル許可ノ申請ト看做ス

5本令中議員選擧ニ關スル規定施行ノ際府縣制施行規則中議員選擧ニ關スル規定未タ施行セラレサル場合ニ於テハ本令ノ適用ニ付テハ同規定ハ既ニ施行セラレタルモノト看做ス

附　則（昭和三年十一月一日内務省令第三十九號）

本令ハ公布ノ日ヨリ之ヲ施行ス

附　則（昭和四年六月十九日内務省令第二十二號）

本令ハ昭和四年七月一日ヨリ之ヲ施行ス

附　則（昭和五年五月二十日内務省令第二十一號）

本令中第四十六條ノ規定ハ昭和五年度ヨリ繰越スモノヨリ之ヲ適用シ其ノ他ノ規定ハ公布ノ日ヨリ之ヲ施行ス但シ第四十六條ノ期限ハ昭和五年度ニ限リ六月三十日トス

別　記

市町村會議員選擧人名簿様式

番號	住所	生年月日	氏名

一

番號	住所	生年月日	氏名

備考

一　名簿ハ大字若ハ小字毎ニ區別シテ調製スヘシ但シ一字若ハ數字毎に分綴シ又ハ必要ニ應シ適宜分綴スルモ妨ケナシ

二　市制第九條第二項又ハ町村制第七條第二項ニ依ル者ニ付テハ氏名欄ニ「特免」ト附記シ又市制第七十六條、第七十九條第二項又ハ町村制第六十三條第四項、第六十七條第三項ノ規定ニ依リ公民タル者ニ付テハ末尾ニ其ノ職氏名ノミヲ記載スヘシ

三　決定、裁決、判決等ニ依リ名簿ヲ修正シタルトキハ其ノ旨及修正ノ年月日ヲ欄外ニ記載シ職印ヲ押捺スヘシ

四　名簿ノ表紙及卷末ニハ左ノ通記載スヘシ

五　選擧區アルトキハ前各號ニ準シ各選擧區毎ニ名簿ヲ調製スヘシ

（表紙）

大正何年何月何日現在調

市（町）（村）會議員選擧人名簿

何府（縣）何市（何選擧區）（何郡
何町（村））（大字若ハ小字何々）（何々）

（卷末）

此ノ選擧人名簿ハ大正何年何月何日ヨリ何日間何市役所（何町（村）役場）（何ノ場所）ニ於テ縦覧セシメ大正何年何月何日ヲ以テ確定セリ

何府（縣）何市（何郡何町（村））長　氏　名　印

市町村會議員選擧人名簿抄本樣式

番號	住所	生年月日	氏名

番號	住所	生年月日	氏名

備考

一　選擧人名簿ヲ修正シタルトキハ此ノ選擧人名簿ノ抄本ヲモ修正シ其ノ旨及修正ノ年月日ヲ欄外ニ記載シ職印ヲ押捺スヘシ

二　名簿抄本ノ表紙及卷末ニハ左ノ通記載スヘシ

（表紙）

大正何年何月何日現在調

市（町）（村）會議員選擧人名簿抄本

何府（縣）何市（何選擧區）（何郡何町（村））會議員選擧第一（何々）投票分會

（卷末）

此ノ選擧人名簿抄本ハ大正何年何月何日確定ノ選擧人名簿ニ依リ之ヲ調製セリ

選擧錄樣式

何府（縣）何市（何郡何町（村））長　氏　名　印

大正何年何月何日執行何府（縣）何市（何郡何町（村））會議員選擧會選擧錄

一　選擧會場ハ何市役所（何町（村）役場）（何ノ場所）ニ之ヲ設ケタリ

二　左ノ選擧立會人ハ何レモ選擧會ヲ開クヘキ時刻迄ニ選擧會ニ參會シタリ

住所　氏　名

住所　氏　名

選擧會ヲ開クヘキ時刻ニ至リ選擧立會人中何人參會セサルニ依リ市（町）（村）長ハ臨時ニ選擧人名簿ニ登錄セラレタル者ノ中ヨリ左ノ者ヲ選擧立會人ニ選任シタリ

住所　氏　名

三　選擧會ハ大正何年何月何日午前（午後）何時ニ之ヲ開キタリ

四　選擧立會人中氏名ハ一旦參會シタルモ午前（午後）何時何々ノ事故ヲ以テ其ノ職ヲ辭シタル爲其ノ定數ヲ闕キタルニ依リ市（町）（村）長ハ臨時ニ選擧人名簿ニ登錄セラレタル者ノ中ヨリ午前（午後）何時左ノ者ヲ選擧立會人ニ選任シタリ

住所　氏　名

選擧立會人中氏名ハ一旦參會シタルモ午前（午後）何時何々ノ事故ヲ以テ其ノ職ヲ辭シタルモ尚選擧立會人ハ二人（三人）在リ其ノ闕員ヲ補フノ必要ナキヲ認メ其ノ

補闕ヲ爲ササル旨ヲ宣言シタリ

五　選擧長ハ選擧立會人ト共ニ投票ニ先チ選擧會ニ參會シタル選擧人ノ面前ニ於テ投票函ヲ開キ其ノ空虛ナルコトヲ示シタル後內蓋ヲ鎖シ選擧長及選擧立會人ノ列席スル面前ニ之ヲ置キタリ

六　選擧長ハ選擧立會人ノ面前ニ於テ選擧人ヲ選擧人名簿ニ對照シタル後（到著番號ト引換ニ）投票用紙ヲ交付シタリ

七　選擧人ハ自ラ投票ヲ認メ選擧長及選擧立會人ノ面前ニ於テ之ヲ投函シタリ

八　左ノ選擧人ハ選擧人名簿ニ登錄セラルヘキ確定裁決書（判決書）ヲ所持シ選擧會場ニ到リタルニ依リ選擧長ハ之ヲシテ投票ヲ爲サシメタリ

住所　氏名

九　左ノ選擧人ハ點字ニ依リ投票ヲ爲サントスル旨ヲ申立テタルヲ以テ選擧長ハ投票用紙ニ點字投票ナル旨ノ印ヲ押捺シテ交付シ投票ヲ爲サシメタリ

住所　氏名

十　左ノ選擧人ニ對シテハ何々ノ事由ニ因リ選擧立會人ノ決定ヲ以テ（選擧立會人可否同數ナルニ依リ選擧長ノ決定ヲ以テ）投票ヲ拒否シタリ

住所　氏名

十一　左ノ選擧人ニ對シテハ何々ノ事由ニ因リ選擧立會人ノ決定ヲ以テ（選擧立會人可否同數ナルニ依リ選擧長ノ決定ヲ以テ）點字投票ヲ拒否シタリ

住所　氏名

十二　左ノ選擧人ハ誤リテ投票用紙(封筒)ヲ汚損シタル旨ヲ以テ更ニ之ヲ請求シタルニ依リ其ノ相違ナキヲ認メ之ト引換ニ投票用紙(封筒)ヲ交付シタリ

住　所　氏　名

十三　左ノ選擧人ハ選擧會場ニ於テ演說討論ヲ爲シ（喧擾ニ渉リ）(投票ニ關シ協議ヲ爲シ)(何々ヲ爲シ)：選擧會場ノ秩序ヲ紊シタルニ依リ選擧長ニ於テ之ヲ制止シタルモ其ノ命ニ從ハサルヲ以テ投票用紙(到著番號札)ヲ返付セシメ之ヲ選擧會場外ニ退出セシメタリ

住　所　氏　名

十四　選擧長ハ選擧會場外ニ退出ヲ命シタル左ノ選擧人ニ對シ選擧會場ノ秩序ヲ紊スノ虞ナシト認メ投票ヲ爲サシメタリ

住　所　氏　名

選擧長ニ於テ選擧會場外ニ退出ヲ命シタル左ノ選擧人ハ最後ニ入場シテ投票ヲ爲シタリ

住　所　氏　名

十五　午前(午後)何時ニ至リ選擧長ハ投票時間ヲ終リタル旨ヲ告ケ選擧會場ノ入口ヲ鎖シタリ

十六　午前(午後)何時選擧會場ニ在ル選擧人ノ投票結了シタルヲ以テ選擧長ハ選擧立會人ト共ニ投票函ノ內蓋ノ投票口及外蓋ヲ鎖シタリ

十七　投票函ヲ閉鎖シタルニ依リ其ノ內蓋ノ鑰ハ左ノ選擧立會人之ヲ保管シ外蓋ノ

鑰ハ選擧長之ヲ保管ス

十八　選擧會ニ於テ投票ヲ爲シタル選擧人ノ總數

氏　名

何　人

内

選擧人名簿ニ登錄セラレタル選擧人ニシテ投票ヲ爲シタル者　何　人

確定裁決書（判決書）ニ依リ投票ヲ爲シタル者　何　人

投票拒否ノ決定ヲ受ケタル者ノ總數　何　人

十九　各投票分會長ヨリ投票函等左ノ如ク到着セリ

第一（何々）投票分會ノ投票函ハ投票分會長職氏名及投票立會人氏名携帶シ何月何日午前（午後）何時著之ヲ檢スルニ異狀ナシ

第二（何々）投票分會ノ投票函何々

二十　大正何年何月何日選擧長ハ（總テノ投票函ノ送致ヲ受ケタルヲ以テ其ノ當日（翌日））午前（午後）何時ヨリ開票ヲ開始シタリ

二十一　選擧長ハ選擧立會人立會ノ上逐次投票函ヲ開キ投票ノ總數ト投票人ノ總數トヲ計算シタルニ左ノ如シ

投票總數　何　票

投票人總數　何　人

外

假ニ爲シタル投票數　　　　何　　票

假ニ爲シタル投票人數　　　何　　人

投票總數ト投票人總數ト符合ス（投票總數ト投票人總數ト符合セス即チ投票總數ニ比シ何票多シ（少シ）（其ノ理由ノ明カナルモノハ之ヲ記載スヘシ）」

二十二　投票分會ニ於テ拒否ノ決定ヲ受ケタル者ニシテ假ニ投票ヲ爲シタル者左ノ如シ

住所　氏　　名

住所　氏　　名

選擧長ハ右ノ投票ヲ調査シ選擧立會人左ノ通之ヲ決定シタリ（選擧長ハ右ノ投票ヲ調査シ選擧立會人ノ決定ニ付シタルニ可否同數ナルニ依リ選擧長左ノ通之ヲ決定シタリ）

受理セシモノ

一事由何々　　住所　氏　　名

一事由何々　　住所　氏　　名

受理セサルモノ

一事由何々　　住所　氏　　名

二十三　選擧長ハ（假ニ爲シタル投票ニシテ受理スヘキモノト決定シタル投票ノ封筒ヲ開披シタル上）總テノ投票ヲ混同シ選擧立會人ト共ニ之ヲ點檢シタリ

二十四　選擧事務ニ從事スル職氏名及職氏名ノ二人ハ各別ニ同一被選擧人ノ得票數

ヲ計算シタリ

二十五　有效又ハ無效ト決定シタル投票左ノ如シ

（一）　選擧立會人ニ於テ決定シタル投票數　何　票

內

一有效ト決定シタルモノ　何　票

一無效ト決定シタルモノ　何　票

內

一成規ノ用紙ヲ用ヒサルモノ　何　票

二現ニ市（町（村））會議員ノ職ニ在ル者ノ氏名ヲ記載シタルモノ　何　票

三、、、、、、　何　票

（二）　選擧立會人ノ決定ニ付シタルニ可否同數ナルニ依リ選擧長ニ於テ決定シタル投票數　何　票

內

一有效ト決定シタルモノ　何　票

一無效ト決定シタルモノ　何　票

內

一成規ノ用紙ヲ用ヒサルモノ　何　票

二現在市（町（村））會議員ノ職ニ在ル者ノ氏名ヲ記載シタルモノ　何　票

何票

三、、、、、、　何票

(三) 投票總數　何票

內

一有效ト決定シタルモノ　何票

一無效ト決定シタルモノ　何票

內

一成規ノ用紙ヲ用ヒサルモノ　何票

二現ニ市(町(村))會議員ノ職ニ在ル者ノ氏名ヲ記載シタルモノ　何票

三、、、、、、　何票

二十六 午前(午後)何時投票ノ點檢ヲ終リタルヲ以テ選擧長ハ各被選擧人ノ得票數ヲ朗讀シタリ

二十七 各被選擧人ノ得票數左ノ如シ

何票　氏名

何票　氏名

二十八 選擧長ハ點檢濟ニ係ル投票ノ有效無效及受理スヘカラスト決定シタル投票ヲ大別シ尚有效ノ決定アリタル投票ニ在リテハ得票者毎ニ之ヲ區別シ無效ノ決定アリタル投票ニ在リテハ之ヲ類別シ各之ヲ一括シ更ニ有效無效及受理スヘカラス

ト決定シタル投票別ニ之ヲ封筒ニ入レ選擧立會人ト共ニ封印ヲ施シタリ

二十九　選擧長ハ選擧立會人立會ノ上逐次開票分會長ノ報告ヲ調査シ自ラ開票ヲ行ヒタル部分ニ付各被選擧人ノ得票數ヲ朗讀シタル後開票分會每ニ各被選擧人ノ得票數ヲ朗讀シ終リニ各被選擧人ノ得票總數ヲ朗讀シタリ

三十　開票分會長ノ報告ノ結果ト選擧會ニ於テ爲シタル點檢ノ結果ト併セタル各被選擧人ノ得票總數左ノ如シ

何　票　氏　名

何　票　氏　名

三十一　議員定數何人ヲ以テ有效投票ノ總數何票ヲ除シテ得タル數ハ何票ニシテ此ノ六分ノ一ノ數ハ何票ナリ

被選擧人中其ノ得票數此ノ數ニ達スル者左ノ如シ

何　票　氏　名

何　票　氏　名

右ノ內有效投票ノ最多數ヲ得タル左ノ何人ヲ以テ當選者トス

氏　名

氏　名

但シ氏名及氏名ハ得票ノ數相同シキニ依リ共ノ年齡ヲ調査スルニ氏名ハ何年何月何日生、氏名ハ何年何月何日生ニシテ氏名年長者ナルヲ以テ氏名ヲ以テ當選者ト定メタリ（同年月日ナルヲ以テ選擧長ニ於テ抽籤シタルニ氏名當籤セリ依

テ氏名ヲ以テ當選者ト定メタリ）

三十二　午前（午後）何時選擧事務ヲ結了シタリ

三十三　左ノ者ハ選擧會ノ事務ニ從事シタリ

職　氏　名

職　氏　名

三十四　選擧會ニ臨監シタル官吏左ノ如シ

官職　氏　名

選擧長ハ此ノ選擧錄ヲ作リ之ヲ朗讀シタル上選擧立會人ト共ニ茲ニ署名ス

大正何年何月何日

選擧長

何府（縣）何市（何郡何町（村））長　氏　名

選擧立會人

氏　名

氏　名

備考

一　市制第三十九條ノ二ノ市ニ於ケル選擧錄ハ府縣制施行規則第二十九條投票錄樣式及選擧錄樣式ノ一ノ例ニ依リ之ヲ記載スヘシ

二　市制第三十九條ノ二ノ市ニ於テ屆出アリタル議員候補者ノ數選擧スヘキ議員ノ數ヲ超エサル爲投票ヲ行ハサルトキハ府縣制施行規則第二十九條選擧錄樣式ノ二ノ例ニ依リ之ヲ記載スヘシ

三　樣式ニ揭クル事項ノ外選擧長ニ於テ選擧ニ關シ緊要ト認ムル事項アルトキハ之ヲ記載スヘシ

投票錄樣式

大正何年何月何日執行何府（縣）何市【何郡何町（村）】會議員選擧第一（何々）投票分會投票錄

一　投票分會ハ何市役所【何町（村）役場】（何ノ場所）ニ之ヲ設ケタリ

二　左ノ投票立會人ハ何レモ投票分會ヲ開クヘキ時刻迄ニ投票分會ニ參會シタリ

住所　氏　名

住所　氏　名

投票分會ヲ開クヘキ時刻ニ至リ投票立會人中何人參會セサルニ依リ市（町）（村）長ハ臨時ニ投票分會ノ區劃內ニ於ケル選擧人名簿ニ登錄セラレタル者ノ中ヨリ左ノ者ヲ投票立會人ニ選任シタリ

住所　氏　名

三　投票分會ハ大正何年何月何日午前（午後）何時ニ之ヲ開キタリ

四　投票立會人中氏名ハ一旦參會シタルモ午前（午後）何時何々ノ事故ヲ以テ共ノ職ヲ辭シタル爲共ノ定數ヲ闕キタルニ依リ市（町）（村）長ハ臨時ニ投票分會ノ區劃內ニ於ケル選擧人名簿ニ登錄セラレタル者ノ中ヨリ午前（午前）何時左ノ者ヲ投票立會人ニ選任シタリ

住所　氏　名

投票立會人中氏名ハ一旦參會シタルモ午前（午後）何時何々ノ事故ヲ以テ共ノ職ヲ

辭シタルモ尚投票立會人ハ二人(三人)在リ其ノ闕員ヲ補フノ必要ナキヲ認メ其ノ
補闕ヲ爲ササル旨ヲ宣言シタリ

五　投票分會長ハ投票立會人ト共ニ投票ニ先チ投票分會ニ參會シタル選擧人ノ面前ニ於テ投票函ヲ開キ其ノ空虚ナルコトヲ示シタル後内蓋ヲ鎖シ投票分會長及投票立會人ノ列席スル面前ニ之ヲ置キタリ

六　投票分會長ハ投票立會人ノ面前ニ於テ選擧人ヲ選擧人名簿ノ抄本（又ハ選擧人名簿）ニ對照シタル後(到著番號札ト引換ニ)投票用紙ヲ交付シタリ

七　選擧人ハ自ラ投票ヲ認メ投票分會長及投票立會人ノ面前ニ於テ之ヲ投函シタリ

八　左ノ選擧人ハ選擧人名簿ニ登錄セラルヘキ確定裁決書(判決書)ヲ所持シ投票分會場ニ到リタルニ依リ投票分會長ハ之ヲシテ投票ヲ爲サシメタリ

住所　氏名

九　左ノ選擧人ハ點字ニ依リ投票ヲ爲サントスル旨ヲ申立テタルヲ以テ投票分會長ハ投票用紙ニ點字投票ナル旨ノ印ヲ押捺シテ交付シ投票ヲ爲サシメタリ

住所　氏名

十　左ノ選擧人ニ對シテハ何々ノ事由ニ因リ投票立會人ノ決定ヲ以テ（投票立會人可否同數ナルニ依リ投票分會長ノ決定ヲ以テ）投票ヲ拒否シタリ

住所　氏名

左ノ選擧人ニ對シテハ何々ノ事由ニ因リ投票立會人ノ決定ヲ以テ（投票立會人可否同數ナルニ付リ投票分會長ノ決定ヲ以テ）投票ヲ拒否シタルモ同選擧人ニ於テ

不服ヲ申立テタルヲ以テ（投票分會長又ハ投票立會人氏名ニ於テ異議アリシヲ以テ）投票用紙ト共ニ封筒ヲ交付シ假ニ投票ヲ爲サシメタリ

住所氏名

十一　左ノ選擧人ニ對シテハ何々ノ事由ニ因リ投票立會人ノ決定ヲ以テ（投票立會人可否同數ナルニ依リ投票分會長ノ決定ヲ以テ）點字投票ヲ拒否シタリ

住所氏名

左ノ選擧人ニ對シテハ何々ノ事由ニ因リ投票立會人ノ決定ヲ以テ（投票立會人可否同數ナルニ依リ投票分會長ノ決定ヲ以テ）投票ヲ拒否シタルモ同選擧人ニ於テ不服ヲ申立テタルヲ以テ（投票分會長又ハ投票立會人氏名ニ於テ異議アリシヲ以テ）投票用紙及封筒ニ點字投票ナル旨ノ印ヲ押捺シテ交付シ假ニ點字投票ヲ爲サシメタリ

住所氏名

十二　左ノ選擧人ハ誤リテ投票用紙（封筒）ヲ汚損シタル旨ヲ以テ更ニ之ヲ請求シタルニ依リ其ノ相違ナキヲ認メ之ト引換ニ投票用紙（封筒）ヲ交付シタリ

住所氏名

十三　左ノ選擧人ハ投票分會場ニ於テ演說討論ヲ爲シ（喧擾ニ渉リ）（投票ニ關シ協議ヲ爲シ）（何々ヲ爲シ）投票分會場ノ秩序ヲ紊シタルニ依リ投票分會長ニ於テ之ヲ制止シタルモ其ノ命ニ從ハサルヲ以テ投票用紙（投票用紙及封筒）（到著番號札）ヲ返付セシメ之ヲ投票分會場外ニ退出セシメタリ

十四　投票分會長ハ投票分會場外ニ退出ヲ命シタル左ノ選擧人ニ對シ投票分會場ノ秩序ヲ紊スノ虞ナシト認メ投票ヲ爲サシメタリ

住所　氏名

投票分會長ニ於テ投票分會場外ニ退出ヲ命シタル左ノ選擧人ハ最後ニ入場シテ投票ヲ爲シタリ

住所　氏名

十五　午前（午後）何時ニ至リ投票分會長ハ投票時間ヲ終リタル旨ヲ告ケ投票分會場ノ入口ヲ鎖シタリ

住所　氏名

十六　午前（午後）何時投票分會場ニ在ル選擧人ノ投票結了シタルヲ以テ投票分會長ハ投票立會人ト共ニ投票函ノ內蓋ノ投票口及外蓋ヲ鎖シタリ

十七　投票函ヲ閉鎖シタルニ依リ其ノ內蓋ノ鑰ハ投票函ヲ送致スヘキ左ノ投票立會人之ヲ保管シ外蓋ノ鑰ハ投票分會長之ヲ保管ス

氏名

十八　投票函及投票錄（選擧人名簿ノ抄本又ハ選擧人名簿）ヲ選擧長（第一（何々）開票分會長）ニ送致スヘキ投票立會人左ノ如シ

氏名

十九　投票分會場ニ於テ投票ヲ爲シタル選擧人ノ總數　何人

內

選擧人名簿ノ抄本（又ハ選擧人名簿）ニ記載セラレタル選擧人ニシテ投票ヲ爲シタル者　何　人

確定裁決書（判決書）ニ依リ投票ヲ爲シタル者　何　人

投票拒否ノ決定ヲ受ケタル者ノ總數　何　人

內

假ニ投票ヲ爲サシメタル者　何　人

二十　午前（午後）何時投票分會ノ事務ヲ結了シタリ

二十一　左ノ者ハ投票分會ノ事務ニ從事シタリ

職　氏　名

職　氏　名

二十二　投投票分會場ニ臨監シタル官吏左ノ如シ

官職　氏　名

投票分會長ハ此ノ投票錄ヲ作リ之ヲ朗讀シタル上投票立會人ト共ニ茲ニ署名ス

大正何月何月何日

投票分會長　職　氏　名

投票立會人　氏　名

氏　名

備考

一　市制第三十九條ノ二ノ市ニ於ケル投票錄ハ府縣制施行規則第二十九條投票錄樣式ノ例ニ依リ之ヲ記載スヘシ

二　樣式ニ掲クル事項ノ外投票分會長ニ於テ投票ニ關シ緊要ト認ムル事項アルトキハ之ヲ記載スヘシ

開票錄樣式

大正何年何月何日執行何府(縣)何市(何郡何町(村))會議員選擧第一(何々)開票分會開票錄

一　開票分會ハ何市役所(何町(村)役場)(何ノ場所)ニ之ヲ設ケタリ

二　左ノ開票立會人ハ何レモ開票分會ヲ開クヘキ時刻迄ニ開票分會ニ參會シタリ

住所　氏名

住所　氏名

開票分會ヲ開クヘキ時刻ニ至リ開票立會人中何人參會セサルニ依リ市(町)(村)長ハ臨時ニ開票分會ノ區劃內ニ於ケル選擧人名簿ニ登錄セラレタル者ノ中ヨリ左ノ者ヲ開票立會人ニ選任シタリ

住所　氏名

三　開票分會ハ大正何年何月何日午前(午後)何時ニ之ヲ開キタリ

四　開票立會人中氏名ハ一旦參會シタルモ午前(午後)何時何々ノ事故ヲ以テ其ノ職ヲ辭シタル爲其ノ定數ヲ闕キタルニ依リ市(町)(村)長ハ臨時ニ開票分會ノ區劃內

ニ於ケル選擧人名簿ニ登錄セラレタル者ノ中ヨリ午前(午後)何時左ノ者ヲ開票立會人ニ選任シタリ

住所氏名

開票立會人中氏名ハ一旦參會シタルモ午前(午後)何時何々ノ事故ヲ以テ其ノ職ヲ辭シタルモ尚開票立會人ハ二人(三人)在リ其ノ闕員ヲ補フノ必要ナキヲ認メ其ノ補闕ヲ爲ササル旨ヲ宣言シタリ

五　開票分會ノ區劃內ノ各投票分會長ヨリ投票函等左ノ如ク到著セリ

第一(何々)投票分會ノ投票函ハ投票分會長職氏名及投票立會人氏名携帶シ何月何日午前(午後)何時著之ヲ檢スルニ異狀ナシ

第二(何々)投票分會ノ投票函何々

六　大正何年何月何日開票分會長ハ開票分會ノ區劃內ノ投票分會長ヨリ投票函ノ送致ヲ受ケタルヲ以テ其ノ當日(翌日)午前(午後)何時ヨリ開票ヲ開始シタリ

七　開票分會長ハ開票立會人立會ノ上逐次投票函ヲ開キ投票ノ總數ト投票人ノ總數トヲ計算シタルニ左ノ如シ

投票總數　何票

投票人總數　何人

外

假ニ爲シタル投票數　何票

假ニ爲シタル投票人數　何人

八 投票總數ト投票人總數ト符合ス（投票總數ト投票人總數ト符合セス即チ投票總數ニ比シ何票多シ（少シ）（其ノ理由ノ明カナルモノハ之ヲ記載スヘシ））

投票分會ニ於テ拒否ノ決定ヲ受ケタル者ニシテ假ニ投票ヲ爲シタル者左ノ如シ

住所　氏　名

住所　氏　名

開票分會長ハ右ノ投票ヲ調査シ開票立會人左ノ通之ヲ決定シタリ（開票分會長ハ右ノ投票ヲ調査シ開票立會人ノ決定ニ付シタルニ可否同數ナルニ依リ開票分會長左ノ通之ヲ決定シタリ）

受理セシモノ

一事由何々　住所　氏　名

一事由何々　住所　氏　名

受理セサリシモノ

一事由何々　住所　氏　名

九 開票分會長ハ（假ニ爲シタル投票ニシテ受理スヘキモノト決定シタル投票ノ封筒ヲ開披シタル上）總テノ投票ヲ混同シ開票立會人ト共ニ之ヲ點檢シタリ

十 開票事務ニ從事スル職氏名及職氏名ノ二人ハ各別ニ同一被選擧人ノ得票數ヲ計算シタリ

十一 有效又ハ無效ト決定シタル投票左ノ如シ

（一） 開票立會人ニ於テ決定シタル投票數　何　票

内

一有效ト決定シタルモノ　何票

一無效ト決定シタルモノ　何票

内

一成規ノ用紙ヲ用ヒサルモノ　何票

二現ニ市〔町（村）〕會議員ノ職ニ在ル者ノ氏名ヲ記載シタルモノ　何票

三、、、、、、、　何票

何票

（二）開票立會人ノ決定ニ付シタルニ可否同數ナルニ依リ開票分會長ニ於テ決定シタル投票數　何票

内

一有效ト決定シタルモノ　何票

一無效ト決定シタルモノ　何票

内

一成規ノ用紙ヲ用ヒサルモノ　何票

二現ニ市〔町（村）〕會議員ノ職ニ在ル者ノ氏名ヲ記載シタルモノ　何票

三、、、、、、、　何票

何票

（三）投票總數　何票

内

一有效ト決定シタルモノ　何票

一無效ト決定シタルモノ　何票

内

一成規ノ用紙ヲ用ヒサルモノ　何票

二現ニ市〔町（村）〕會議員ノ職ニ在ル者ノ氏名ヲ記載シタルモノ　何票

三、、、、、、　何票

十二　午前（午後）何時投票ノ點検ヲ終リタルヲ以テ開票分會長ハ各被選擧人ノ得票數ヲ朗讀シタリ

十三　各被選擧人ノ得票數左ノ如シ

何票　氏名

何票　氏名

十四　開票分會長ハ點検濟ニ係ル投票ノ有效無效及受理スヘカラスト決定シタル投票ヲ大別シ尚有效ノ決定アリタル投票ニ在リテハ得票者毎ニ之ヲ區別シ無效ノ決定アリタル投票ニ在リテハ之ヲ類別シ各之ヲ一括シ更ニ有效無效及受理スヘカラスト決定シタル投票別ニ之ヲ封筒ニ入レ開票立會人ト共ニ封印ヲ施シタリ

十五　午前（午後）何時開票分會ノ事務ヲ結了シタリ

十六　左ノ者ハ開票分會ノ事務ニ從事シタリ

職　氏　名
職　氏　名

十七　開票分會ニ臨監シタル官吏左ノ如シ

官　職　氏　名

開票分會長ハ此ノ開票錄ヲ作リ之ヲ朗讀シタル上開票立會人ト共ニ茲ニ署名ス

大正何年何月何日

開票分會長
職　氏　名

開票立會人
氏　名
氏　名

備　考

一　市制第三十九條ノ二ノ市ニ於ケル開票錄ハ府縣制施行規則第二十九條開票錄樣式ノ例ニ依リ之ヲ記載スヘシ

二　樣式ニ揭クル事項ノ外開票分會長ニ於テ開票ニ關シ緊要ト認ムル事項アルトキハ之ヲ記載スヘシ

市町村歳入歳出豫算樣式

大正何年度何府(縣)何市(何郡何町(村))歳入歳出豫算

歳　入

一金　　　　　　　　　　　　　　　　歳入豫算高
又ハ
一金　　　　　　　　　　　　　　　　經常部豫算高
一金　　　　　　　　　　　　　　　　臨時部豫算高
合計金

歳出

一金　　　　　　　　　　　　　　　　歳出豫算高
又ハ
一金　　　　　　　　　　　　　　　　經常部豫算高
一金　　　　　　　　　　　　　　　　臨時部豫算高
合計金

歳入歳出差引

殘　金（ナシ）

歳計剩餘金ヲ翌年度ニ繰越サスシテ基本財産ニ編入セントスル場合ニハ左ノ通記載スヘシ

歳計剩餘金ハ全部基本財産ニ編入

又ハ

歳計剩餘金ノ内何歩基本財産ニ編入

大正何年度何府(縣)何市(何郡何町(村))歳入歳出豫算

歳入

豫算 科目 款	豫算 科目 項	豫算額	豫算説明 種目	本年度豫算額	前年度豫算額	増減	附記
一 財産ヨリ生スル收入		圓		圓	圓	圓	
	一 基本財産收入						
			一 何々				
			二 何々				
	二 小學校(何學校)基本財産收入						
			一 何々				
			二 何々				
	三 何々						

一何々

二何々

二　使用料及手數料

一　使用料

一何々

二何々

二　手數料

一何々

二何々

三　交付金

一　國稅徵收交付金

一何々

二　府（縣）稅徵收交付金

一何々

三　水利組合費徵收交付金

一何々

四　何々

一何々

四　國庫下渡金

一　義務教育費下渡金

一何々

五　納付金

一　納付金

一何々

六　報償金

一　報償金

款	項	摘要
		一何々
七　國庫補助金		
	一　水道費補助	
		一何々
	二　下水道費補助	
		一何々
	三　何々	
		一何々
八　府（縣）補助金		
	一　傳染病豫防費補助	
		一何々
	二　道路費補助	
		一何々

三　何々

九寄附金

一　小學校（何學校）建築費指定寄附

一何々

二　道路修繕費指定寄附

一何々

三　何々

一何々

十繰入金

一　小學校（何學校）積立金繰入

一何々

二　基本財産繰入

三　水道經濟ヨリ繰入
一何々
四　何々
一何々
十一　財産賣拂代金
一　土地賣拂代金
一何々
二　物件賣拂代金
一何々
三　何々
一何々
十二　繰越金

款	項	目
	一　前年度繰越金	
		一　何々
十三　雜收入		
	一　小學校（何學校）雜入	
		一　何々
		二　何々
	二　繰替金戻入	
		一　何々
		二　何々
	三　何々	
		一　何々
		二　何々
十四　市（町）（村）稅		

	一　地租附加税			
			一何々	
	二　特別地税附加税（特別地税）			
			一何々	
	三　營業收益税附加税			
			一何々	
	四　所得税附加税			
			一何々	
	五　鑛業税附加税			
			一何々	
	六　砂鑛區税附加税			
			一何々	
	七　取引所營業税附加税			

	科目					
		一何々				
八	府（縣）税家屋税附加税					
		一何々				
九	府（縣）税營業税附加税					
		一何々				
十	府（縣）税雜種税附加税					
		一何々				
十一	特別税戸數割					
		一何々				
十二	特別税段別割					
		一何々				
十三	特別税戸別割					
		一何々				

		十五　夫役及現品					十六　市(町)(村)債				
十四　特別税何々			一　夫役		二　現品			一　市(町)(村)債			歳入合計
	一　何々			一　何々		一　何々			一　何々	二　何々	

歳出

經常部

豫算			豫算說明				
科目 款	科目 項	豫算額	種目	本年度豫算額	前年度豫算額	增減	附記
一 神社費		円		円	円	円	
	一 神饌幣帛料						
			一 何々				
			二 何々				
二 會議費							
	一 費用辨償						
			一 何々				
	二 給料						
			一 何々				

三　雜給

一何々

二何々

四　需用費

一何々

二何々

三　役所（役場）費

一　報酬

一何々

二何々

二　給料

一何々

二何々

三　雜給

一　何々

二　何々

四　需用費

一　何々

二　何々

五　修繕費

一　何々

二　何々

四　土木費

一　道路橋梁費

一　何々

二　何々

二　治水堤防費

一　何々

二　何々

三　用惡水路費

一　何々

二　何々

四　何々

一　何々

二　何々

五　小學校(何學校)費

一　給料

一　何々

二　何々

二 雜給		
	一 何々	
	二 何々	
三 需用費		
	一 何々	
	二 何々	
四 修繕費		
	一 何々	
	二 何々	
五 何々		
	一 何々	
	二 何々	
六 學事諸費		

一何々

一何々

七　傳染病豫防費

一給料

一何々

二何々

二雜給

一何々

二何々

三需用費

一何々

二何々

八　傳染病院（隔離病舍）費

一　給料		
	一　何々	
	二　何々	
二　雜給		
	一　何々	
	二　何々	
三　需用費		
	一　何々	
	二　何々	
四　修繕費		
	一　何々	
	二　何々	

九　汚物掃除費

一　雜給

一　何々

二　何々

二　需用費

一　何々

二　何々

三　設備費

一　何々

二　何々

十　病院（何病院）費

一　給料

一　何々

二　何々

二　雜給

一　何々

二　何々

三　需用費

一　何々

二　何々

四　修繕費

一　何々

二　何々

十一　水道費

一　給料

一　何々

二　何々

二 雜給						
	一 何々					
	二 何々					
三 需用費						
	一 何々					
	二 何々					
四 作業費						
	一 何々					
	二 何々					
五 修繕費						
	一 何々					
	二 何々					
十二 下水道費						

	一 雑給			
		一 何々		
		二 何々		
	二 需用費			
		一 何々		
		二 何々		
	三 修繕費			
		一 何々		
		二 何々		
十三 屠場費				
	一 雑給			
		一 何々		
		二 何々		

二 需用費
一何々
二何々
三 修繕費
一何々
二何々
十四 公園（何公園）費
一 雜給
一何々
二何々
二 需用費
一何々
二何々

			十五 墓地(何墓地)費									
三 修繕費				一 雜給			二 需用費			三 修繕費		
	一 何々	二 何々			一 何々	二 何々		一 何々	二 何々		一 何々	二 何々

十六　火葬場費
一　雑給
一　何々
二　何々
二　需用費
一　何々
二　何々
三　修繕費
一　何々
二　何々
十七　商品陳列所費
一　雑給
一　何々

					二何々
	二需用費				
					一何々
					二何々
	三修繕費				
					一何々
					二何々
十六市場費					
	一雑給				
					一何々
					二何々
	二需用費				
					一何々

二　何々
三　修繕費
一　何々
二　何々
十九　勸業諸費
一　害蟲驅除豫防費
一　何々
二　何々
二　何々
一　何々
二　何々
二十　電氣事業費
一　給料

一　何々

二　何々

二　雜給

一　何々

二　何々

三　需用費

一　何々

二　何々

四　何々

一　何々

二　何々

二十一　瓦斯事業費

一　給料

一何々

二何々

二雜給

一何々

二何々

三需用費

一何々

二何々

四何々

一何々

二何々

二十二史蹟名勝天然紀念物保存費

一何々

				一　何々
				二　何々
二十三　職業紹介所費				
	一　何々			
				一　何々
				二　何々
二十四　住宅費				
	一　何々			
				一　何々
				二　何々
二十五　救助費				
	一　棄兒費			
				一　何々

二 何々

二 貧困者救助費

一 何々

二 何々

三 罹災救助費

一 何々

二 何々

二十六 警備費

一 雜給

一 何々

二 何々

二 需用費

一 何々

二何々

三　修繕費

一何々

二何々

二十七　徴發費

一　物件輸送費

一何々

二何々

二十八　基本財産造成費

一　基本財産造成

一何々

二何々

二　學校（何學校）基本財産造成

一　何々
二　何々
三　何々
一　何々
二　何々

二十九　財産費
一　管理費
一　何々
二　何々
二　何々
一　何々
二　何々

三十　諸税及負擔

一　諸税

一　何々

二　何々

二　負擔

一　何々

二　何々

三十一　公金取扱費

一　徴收費

一　何々

二　金庫諸費

一　何々

三十二　雜支出

一　滯納處分費

豫算			豫算説明				
款	項	豫算額	種目	本年度豫算額	前年度豫算額	増減	附記
			一 何々				
	二 過年度支出						
			一 何々				
	三 繰替金						
			一 何々				
			二 何々				
三十三 豫備費							
	一 豫備費						
經常部計							
臨時部							

款	項	目	金額
一　役所（役場）營繕費			円
	一　建築費		円
		一　何々	円
		二　何々	
	二　修繕費		
		一　何々	
		二　何々	
二　土木費			
	一　道路橋梁費		
		一　何々	
		二　何々	
	二　治水堤防費		
		一　何々	

二何々

三　用惡水路費

一何々

二何々

四　何々

一何々

二何々

三　小學校（何學校）營繕費

一　建築費

一何々

二何々

二　修繕費

一何々

款	項	目
		二何々
四　傳染病豫防費		
	一　給料	
		一何々
		二何々
	二　雜給	
		一何々
		二何々
	三　需用費	
		一何々
		二何々
五　傳染病院（隔離病舍）營繕費		
	一　建築費	

二修繕費

一何々

二何々

六病院（何病院）營繕費

一建築費

一何々

二何々

二修繕費

一何々

二何々

七水道費

款	項	細目
	一 布設費	
		一 何々
		二 何々
	二 修繕費	
		一 何々
		二 何々
八 下水道費		
	一 築造費	
		一 何々
		二 何々
	二 修繕費	
		一 何々
		二 何々

九　商品陳列所營繕費

一　建築費

一　何々

二　何々

二　修繕費

一　何々

二　何々

十　勸業諸費

一　奬勵費

一　何々

二　何々

二　何々

一　何々

款	項	目				
		二 何々				
十一 警備費						
	一 建築費					
		一 何々				
		二 何々				
	二 修繕費					
		一 何々				
		二 何々				
十二 積立金穀						
	一 小學校（何學校）積立金					
		一 何々				
		二 何々				
	二 幼稚園（何幼稚園）積立金					

一 何々
二 何々
三 何々
一 何々
二 何々

十三 公債費

一 元金償還
一 何々
二 利子
一 何々
三 何々
一 何々

十四 訴訟費

款	項	目
	一 訴訟費	
		一 何々
十五 寄附金		
	一 土木費寄附	
		一 何々
		二 何々
	二 何學校費寄附	
		一 何々
		二 何々
	三 何々	
		一 何々
		二 何々
十六 補助費		

款	項				
一　教育費補助					
	一　何々				
	二　何々				
二　衞生費補助					
	一　何々				
	二　何々				
三　勸業費補助					
	一　何々				
	二　何々				
四　何々					
	一　何々				
	二　何々				
十七　雜支出					

	一、何經濟繰入			
		一何々		
		二何々		
	二何々			
		一何々		
		二何々		
十八　何費本年度支出額				
	一　何費本年度支出額			
		一何々		
		二何々		
臨時部計				
歳出合計				

大正何年何月何日提出

何府（縣）何市（何郡何町（村））長　氏　　名

備考

一　特別會計ニ屬スル豫算ハ本樣式ニ準シ之ヲ調製スヘシ

二　歳入歳出豫算ノ追加又ハ更正ノ豫算ハ本樣式ニ準シ之ヲ調製スヘシ

記載例

一　歳入ヲ經常臨時ノ二部ニ分ツノ必要アルトキハ其ノ性質ニ從ヒ之カ區分ヲ爲スヘシ例ヘハ國庫補助金、府縣補助金、寄附金、繰入金、財産賣拂代及市町村債ノ如キハ之ヲ臨時部ニ編入スヘシ雜收入中臨時事業ニ伴フ不用品賣拂代金ノ如キ亦臨時部ニ屬スルモノトス仍經常臨時ノ二部ニハ各計ヲ設ケ更ニ歳入合計ヲ掲載スヘシ

二　歳出ヲ經常臨時ノ二部ニ分ツノ必要ナキトキハ各款ヲ通シテ歳出合計ヲ掲載スヘシ

三　豫算金額ハ圓位ニ止ムルモ妨ケナシ

四　增減欄ノ減ハ朱書ト爲シ又ハ△印ヲ附スヘシ

五　豫算說明ノ部分ハ別ニ調製スルモ妨ケナシ

六　歳入

イ　基本財産ハ一般ト特別トヲ區分シ且特別基本財産ハ其ノ種類ノ異ナル每ニ別項ト爲スヘシ例ヘハ「小學校（又ハ何學校）基本財産」、「公園（何公園）基本財産」等ノ如シ

ロ　豫算說明欄ニハ豫算ノ計算ノ基ク所ヲ明ナラシムルヲ旨トシ種目ノ分別ニ付テハ特ニ注意スヘシ例ヘハ財產ヨリ生スル收入(款)基本財產收入(項)ノ說明ニ付テハ種目ハ「小作米」、「貸地料」、「木竹其ノ他賣拂代金」、「貸家料」、「貸付金穀利子」、「預金利子」、「公債利子」、「社債利子」、「株劵配當金」等ノ類トシ其ノ附記欄ニハ「小作米」ニ付テハ土地ノ所在地、地目、段別、一段步當、數量、單價及金額又「貸地料」ニ付テハ土地ノ所在地、地目、段別又ハ坪數及金額ヲ掲載シ其ノ地上權者ヨリ收得スル地代、永小作權者ヨリ收得スル小作料、土地ノ賃借人ヨリ收得スル借賃ノ類ニシテ現米ナルトキハ總テ之ヲ「小作米」ニ、現金ナルトキハ總テ之ヲ「貸地料」ニ算入スヘシ又「木竹其ノ他賣拂代金」トハ立木竹ノ賣拂代金ハ勿論落葉、落枝、柴草、土石、樹根、草根、切芝ノ採取又ハ採堀等ノ種別ニ從ヒ各數量、單價及金額ヲ掲載スヘシ

ハ　使用料(項)ニ對スル說明種目ノ欄ニハ市制町村制ニ所謂使用料例ヘハ「公園(何公園)使用料」、「屠場使用料」、「水道使用料」ノ如キハ勿論他ノ法令ニ依ル使用料例ヘハ「小學校(何學校)授業料」、「幼稚園(何幼稚園)保育料」、「圖書閱覽料」、「道路占用料」ノ類ヲモ掲載シ其ノ各附記欄ニハ件數、金額ヲ掲載スヘシ

ニ　手數料(項)ニ對スル說明種目ノ欄モ亦市制町村制ニ所謂手數料例ヘハ「證明手數料」、「督促手數料」ノ如キハ勿論他ノ法令ニ依ル手數料例ヘハ「戶籍手數料」、「寄留手數料」、「馬籍簿閱覽手數料」ノ類ヲモ掲載シ其ノ各附記欄ニハ件

数、金額ヲ掲載スヘシ

七　雑收入ノ項ハ小學校(何學校)雜入、繰替金戻入加入金等ノ類トシ其ノ説明種目例ヘハ「小學校(何學校)雜入」ニ對シテハ「物件賣拂代金」、「不用品賣拂代金」ノ類、又「繰替金戻入」ニ對シテハ「召集旅費繰替金戻入」、「行旅病人及死亡人取扱費繰替金戻入」、「精神病者監護費繰替金戻入」ノ類トス仍雜收入ニ付テハ他ノ各款ニ屬セサル諸收入ヲ掲載スヘシ

八　市町村税中地租其ノ他ノ各税附加税ニ付テハ説明附記欄ニ其ノ本税額及課率ヲ掲載シ仍特別税戸數割又ハ戸數割ヲ賦課セサル市町村ニ於テ戸數割ニ代ヘ賦課スル家屋税附加税ニ付テハ現在戸數及平均一戸當ノ金額ヲモ掲載スヘシ

九　歳出

イ　豫算説明ノ欄ニハ計算ノ基ク所ヲ明ナラシムルヲ旨トシ種目ノ分別ニ付テハ特ニ注意スヘシ例ヘハ役所(役場)費(款)報酬(項)ノ説明ニ付テハ種目ハ「町(村)長報酬」、「市參與報酬」、「助役報酬」、「區長報酬」、「區長代理者報酬」、「委員(何委員)報酬」ノ類トシ其ノ各附記欄ニハ例ヘハ「町(村)長報酬」ニ付テハ一年何圓ノ類ヲ掲載スヘシ

ロ　給料(項)ニ對スル説明種目ノ欄ニハ「市(町)(村)長給料」、「市參與給料」、「助役給料」、「收入役給料」等ノ類トシ其ノ各附記欄ニハ例ヘハ「助役給料」ニ付テハ年俸又ハ月俸何圓幾人ノ類ヲ掲載スヘシ

ハ　雜給(項)ニ對スル説明種目ノ欄ニハ「費用辨償」、「旅費」、「手當」、「給仕及

使丁給」、「傭人料」、「賞與」、「退隱料」、「退職給與金」、「死亡給與金」、「遺族扶助料」ノ類トシ共ノ各附記欄ニハ例ヘハ「費用辨償」ニ付テハ町(村)長何圓助役何圓ト掲載スヘシ

二　需用費(項)ニ對スル說明種目ノ欄ニハ「備品費」、「消耗品費」、「印刷費」、「通信運搬費」、「賄費」、「被服費」、「借家料」、「電燈費」、「電話費」、「雜費」ノ類トシ共ノ各附記欄ニハ例ヘハ「備品費」ニ付テハ何器具新調費何圓、何機械修繕費何圓、書籍購買代金何圓、又「消耗品費」ニ付テハ筆紙墨代金何圓、薪炭油茶代金何圓ノ類ヲ掲載スヘシ

十　市ニ於テ市會費ト市參事會費トヲ區分セントスルトキハ會議費ノ款ヲ市會費市參事會費ト分記シ各款ノ下ニ「費用辨償」、「給料」、「雜給」、「需用費」等ノ項ヲ設クヘシ

十一　小町村ニ於テハ各款ノ下給料ト雜給、需用費ト修繕費トヲ合セテ各一項ト爲スモ妨ケナシ

十二　小學校費ヲ學校每ニ區分シタル場合ニ於テ各校共通ノ費用アルトキハ別ニ一款ヲ設ケテ之ヲ掲載スヘシ

十三　小學校(何學校)費、幼稚園(何幼稚園)費及圖書館(何圖書館)費ノ款ハ之ヲ合セテ教育費トシ其ノ項ハ之ヲ小學校(何學校)費、幼稚園(何幼稚園)費及圖書館(何圖書館)費トシ給料、雜給、需用費等ハ之ヲ說明種目ト爲スモ妨ケナシ

十四　諸稅及負擔(款)ハ諸稅(項)ト負擔(項)トニ分チ「諸稅」ノ說明種目ハ「地租」、

「地租附加税」、「水利組合費」ノ類トシ其ノ附記欄ニハ市(町)(村)有土地等ニ對スル分ヲ掲載シ又「負擔」ノ説明種目ハ「何町(村)外何ケ村組合費負擔」ノ類トス

十五　雑支出ノ項ハ「滯納處分費」、「繰替金」、「過年度支出」ノ類其ノ他他ノ各款ニ屬セサル諸支出ヲ掲載スヘシ

十六　特ニ必要アルトキハ本樣式ニ掲クル歳入歳出科目ノ外適宜ニ款項目ヲ設クルモ妨ケナシ

十七　市町村組合、町村組合ニ於テハ分賦法ニ依ルモノハ歳入科目「市町村税」ノ款ヲ「分賦金」トシ左ノ例ニ依ルヘシ

歳入

豫算 科目 款	豫算 科目 項	豫算額
分賦金		円
	一 何市分賦金	

豫算説明 種目	本年度豫算額	前年度豫算額	増減	附記
一 地租附加	円	円	円	

	二 何町分賦 金			三 何村分賦 金		
二 何々		一 地租附加税	二 何々		一 地租附加税	二 何々

繼續費ノ年期及支出方法樣式

何府(縣)何市(何郡何町(村))何費繼續年期及支出方法

自大正何年度
至大正何年度

一金　　　　　何費中何費

　　內譯

　　金　　　　　大正何年度支出額

　　金　　　　　大正何年度支出額

右何々（議決ヲ要スヘキ事業ノ大要ヲ記載ス）

大正何年何月何日提出

何府(縣)何市〔何郡何町(村)〕長　氏　名

何府(縣)何市〔何郡何町(村)〕繼續費何費收支計算表

收入

科目 款	科目 項	大正何年度	大正何年度	大正何年度	大正何年度	大正何年度	計	說明 種目	說明 金額	說明 附記
一 補助金		圓	圓	圓	圓	圓	圓		圓	
	一 國庫補助金									
								一 何々		
	二 府(縣)補助金									
								一 何々		
二 寄附金										
	一 寄附金									
								一 何々		

三 市(町)(村)費繰入金								
	一 市(町)(村)費繰入金							
		一 何々						
四 雑收入								
	一 雑收入							
		一 預金利子						
		二 何々						
五 市(町)(村)債								
	一 市(町)(村)債							
		一 市町(村)債						
合計								

支出

科目		大正何年度	大正何年度	大正何年度	大正何年度	大正何年度	計	說明		
款	項							種目	金額	附記
一何費		圓	圓	圓	圓	圓	圓		圓	
	一給與									
								一何々		
								二何々		
	二雜給									
								一何々		
								二何々		
	三需用費									
								一何々		
								二何々		
	四何々									

一 何々	二 何々	合計

記載例

一 繼續費ト爲ス費用ニ付特別會計ヲ設ケス又ハ特定ノ收入ナキ場合ニハ「繼續費何費支出計算表」トシ收入ノ部ハ之ヲ設クルヲ要セス

◎府縣制準用選擧市區指定令

（大正十五年六月二十四日勅令第二百十一號）

改正（昭和三年四月二十七日勅令第七十五號、同年八月三十一日勅令第二百二十號）

第一條 市制第三十九條ノ二ノ規定ニ依リ市ヲ指定スルコト左ノ如シ

東京市　京都市　大阪市　堺市　横濱市　横須賀市　川崎市
神戸市　姫路市　長崎市　佐世保市　新潟市　長岡市　前橋市
宇都宮市　津市　名古屋市　豐橋市　靜岡市　濱松市　甲府市
岐阜市　長野市　松本市　仙臺市　青森市　山形市　福井市
金澤市　富山市　岡山市　廣島市　呉市　下關市　和歌山市
德島市　高松市　松山市　高知市　福岡市　久留米市　門司市
大牟田市　八幡市　大分市　熊本市　鹿兒島市　那覇市　札幌市
函館市　小樽市　旭川市　室蘭市　高崎市　盛岡市　小倉市　岡崎市

第二條 市制第三十九條ノ二ノ規定ニ依リ區ヲ指定スルコト左ノ如シ

東京市ノ區

附　則

本令ハ次ノ總選擧ヨリ之ヲ施行ス

◎改正市制附則第二項　町村制附則第四項及施行令附則第九項ノ規定ニ依ル命令ニ關スル件

（大正十五年六月二十四日内務省令第二十二號）

大正十五年市制中改正法律又ハ同年町村制中改正法律ニ依リ初テ議員ヲ選擧スル場合ニ於テ必要ナル選擧人名簿ニ關シ市制第二十一條乃至第二十一條ノ五又ハ町村制第十八條乃至第十八條ノ五ノ規定ニ依ル期日又ハ期間ニ依リ難キトキハ府縣知事（北海道ニ於テハ北海道廳長官）ニ於テ其ノ期日又ハ期間ヲ定ムヘシ

前項ノ規定ハ市制町村制施行令附則第九項ノ場合ニ之ヲ準用ス

附　則

本令ハ次ノ總選擧ヨリ之ヲ施行ス

◎市制町村制改正經過規程

（昭和四年六月十九日勅令第百八十七號）

第一條　昭和四年七月一日前ニ補闕選擧ノ告示アリタル市町村會議員ノ補闕ニ關シテハ仍從前ノ規定ニ依ル

第二條　從前ノ市制第二十一條ノ三第一項又ハ町村制第十八條ノ三第一項ノ規定ニ依リ市町村長ニ申立テタル異議ニシテ昭和四年六月三十日迄ニ市町村會ノ決定ニ付セ

サルモノハ之ヲ新規定ニ依リ市町村長ニ申立テタル異議ト看做シ之ヲ決定スヘキ期間ハ昭和四年七月一日ヨリ起算ス

2 從前ノ市制第二十一條ノ三第一項又ハ町村制第十八條ノ三第一項ノ規定ニ依リ市町村會ノ決定ニ付シタル異議ニ關シテハ仍從前ノ規定ニ依ル

3 前二項ノ規定ハ市制第百四十六條第二項又ハ町村制第百二十六條第二項ノ規定ニ依ル選擧人名簿ノ異議ニ關シ之ヲ準用ス

第三條　市制第六十五條第一項ノ規定ニ依リ增員セラレタル名譽職參事會員ノ任期ハ其ノ選擧ノ日ニ於テ現ニ在任スル名譽職參事會員ノ任期ニ依ル

第四條　從前ノ市制第七十二條第一項但書ノ規定ニ依リ定メタル東京市及京都市ノ助役ノ定數ハ市制第七十二條第二項ノ規定ニ依リ市條例ヲ以テ定メタルモノト看做ス

第五條　市制第七十三條第五項乃至第七項ノ規定並ニ之ヲ準用スル第七十四條第三項、第七十五條第三項、第七十九條第二項、第八十二條第二項及第八十三條第三項ノ規定ハ昭和四年七月一日前ニ市長、助役、收入役若ハ副收入役ニ選擧セラレ又ハ市參與、助役、收入役、副收入役、區長、區長代理者若ハ委員ニ決定セラレ昭和四年六月三十日迄ニ就職セサル者ニ付テハ之ヲ適用セス

2 町村制第六十三條第三項乃至第五項ノ規定並ニ之ヲ準用スル同條第七項、第六十七條第三項、第六十八條第二項及第六十九條第三項ノ規定ハ昭和四年七月一日前ニ町村長、助役、收入役若ハ副收入役ニ選擧セラレ又ハ助役、收入役、副收入役、區

長、區長代理者若ハ委員ニ決定セラレ昭和四年六月三十日迄ニ就職セサル者ニ付テハ之ヲ適用セス

第六條 從前ノ市制第九十條第一項若ハ第五項ノ規定ニ依リ再議ニ付シ又ハ同條第二項若ハ第六項ノ規定ニ依リ府縣參事會ノ裁決ヲ請ヒタル市會又ハ市參事會ノ議決ニ關シテハ仍從前ノ規定ニ依ル同條第三項ノ規定ニ依リ爲シタル取消處分ニ關シ亦同シ

2 從前ノ町村制第七十四條第一項若ハ第五項ノ規定ニ依リ再議ニ付シ、同條第二項ノ規定ニ依リ府縣參事會ノ裁決ヲ請ヒ又ハ同條第六項ノ規定ニ依リ府縣知事ノ處分ヲ請ヒタル町村會ノ議決ニ關シテハ仍從前ノ規定ニ依ル同條第三項ノ規定ニ依リ爲シタル取消處分ニ關シ亦同シ

第七條 市會若ハ市參事會ノ議決シ若ハ決定スヘキ事件ニシテ從前ノ市制第九十一條第三項乃至第五項ノ規定ニ依リ府縣參事會ノ議決若ハ決定ヲ請ヒタルモノ又ハ同條第三項乃至第五項ノ規定ニ依リ爲シタル處置ニ關シテハ仍從前ノ規定ニ依ル

第八條 新規定ニ依リ市町村條例ヲ以テ定ムルコトヲ要スル事項ニ關シ從前ノ規定ニ依リ定メタルモノハ之ヲ新規定ニ依ル市町村條例ト看做ス

第九條 新規定施行前懲戒處分トシテ爲サレタル解職ノ效力ニ關シテハ仍從前ノ規定ニ依ル

附　則

本令ハ昭和四年七月一日ヨリ之ヲ施行ス

◎市制町村制ノ施行ニ關スル件（明治四十四年九月二十二日勅令第二百四十三號）

第一條　市制町村制施行前舊市制町村制ニ依リ爲シタル手續其ノ他ノ行爲ハ本令ニ別段ノ規定アル場合ヲ除クノ外之ヲ市制町村制ニ依リ爲シタルモノト看做ス

第二條　町村ノ境界ニ關スル爭論ニシテ【郡參事會】ニ於テ受理シタルモノハ之ヲ府縣參事會ニ於テ受理シタルモノト看做ス其ノ【郡參事會】ニ於テ爲シタル裁決ニ不服アル者ハ從前ノ規定ニ依ル訴願期間内ニ府縣參事會ノ裁定ヲ請フコトヲ得

2【郡參事會】ノ裁決ニ不服アルカ爲府縣參事會ニ爲シタル訴願ハ之ヲ其ノ裁定ヲ請ヒタルモノト看做ス

3市町村境界ニ關スル爭論ニ付府縣參事會ノ爲シタル裁決ハ之ヲ裁定ト看做ス

第三條　町村名譽職ノ當選ヲ辭シ又ハ其ノ職ヲ辭シ若ハ其ノ職務ヲ實際ニ執行セサルカ爲受ケタル町村公民權停止【及町村費增課ノ處分】ニ關スル訴願ニシテ【郡參事會】ニ於テ受理シタルモノハ之ヲ府縣參事會ニ於テ受理シタルモノト看做ス其ノ【郡參事會】ニ於テ爲シタル裁決ニ不服アル者ハ從前ノ規定ニ依ル訴願期間内ニ府縣參事會ニ訴願スルコトヲ得

2市制町村制施行前市町村ニ於テ爲シタル市町村公民權停止及市町村費增課ノ處分ニ對スル訴願ノ期間ニ付テハ前項ノ規定ヲ準用ス

第四條　市町村營造物ニ關スル從前ノ市町村規則中市町村條例ヲ以テ規定スヘキ事項ニ關スル規定ハ市町村條例ト同一ノ效力ヲ有ス

第五條 市會議員ノ定數市制第十三條ノ議員ノ定數ニ滿タサルニ依リ其ノ不足ヲ補フカ爲選擧シタル議員ハ從前ノ規定ニ依ル最近ノ定期改選期ニ於テ其ノ職ヲ失フ

第六條 市町村會議員、區會議員又ハ全部事務ノ爲ニ設ケタル町村組合會議員ノ補闕又ハ增員ニ付從前ノ規定ニ依ル最近ノ定期改選期前ニ於テ其ノ選擧ヲ行ヒタルトキハ其ノ補闕議員又ハ增員議員ハ從前ノ規定ニ依ル最近ノ定期改選期ニ於テ其ノ職ヲ失フ當選ヲ辭シ又ハ選擧若ハ當選無效ト爲リタルカ爲選擧セラレタル議員ニ付亦同シ

第七條 市制町村制施行前ノ選擧ニ關スル選擧人名簿又ハ選擧若ハ當選ノ效力ニ付テハ從前ノ規定ニ依ル

2 選擧人名簿又ハ選擧若ハ當選ノ效力ニ關スル訴願ニシテ市制町村制施行前市町村長ニ於テ受理シタルモノ又ハ市町村會ニ付議シタルモノハ之ヲ市町村會ノ決定ニ付シタルモノト看做ス其ノ決定及市町村會ニ於テ爲シタル裁決ハ之ヲ異議ノ決定ト看做シ其ノ市制町村制施行前ニ爲シタル裁決ニ對スル訴願ハ從前ノ規定ニ依ル訴願期間內ニ之ヲ提起スヘシ

3 市制町村制施行前ニ於ケル選擧又ハ當選ノ效力ニ關スル異議ハ從前ノ規定ニ依ル訴願期間內ニ之ヲ申立ツヘシ

4 第二項ノ裁決ニ不服アル者ノ提起シタル訴願ニシテ【郡參事會】ニ於テ受理シタルモノハ之ヲ府縣參事會ニ於テ受理シタルモノト看做ス其ノ【郡參事會】ニ於テ爲シタル裁決ニ不服アル者ハ從前ノ規定ニ依ル訴願期間內ニ府縣參事會ニ訴願スルコトヲ得

第八條　市制町村制施行前家資分散若ハ破産ノ宣告ヲ受ケ又ハ禁錮以上ノ刑ニ當ルヘキ罪ノ爲公判ニ付セラレタル者ノ選擧權及被選擧權ノ有無ニ關シテハ前條ノ規定ヲ準用ス

第九條　選擧又ハ當選ノ效力ニ關スル府縣知事ノ異議ニシテ市制施行前府縣參事會ニ付議シタルモノハ之ヲ府縣參事會ノ決定ニ付シタルモノト看做シ其ノ府縣參事會ニ於テ爲シタル裁決ハ之ヲ決定ト看做ス

2 選擧又ハ當選ノ效力ニ關スル【郡長】ノ異議ニシテ町村制施行前【郡參事會】ニ付議シタルモノアルトキハ【郡長】ニ於テ直ニ府縣知事ノ指揮ヲ受ケ之ヲ處分スヘシ其ノ【郡參事會】ニ於テ爲シタル裁決ハ之ヲ【郡長】ノ處分ト看做シ之ニ對スル訴願ハ從前ノ規定ニ依ル訴願期間内ニ之ヲ提起スヘシ

第十條　市制施行ノ際現ニ市會議長及其ノ代理者タル者ノ任期ハ從前ノ規定ニ依ル

2 前項ノ議長代理者ハ之ヲ副議長ト看做ス

第十一條　從前ノ規定ニ依ル市町村助役ノ選擧及收入役ノ選任ニ付テハ市町村長ノ推薦ニ依リ市町村會ニ於テ定メタルモノト看做ス

第十二條　町村長ニ於テ町村會ノ議決其ノ權限ヲ超エ又ハ法令ニ背クト認メ裁決ノ申請ヲ爲シ【郡參事會】ニ於テ受理シタルモノハ之ヲ府縣參事會ニ於テ受理シタルモノト看做ス其ノ【郡參事會】ニ於テ爲シタル裁決ニ不服アル者ハ從前ノ規定ニ依ル訴願期間内ニ府縣參事會ニ訴願スルコトヲ得

2 町村長ニ於テ町村會ノ議決公衆ノ利益ヲ害スト認メ裁決ノ申請ヲ爲シ【郡參事會】

ニ於テ受理シタルモノハ之ヲ【郡長】ニ於テ受理シタルモノト看做ス其ノ【郡參事會】ニ於テ爲シタル裁決ハ之ヲ【郡長】ノ處分ト看做シ之ニ對スル訴願ハ從前ノ規定ニ依ル訴願期間內ニ之ヲ提起スヘシ

3 前項ノ事件ニ付町村制施行前府縣參事會ノ爲シタル裁決ニ不服アル者ハ從前ノ規定ニ依ル訴願期間內ニ內務大臣ニ訴願スルコトヲ得

4 市參事會ニ於テ市會ノ議決公衆ノ利益ヲ害スト認メ府縣參事會ニ爲シタル裁決ノ申請ハ之ヲ市長ノ申請ト看做ス市制施行前其ノ府縣參事會ニ於テ爲シタル裁決ニ不服アル者ニ付テハ前項ノ規定ヲ準用ス

第十三條 市制施行前市ノ有給吏員ノ給料若ハ退隱料又ハ名譽職員ノ實費辨償若ハ報酬ノ給與ニ關シ府縣參事會ニ於テ受理シタル異議ハ之ヲ訴願ト看做シ其ノ府縣參事會ニ於テ爲シタル異議ノ裁決ハ之ヲ訴願ノ裁決ト看做ス

2 町村ノ有給吏員ノ給料若ハ退隱料、名譽職員ノ實費辨償若ハ報酬又ハ町村長ノ書記料ノ給與ニ關スル異議ノ申立ニシテ【郡參事會】ニ於テ受理シタルモノハ之ヲ府縣參事會ニ於テ受理シタルモノト看做ス其ノ【郡參事會】ニ於テ爲シタル裁決ニ不服アル者ハ從前ノ規定ニ依ル訴願期間內ニ府縣參事會ニ訴願スルコトヲ得

3 町村長ノ書記料ノ給與ニ關スル異議、訴願及訴訟ニ付テハ給料ニ關スル規定ヲ準用ス

4 市制町村制施行前前三項ノ給與ニ關シ爲シタル處分ニ對スル異議ノ申立期間ハ市制町村制施行ノ日ヨリ之ヲ起算ス

第十四條　從前ノ使用料、手數料及特別税ニシテ市町村條例ニ依ラサルモノハ之ヲ市町村條例ヲ以テ規定シタルモノト看做ス

2　使用料、手數料及特別税ニ關シ從前市町村條例ニ規定シタル科料ハ之ヲ過料ト看做ス但シ市制町村制施行前科料ノ處分ヲ受ケタル者ノ出訴ニ付テハ從前ノ規定ニ依ル

第十五條　市制町村制施行前市町村税ノ賦課又ハ市町村ノ營造物、市町村有財產若ハ其ノ所得ヲ使用スル權利ニ關シ市參事會又ハ町村長ニ申立テタル訴願ハ之ヲ市長又ハ町村長ニ爲シタル異議ノ申立ト看做シ其ノ爲シタル裁決ニ不服アル者ハ從前ノ規定ニ依ル訴願期間内ニ府縣參事會ニ訴願スルコトヲ得

2　前項ノ事件ニ關スル訴願ニシテ【郡參事會】ニ於テ受理シタルモノハ之ヲ府縣參事會ニ於テ受理シタルモノト看做シ其ノ【郡參事會】ニ於テ爲シタル裁決ニ不服アル者ハ從前ノ規定ニ依ル訴願期間内ニ府縣參事會ニ訴願スルコトヲ得

3　市制町村制施行前市町村ノ營造物、市町村有財產又ハ其ノ所得ヲ使用スル權利ニ付爲シタル處分ニ對スル異議ハ從前ノ規定ニ依ル訴願期間内ニ之ヲ申立ツヘシ

第十六條　手數料ノ徵收及市町村税ノ滯納處分ニ關スル訴願ニシテ【郡長】又ハ府縣知事ニ於テ受理シタルモノハ之ヲ府縣參事會ニ於テ受理シタルモノト看做ス其ノ內務大臣ノ受理シタルモノニ付テハ從前ノ規定ニ依ル

2　市制町村制施行前ノ手數料ノ徵收ニ付テハ從前ノ規定ニ依ル訴願期間内ニ市町村長ニ異議ノ申立ヲ爲スコトヲ得其ノ【郡長】ニ於テ爲シタル訴願ノ裁決ニ不服アル者ハ從前ノ規定ニ依ル訴願期間内ニ府縣參事會ニ訴願スルコトヲ得其ノ府縣知事ニ於

テ爲シタル裁決ハ府縣參事會ニ於テ爲シタル裁決ト看做ス

3 市制町村制施行前ノ市町村税ノ滯納處分又ハ町村税ノ滯納處分ニ關スル【郡長】ノ裁決ニ不服アル者ニ付テハ前項ノ規定ヲ準用ス

第十七條　市町村ノ一部ニ屬スル財産又ハ營造物ニ關シ區會又ハ區總會ヲ設クルカ爲市町村條例ノ設定ニ付府縣參事會又ハ【郡參事會】ヨリ内務大臣ニ提出シタル申請ハ之ヲ府縣知事又ハ【郡長】ノ申請ト看做ス

第十八條　町村組合ヲ解カムトスルノ申請ニシテ【郡長】ニ於テ受理シタルモノハ之ヲ府縣知事ニ於テ受理シタルモノト看做ス

第十九條　舊市制第百十六條第一項ノ府縣參事會ノ處分又ハ裁決ニ不服アル者ハ從前ノ規定ニ依ル訴願期間内ニ内務大臣ニ訴願スルコトヲ得

2 舊町村制第百二十條第一項ノ【郡參事會】ノ處分又ハ裁決ニ對スル訴願ニシテ府縣參事會ニ於シ受理シタルモノハ府縣知事ニ於テ受理シタルモノト看做ス其ノ府縣參事會ニ於テ爲シタル裁決ニ不服アル者ニ付テハ前項ノ規定ヲ準用ス

3 前項【郡參事會】ノ處分又ハ裁決ハ【郡長】ニ於テ爲シタル處分ト看做シ之ニ不服アル者ハ從前ノ規定ニ依ル訴願期間内ニ府縣知事ニ訴願スルコトヲ得

4 舊市制第百十六條第一項又ハ舊町村制第百二十條第一項ノ【郡長】又ハ府縣知事ノ處分又ハ裁決ニ不服アルカ爲提起スル訴願ノ期間ニ付テハ從前ノ規定ニ依ル

5 舊市制第百十六條第五項又ハ舊町村制第百二十條第五項ノ執行ノ停止ニ付テハ從前ノ規定ニ依ル

第二十條　舊町村制第百二十二條ノ規定ニ依リ【郡長】ノ爲シタル處分ニ對スル訴願ニシテ府縣參事會ニ於テ受理シタルモノハ府縣知事ニ於テ受理シタルモノト看做シ府縣參事會ニ於テ爲シタル裁決ハ之ヲ府縣知事ノ裁決ト看做ス

2　前項【郡長】ノ處分ニ不服アル者ノ提起スル訴願ノ期間ニ付テハ從前ノ規定ニ依ル

第二十一條　市町村會ノ議決ニ付許可ヲ要スル事件中府縣參事會又ハ【郡參事會】ニ申請シタルモノニシテ府縣知事又ハ【郡長】ノ職權ト爲リタルモノハ之ヲ府縣知事又ハ【郡長】ニ申請シタルモノト看做ス

第二十二條　市制町村制施行前ニ爲シタル市町村吏員ノ解職ニ付テハ總テ從前ノ規定ニ依ル

第二十三條　第三條第七條第四項第十二條第一項第十三條第二項第十五條第一項若ハ第二項又ハ第十六條第二項若ハ第三項ノ規定ニ依リ府縣參事會ニ提起シタル訴願ハ之ヲ市制又ハ町村制ニ依リタルモノト看做ス

第二十四條　市制町村制施行前ノ處分決定裁定又ハ裁決ニ對スル行政訴訟ノ提起期間ハ從前ノ規定ニ依ル

附　則

本令ハ明治四十四年十月一日ヨリ之ヲ施行ス

◎明治二十二年勅令第一號町村制ヲ施行セサル島嶼指定ノ件改正ノ件（大正十年五月三日勅令第百九十號）

町村制第百五十七條ノ規定ニ依リ島嶼ヲ指定スルコト左ノ如シ

東京府管下

小笠原島及伊豆七島

附　則

本令ハ大正十年五月二十日ヨリ之ヲ施行ス

大正七年勅令第三百三十五號ハ之ヲ廢止ス

（參照）大正七年八月三十日公布勅令第三百三十五號ハ長崎縣對島國島根縣隱岐國鹿兒島縣大島郡及沖繩縣ノ町村制度ニ關スル件ナリ

◎市制町村制施行ノ際取扱方ノ件（明治二十二年六月十四日訓第三百五十二號訓令）抄

第六條　合併ノ町村ニハ新ニ其名稱ヲ選定スヘシ舊各町村ノ名稱ハ大字トシテ之ヲ存スルコトヲ得尤モ大町村ニ小町村ヲ合併スルトキハ其大町村ノ名稱ヲ以テ新町村ノ名稱トナシ或ハ互ニ優劣ナキ數小町村ヲ合併スルトキハ各町村ノ舊名稱ヲ參互折衷スル等適宜斟酌シ勉メテ民情ニ背カサルコトヲ要ス但町村ノ大小ニ拘ハラス歴史上著名ノ名稱ハ可成保存ノ注意ヲ爲スヘシ

◎新ニ市町村ヲ置キタル場合ニ於ケル市町村條例設定ニ關スル特例ノ件依命通牒（大正十二年三月二十六日發地第七號地方局長）

今般勅令第四十五號ヲ以テ【明治四十四年勅令第二百四十八號】中改正ノ件公布相成候處右ハ新ニ市町村ヲ置キタル場合ニ於ケル市町村條例設定ニ關スル特例ニシテ特別

稅、使用料及手數料ノ如ク必ス條例ヲ以テ規定スルコトヲ要スル事項ニ關スル條例ヲシテ須臾モ曠缺スルコトナカラシメ以テ市町村行政ノ運用上支障ナカラシメムトスル趣意ニ有之候條之カ適用ハ叙上ノ如キ必要已ムヲ得サル條例ニ限ルヘク又ハ之カ爲正規ノ市町村條例ノ設定ヲ怠ルカ如キコトナカラシムル樣御留意相成度

◎市制第六條ノ市ノ指定ニ關スル件（明治四十四年九月二十二日勅令第二百三十九號）

市制第六條ノ規定ニ依リ市ヲ指定スルコト左ノ如シ

東京市　京都市　大阪市

附　則

本令ハ明治四十四年十月一日ヨリ之ヲ施行ス

◎市制第六十五條ノ名譽職參事會員ノ定數ノ件（昭和四年六月十九日勅令第百八十九號）

市制第六十五條第一項但書ノ規定ニ依リ市ヲ指定スルコト左ノ如シ

東京市　京都市　大阪市　横濱市

神戸市　名古屋市

附　則

本令ハ昭和四年七月一日ヨリ之ヲ施行ス

◎市制第八十二條第三項ノ市指定ノ件（明治四十四年九月二十二日内務省令第十四號）

市制第八十二條第三項ノ規定ニ依リ市ヲ指定スルコト左ノ如シ

名古屋市　横濱市（昭和二年八月二十七日内務省令第三十二號ヲ以テ昭和二年十月一日施行）

附　則

本令ハ明治四十四年十月一日ヨリ之ヲ施行ス

◎年齡計算ニ關スル件（明治三十五年十二月二日法律第五十號）

1 年齡ハ出生ノ日ヨリ之ヲ起算ス

2 民法第百四十三條ノ規定ハ年齡ノ計算ニ之ヲ準用ス

3 明治六年第三十六號布告ハ之ヲ廢止ス

◎民法（抄）（明治二十九年四月二十七日法律第八十九號）改正（明治三十四年法律第三十六號大正十五年四月同第六十九號）

第二十一條　各人ノ生活ノ本據ヲ以テ其住所トス

第百四十三條　期間ヲ定ムルニ週、月又ハ年ヲ以テシタルトキハ曆ニ從ヒテ之ヲ算ス

2 週、月又ハ年ノ始ヨリ期間ヲ起算セサルトキハ其期間ハ最後ノ週、月又ハ年ニ於テ其起算日ニ應當スル日ノ前日ヲ以テ滿了ス但月又ハ年ヲ以テ期間ヲ定メタル場合ニ於テ最後ノ月ニ應當日ナキトキハ其月ノ末日ヲ以テ滿期日トス

◎本籍人犯罪人名簿整備方（大正六年四月十二日内務省訓令第一號）

市町村長（市制第六條及第八十二條第三項ノ市ニ在ニテハ區長、市制町村制ヲ施行セ

年齡計算ニ關スル件、民法第二十一條第百四十三條、本籍人犯罪人名簿整備方

サル地ニ在リテハ市町村長ニ準スヘキ者以下同シ）ヲシテ裁判所檢事局、軍法會議又ハ他ノ市町村長ノ通知ニ依リテ本籍人ノ犯罪人名簿ヲ整備セシムヘシ但シ裁判所檢事局軍法會議又ハ市町村長ノ通知書ヲ編綴シテ犯罪人名簿ニ代用セシムルモ妨ケナシ本籍ヲ他ノ市町村長ノ管轄內ニ轉シタル者アルトキハ除籍地ノ市町村長ヲシテ入籍地ノ市町村長ニ轉籍者ノ刑罰（拘留、科料ヲ除ク）身代限、破產、家資分散、兵役、種痘ニ關スル事項ヲ遲滯ナク通知セシムヘシ

◎入寄留者犯罪人名簿整備方（昭和二年十一月二十九日內務省訓令第二一號）

市町村長（市制第六條及第八十二條第三項ノ市ニ在リテハ區長、市制町村制ヲ施行セサル地ニ在リテハ市町村長ニ準スヘキ者以下同シ）ヲシテ他ノ市町村長ノ通知ニ依リ大正六年四月內務省訓令第一號ニ準シ入寄留者犯罪人名簿ヲ整備セシムヘシ出寄留者アルトキハ本籍地ノ市町村長ヲシテ入寄留地ノ市町村長ニ寄留者ノ犯罪事項ヲ遲滯ナク通知セシムヘシ

◎禁治產及破產者名簿整備方（昭和二年一月二十九日內務省訓令第四號）

市町村長（市制第六條及第八十二條第三項ノ市ニ在リテハ區長、市制町村制ヲ施行セサル地ニ在リテハ市町村長ニ準スヘキ者以下同シ）ヲシテ裁判所ノ公告又ハ他ノ市町村長ノ通知ニ依リ本籍人及入寄留者ニ付各別ニ禁治產者、準禁治產者名簿及破產者名簿ヲ整備セシムヘシ

轉籍者又ハ出寄留者アルトキハ原籍地又ハ本籍地ノ市町村長ヲシテ新本籍地又ハ入寄

留地ノ市町村長ニ當該者ノ禁治產又ハ準禁治產若ハ破產ニ關スル事項ヲ遲滯ナク通知セシムヘシ

◎市制町村制ニ關スル件（大正十五年十月二十日崎地第七一號地方局長通牒）

市制第九條第一項第六號及町村制第七條第一項第六號ニ所謂「刑期」トハ刑ノ言渡シニ依ル刑期ヲ指スモノナリヤ又ハ刑ノ執行ヲ受ケタル期間ヲ指スモノナリヤ解釋上疑義ニ亘リ候條至急何分ノ御指示相願度候（長崎縣知事照會）

標記ノ件九月六日一五地第一二〇六號ヲ以テ御照會相成候處右ハ前段御見込ノ通ト存候但シ左ノ場合ニ於テハ變更セラレタル刑期ニ依ル儀ト御承知相成度

記

一 勅令ニ依ル減刑ニシテ刑ヲ變更セラレタル場合（恩赦令第七條第一項）

二 特定ノ者ニ對スル減刑ニシテ刑ヲ變更セラレタル場合（恩赦令第七條第二項但書）

◎衆議院議員選擧法第六條第三號ニ關スル件（大正十五年三月三十日發地第十八號地方局長通牒）

衆議院議員選擧法第六條第三號ニ謂フ貧困ニ因リ生活ノ爲公私ノ救助ヲ受ケ又ハ扶助ヲ受クル者トハ貧困ノ狀態ニ在ル者カ貧困ノ原因トシテ國道府縣市町村其ノ他公共團體又ハ私法人私人等ヨリ生活上全部又ハ一部ノ經濟的補助ヲ受クル者ノ義ニシテ左記第一號乃至第六號ニ揭クル如キモノヲ指稱シ第七號乃至第十九號ニ揭クルモノノ如キハ該當セサルモノトス

記

一　乞食ヲ爲ス者
二　恤救規則ニ依リ救助ヲ受クル者
三　養老院ニ收容セラルル者及養老院ヨリ院外救助ヲ受クル者
四　貧困ニ陷リテ舊子弟ヨリ生活上ノ扶助ヲ受クル者
五　養子トナリテ他ノ家ニ入リタル者カ貧困ニ陷リタル爲實家ヨリ生活ノ補助ヲ受クル者
六　生活ノ爲他ヨリ補助ヲ受クル者ノ世帶ニ屬スル者
七　軍事救護法ニ依リ救護ヲ受クル者
八　廢兵院法ニ依リ救護ヲ受クル者
九　罹災救助ヲ受クル者
一〇　恩給法等ニ依リ恩給又ハ遺族扶助料等ヲ受クル者
一一　工場法鑛業法傭人扶助令ニ依リ扶助ヲ受クル者
一二　各種共濟組合ヨリ給與等ヲ受クル者
一三　施藥施療ヲ受クル者
一四　學資ノ補助ヲ受クル者
一五　年末年始等ニ於テ何等カノ名義ノ下ニ施與ヲ受クル者
一六　傳染病豫防法ニ依リ生活費ヲ受クル者
一七　親戚故舊ヨリ體面維持ノ爲メ補助ヲ受クル者

一八　父兄ヨリ扶養ヲ受クル子弟、或ハ子弟ヨリ扶養ヲ受クル父兄其ノ他民法上ノ家族タルト否トヲ問ハス同一世帶內ニ在ル者ヨリ扶助ヲ受クル者

一九　托鉢僧雲水巡禮等

◎地方議會議員ノ選擧運動ノ爲ニスル文書圖畫ニ關スル件（大正十五年六月二十四日内務省令第二十一號）改正（昭和二年十月八日内務省令第四十二號四年二月十九日同第四號）

北海道會法第十四條、府縣制第三十九條、市制第三十九條ノ二、町村制第三十六條ノ二竝北海道一級町村制第一條及北海道二級町村制第四十七條ニ依リ選擧運動ノ爲頒布シ又ハ揭示スル文書圖畫ノ制限ニ關スル件左ノ通定ム（昭和二年內務省令第四十二號改正）

北海道會、府縣會、市會（市制第六條ノ市ノ區ノ區會ヲ含ム）町村會竝北海道一級町村及北海道二級町村ノ町村會ノ議員ノ選擧ニ付テハ大正十五年內務省令第五號選擧運動ノ爲ニスル文書圖畫ニ關スル件ヲ準用ス但シ同令第三條中百五十箇トアルハ左ノ各號ニ依ル

一　北海道會議員、府縣會議員及市制第三十九條ノ二ノ市（又ハ區）ノ市會議員（又ハ區會議員）ノ選擧ニ付テハ四十五箇（昭和四年內務省令第四號本項改正）

二　前號ノ市（又ハ區）以外ノ市（又ハ區）ノ市會議員（又ハ區會議員）町村會議員竝北海道一級町村及北海道二級町村ノ町村會議員ノ選擧ニ付テハ十五箇（同上）

附　則

本令ハ次ノ總選擧ヨリ之ヲ施行ス
本令施行ノ際大正十五年内務省令第五號選擧運動ノ爲ニスル文書圖畫ニ關スル件未タ施行セラレサル場合ニ於テハ本令ノ適用ニ付テハ同令ハ既ニ施行セラレタルモノト看做ス

附　則（昭和四年二月内務省令第四號）

本令ハ昭和四年三月十日以後ニ於テ行フ選擧ニ關スルモノヨリ之ヲ適用ス

◎各地ニ唱フル字ハ漫ニ改稱變更スヘカラサル件（明治十四年九月二十二日右改官達第八十三號）府縣へ

各地ニ唱フル字ノ儀ハ其地固有ノ名稱ニシテ往古ヨリ傳來ノモノ甚タ多ク土地爭訟ノ審判歷史ノ考證地誌ノ編纂等ニハ最モ要用ナルモノニ候條漫ニ改稱變更不致樣可心得此旨相達候事但實際已ムヲ得サル分ハ時々内務省へ可伺出事

◎市町村内土地ノ字名改稱變更取扱規定（明治四十四年三月十五日内務省訓令第二號）改正（大正四年八月内務省訓令第六號九年十月四日舊第十九號）府縣（沖繩縣ヲ除ク）

從來公稱スル市町村内土地ノ字名ハ明治十四年第八十三號公達ノ趣旨ニ依リ容易ニ改稱變更スヘキモノニアラサルモ已ムヲ得サル事實アリテ改稱變更ヲ必要トスルモノニ限リ左ノ規定ニ依リ取扱フヘシ

一　市町村内大字名（市制町村制施行ノ際分合シタル舊區町村名、從前獨立町村内ノ支郷又ハ某組ト唱フル部落等ノ總稱）及市內ノ町名ヲ改稱シ又ハ其ノ區域ノ變更ヲ要スルトキハ市町村會之ヲ議決シ縣府知事ノ許可ヲ受クヘシ【但シ町村ニ屬スルモノハ島司、郡長ヲ經由シ島司、郡長ハ意見ヲ副申ヘシ

二　市町村內ノ小字名（市內ノ町名ヲ除ク）ヲ改稱シ又ハ其ノ區域ノ變更ヲ要スルトキハ關係アル地主ノ意見ヲ聞キ市町村會之ヲ議決シ府縣知事ノ許可ヲ受クヘシ【但シ町村ニ屬スルモノハ島司、郡長ヲ經由シ島司、郡長ハ意見ヲ副申スヘシ】

三　前項ノ場合ニ於テ其ノ區域全部カ國有林野ニ屬スルトキハ府縣知事之ヲ處分シ若其ノ區域カ國有林野ノ外民有地ニ屬スルトキハ關係アル市町村會及民有地主ノ意見ヲ聞キ府縣知事之ヲ處分スヘシ但シ本項ノ處分ハ直ニ之ヲ關係市町村ニ通知スヘシ

四　第二項ノ場合ニ於テ其ノ區域カ御料地ニ屬スルトキハ前項ノ例ニ依ルヘシ但シ豫メ帝室林野管理局長官ニ協議スヘシ（大正四年八月內務省訓令第六號改正）

五　耕地整理施行ノ爲市町村內ノ大字若ハ字ノ名稱ヲ改メ又ハ其ノ區域ヲ變更スルノ必要アルトキハ關係アル市町村會ノ意見ヲ聞キ府縣知事之ヲ處分スヘシ但シ本項ノ處分ハ直ニ之ヲ關係市町村ニ通知スヘシ

六　水面埋立地其ノ他新開地等ニ新ニ字名稱ヲ附スルトキハ第二項ノ例ニ依ルヘシ

七　市町村ノ境界ニ關スル爭論ノ裁決及民事訴訟ノ判決ニ依リ字名ノ訂正又ハ其ノ區域ヲ變更スヘキトキハ市參事會町村長（第八項島嶼ニ在リテハ町村長ニ準スヘキ職務ヲ行フ者）ヨリ府縣知事ニ申報セシムヘシ【但シ町村ニ屬スルモノハ島司、

郡長ヲ經由スヘシ】（大正四年内務省訓令第六號改正）

八　東京府伊豆七島ノ内八丈島及大島ヲ除ク外竝小笠原島ニ於テハ仍從前ノ手續ニ依ル其ノ小字ノ名稱及區域ニ關スルモノハ府知事ニ於テ處分スヘシ

九　第一項乃至第六項及第八項ノ許可又ハ處分ヲ爲シタルトキ竝第七項ノ申報ヲ受クルトキハ府縣知事ハ直ニ其ノ府縣ニ於ケル公布式ニ依リ之ヲ公告シ同時ニ其ノ公報ヲ内務大臣ニ報告シ且右ノ官廳ニ送付スヘシ（大正九年同訓令第十九號改正）

一　土地臺帳主管廳タル所轄稅務署

二　當該要塞司令部、陸地測量部、當該師團司令部（近衞師團ヲ含マス）當該聯隊區司令部

三　司法省、所轄地方裁判所、同區裁判所、同區裁判所出張所

四　遞信省遞信局、同管船局、同電氣局、當該所轄遞信局

◎市區町村内土地ノ字名改稱及區域變更ニ關スル件（大正九年十月四日地第一八七號地方局長通牒）府縣へ

市區町村内土地ノ字名改稱及區域變更取扱方訓令中本日改正相成候處廳府縣ノ公報ニ登載スル場合ニハ官報公告ノ例ニ依リ大字、小字ノ名稱及町名總テ片假名ヲ以テ其ノ讀方ヲ附セラレ度

追テ町村ノ廢置分合、市（市制第六條ノ市ノ區ヲ含ム以下同シ）區町村ノ境界變更又ハ所屬未定地ヲ市區町村ノ區域ニ編入ヲ爲シタルトキ或ハ市區町村ノ名稱ヲ變更

シ又ハ村ヲ町ト爲シ若ハ町ヲ村ト爲シタルトキ市區役所、町村役場ノ位置ヲ定メ之ヲ變更シタルトキハ從前ノ通リ官報ヲ以テ公告ヲ要スル義ニ有之候條公告洩レ無之樣特ニ御注意相成度

◎各府縣下ニ存在スル公共財産等ニ關スル件（明治二十二年一月二十四日內務省令第一號）

第一條 從來各府縣下ニ存在スル公共ノ財産ニシテ府縣會區町村會及水利土功會ノ議定ニ付セサルモノ其管理方法又ハ名義ノ如何ニ拘ハラス府縣知事ニ於テ其管理者又ハ關係者ノ意見ヲ聞キ其所屬ヲ定メ自今府縣會若クハ區町村會ノ議定ヲ經テ府縣知事若クハ郡區長戶長ニ於テ之ヲ管理スヘシ

第二條 前號ノ財産ニシテ地方稅又ハ區町村費ト經濟ヲ異ニスルノ必要アルモノハ決議ニヨリ別ニ經濟ヲ立ツルコトヲ得

第三條 公益ニ供スル爲メ有志人民ノ努力ヲ以テ設立シタル學校病院ノ類ハ府縣立ノ名義ヲ附シ府縣知事ニ於テ之ヲ管理スルモ本令第一條ニ據ルノ限リニ在ラス

◎公共團體ノ管理スル公共用土地物件ノ使用ニ關スル件（大正三年四月四日法律第三十七號）

第一條 公共團體ニ於テ管理スル道路、公園、堤塘、溝渠其ノ他公共ノ用ニ供スル土地物件ヲ濫ニ使用シ又ハ許可ノ條件ニ反シテ使用スル者ニ對シ管理者タル行政廳ハ地上物件ノ撤去其ノ他原狀回復ノ爲必要ナル措置ヲ命スルコトヲ得

第二條 前條ノ場合ニ於テハ行政執行法第五條及第六條ノ規定ヲ準用ス

附　則

本法ハ公布ノ日ヨリ之ヲ施行ス

◎地方税又ハ區町村費ノ支辨ニ係ル堤塘使用料等取扱方（明治二十一年七月十七日内務省訓令第十七號）

【地方税】又ハ【區】町村費ノ支辨ニ係ル堤塘使用料及道路竝木敷貸渡料共他同上ノ竝木及堤塘道路用惡水路土居敷等ニ屬スル竹木拂代金ハ左項ニ準シテ取扱フヘシ

但シ本文ニ抵觸セシ從前ノ指令訓令ハ取消ス

一　修繕費ノ全部ヲ【地方税】ヨリ支辨スル箇所ノ收入ハ【地方税】ヘ其【區】町村費ヨリ支辨スル箇所ノ收入ハ【區】町村費ヘ毎年度ニ於テ編入セシム可シ

一　修繕ハ【區】町村費ノ主擔ニシテ【地方税】ノ補助ニ係ル箇所ノ收入ハ【區】町村費ヘ編入セシムヘシ

一　【地方税】ト【區】町村費ト修繕ノ主擔ヲ定メスシテ分擔支辨ニ係ル箇所ノ收入ハ其支出金額ノ歩合ニ隨ヒ編入セシムヘシ

一　【地方税】ト【區】町村費ト年年修繕負擔ヲ異ニスル箇所ノ收入ハ該年度負擔ノ方ニ編入セシムヘシ

一　【區】町村費ノ支辨ニ係ル堤塘道路用惡水路土居敷修繕費及竝木植繼及保護費ハ【區】町村費中土木費ヨリ支出セシムヘシ

一　前各項ノ收入金ニシテ府縣廳ヘ積置タル分ハ前各項ニ準據シ本年度中悉皆交付スヘシ

◎堤塘道路竝木敷ノ使用及收益ニ關スル件（明治二十四年五月二十二日訓令四六二號內務大臣）

1　地盤ノ官有ニ屬スル堤塘道路竝木敷ノ使用ハ自今其費用ヲ負擔スル府縣及市町村ニ於テ處分スヘシ但シ市町村ノ處分ニ係ルモノハ府縣廳ノ認可ヲ請ハシムヘシ

2　前項堤塘道路竝木敷使用料及堤塘道路用惡水路土居敷等ニ屬スル竹木其他ノ收益ハ其費用ヲ負擔スル府縣及市町村ノ收入ニ屬スヘシ

3　費用ノ主擔定マラサルカ又年々負擔ヲ異ニスル堤塘道路竝木敷用惡水路土居敷等ニ關スル事項ハ府縣廳ニ於テ處分シ其收益ニ屬スルモノハ府縣廳ニ於テ之ヲ徵收シ費用ヲ負擔スル府縣及市町村ニ配付スヘシ

4　地盤ノ市町村有ニ屬スル堤塘ノ使用及堤塘ヨリ生スル收益等ハ市町村ノ管理ニ歸セシムヘシ

◎起債稟請ノ場合添附スヘキ書類（明治二十六年十一月十八日訓第六九二號內務大藏兩大臣訓令）

（上略）自今公債募集ノ議決ヲ爲シ許可稟請スルニ當テハ募集及償還ノ方法ニ就キ精覈調査ヲ遂ケ其事業ノ緩急負擔ノ堪否ニ付テハ詳細意見ヲ具陳シ尙（中略）左ノ事項ヲモ無洩記載シ進達スヘキ義ト心得ラルヘシ

一　公債竝ニ利子償還ノ財源但將來收入ヲ生スヘキ事業ノ爲公債ヲ起シ其ノ收入ヲ

以テ償還ニ充テントスルトキハ償還期限ノ終リマテ毎年收入ノ年次見込書ヲ添附スヘキハ勿論ナリトス

一　公債ノ元利償還ノ年次表（第一表）
一　當該年度歳入歳出豫算表
一　當該年度諸税負擔一覽表（第二表）
一　基本財産ノ有無竝ニ其額

負債償還年次表（第一表）

年度	償還元金	利子（割合）	計
何年度	0,000圓	0,000圓	0,000圓
同	0,000	0,000	0,000

諸税負擔一覽表（第二表）

税目	金額	納税者總數ニ對スル平均一人當	總人口ニ對スル平均一人當	總戸數ニ對スル平均一戸當
直接國税	0,000圓	0,000圓	0,000圓	0,000圓
府縣税	0,000	0,000	0,000	0,000
市町村税	0,000	0,000	0,000	0,000

總人口總戸數及納稅者ノ總數（納稅者ノ總數ハ一人ニシテ直接國稅府縣稅市町村稅ヲ納ムルモノモ或ハ其内一稅又ハ二稅ノミヲ納ムルモノモ凡テ一人ニ算シタル總人員ヲ云フ）ヲ備考トシテ掲載スヘシ

水利組合ニ於テ要スル負債ニ付テハ水利組合域内ヨリ納ムヘキ諸稅目ヲ前表ニ準シ調製シ尙左表ヲ添付スヘシ

費目	金額	附記
水利組合費	〇、〇〇〇圓	普通水利組合ニ於テハ組合内ノ總段別總地價及地價平均壹圓當竝ニ出費人一人ノ平均負擔額
	〇、〇〇〇	水害豫防組合ニ於テハ組合内家屋ノ總數土地ノ總段別竝ニ出費人一人ノ平均負擔額

◎市町村其他公共團體起債ニ關シ依命通牒（大正十二年三月八日發地第二十三號地方、理財兩局長）

近時市町村其ノ他公共團體ニ於テ事業ヲ經營スルニ當リ其ノ財源ノ全部若ハ一部ヲ起債ニ依ル事トシ內務、大藏兩大臣ニ對シ起債ノ許可稟請ヲ爲シタル場合未タ許可ノ指令ニ接セサル以前ニ於テ其ノ工事ニ著手スルモノ有之ヤニ見受ラレ候處右ハ不可然義ニ有之若シ其ノ起債カ詮議相成サル場合ハ當該團體ノ財政ニ支障ヲ來サシムル場合モ可有之甚タ憂慮ニ不堪義ト存候就テハ爾今各公共團體ニ於テハ必ス起債許可後財源ノ確定ヲ俟テ事業ニ著手スル樣嚴ニ御監督相成度

◎起債ニ依ル事業費ノ精算報告ノ件依命通牒（大正十二年五月三十日發地第六十號地方局長）

市町村ニ於テ起債ヲ全部又ハ一部ノ財源トスル事業竣功シタルトキハ遅滯ナク別紙様式ニ依リ精算書ヲ報告セシメラレ度

追テ本件ハ大正十一年度ニ竣功シタル事業ヨリ報告セシメラレ度尚委任許可債ニ付テハ報告ニ及ハス候

何々事業費精算報告

収入（支出）

款項	豫定				精算			
	何年度	何年度	何年度	計	何年度	何年度	何年度	計
計								

參照

一 豫定ト精算ト異ナルモノニ付テハ其ノ事由ヲ記載スルコト
二 精算ニ於テ收支殘金ヲ生シタルトキハ其ノ處分方法ヲ記載スルコト
三 竣功シタル事業ノ概樣ヲ記載スルコト若シ當初ノ事業計畫ト異ルトキハ其ノ事由ヲ記載スルコト

◎市町村ノ廳舍、公會堂、中等學校校舍等ニ關スル起債ノ件依命通牒（昭和四年四月十一日發地第三三號 北海道廳長官各府縣知事及地方局長）

地方債ニ付テハ曩ニ屢々訓令通牒ノ次第モ有之候處近時市町村ニ於テ廳舍、公會堂、中等學校校舍等ニ關スル建築費用地費等ノ財源ヲ起債ニ求ムルノ計畫ヲ以テ之カ稟請ヲ爲ス向不尠モ此種ノ起債ニ付テハ眞ニ緊急已ムヲ得サルモノニ非サレハ容易ニ詮議難相成候條貴管下公共團體ニ對シ此ノ旨御示達相成度

◎公營質屋ニ關スル件通牒（大正十四年一月十三日地發甲第六號地方局長）

近時市町村ニ於テ細民救濟ノ目的ヲ以テ質屋ヲ經營スルモノ有之候處右ハ市町村ノ營造物ナルヲ以テ之カ使用料ニ付テハ條例ヲ以テ規定セサルヘカラサルニ拘ラス往々之カ手續ヲ履踐セサルモノ有之候條將來斯ル向無之樣致度爲念及通牒候也

◎市町村ニ於テ民勢調査ヲ爲ス際申告ヲ拒ミタル者等處罰方（明治四十一年八月十一日内務省令第十五號）

市町村ノ廳舍公會堂中等學校校舍ニ關スル起債ノ件依命通牒、公營質屋ニ關スル件通牒、市町村ニ於テ民勢調査ヲ爲ス際申告ヲ拒ミタル者等處罰方

収入證紙發行ニ關スル件、府縣會議員又ハ市町村會議員ノ發案議決ニ伴フ歳入出豫算ノ件通牒

市【北海道區制及沖繩縣區制ニ依ル區ヲ含ム】町村ニ於テ條例ヲ定メ民勢ノ調査ヲ爲スニ當リ故意ニ申告ヲ拒ミ若ハ虚僞ノ申告ヲ爲シ又ハ其ノ調査ヲ忌避シタル者ハ二十五圓以下ノ罰金ニ處ス虚說造言ヲ放チ僞計威力ヲ用ヰテ調査ヲ妨害スル者亦同シ

◎收入證紙發行ニ關スル件（大正元年十一月十六日内務省訓令第十七號）

公共團體ニ於テ使用料手數料等徴收上便宜ノ爲收入證紙發行ニ付テハ今後經伺ニ及ハス但從來指示ノ事項ヲ遵守シ已ムヲ得ス金額ヲ表示スル場合ハ算用數字ヲ用ヰ政府發行ノ收入印紙ニ紛ハシカラサル樣注意スヘシ

◎府縣會議員又ハ市町村會議員ノ發案議決ニ伴フ歳入出豫算ノ件通牒（昭和四年八月十日發地第五五號　地方局長）

府縣會議員又ハ市町村會議員ノ發案議決ニ伴フ歳入出豫算ノ件省議決定（昭和四年八月三日）

標記ノ件ニ關シ別紙ノ通省議決定相成候條爲御參考

（別紙）

府縣會議員又ハ市町村會議員カ府縣會又市町村會ノ議決スヘキ事件（歳入出豫算ヲ除ク）ニ付發案シ府縣會又ハ市町村會ニ於テ之ヲ議決シタルトキ之ニ伴ヒ歳入出豫算ヲ要スル場合ト雖府縣知事又ハ市町村長ハ必スシモ歳入出豫算案ヲ提出セサルヘカラサル義務ヲ負フモノニ非ス

◎市町村長、助役、收入役及副收入役ノ就職ニ關スル件（大正十五年九月二十三日地發乙第一九〇號地方局長通牒）

市町村長、助役、收入役及副收入役ハ承諾ノ日ヨリ就職スルモノトシ之カ任期ヲ計算スヘキ旨本月二十一日附發地第六八號ヲ以テ及通牒置候ニ付テハ將來就職ノ諾否ハ文書ヲ以テ之ヲ表示セシムルコトトシ就職ニ關シ行違ヲ生スルカ如キコト無之樣御指示相成度

◎市町村長、助役、收入役及副收入役ノ任期起算ニ關スル件（大正十五年九月二十一日發地第六八號地方局長通牒）

市町村長、助役、收入役及副收入役ノ就職ニ關スル裁可又ハ認可廢止後就職スル市町村長、助役、收入役及副收入役ノ任期ハ就職承諾ノ日ヨリ起算スルモノト解スヘキ義ニ有之爲念

追而現任者中ニ後任者ヲ選擧シ當選人ニ於テ其ノ就職承諾ヲ爲シタル場合ニ於テハ現任者ノ任期滿了ノ翌日就職スル義ニ有之爲念申添候

◎市町村吏員服務紀律（明治四十四年九月二十二日內務省令第十六號）改正（大正十五年六月二十四日內務省令第二十五號）

第一條 市町村吏員ハ忠實勤勉ヲ旨トシ法令ニ從ヒ其ノ職務ニ盡スヘシ

第二條 市町村吏員ハ職務ノ內外ヲ問ハス廉恥ヲ破リ其ノ他品位ヲ傷フノ所爲アルヘカラス

2 市町村吏員ハ職務ノ内外ヲ問ハス職權ヲ濫用セス懇切公平ナルコトヲ務ムヘシ

第三條　市町村吏員ハ總テ公務ニ關スル機密ヲ私ニ漏洩シ又ハ未發ノ事件若ハ文書ヲ私ニ漏示スルコトヲ得ス其ノ職ヲ退クノ後ニ於テモ亦同シ

2 裁判所ノ召喚ニ依リ證人又ハ鑑定人ト爲リ職務上ノ秘密ニ就キ訊問ヲ受クルトキハ指揮監督者ノ許可ヲ得タル件ニ限リ供述スルコトヲ得事實參考ノ爲訊問ヲ受ケタル者ニ付テモ亦同シ

3 前項ノ場合ニ於テ市町村吏員ノ掌ル國府縣其ノ他公共團體ノ事務ニ付テハ國府縣其ノ他公共團體ノ代表者ノ許可又ハ承諾ヲ得ルコトヲ要ス

第三條ノ二　有給市參與、市町村助役、市町村收入役及市町村副收入役竝ニ市制第六條ノ市ノ區長及市制第八十二條第三項ノ市ノ區長ハ市町村長ノ許可ヲ受クルニ非サレハ他ノ報償アル業務ニ從事スルコトヲ得ス（大正十五年內務省令第二十五號追加）

第四條　市町村吏員ハ其ノ職務ニ關シ直接ト間接トヲ問ハス自己若ハ其ノ他ノ者ノ爲ニ贈與其ノ他ノ利益ヲ供給セシムルノ約束ヲ爲スコトヲ得ス

2 市町村吏員ハ指揮監督者ノ許可ヲ受クルニ非サレハ其ノ職務ニ關シ直接ト間接トヲ問ハス自己若ハ其ノ他ノ者ノ爲ニ贈與其ノ他ノ利益ヲ受クルコトヲ得ス

第五條　左ニ揭クル者ト直接ニ關係ノ職務ニ在ル市町村吏員ハ其ノ者又ハ其ノ者ノ爲ニスル者ノ饗讌ヲ受クルコトヲ得ス

一　市町村ニ對シ工事ノ請負又ハ物件勞力供給ノ契約ヲ爲ス者

二　市町村ニ屬スル金錢ノ出納保管ヲ擔任スル者

三　市町村ヨリ補助金又ハ利益ノ保證ヲ受クル起業者
四　市町村ト土地物件ノ賣買贈與貸借又ハ交換ノ契約ヲ爲ス者
五　其ノ他市町村ヨリ現ニ利益ヲ得又ハ得ムトスル者

附　則

本令ハ明治四十四年十月一日ヨリ之ヲ施行ス

附　則（大正十五年六月内務省令第二十五號）

本令ハ大正十五年七月一日ヨリ之ヲ施行ス

◎市町村長除服及旅行取締方ノ件（大正元年十一月十六日内務省訓令第十五號）

1　市町村長忌服ニ丁ルトキハ直近監督官廳ニ於テ除服ヲ達シ旅行ヲ爲サムトスルトキハ法令ノ規定又ハ監督官廳ノ命ニ依ル場合ヲ除クノ外取締上必要ト認ムル範圍ニ於テ豫メ監督官廳ノ認可ヲ受ケシムルノ規定ヲ設クヘシ
2　助役ノ除服及旅行ニ關シ市町村長故障アル場合ニ付テハ前項ノ例ニ依ル

◎地方稅ニ關スル法律（大正十五年三月二十七日法律第二十四號）改正（昭和六年四年一日法律第五十號）

第一條　北海道、府縣ハ本法ニ依リ特別地稅、家屋稅、營業稅及雜種稅ヲ賦課スルコトヲ得

第二條　特別地稅ハ地租法第七十條ノ規定ニ依リテ地租ヲ免除シタル田畑ニ對シ地租法第八條ノ賃貸價格ヲ標準トシテ之ヲ賦課ス（昭和六年四月法律第五十號改正）

参照

地租法

第七十條 田畑地租ノ納期開始ノ時ニ於テ納税義務者（法人ヲ除ク）ノ住所地市町村及隣接市町村内ニ於ケル田畑賃貸價格ノ合計金額カ其ノ同居家族ノ分ト合算シ二百圓未滿ナルトキハ納税義務者ノ申請ニ依リ其ノ田畑ノ當該納期分地租ハ命令ノ定ムル所ニ依リ之ヲ免除ス但シ小作ニ付シタル田畑ニ付テハ此ノ限ニ在ラス

2 民法施行前ヨリ引續キ存スル永小作權ニ付其ノ設定ノ當時舊來ノ慣行ニ依リテ小作料支拂ノ外當該田畑ノ地租ノ全額ヲ永小作權者ニ於テ負擔スルコトヲ約シタル田畑ニ關シテハ命令ノ定ムル所ニ依リ永小作者權ヲ所有者ト看做シテ前項ノ規定ヲ適用ス

2 特別地税ノ徴收ニ關シテハ地租法第十二條ノ規定ヲ準用ス（昭和六年四月一日法律第五十號改正）

参照

地租法

第十二條 地租ハ納期開始ノ時ニ於テ土地臺帳ニ所有者トシテ登錄セラレタル者ヨリ之ヲ徴收ス

2 但シ質權ノ目的タル土地又ハ百年ヨリ長キ存續期間ノ定アル地上權ノ目的タル土地ニ付テハ土地臺帳ニ質權者又ハ地上權者トシテ登錄セラレタル者ヨリ之ヲ徴收ス

第三條 特別地税ノ賦課率ハ賃貸價格百分ノ三・一以内トス（昭和六年四月法律第五十號改正）

2 特別地税ニ對シ市町村其ノ他ノ公共團體ニ於テ賦課スヘキ附加税ノ賦課率ハ前項ニ規定スル制限ノ百分ノ八十以内トス

第四條 府縣費ノ全部ノ分賦ヲ受ケタル市ハ第二條ノ例ニ依リ賃貸價格百分ノ二・五ノ外其ノ分賦金額以內ニ限リ前條第一項ニ規定スル制限ニ達スル迄特別地稅ヲ賦課スルコトヲ得（昭和六年四月法律第五十號改正）

參　照

第二條 特別地稅ハ地租法第七十條ノ規定ニ依リテ地租ヲ免除シタル田畑ニ對シ地租法第八條ノ賃貸價格ヲ標準トシテ之ヲ賦課ス

2 特別地稅ノ徵收ニ關シテハ地租法第十二條ノ規定ヲ準用ス

第三條 特別地稅ノ賦課率ハ賃貸價格百分三・一以內トス

2 北海道地方費又ハ府縣費ノ一部ノ分賦ヲ受ケタル市町村ハ前條第二項ニ規定スル制限ノ外其ノ分賦金額以內ニ限リ特別地稅附加稅ヲ賦課スルコトヲ得但シ北海道、府縣ノ賦課額ト市町村ノ賦課額トノ合算額ハ前條第一項ニ規定スル制限ヲ超ユルコトヲ得ス

第五條 特別地稅又ハ其ノ附加稅ト段別割トヲ併課スル場合ニ於テハ段別割ノ總額ハ第三條又ハ前條ノ規定ニ依リテ其ノ地目ノ土地ニ對シ賦課シ得ヘキ制限額ト特別地稅額又ハ其ノ附加稅額トノ差額ヲ超ユルコトヲ得ス

第六條 特別地稅又ハ其ノ附加稅ノ賦課カ第三條乃至前條ニ規定スル制限ニ達シタル場合ニ非サレハ明治四十一年法律第三十七號第五條ノ規定ニ依ル地租、營業收益稅又ハ所得稅ノ附加稅ノ制限外課稅ヲ爲スコトヲ得ス

參　照　明治四十一年法律第三十七號

第五條　特別ノ必要アル場合ニ於テハ內務大藏兩大臣ノ許可ヲ受ケ第一條乃至第三條ノ制限ヲ超過シ其ノ百分ノ十二以內ニ於テ課税スルコトヲ得

2　左ニ揭クル場合ニ於テハ特ニ內務大藏兩大臣ノ許可ヲ受ケ前項ノ制限ヲ超過シテ課税スルコトヲ得

一　內務大藏兩大臣ノ許可ヲ受ケテ起シタル負債ノ元利償還ノ爲費用ヲ要スルトキ

二　非常ノ災害ニ因リ復舊工事ノ爲費用ヲ要スルトキ

三　水利ノ爲費用ヲ要スルトキ

四　傳染病豫防ノ爲費用ヲ要スルトキ

3　前二項ニ依リ制限ヲ超過シテ課税スルハ第一條乃至第三條ニ定メタル各税目ニ對スル賦課カ各其ノ制限ニ達シタルトキニ限ル但シ地租附加税及段別割ヲ併課シタル場合ニ於テハ一地目ニ對スル賦課カ制限ニ達シタルトキハ附加税カ制限ニ達シタルモノト看做ス其ノ段別割ノミヲ賦課シタル場合ニ於テ一地目ニ對スル賦課カ制限ニ達シタルトキ亦同シ

4　前三項ノ規定ハ前條ノ場合ニ之ヲ準用ス

2　特別地税又ハ其ノ附加税ト段別割トヲ併課シタル場合ニ於テ一地目ニ對スル賦課カ前條ニ規定スル制限ニ達シタルトキハ前項ノ規定ノ適用ニ付テハ特別地税又ハ其ノ附加税カ制限ニ達シタルモノト看做ス

第七條　特別ノ必要アル場合ニ於テハ內務大臣及大藏大臣ノ許可ヲ受ケ第三條乃至第五條ニ規定スル制限ヲ超過シ其ノ百分ノ十二以內ニ於テ特別地税又ハ其ノ附加税ヲ賦課スルコトヲ得

2　左ニ揭クル場合ニ於テハ特ニ內務大臣及大藏大臣ノ許可ヲ受ケ前項ニ規定スル制限

ヲ超過シテ課税スルコトヲ得
一　内務大臣及大藏大臣ノ許可ヲ受ケテ起シタル負債ノ元利償還ノ爲費用ヲ要スルトキ
二　非常ノ災害ニ因リ復舊工事ノ爲費用ヲ要スルトキ
三　水利ノ爲費用ヲ要スルトキ
四　傳染病豫防ノ爲費用ヲ要スルトキ
3 前二項ノ規定ニ依リ制限ヲ超過シテ課税スルハ營業收益税及所得税ノ附加税ノ賦課カ明治四十一年法律第三十七號第二條及第三條ニ規定スル制限ニ達シタルトキニ限ル

參照　**明治四十一年法律第三十七號**

第二條　北海道、府縣其ノ他ノ公共團體ハ左ノ制限以内ノ營業收益税附加税ヲ課スルノ外營業收益税ヲ納ムル者ノ營業ニ對シ課税スルコトヲ得ス
一　北海道、府縣　營業收益税百分ノ四十六半
二　其ノ他ノ公共團體　營業收益税百分ノ六十六
2 營業收益税附加税ノ賦課ニ付テハ營業收益税法第十條第二項ノ規定ニ依ル資本利子税額ノ控除ヲ爲ササルモノヲ以テ營業收益税額ト看做ス

第三條　北海道、府縣ハ所得税百分ノ二十四以内ノ所得税附加税ヲ課スルノ外所得税ヲ納ムル者ノ所得ニ對シ課税スルコトヲ得ス
2 北海道府縣以外ノ公共團體ハ府縣費ノ全部又ハ一部ノ分賦ヲ受ケタル場合ヲ除クノ外ノ所得税ヲ納ムル者ノ所得ニ對シ課税スルコトヲ得ス（同上追加）

3 戶數割ヲ賦課シ難キ市町村ニ於テハ前項ノ規定ニ拘ラス內務大藏兩大臣ノ許可ヲ受ケ所得稅附加稅ヲ課スルコトヲ得但シ其ノ賦課率ハ所得稅百分ノ七ヲ超ユルコトヲ得ス

4 所得稅附加稅ノ賦課ニ付テハ所得稅法第二十一條第二項ノ規定ニ依ル第二種ノ所得稅額ノ控除ヲ爲ササルモノヲ以テ第一種ノ所得稅額ト看做ス

5 第二種ノ所得ニ對シテハ附加稅ヲ課スルコトヲ得ス

第八條　特別地稅及其ノ附加稅ノ賦課率ハ當該年度ノ豫算ニ於テ定メタル田畑ニ對スル地租附加稅ノ賦課率ヲ以テ算定シタル地租附加稅額ノ當該田畑ノ賃貸價格ニ對スル比率ヲ超ユルコトヲ得ス（昭和六年四月法律第五十號改正）

第九條　家屋稅ハ家屋ノ賃貸價格ヲ標準トシテ家屋ノ所有者ニ之ヲ賦課ス

第十條　家屋ノ賃貸價格ハ家屋稅調查委員ノ調查ニ依リ北海道ニ在リテハ北海道廳長官、府縣ニ在リテハ府縣知事之ヲ決定ス

第十一條　左ニ掲クル家屋ニ對シテハ命令ノ定ムル所ニ依リ家屋稅ヲ賦課セサルコトヲ得

一　一時ノ使用ニ供スル家屋

二　賃貸價格一定額以下ノ家屋

三　公益上其ノ他ノ事由ニ因リ課稅ヲ不適當トスル家屋

第十二條　府縣費ノ全部ノ分賦ヲ受ケタル市ハ第九條乃至前條ノ例ニ依リ家屋稅ヲ賦課スルコトヲ得此ノ場合ニ於テハ府縣知事ノ職務ハ市長之ヲ行フ

第十三條　家屋稅及其ノ附加稅ノ賦課率及賦課ノ制限竝家屋ノ賃貸價格ノ算定及家屋

税調査委員ノ組織ニ關シテハ勅令ヲ以テ之ヲ定ム

第十四條 營業税ハ營業收益税ノ賦課ヲ受ケサル營業者及營業收益税ヲ賦課セサル營業ヲ爲ス者ニ之ヲ賦課ス

第十五條 營業税ヲ賦課スヘキ營業ノ種類ハ營業收益税法第二條ニ掲クルモノ及勅令ヲ以テ定ムルモノニ限ル

參照

營業收益税法

第二條 本法施行地ニ營業場ヲ有シ左ニ掲クル營業ヲ爲ス個人ニハ本法ニ依リ營業收益税ヲ課ス

一 物品販賣業（動植物其ノ他普通ニ物品ト稱セサルモノノ販賣ヲ含ム）
二 銀行業
三 無盡業
四 金錢貸付業
五 物品貸付業 動植物其ノ他普通ニ物品ト稱セサルモノノ貸付ヲ含ム）
六 製造業（瓦斯電氣ノ供給、物品ノ加工修理ヲ含ム）
七 運送業（運送取扱ヲ含ム）
八 倉庫業
九 請負業
十 印刷業
十一 出版業

十二　寫眞業
十三　席貸業
十四　旅人宿業（下宿ヲ含ミ木賃宿ヲ含マス）
十五　料理店業
十六　周旋業
十七　代理業
十八　仲立業
十九　問屋業

第十六條　府縣費ノ全部ノ分賦ヲ受ケタル市ハ第十四條及前條ノ例ニ依リ營業稅ヲ賦課スルコトヲ得

第十七條　第十一條第三號ノ規定ハ營業稅ニ之ヲ準用ス

參照

十一條　左ニ揭クル家屋ニ對シテハ命令ノ定ムル所ニ依リ家屋稅ヲ賦課セサルコトヲ得

三　公益上其ノ他ノ事由ニ因リ課稅ヲ不適當トスル家屋

第十八條　營業稅ノ課稅標準竝營業稅及其ノ附加稅ノ賦課ノ制限ニ關シテハ勅令ヲ以テ之ヲ定ム

第十九條　雜種稅ヲ賦課スルコトヲ得ヘキモノノ種類ハ勅令ヲ以テ定ムルモノ竝內務大臣及大藏大臣ノ許可ヲ受ケタルモノニ限ル

第二十條　第十一條第三號ノ規定ハ雜種稅ニ之ヲ準用ス

第二十一條　雜種稅ノ課稅標準竝雜種稅及其ノ附加稅ノ賦課ノ制限ニ關シテハ勅令ヲ

以テ之ヲ定ス

第二十二條 市町村ハ本法ニ依リ戸數割ヲ賦課スルコトヲ得

第二十三條 戸數割ハ一戸ヲ構フル者ニ之ヲ賦課ス

2戸數割ハ一戸ヲ構ヘサルモ獨立ノ生計ヲ營ム者ニ之ヲ賦課スルコトヲ得

第二十四條 戸數割ハ納稅義務者ノ資力ヲ標準トシテ之ヲ賦課ス

第二十五條 戸數割ノ課稅標準タル資力ハ納稅義務者ノ所得額及資產ノ狀況ニ依リ之ヲ算定ス

第二十六條 第十一條第三號ノ規定ハ戸數割ニ之ヲ準用ス

第二十七條 戸數割ノ賦課ノ制限、納稅義務者ノ資產ノ狀況ニ依リ資力ヲ算定シテ賦課スヘキ額其ノ他納稅義務者ノ資力算定ニ關シテハ勅令ヲ以テ之ヲ定ム

第二十八條 北海道府縣以外ノ公共團體ニ對スル第七條ノ許可ノ職權ハ勅令ノ定ムル所ニ依リ之ヲ地方長官ニ委任スルコトヲ得

附　則

1本法ハ大正十五年度分ヨリ之ヲ適用ス但シ家屋稅營業稅及雜種稅其ノ附加稅竝戸數割ニ關スル規定ハ大正十六年度分ヨリ之ヲ適用ス

2明治十三年第十六號布告及同年十七號布告ハ大正十五年度分限リ之ヲ廢止ス

3第六條及第七條中營業收益稅トアルハ大正十五年度分特別地稅及其ノ附加稅ニ付テハ國稅營業稅トス

4家屋稅ハ大正十八年度分迄ニ限リ第九條乃至第十二條ノ規定ニ拘ラス別ニ勅令ノ定

ムル所ニ依リ之ヲ賦課スルコトヲ得

附　則（昭和六年四月一日法律第五十號）

1　本法ハ昭和六年度分ヨリ之ヲ適用ス

2　昭和六年度分ニ付從前ノ地租ヲ標準トシ地租附加税ヲ賦課スル北海道、府縣其ノ他ノ公共團體カ昭和六年度分特別地税又ハ其ノ附加税ヲ賦課スルトキハ勅令ノ定ムル所ニ依リ從前ノ地價ヲ標準トシ從前ノ規定ニ依リ之ヲ賦課スヘシ此ノ場合ニ於テ段別割ヲ併課スルトキハ段別割ノ總額ノ制限ハ從前ノ規定ニ依ル

3　北海道、府縣其ノ他ノ公共團體ニ於ケル改正制限率ニ依リ賦課スルコトヲ得ヘキ特別地税額又ハ其ノ附加税額ト地租附加税額トノ合算額ガ從前ノ地價又ハ地租ヲ標準トシ從前ノ制限率ニ依リ賦課スルコトヲ得ヘキ特別地税額又ハ其ノ附加税額トノ合算額ニ達セサル場合ニ於テ特別ノ必要アルトキハ昭和十二年度分迄ニ限リ勅令ノ定ムル所ニ依リ其ノ差額ノ範圍内ニ於テ内務大臣及大藏大臣ノ許可ヲ受ケ第三條乃至第五條ニ規定スル制限及第七條第一項ノ制限ヲ超過シテ課税スルコトヲ得

4　北海道、府縣其ノ他ノ公共團體ニ於ケル改正制限率ニ依リ賦課スルコトヲ得ヘキ特別地税額又ハ其ノ附加税額ト地租附加税額トノ合算額カ從前ノ地價又ハ地租ヲ標準トシ從前ノ制限率ニ依リ賦課スルコトヲ得ヘキ特別地税額ト地租附加税額トノ合算額ヲ超ユル場合ニ關シテハ昭和十二年度分迄ニ限リ勅令ヲ以テ第三條乃至第五條ノ制限内ニ於テ之ニ代ルヘキ課税ノ制限ヲ定ムルコトヲ得

5　前二項ニ掲クル特別地税額、其ノ附加税額及地租附加税額ノ算定ニ關シテハ内務大

臣及大藏大臣ノ定ムル所ニ依ル

6 北海道府縣以外ノ公共團體ニ對スル第三項ノ許可ノ職權ハ勅令ノ定ムル所ニ依リ之ヲ地方長官ニ委任スルコトヲ得

◎地方税ニ關スル法律施行ニ關スル件（大正十五年十一月十七日勅令第三百三十九號）

改正（昭和六年四月一日勅令第四十九號）

第一條 大正十五年法律第二十四號第九條ノ家屋トハ住家、倉庫、工場其ノ他各種ノ建物ヲ謂フ

參照（大正十五年法律第二十四號）

第九條 家屋税ハ家屋ノ賃貸價格ヲ標準トシテ家屋ノ所有者ニ之ヲ賦課ス

第二條 家屋ノ賃貸價格ハ貸主カ公課、修繕費其ノ他家屋ノ維持ニ必要ナル經費ヲ負擔スル條件ヲ以テ家屋ヲ賃貸スル場合ニ於テ賦課期日ノ現狀ニ依リ貸主ノ收得スヘキ金額ノ年額ヲ以テ之ヲ算定ス

2 第三條第一項及第二項ノ場合ニ於テハ其ノ家屋ノ賃貸價格ハ前項ノ規定ニ依リテ算定シタル類似ノ他ノ家屋ノ賃貸價格ニ比準シテ之ヲ定ム

第三條 家屋税ノ賦課期日後建築セラレタル家屋ニ付テハ工事竣成ノ翌月ヨリ月割ヲ以テ家屋税ヲ賦課ス

2 大正十五年法律第二十四號第十一條ノ規定ニ基キテ家屋税ヲ賦課セサル家屋又ハ法律ニ依リテ家屋税ヲ賦課スルコトヲ得サル家屋カ家屋税ノ賦課期日後之ヲ賦課スル

コトヲ得ヘキモノト爲リタルトキハ其ノ翌月ヨリ月割ヲ以テ家屋税ヲ賦課スルコトヲ得

參　照（大正十五年法律第二十四號）

第十一條　左ニ揭クル家屋ニ對シテハ命令ノ定ムル所ニ依リ家屋税ヲ賦課セサルコトヲ得

一　一時ノ使用ニ供スル家屋

二　賃貸價格一定額以下ノ家屋

三　公益上其ノ他ノ事由ニ因リ課税ヲ不適當トスル家屋

3 家屋税ノ賦課期日後家屋カ滅失シ其ノ他家屋トシテノ效用ヲ失ヒタルトキハ納税義務者ノ申請ニ依リ其ノ月迄月割ヲ以テ家屋税ヲ賦課ス大正十五年法律第二十四條第十一條ノ規定ニ基キテ家屋税ヲ賦課セサル家屋又ハ法律ニ依リテ家屋税ヲ賦課スルコトヲ得サル家屋ト爲リタルトキ亦同シ

4 家屋税ノ賦課後前項ノ事實ヲ生スルモ其ノ賦課額ハ之ヲ變更セス

第四條　削除（昭和六年四月勅令第四十九號）

第五條　削除（同上）

第六條　削除（同上）

第七條　削除（同上）

第八條　家屋ノ賃貸價格ニ對スル賦課率ハ内務大臣及大藏大臣ノ許可ヲ受ケ府縣ニ於テ之ヲ定ム

第二項　削ル（同上）

第九條 前條ノ規定ハ府縣費ノ全部ノ分賦ヲ受ケタル市ニ於テ賦課スヘキ家屋税ニ關シ之ヲ準用ス

第十條 戸數割ヲ賦課スル市町村ニ於テ賦課スヘキ家屋税附加税ノ賦課率ハ本税百分ノ五十以內トス

2特別ノ必要アル場合ニ於テハ內務大臣及大藏大臣ノ許可ヲ受ケ前項ニ規定スル制限ヲ超過シ其ノ百分ノ十二以內ニ於テ課税スルコトヲ得

3左ニ揭クル場合ニ於テハ特ニ內務大臣及大藏大臣ノ許可ヲ受ケ前項ニ規定スル制限ヲ超過シテ課税スルコトヲ得

一 內務大臣及大藏大臣ノ許可ヲ受ケテ起シタル負債ノ元利償還ノ爲費用ヲ要スルトキ

二 非常ノ災害ニ因リ復舊工事ノ爲費用ヲ要スルトキ

三 水利ノ爲費用ヲ要スルトキ

四 傳染病豫防ノ爲費用ヲ要スルトキ

4前二項ノ規定ニ依リテ制限外課税ヲ爲スハ特別地税附加税カ大正十五年法律第二十四號第七條ノ規定ニ依リテ制限外課税ヲ爲ス場合ニ限ル但シ特別地税附加税ナキトキハ地租附加税又ハ段別割カ明治四十一年法律第三十七號第五條ノ規定ニ依リテ制限外課税ヲ爲ス場合ニ限ル

參照（**大正十五年法律第二十四號**）

第七條 特別ノ必要アル場合ニ於テハ內務大臣及大藏大臣ノ許可ヲ受ケ第三條乃至第五

條ニ規定スル制限ヲ超過シ其ノ百分ノ十二以内ニ於テ特別地税又ハ其ノ附加税ヲ賦課スルコトヲ得

2 左ニ掲クル場合ニ於テハ特ニ内務大臣及大藏大臣ノ許可ヲ受ケ前項ニ規定スル制限ヲ超過シテ課税スルコトヲ得

一 内務大臣及大藏大臣ノ許可ヲ受ケテ起シタル負債ノ元利償還ノ爲費用ヲ要スルトキ
二 非常ノ災害ニ因リ復舊工事ノ爲費用ヲ要スルトキ
三 水利ノ爲費用ヲ要スルトキ
四 傳染病豫防ノ爲費用ヲ要スルトキ

3 前二項ノ規定ニ依リ制限ヲ超過シテ課税スルハ營業收益税及所得税ノ附加税ノ賦課カ明治四十一年法律第三十七號第二條及第三條ニ規定スル制限ニ達シタルトキニ限ル

（明治四十一年法律第三十七號）

第五條 特別ノ必要アル場合ニ於テハ内務大藏兩大臣ノ許可ヲ受ケ第一條乃至第三條ノ制限ヲ超過シ其ノ百分ノ十二以内ニ於テ課税スルコトヲ得

2 左ニ掲クル場合ニ於テハ特ニ内務大藏兩大臣ノ許可ヲ受ケ前項ノ制限ヲ超過シテ課税スルコトヲ得

一 内務大藏兩大臣ノ許可ヲ受ケテ起シタル負債ノ元利償還ノ爲費用ヲ要スルトキ
二 非常ノ災害ニ因リ復舊工事ノ爲費用ヲ要スルトキ
三 水利ノ爲費用ヲ要スルトキ
四 傳染病豫防ノ爲費用ヲ要スルトキ

3 前二項ニ依リ制限ヲ超過シテ課税スルハ第一條乃至第三條ニ定メタル各税目ニ對スル賦課カ各其ノ制限ニ達シタルトキニ限ル但シ地租附加税及段別割ヲ併課シタル場合ニ於テハ一地目ニ對スル賦課カ制限ニ達シタルトキハ附加税カ制限ニ達シタルモノト

看做ス其ノ段別割ノミヲ賦課シタル場合ニ於テ一地日ニ對スル賦課カ制限ニ達シタルトキ亦同シ

4 前三項ノ規定ハ前條ノ場合ニ之ヲ準用ス

第十一條 内務大臣及大藏大臣カ戸數割ヲ賦課シ難キモノト認メタル市町村ニ於テ賦課スヘキ家屋税附加税ハ左ノ制限ヲ超ユルコトヲ得ス

一 市ニ在リテハ其ノ總額當該年度ニ於ケル市税豫算總額ノ百分ノ三十六但シ明治四十一年法律第三十七號第三條第三項ノ規定ニ依リテ所得税附加税ヲ賦課スル場合ニ於テハ當該年度ニ於ケル市税豫算總額ノ百分ノ三十

二 町村ニ在リテハ其ノ總額當該年度ニ於ケル町村税總額ノ百分ノ六十但シ明治四十一年法律第三十七號第三條第三項ノ規定ニ依リテ所得税附加税ヲ賦課スル場合ニ於テハ當該年度ニ於ケル町村税豫算總額ノ百分ノ五十五

參　照（**明治四十一年法律第三十七號**）

第三條 第三項

3 **戸數割ヲ賦課シ難キ市町村ニ於テハ前項ノ規定ニ拘ラス内務大藏兩大臣ノ許可ヲ受ケ所得税附加税ヲ課スルコトヲ得但シ其ノ賦課率ハ所得税百分ノ七ヲ超ユルコトヲ得ス**

2 特別ノ必要アル場合ニ於テハ内務大臣及大藏大臣ノ許可ヲ受ケ前項ニ規定スル制限ヲ超過シテ課税スルコトヲ得

第十二條 大正十五年法律第二十四號第十五條ノ規定ニ依リ營業税ヲ賦課スヘキ營業ノ種類ヲ定ムルコト左ノ如シ

運河業

棧橋業
船舶碇繫場業
貨物陸揚場業
兩替業
湯屋業
理髮業
寄席業
遊技場業
遊覽所業
藝者置屋業

參照（大正十五年法律第二十四號）

第十五條　營業稅ヲ賦課スヘキ營業ノ種類ハ營業收益稅法第二條ニ揭クルモノ及勅令ヲ以テ定ムルモノニ限ル

第十三條　營業收益稅法第二條ニ揭クル營業ニ對スル營業稅ノ賦課額ハ同法ニ依ル個人ノ營業收益稅額ノ最低額未滿トス

參照

營業收益稅法

第二條　本法施行地ニ營業場ヲ有シ左ニ揭クル營業ヲ爲ス個人ニハ本法ニ依リ營業收益稅ヲ課ス

一　物品販賣業（動植物其ノ他普通ニ物品ト稱セサルモノノ販賣ヲ含ム）
二　銀行業
三　無盡業
四　金錢貸付業
五　物品貸付業（動植物其ノ他普通ニ物品ト稱セサルモノノ貸付ヲ含ム）
六　製造業（瓦斯電氣ノ供給、物品ノ加工修理ヲ含ム）
七　運送業（運送取扱ヲ含ム）
八　倉庫業
九　請負業
十　印刷業
十一　出版業
十二　寫眞業
十三　席貸業
十四　旅人宿業（下宿ヲ含ミ木賃宿ヲ含マス）
十五　料理店業
十六　周旋業
十七　代理業
十八　仲立業
十九　問屋業

第十四條　營業稅ノ課稅標準ハ內務大臣及大藏大臣之ヲ定ム

第十五條　年稅又ハ期稅タル營業稅ノ賦課期日後納稅義務ノ發生シタル者ニ對シテハ其ノ發生ノ翌月ヨリ月割ヲ以テ營業稅ヲ賦課ス

2前項ノ營業稅ノ賦課期日後納稅義務ノ消滅シタル者ニ對シテハ其ノ消滅シタル月迄月割ヲ以テ營業稅ヲ賦課ス

3第一項ノ營業稅ニ付テハ其ノ賦課後營業ノ承繼アリタル場合ニ於テハ前營業者ノ納稅ヲ以テ後ノ營業者ノ納稅ト看做シ前二項ノ規定ヲ適用セス

4月稅タル營業稅ノ賦課期日後其ノ月十五日迄ニ納稅義務發生シタルトキハ其ノ營業稅ノ全額、十六日以後納稅義務發生シタルトキ又ハ十五日迄ニ納稅義務消滅シタルトキハ其ノ半額ヲ賦課ス

5前二項ノ場合ニ一ノ府縣ニ於テ納稅義務消滅シ他ノ府縣ニ於テ納稅義務發生シタルトキハ納稅義務ノ發生シタル府縣ハ納稅義務ノ消滅シタル府縣ニ於テ賦課シタル部分ニ付テハ營業稅ヲ賦課スルコトヲ得ス

第十六條　營業稅附加稅ノ賦課率ハ本稅百分ノ九十以內トス（昭和六年四月一日勅令第四九號改正）

2特別ノ必要アル場合ニ於テハ府縣知事ノ許可ヲ受ケ前項ニ規定スル制限ヲ超過シテ課稅スルコトヲ得

第十七條　大正十五年法律第二十四號第十九條ノ規定ニ依リ雜種稅ヲ賦課スルコトヲ得ヘキモノノ種類ヲ定ムルコト左ノ如シ

船

車
水車
市場
電柱
金庫
牛馬
犬
狩獵
屠畜
不動產取得
漁業
遊藝師匠、遊藝人、相撲、俳優、藝妓其ノ他之ニ類スル者
演劇其ノ他ノ興行
遊興

參照（大正十五年法律第二十四號）

第十九條 雜種稅ヲ賦課スルコトヲ得ヘキモノノ種類ハ勅令ヲ以テ定ムルモノ竝內務大臣及大藏大臣ノ許可ヲ受ケタルモノニ限ル

2 前項ニ揭クル課目ハ府縣ニ於テ之ヲ取捨スルコトヲ得

3 特別ノ必要アル場合ニ於テ第一項ノ種類以外ノモノニ對シ雜種稅ヲ賦課セントスル

トキハ内務大臣及大藏大臣ノ許可ヲ受クヘシ

第十八條　第十五條ノ規定ハ雜種税ノ賦課ニ之ヲ準用ス

參照

第十五條　年税又ハ期税タル營業税ノ賦課期日後納税義務ノ發生シタル者ニ對シテハ其ノ發生ノ翌月ヨリ月割ヲ以テ營業税ヲ賦課ス

2　前項ノ營業税ノ賦課期日後納税義務ノ消滅シタル者ニ對シテハ其ノ消滅シタル月迄月割ヲ以テ營業税ヲ賦課ス

3　第一項ノ營業税ニ付テハ其ノ賦課後營業ノ承繼アリタル場合ニ於テハ前營業者ノ納税ヲ以テ後ノ營業者ノ納税ト看做シ前二項ノ規定ヲ適用セス

4　月税タル營業税ノ賦課期日後其ノ月十五日迄ニ納税義務發生シタルトキハ其ノ營業税ノ全額、十六日以後納税義務發生シタルトキ又ハ十五日迄ニ納税義務消滅シタルトキハ其ノ半額ヲ賦課ス

5　前二項ノ場合ニ一ノ府縣ニ於テ納税義務消滅シ他ノ府縣ニ於テ納税義務發生シタルトキハ納税義務ノ發生シタル府縣ハ納税義務ノ消滅シタル府縣ニ於テ賦課シタル部分ニ付テハ營業税ヲ賦課スルコトヲ得ス

第十九條　雜種税ノ課税標準及其ノ制限率其他賦課ニ關シ必要ナル事項ハ内務大臣及大藏大臣之ヲ定ム

第二十條　雜種税附加税ノ總額ハ本税總額ノ百分ノ八十九以内トス

2　特別ノ必要アル場合ニ於テハ府縣知事ノ許可ヲ受ケ前項ニ規定スル制限ヲ超過シテ賦課スルコトヲ得

第二十一條　戸數割總額中納税義務者ノ資産ノ狀況ニ依リ資力ヲ算定シテ賦課スヘキ額ハ戸數割總額ノ十分ノ二ヲ超ユルコトヲ得ス

第二十二條　戸數割納税義務者ト生計ヲ共ニスル同居者ノ所得ハ之ヲ其ノ納税義務者ノ所得ト看做ス但シ其ノ納税義務者ヨリ受クル所得ハ此ノ限ニ在ラス

第二十三條　同一人ニ對シ數市町村ニ於テ戸數割ヲ賦課スル場合ニ於テハ各其ノ市町村ニ於ケル所得ヲ以テ其ノ者ノ資力算定ノ標準タル所得トス其ノ所得ニシテ分別シ難キモノアルトキハ關係市町村ニ平分ス

2 戸數割ヲ納ムル市町村以外ノ地ニ於ケル所得ハ納税義務者ノ資力算定ニ付住所地市町村ニ於ケル所得ト看做ス

3 前二項ニ規定スル所得ノ計算ニ付關係市町村異議アル場合ニ於テ其ノ府縣內ニ止マルモノハ府縣知事、數府縣ニ渉ルモノハ內務大臣之ヲ定ム

第二十四條　所得ニ依ル資力算定方法ニ關シテハ第二十一條乃至前條ニ定ムルモノノ外內務大臣及大藏大臣之ヲ定ム

第二十五條　戸數割ノ賦課期日後納税義務ノ發生シタル者ニ對スル賦課額ハ大正十五年法律第二十四號第二十四條乃至第二十七條及本令第二十一條（又ハ附則第六項）乃至前條ノ規定ニ依リテ定マリタル他ノ納税義務者ノ賦課額ニ比準シテ之ヲ定ム

參　照（**大正十五年法律第二十四號**）

第二十四條　戸數割ハ納税義務者ノ資力ヲ標準トシテ之ヲ賦課ス

第二十五條　戸數割ノ課税標準タル資力ハ納税義務者ノ所得額及資産ノ狀況ニ依リ之ヲ

算定ス

第二十六條　第十一條第三號ノ規定ハ戸數割ニ之ヲ準用ス

第二十七條　戸數割ノ賦課ノ制限、納税義務者ノ資産ノ狀況ニ依リ資力ヲ算定シテ賦課スヘキ額其ノ他納税義務者ノ資力算定ニ關シテハ勅令ヲ以テ之ヲ定ム

本　令

第二十一條　戸數割總額中納税義務者ノ資産ノ狀況ニ依リ資力ヲ算定シテ賦課スヘキ額ハ戸數割總額ノ十分ノ二ヲ超ユルコトヲ得ス

第二十二條　戸數割納税義務者ト生計ヲ共ニスル同居者ノ所得ハ之ヲ其ノ納税義務者ノ所得ト看做ス但シ其ノ納税義務者ヨリ受クル所得ハ此ノ限ニ在ラス

第二十三條　同一人ニ對シテ數市町村ニ於テ戸數割ヲ賦課スル場合ニ於テハ各其ノ市町村ニ於ケル所得ヲ以テ其ノ者ノ資力算定ノ標準タル所得トス其ノ所得ニシテ分別シ難キモノアルトキハ關係市町村ニ平分ス

2　戸數割ヲ納ムル市町村以外ノ地ニ於ケル所得ハ納税義務者ノ資力算定ニ付住所地市町村ニ於ケル所得ト看做ス

3　前二項ニ規定スル所得ノ計算ニ付關係市町村異議アル場合ニ於テ其ノ府縣内ニ止マルモノハ府縣知事、數府縣ニ渉ルモノハ内務大臣之ヲ定ム

第二十四條　所得ニ依ル資力算定方法ニ關シテハ第二十一條乃至前條ニ定ムルモノノ外内務大臣及大藏大臣之ヲ定ム

2　第十五條第一項、第二項及第五項ノ規定ハ戸數割ノ賦課ニ之ヲ準用ス但シ戸數割ノ賦課後納義務者消滅スルモ其ノ賦課額ハ之ヲ變更セス

參　照

第十五條 第一項、第二項及第五項

1 年税又ハ期税タル營業税ノ賦課期日後納税義務ノ發生シタル者ニ對シテハ其ノ發生ノ翌月ヨリ月割ヲ以テ營業税ヲ賦課ス

2 前項ノ營税税ノ賦課期日後納税義務ノ消滅シタル者ニ對シテハ其ノ消滅シタル月迄月割ヲ以テ營業税ヲ賦課ス

5 前二項ノ場合ニ一ノ府縣ニ於テ納税義務消滅シ他ノ府縣ニ於テ納税義務發生シタルトキハ納税義務ノ發生シタル府縣ハ納税義務ノ消滅シタル府縣ニ於テ賦課シタル部分ニ付テハ營業税ヲ賦課スルコトヲ得ス

第二十六條 市町村長ハ其ノ市町村住民ニ非サル者（法人ヲ除ク）ノ當該市町村内ニ於テ生スル其ノ年度分所得及其ノ所得ノ基本タル事實ヲ毎年四月末日迄ニ其ノ住所地市町村長ニ通報スヘシ但シ當該市町村ニ於テ其ノ者ニ戸數割ヲ賦課スルトキ又ハ其ノ住所地市町村ニ於テ戸數割ノ賦課ナキトキハ此ノ限ニ在ラス

第二十七條 戸數割ハ左ノ制限ヲ超ユルコトヲ得ス

一 市ニ在リテハ其ノ總額當該年度ニ於ケル市税豫算總額ノ百分ノ三十七

二 町村ニ在リテハ其ノ總額當該年度ニ於ケル町村税豫算總額ノ百分ノ六十

2 特別ノ必要アル場合ニ於テハ内務大臣及大藏大臣ノ許可ヲ受ケ前項ニ規定スル制限ヲ超過シテ課税スルコトヲ得

第二十八條 本令中市町村ニ對スル許可ノ職權ハ内務大臣及大藏大臣ノ定ムル所ニ依リ之ヲ府縣知事ニ委任スルコトヲ得

第二十九條 本令中府縣、府縣知事又ハ町村ニ關スル規定ハ北海道ニ付テハ各北海道、

北海道廳長官又ハ町村ニ準スルモノニ之ヲ適用ス

第二項ヲ削ル　（昭和六年四月一日勅令第四十九號）

第三十條　北海道移住民ニシテ主トシテ耕作又ハ牧畜ノ事業ニ引續キ從事シ移住ノ日ヨリ三年ヲ經過セサル者ニ對シテハ戸數割ヲ賦課スルコトヲ得ス

附　則

1 本令ハ大正十六年度分ヨリ之ヲ適用ス

2 明治三十二年勅令第二百七十六號、府縣税戸數割規則及大正十一年勅令第二百八十二號ハ大正十五年度分限リ之ヲ廢止ス

3 明治十三年第十七號布告第九條ノ規定ニ依リテ爲シタル處分ニシテ第十七條第一項ノ課目ニ該當セサルモノニ對スルモノハ本令施行ノ際内務大臣及大藏大臣ノ指定スル雜種税ノ課目ニ對スルモノニ限リ之ヲ第十七條第三項ノ規定ニ依リテ爲シタル許可ト看做ス

4 本令施行ノ際現ニ府縣税家屋税附加税ヲ賦課スル市町村ハ第十一條ノ規定ニ依ル承認ヲ受ケタルモノト看做ス

5 市町村特別税家屋税及之ニ類スル特別税ニ關スル條例ニシテ本令施行ノ際内務大臣及大藏大臣ノ指定スルモノハ大正十五年度分限リ其ノ效力ヲ失フ

6 戸數割總額中納税義務者ノ資産ノ狀況ニ依リテ資力ヲ算定シ賦課スヘキ額ハ特別ノ事情アル市町村ニ於テ當分ノ間戸數割總額ノ十分ノ四迄ト爲スコトヲ得

附　則　（昭和六年四月一日勅令第四十九號）

1 本令ハ昭和六年度分ヨリ之ヲ適用ス

2 昭和六年度分ニ付テハ第十六條第一項ノ改正規定中百分ノ九十トアルハ百分ノ八十九トス但シ營業税年額二十五圓ヲ超ユル金額ニ對シテハ百分ノ八十トス

3 市町村ノ内外ニ於テ營業所ヲ設ケ營業ヲ爲ス者ニシテ其ノ營業ニ對スル昭和六年度分營業税ヲ分別シテ納メサル場合ニ於テ其ノ營業税ノ年額二十五圓ヲ超ユルトキハ前項但書ノ規定ハ賦課ノ歩合ニ依リ算出シタル本税額ヨリ二十五圓ニ賦課ノ歩合ヲ乘シテ得タル金額ヲ控除シタル殘額ニ付之ヲ適用ス

4 北海道、府縣カ營業收益税附加税ノ制限外課税ヲ爲ス場合ニ於テ特別ノ必要アルトキハ昭和八年度分迄ニ限リ第十三條ノ制限ヲ超過シテ營業税ヲ賦課スルコトヲ得

5 前項制限外ノ賦課額ニ對シテハ附加税ヲ賦課スルコトヲ得ス

6 第四項ノ場合ニ於テハ制限ヲ超過セサル營業税及第十二條ニ掲クル營業ニ對シ賦課スル營業税モ亦制限外ノ賦課ヲ爲スモノト看做シ其ノ制限外ノ賦課額ニ對シ前項ノ規定ヲ適用ス

7 第四項及前項ノ營業税ノ制限外ノ賦課率又ハ賦課定額ハ之ヲ制限内ノ賦課率又ハ賦課定額ト區分シテ定ムヘシ

8 昭和六年度乃至同八年度分ニ限リ營業税ノ賦課率又ハ賦課定額ハ内務大臣及大藏大臣ノ許可ヲ受クヘシ

◎地方税ニ關スル法律施行規則（大正十五年十一月二十七日内務、大藏省令）

第一條　大正十五年法律第二十四號第十一條各號ノ家屋ノ範圍ハ府縣ニ於テ之ヲ定ムヘシ

参　照　（大正十五年法律第二十四號）

第十一條　左ニ掲クル家屋ニ對シテハ命令ノ定ムル所ニ依リ家屋税ヲ賦課セサルコトヲ得

一　一時ノ使用ニ供スル家屋

二　賃貸價格一定額以下ノ家屋

三　公益上其ノ他ノ事由ニ因リ課税ヲ不適當トスル家屋

第二條　營業税ハ營業ノ純益ヲ標準トシ又ハ營業ノ收入金額（賣上金額、請負金額、報償金額ノ類ヲ含ム）資本金額、營業用建物ノ賃貸價格若ハ從業者ノ數ヲ標準トシテ之ヲ賦課シ又ハ定額ヲ以テ之ヲ賦課ス

2　前項ノ課税標準其ノ他營業税ノ賦課方法ニ付テハ當分ノ間內務大臣及大藏大臣ノ許可ヲ受クヘシ

第三條　營業收益税法七條ノ規定ハ營業税ノ賦課ニ之ヲ準用ス

参　照

營業收益税法

第七條　左ニ掲クル營業ノ純益ニハ營業收益税ヲ課セス

一　政府ノ發行スル印紙切手類ノ賣捌

二　度量衡ノ製作、修覆又ハ販賣

三　自己ノ採掘シ又ハ採取シタル鑛物ノ販賣

四　新聞紙法ニ依ル出版

五　本法施行地外ニ在ル營業場ニ於テ爲ス營業
六　法人ノ漁業又ハ演劇興業
七　個人ノ自己ノ收穫シタル農産物、林産物、畜産物若ハ水産物ノ販賣又ハ之ヲ原料トスル製造但シ特ニ營業場ヲ設ケテ爲ス販賣又ハ製造ヲ除ク

2 專ラ行商又ハ露店營業ヲ爲ス者ニ對シテハ營業税ヲ賦課スルコトヲ得ス

3 大正十五年法律第二十四號第十七條ノ規定ニ基キ營業税ヲ賦課スルヲ不適當トスルモノハ前二項ニ定ムルモノノ外府縣ニ於テ之ヲ定ムヘシ

參照（**大正十五年法律第二十四號**）

第十七條　第十一條第三號ノ規定ハ營業税ニ之ヲ準用ス

（第十一條　左ニ掲クル家屋ニ對シテハ命令ノ定ムル所ニ依リ家屋税ヲ賦課セサルコトヲ得

三　公益上其ノ他ノ事由ニ因リ課税ヲ不適當トスル家屋）

第四條　船ニ對シテハ主タル碇繫場所在ノ府縣ニ於テ其ノ所有者ニ雜種税ヲ賦課ス

2 前項ノ主タル碇繫場ナキトキ又ハ主タル碇繫場ノ所在地ニ付關係府縣ニ於テ異議アルトキハ內務大臣及大藏大臣之ヲ定ム

第五條　車ニ對シテハ主タル定置場所在ノ府縣ニ於テ其ノ所有者ニ雜種税ヲ賦課ス

第六條　水車、電柱及金庫ニ對シテハ所在地府縣ニ於テ其ノ所有者ニ雜種税ヲ賦課ス

第七條　市場ニ對シテハ所在地府縣ニ於テ其ノ經營者ニ雜種税ヲ賦課ス

第八條　牛馬及犬ニ對シテハ飼育地府縣ニ於テ其ノ所有者ニ雜種税ヲ賦課ス

第九條　狩獵ノ免許ヲ受クル者ニ對シテハ其ノ住所地府縣ニ於テ雜種税ヲ賦課ス

第十條　屠畜ニ對シテハ屠殺地府縣ニ於テ其ノ家畜ノ所有者ニ雜種税ヲ賦課ス

第十一條　不動産ヲ取得スル者ニ對シテハ其ノ不動産所在ノ府縣ニ於テ雜種税ヲ賦課ス

第十二條　左ニ揭クル不動産ノ取得ニ對シテ雜種税ヲ賦課スルコトヲ得ス

一　家督相續又ハ遺産相續ニ因ル不動産ノ取得

二　法人ノ合併ニ因ル不動産ノ取得

三　信託財産ニシテ委託者カ信託行爲ニ依リ信託利益ノ全部ヲ享受スヘキ不動産ヲ委託者ヨリ受託者ニ移ス場合ニ於ケル不動産ノ取得但シ當該不動産ニ付其ノ後受益者ヲ變更シタル場合及信託法第二十二條ノ規定ニ依リ固有財産ト爲シタル場合ニ於テハ其ノ時ニ不動産ノ取得アリタルモノト看做シ雜種税ヲ賦課ス

參　照

信託法

第二十二條　受託者ハ何人ノ名義ヲ以テスルヲ問ハス信託財産ヲ固有財産ト爲シ又ハ之ニ付權利ヲ取得スルコトヲ得ス但シ已ムコトヲ得サル事由アル場合ニ於テ裁判所ノ許可ヲ受ケ信託財産ヲ固有財産ト爲スハ此ノ限ニ在ラス

2 前項ノ規定ハ受託者カ相續其ノ他包括名義ニ因リ信託財産ニ付權利ヲ承繼スルコトヲ妨ケス此ノ場合ニ於テハ第十八條ノ規定ヲ準用ス

四　信託ニ付受益者又ハ歸屬權利者ノ不動産ノ取得

五　信託ノ受託者交迭ノ場合ニ於ケル新受託者ノ不動産ノ取得

第十三條　漁業ニ對スル雜種税ハ當分ノ間從來ノ例ニ依リ之ヲ賦課ス

2 新ニ漁業ニ對シ雜種稅ヲ賦課セントスルトキ又ハ其ノ賦課率若ハ賦課方法ノ變更ヲ爲サントスルトキハ內務大臣及大藏大臣ノ許可ヲ受クヘシ但シ其ノ舊慣ヲ改メ其ノ他賦課方法ヲ變更スルコトナクシテ賦課率ヲ低減スル場合ハ此ノ限ニ在ラス

第十四條 遊藝師匠、遊藝人、相撲、俳優、藝妓其ノ他之ニ類スル者ニ對シテハ其ノ住所地府縣ニ於テ雜種稅ヲ賦課ス其ノ住所地府縣ニ於テ之ヲ課セサルトキハ三月以上滯在ノ府縣ニ於テ之ヲ賦課ス

第十五條 同一人ニシテ遊藝師匠、遊藝人、相撲、俳優、藝妓其ノ他之ニ類スル者ノ二以上ニ該當スルトキハ其ノ一ニ就キ雜種稅ヲ賦課ス其ノ稅額異ルトキハ多キニ從フ

第十六條 演劇其ノ他ノ興行ヲ爲ス者及遊興ヲ爲ス者ニ對シテハ其ノ行爲地府縣ニ於テ雜種稅ヲ賦課ス

第十七條 遊興ニ對シ消費金額ノ全部ヲ標準トシテ賦課スル雜種稅ハ遊興者一人當一回ノ消費金額二圓ニ滿チサルモノニ之ヲ賦課スルコトヲ得ス

第十八條 第四條乃至前條ニ定ムルモノノ外雜種稅ノ課稅標準及其ノ賦課率又ハ賦課額其ノ他賦課ニ關シ必要ナル事項ハ府縣ニ於テ之ヲ定ムヘシ

第十九條 第三條第三項ノ規定ハ雜種稅ノ賦課ニ之ヲ準用ス

參照

第三條 **第三項**

3 大正十五年法律第二十四號第十七條ノ規定ニ基キ營業稅ヲ賦課スルヲ不適當トスル

モノハ前二項ニ定ムルモノノ外府縣ニ於テ之ヲ定ムヘシ

第二十條　戸割割納税義務者ノ資力算定ノ標準タル所得額ハ左ノ各號ノ規定ニ依リ計算ス

一　營業ニ非サル貸金ノ利子竝公債、社債、預金及貯金ノ利子ハ前年中ノ收入金額

二　山林ノ所得ハ前年中ノ總收入金額ヨリ必要ノ經費ヲ控除シタル金額

三　賞與又ハ賞與ノ性質ヲ有スル給與ハ前年三月一日ヨリ其ノ年二月末日迄ノ收入金額

四　法人ヨリ受クル利益若ハ利息ノ配當又ハ剩餘金ノ分配ハ前年三月一日ヨリ其ノ年二月末日迄ノ收入金額但シ無記名株式ノ配當ニ付テハ同期間内ニ於テ支拂ヲ受ケタル金額

株式ノ消却ニ因リ支拂ヲ受クル金額又ハ退社ニ因リ持分ノ拂戻トシテ受クル金額カ其ノ拂込濟金額又ハ出資金額ヲ超過スルトキハ其ノ超過金額ハ之ヲ法人ヨリ受クル利益ノ配當ト看做ス

五　俸給、給料、歳費、年金、恩給、退隱料及此等ノ性質ヲ有スル給與ハ前年中ノ收入金額但シ前年一月一日ヨリ引續キ支給ヲ受ケタルニ非サルモノニ付テハ其ノ年ノ豫算年額

六　前各號以外ノ所得ハ前年中ノ總收入金額ヨリ必要ノ經費ヲ控除シタル金額但シ前年一月一日ヨリ引續キ有シタルニ非サル資産、營業又ハ職業ノ所得ニ付テハ其ノ年ノ豫算年額

2　信託財産ニ付生スル所得ニ關シテハ其ノ所得ヲ信託ノ利益トシテ享受スヘキ受益者

カ信託財産ヲ有スルモノト看做シテ所得額ヲ計算ス

3 第一項第一號、第二號及第四號ノ所得ニ付テハ被相續人ノ所得ハ之ヲ相續人ノ所得ト看做シ第六號ノ所得ニ付テハ相續シタル資産又ハ營業ハ相續人カ引續キ之ヲ有シタルモノト看做シテ其ノ所得額ヲ計算ス但シ被相續人ノ資力算定ノ標準タル所得額ニ算入シタルモノハ此ノ限ニ在ラス

4 年度開始ノ日ノ屬スル年ノ翌年ニ戸數割ヲ賦課スル場合ニ於テハ最近ノ戸數割賦課ノ時ニ算定シタル所得額ヲ以テ其ノ資力算定ノ標準トス但シ未タ其ノ所得ノ算定ナカリシ者ニ關シテハ年度開始ノ日ノ屬スル年ヲ基準トシ前第一項各號ノ規定ニ依リ之ヲ算定ス

第二十一條 前條第一項第二號及第六號ノ規定ニ依リ總收入金額ヨリ控除スヘキ經費ハ種苗蠶種肥料ノ購買費、家畜其ノ他ノモノノ飼養料、仕入品ノ原價、原料品ノ代價、場所物件ノ修繕料又ハ借入料、場所物件又ハ業務ニ係ル公課、雇人ノ給料其ノ他ノ收入ヲ得ルニ必要ナルモノニ限ル但シ家事上ノ費用及之ニ關聯スルモノハ之ヲ控除セス

第二十二條 第二十條第一項第六號ノ規定ニ依ル所得計算ニ付損失アルトキハ同條第一項第五號ノ規定ニ依ル所得ヨリ之ヲ差引キテ計算ス

第二十三條 第二十條乃至前條ノ規定ニ依リ算出シタル金額一萬二千圓以下ナルトキハ其ノ所得中俸給、給料、歳費、年金、恩給、退隱料、賞與及此等ノ性質ヲ有スル給與ニ付テハ其ノ十分ノ一、六千圓以下ナルトキハ同十分ノ二、三千圓以下ナルト

キハ同十分ノ三、千五百圓以下ナルトキハ同十分ノ四、八百圓以下ナルトキハ同十分ノ五ニ相當スル金額ヲ控除ス

第二十四條　第二十條乃至前條ノ規定ニ依リ算出シタル金額三千圓以下ナル場合ニ於テ納税義務者及之ト生計ヲ共ニスル同居者中年度開始ノ日ニ於テ年齢十四歳未滿若ハ六十歳以上ノ者又ハ不具癈疾者アルトキハ納税義務者ノ申請ニ依リ其ノ所得ヨリ左ノ各條ノ規定ニ依ル金額ヲ控除ス

一　所得千圓以下ナルトキ
年齢十四歳未滿若ハ六十歳以上ノ者又ハ不具癈疾者　一人ニ付　百圓以内

二　所得二千圓以下ナルトキ
同　一人ニ付　七十圓以内

三　所得三千圓以下ナルトキ
同　一人ニ付　五十圓以内

2 前項ノ不具癈疾者トハ心神喪失ノ常況ニ在ル者、聾者、唖者、盲者其ノ他重大ナル傷痍ヲ受ケ又ハ不治ノ疾患ニ罹リ常ニ介護ヲ要スル者ヲ謂フ

第二十五條　左ノ各號ノ一ニ該當スルモノハ戸數割納税義務者ノ資力算定ノ標準タル所得額ニ之ヲ算入セス

一　軍人從軍中ノ俸給及手當

二　扶助料及傷痍疾病者ノ恩給又ハ退隱料

三　旅費、學資金、法定扶養料及救助金

四　營利ノ事業ニ屬セサル一時ノ所得
五　日本ノ國籍ヲ有セサル者ノ外國ニ於ケル資產、營業又ハ職業ヨリ生スル所得
第二十六條　戶數割納稅義務者第二十條第一項第五號及第六號ノ所得額二分ノ一以上ヲ減損シタルトキハ年度開始ノ日ノ屬スル年ノ翌年一月三十一日迄ニ戶數割ノ賦課額ノ更訂ヲ請求スルコトヲ得但シ第二十條第四項但書ニ該當スル者ハ賦課後十四日迄ニ賦課額ノ更訂ヲ請求スルコトヲ得

參照

第二十條　戶數割納稅義務者ノ資力算定ノ標準タル所得額ハ左ノ各號ノ規定ニ依リ計算ス

五　俸給、給料、歲費、年金、恩給、退隱料及此等ノ性質ヲ有スル給與ハ前年中ノ收入金額但シ前年一月一日ヨリ引續キ支給ヲ受ケタルニ非サルモノニ付テハ其ノ年ノ豫算年額

六　前各號以外ノ所得ハ前年中ノ總收入金額ヨリ必要ノ經費ヲ控除シタル金額但シ前年一月一日ヨリ引續キ有シタルニ非サル資產、營業又ハ職業ノ所得ニ付テハ其ノ年ノ豫算年額

第二十條　第四項但書

4　但シ未タ其ノ所得ノ算定ナカリシ者ニ關シテハ年度開始ノ日ノ屬スル年ヲ基準トシ前第一項各號ノ規定ニ依リ之ヲ算定ス

2　市町村前項ノ請求ヲ受ケタルトキハ其ノ者ノ當該所得額ヲ查覈シ其ノ二分ノ一以上ノ減損アルトキハ所得額ヲ更訂シ之ヲ基準トシテ更ニ其ノ者ノ資力ヲ算定シ其ノ者ニ付テノミ戶數割ノ賦課額ヲ減スルコトヲ得

3　年度開始ノ日ノ屬スル年ノ翌年ニ戶數割ヲ賦課スル場合ニ於テハ前二項ノ規定ニ依

リ更訂シタル所得額ニ依リ其ノ者ノ資力ヲ算定シ戸數割賦課後前二項ノ事實ヲ生シタルトキハ其ノ者ニ付テノミ戸數割ノ賦課額ヲ減スルコトヲ得

第二十七條 大正十五年法律第二十四號第二十六條ノ規定ニ依リ戸數割ヲ賦課スルヲ不適當トスル者ハ市町村ニ於テ之ヲ定ムヘシ

參照（**大正十五年法律第二十四號**）

第二十六條 第十一條第三號ノ規定ハ戸數割ニ之ヲ準用ス

（第十一條　左ニ掲クル家屋ニ對シテハ命令ノ定ムル所ニ依リ家屋税ヲ賦課セサルコトヲ得

三　公益上其ノ他ノ事由ニ因リ課税ヲ不適當トスル家屋）

第二十八條 大正十五年勅令第三百三十九號第二十八條ノ規定ニ依リ左ニ掲クル事項ニ付テノ許可ノ職權ハ府縣知事ニ之ヲ委任ス

參照（**大正十五年勅令第三百三十九號**）

第二十八條 本令中市町村ニ對スル許可ノ職權ハ内務大臣及大藏大臣ノ定ムル所ニ依リ之ヲ府縣知事ニ委任スルコトヲ得

一 同令第十條第二項ノ規定ニ依リ制限ヲ超過シ課税スルコト

參照（**大正十五年勅令第三百三十九號**）

第十條 **第二項**

2 特別ノ必要アル場合ニ於テハ内務大臣及大藏大臣ノ許可ヲ受ケ前項ニ規定スル制限ヲ超過シ其ノ百分ノ十二以内ニ於テ課税スルコトヲ得

二 同令第十條第三項ノ規定ニ依リ同條第二項ノ制限ヲ超過シ同條第一項ノ制限率ノ百分ノ五十以内ニ於テ課税スルコト

参照（大正十五年勅令第三百三十九號）

第十條　第三項

3　左ニ揭クル場合ニ於テハ特ニ内務大臣及大藏大臣ノ許可ヲ受ケ前項ニ規定スル制限ヲ超過シテ課稅スルコトヲ得

一　内務大臣及大藏大臣ノ許可ヲ受ケテ起シタル負債ノ元利償還ノ爲費用ヲ要スルトキ

二　非常ノ災害ニ因リ復舊工事ノ爲費用ヲ要スルトキ

三　水利ノ爲費用ヲ要スルトキ

四　傳染病豫防ノ爲費用ヲ要スルトキ

三　同令第二十七條第二項ノ規定ニ依リ同條第一項ノ制限ヲ超過シ市ニ於テ戸數割總額カ當該年度ノ市稅豫算總額ノ百分ノ四十七以内ニ於テ課稅スルコト

参照（大正十五年勅令第三百三十九號）

第二十七條　戸數割ハ左ノ制限ヲ超ユルコトヲ得ス

一　市ニ在リテハ其ノ總額當該年度ニ於ケル市稅豫算總額ノ百分ノ三十七

二　町村ニ在リテハ其ノ總額當該年度ニ於ケル町村稅豫算總額ノ百分ノ六十

2　特別ノ必要アル場合ニ於テハ内務大臣及大藏大臣ノ許可ヲ受ケ前項ニ規定スル制限ヲ超過シテ課稅スルコトヲ得

四　同令第二十七條第二項ノ規定ニ依リ同條第一項ノ制限ヲ超過シ町村ニ於テ戸數割總額カ當該年度ノ町村稅豫算總額ノ百分ノ七十以内ニ於テ課稅スルコト

第二十九條　本令中府縣、府縣知事又ハ町村ニ關スル規定ハ北海道ニ付テハ各北海道、北海道廳長官又ハ町村ニ準スルモノニ之ヲ適用ス

附　則

1 本令ハ大正十六年度分ヨリ之ヲ適用ス

2 府縣税戸數割規則施行細則ハ大正十五年度分限リ之ヲ廢止ス

◎地方税制限ニ關スル件（明治四十一年三月三十一日法律第三十七號）

改正（明治四十三年三月法律第二十七號、四十四年三月同第三十二號、大正九年八月同第三十七號、十二年三月同第三十號、十五年三月二十七日同第二十五號、昭和六年四月一日法律第五十一號）

第一條 北海道、府縣其ノ他ノ公共團體ハ左ノ制限以内ノ地租附加税又ハ段別割ヲ課スルノ外土地ニ對シテ課税スルコトヲ得ス

一 北海道、府縣

附加税ノミヲ課税スルトキ　地租百分ノ八十二

段別割ノミヲ課スルトキ　一段歩ニ付　毎地目平均金一圓

附加税及段別割ヲ併課スル場合ニ於テハ段別割ノ總額ハ其ノ地目ノ地租額百分ノ八十二ト附加税額トノ差額ヲ超ユルコトヲ得ス（大正十二年三月法律第三十號）（昭和六年四月一日法律第五十一號改正）

二 其ノ他ノ公共團體

附加税ノミヲ課スルトキ　地租百分ノ六十六

段別割ノミヲ課スルトキ　一段歩ニ付　毎地目平均金一圓

附加税及段別割ヲ併課スル場合ニ於テハ段別割ノ總額ハ其地目ノ地租額百分ノ六十六ト附加税額トノ差額ヲ超ユルコトヲ得ス（四十四年法律第三十二號、大正九年同第三十七號、昭和六年同第五十一號改正）

第二條　北海道、府縣其ノ他公共團體ハ左ノ制限以內ノ營業收益稅附加稅ヲ課スルノ外營業收益稅ヲ納ムル者ノ營業ニ對シ課稅スルコトヲ得ス（四十三年三月法律第二十七號、大正九年八月同第三十七號十二年三月同第三十號、十五年三月同第二十五號、昭和六年四月同第五十一號改正）

一　北海道、府縣、　營業收益稅百分ノ四十六半

二　其ノ他ノ公共團體　營業收益稅百分ノ六十六

2 營業收益稅附加稅ノ賦課ニ付テハ營業收益稅法第十條第二項ノ規程ニ依ル資本利子稅額ノ控除ヲ爲ササルモノヲ以テ營收業益稅額ト看做ス（十五年三月法律第二十五號追加）

參照

營業收益稅法第十條　第二項

2　法人カ各事業年度ニ於テ納付シタル地租額又ハ資本利子稅額ハ命令ノ定ムル所ニ依リ當該事業年度ノ營業收益稅額ヨリ之ヲ控除ス

第三條　北海道、府縣ハ所得稅百分ノ二十四以內ノ所得稅附加稅ヲ課スルノ外所得稅ヲ納ムル者ノ所得ニ對シ課稅スルコトヲ得ス（同上追加）

2 北海道府縣以外ノ公共團體ハ府縣費ノ全部又ハ一部ノ分賦ヲ受ケタル場合ヲ除クノ外所得稅ヲ納ムル者ノ所得ニ對シ課稅スルコトヲ得ス（同上追加）

3 戶數割ヲ賦課シ難キ市町村ニ於テハ前項ノ規定ニ拘ラス內務大藏兩大臣ノ許可ヲ受ケ所得稅附加稅ヲ課スルコトヲ得但シ其ノ賦課率ハ所得稅百分ノ七ヲ超ユルコトヲ

得ス（同上）

4 所得稅附加稅ノ賦課ニ付テハ所得稅法第二十一條第二項ノ規定ニ依ル第二種ノ所得稅額ノ控除ヲ爲サヽルモノヲ以テ第一種ノ所得額ト看做ス（同上）

參照

所得稅法第二十一條　第二項

3 法人カ各事業年度ニ於テ納付シタル第二種ノ所得ニ對スル所得稅額ハ命令ノ定ムル所ニ依リ當該年度ノ第一種ノ所得ニ對スル所得稅額ヨリ之ヲ控除ス

5 第二種ノ所得ニ對シテハ附加稅ヲ課スルコトヲ得ス

第四條　府縣費ノ全部ヲ市ニ分賦シタル場合ニ於テハ市ハ前三條ノ市稅制限ノ外其ノ分賦金額以內ニ限リ府縣稅制限ニ達スル迄課稅スルコトヲ得

2 府縣費ノ一部ヲ市町村ニ分賦シタル場合ニ於テハ市町村ハ前三條ノ市町村稅制限ノ外其ノ分賦金額以內ニ限リ課賦スルコトヲ得但シ府縣ノ賦課額ト市町村ノ賦課額トノ合算額ハ府縣稅ノ制限ヲ超過スルコトヲ得ス

第五條　特別ノ必要アル場合ニ於テハ內務大藏兩大臣ノ許可ヲ受ケ第一條乃至第三條ノ制限ヲ超過シ其ノ百分ノ十二以內ニ於テ課稅スルコトヲ得

2 左ニ揭クル場合ニ於テハ特ニ內務大藏兩大臣ノ許可ヲ受ケ前項ノ制限ヲ超過シテ課稅スルコトヲ得

一　內務大藏兩大臣ノ許可ヲ受ケテ起シタル負債ノ元利償還ノ爲費用ヲ要スルトキ

二　非常ノ災害ニ因リ復舊工事ノ爲費用ヲ要スルトキ

三　水利ノ爲費用ヲ要スルトキ
四　傳染病豫防ノ爲費用ヲ要スルトキ

3 前二項ニ依リ制限ヲ超過シテ課税スルハ第一條乃至第三條ニ定メタル各税目ニ對スル賦課カ各其ノ制限ニ達シタルトキニ限ル但シ地租附加税及段別割ヲ併課シタル場合ニ於テハ一地目ニ對スル賦課カ制限ニ達シタルトキハ附加税カ制限ニ達シタルモノト看做ス其ノ段別割ノミヲ賦課シタル場合ニ於テ一地目ニ對スル賦課カ制限ニ達シタルトキ亦同シ

4 前三項ノ規定ハ前條ノ場合ニ之ヲ準用ス

第六條　北海道府縣以外ノ公共團體ニ對スル前條ノ許可ノ職權ハ勅令ノ定ムル所ニ依リ之ヲ地方長官ニ委任スルトヲ得（大正九年八月法律第三十七號改正）

第七條　本法ノ規定ハ特ニ賦課率ヲ定メタル特別法令ノ適用ヲ妨ケス

附　則

1 本法ハ明治四十一年度ヨリ之ヲ施行ス

2 非常特別税法中地租、營業税及所得税ノ地方税制限ニ關スル規定ハ之ヲ廢止ス

附　則（大正九年八月法律第七十三號）

1 本法ハ大正九年度分ヨリ之ヲ適用ス

2 大正八年法律第十九號ハ大正八年度限リ其ノ效力ヲ失フ

3 大正九年七月三十一日迄ニ制限外課税ノ許可ヲ受ケタル大正九年度分ノ地租附加税

營業稅附加稅、所得稅附加稅又ハ段別割ノ賦課率又ハ賦課額ハ從前ノ規定ニ依ル制限率又ハ制限額ヲ通シテ本法ニ依ル制限ヲ超過セサルトキハ之ヲ制限內ノ賦課率又ハ賦課額ト看做シ其ノ制限ヲ超過スルトキハ其ノ超過部分ニ限リ之ヲ本法ニ依リ許可ヲ受ケタル制限外ノ賦課率又ハ賦課額ト看做ス但シ大正八年法律第二十九號ニ依リ制限外課稅ノ許可ヲ受ケタル所得稅附加稅ニ付テハ前項ノ規定ヲ準用ス

附　則　（大正十二年三月法律第三十號）

1 本法ハ大正十二年度分ヨリ之ヲ適用ス

2 本法公布ノ日迄ニ北海道、府縣其ノ他ノ公共團體カ營業稅附加稅ニ付制限外課稅ノ許可ヲ受ケタル場合ニ於テ其ノ制限外ノ賦課率ハ之ヲ本法ニ依リテ許可ヲ受ケタル制限外賦課率ト看做ス

附　則　（大正十五年三月法律第二十五號）

1 本法ハ大正十六年度分ヨリ之ヲ適用ス但シ第三條第一項ノ改正規定中第四項ノ規定及附則第二項ノ規定ハ大正十五年度分ヨリ之ヲ適用ス

2 營業稅法廢止法律ニ依リテ免除セラルル營業稅額ハ大正十五年度分營業稅附加稅ノ賦課ニ付テハ免除セラレサルモノト看做ス

附　則　（昭和六年四月一日法律第五十一號）

1 本法ハ昭和六年度分ヨリ之ヲ適用ス但シ第二條ノ改正規定ハ昭和七年度分ヨリ之ヲ適用ス

2 昭和六年度分ニ付テハ第一條ノ改正規定中百分ノ八十二トアルハ百分ノ七十九、百

分ノ六十六トアルハ百分ノ六十三トス

3 昭和六年度分ニ限リ勅令ノ定ムル所ニ依リ従前ノ地租ヲ標準トシ従前ノ規定ニ依リ地租附加税ヲ賦課スルコトヲ得此ノ合ニ於テ段別割ヲ併課スルトキハ段別割ノ總額ノ制限ハ從前ノ規定ニ依ル

4 北海道、府縣其ノ他ノ公共團體ニ於ケル改正制限率ニ依リ賦課スルコトヲ得ヘキ地租附加税額ト特別地税額又ハ其ノ附加税額トノ合算額カ從前ノ地租又ハ地價ヲ標準トシ從前ノ制限率ニ依リ賦課スルコトヲ得ヘキ地租附加税額ト特別地税額又ハ其ノ附加税額トノ合算額ニ達セサル場合ニ於テ特別ノ必要アルトキハ昭和十二年度分迄ニ限リ勅令ノ定ムル所ニ依リ其ノ差額ノ範圍内ニ於テ内務大藏兩大臣ノ許可ヲ受ケ第一條又ハ第四條ノ制限及第五條第一項ノ制限ヲ超過シテ課税スルコトヲ得

5 北海道、府縣其ノ他ノ公共團體ニ於ケル改正制限率ニ依リ賦課スルコトヲ得ヘキ地租附加税額ト特別地税額又ハ其ノ附加税額トノ合算額カ從前ノ地租又ハ地價ヲ標準トシ從前ノ制限率ニ依リ賦課スルコトヲ得ヘキ地租附加税額ト特別地税額又ハ其ノ附加税額トノ合算額ヲ超ユル場合ニ關シテハ昭和十二年度分迄ニ限リ勅令ヲ以テ第一條及第四條ノ制限内ニ於テ之ニ代ルヘキ課税ノ制限ヲ定ムルコトヲ得

6 前二項ニ掲クル地租附加税額、特別地税額及其ノ附加税額ノ算定ニ關シテハ内務大藏兩大臣ノ定ムル所ニ依ル

7 北海道、府縣其ノ他ノ公共團體ニ於テ段別割ノミヲ賦課スル場合ニ於テハ前三項ノ規定ヲ適用セス

8　昭和六年度分ニ限リ個人ニ對スル營業收益税附加税ノ賦課ニ付テハ從前ノ税率ニ依リ算出シタルモノヲ以テ營業收益税額ト看做ス

9　北海道府縣以外ノ公共團體ニ對スル第四項ノ許可ノ職權ハ勅令ノ定ムル所ニ依リ之ヲ地方長官ニ委任スルコトヲ得

◎昭和六年法律第五十一號、同年法律第五十號及同年法律第三十號施行令（昭和六年四月一日勅令第五十號）

第一條　市町村長ハ昭和七年三月三十一日迄ノ間從前ノ地租名寄帳ニ依リ從前ノ地價及地租ヲ整理スヘシ

第二條　昭和七年三月三十一日迄ノ間ニ於テ分筆又ハ合筆シタル土地アルトキハ市町村長ハ地租法第三十三條ノ規定ニ準シ地價ヲ定ムヘシ

第三條　昭和六年法律第五十一號附則第三項ノ規定ニ依リ地租附加税ヲ賦課スルトキハ地租法ニ依リ昭和六年分ノ地租ヲ徴收スル土地ニ對シ之ヲ賦課スヘシ

第四條　昭和六年法律第五十號附則第二項ノ規定ニ依リ特別地税又ハ其ノ附加税ヲ賦課スルトキハ地租法第七十條ノ規定ニ依リテ昭和六年分ノ地租ヲ免除セラレタル田畑ニ對シテ之ヲ賦課スヘシ

第五條　第三條又ハ前條ノ規定ハ昭和六年法律第三十號附則第三項ノ規定ニ依リ地租割又ハ特別地税ヲ賦課スル場合ニ之ヲ準用ス

第六條　昭和六年法律第五十一號附則第四項及同年法律第五十號附則第三項ノ規定ニ

依リ制限ヲ超過シテ課税スルコトヲ得ヘキ制限外賦課率ハ左ノ各號ニ掲クル比率ノ範圍內トス

一　昭和六年度分ハ地租附加税ニ在リテハ法律ニ規定スル差額ノ地租額ニ對スル比率、特別地税ニ在リテハ其ノ比率ノ千分ノ四十、特別地税附加税ニ在リテハ其ノ比率ノ三十一分ノ四十

二　昭和七年度分ハ地租附加税ニ在リテハ法律ニ規定スル差額ノ七分ノ六ノ地租額ニ對スル比率、特別地税ニ在リテハ其ノ比率ノ千分ノ三十八、特別地税附加税ニ在リテハ其ノ比率ノ三十一分ノ三十八

三　昭和八年度分以降ハ前號ノ比率ヨリ其ノ六分ノ一ヲ毎年度遞減シタル比率

2　前項ノ規定ニ依リ課税スルハ營業收益税附加税、所得税附加税、特別地税又ハ其ノ附加税ノ賦課カ明治四十一年法律第三十七號第五條第一項及大正十五年法律第二十四號第七條第一項ノ制限ニ達シタルトキニ限ル但シ特別地税又ハ其ノ附加税ト段別割トヲ併課シタル場合ニ於テ一地目ニ對スル賦課カ制限ニ達シタルトキハ特別地税又ハ其ノ附加税カ制限ニ達シタルモノト看做ス

第七條　昭和六年法律第五十一號附則第五項及同年法律第五十號附則第四項ニ該當スル場合ニ於テハ左ノ各號ニ掲クル比率ヲ以テ明治四十一年法律第三十七號第一條又ハ第四條及大正十五年法律第二十四號第三條乃至第五條ノ制限ニ代ルヘキ制限トス

一　昭和六年度分ハ地租附加税ニ在リテハ從前ノ地租又ハ地價ヲ標準トシ從前ノ制限率ニ依リ賦課スルコトヲ得ヘキ地租附加税額ト特別地税額又ハ其ノ附加税額ト

ノ合算額ノ地租額ニ對スル比率、特別地税ニ在リテハ其ノ比率ノ千分ノ四十、特別地税附加税ニ在リテハ其ノ比率ノ三十一分ノ四十

二 昭和七年度分以降ハ地租附加税ニ在リテハ前號ノ比率ノ三十八分ノ四十ニ法律ニ規定スル超過額ノ七分ノ一ノ地租額ニ對スル比率ヲ毎年度遞增シタル比率、特別地税ニ在リテハ各年度分ノ比率ノ千分ノ三十八、特別地税附加税ニ在リテハ各年度分ノ比率ノ三十一分ノ三十八

2 前項ニ依リ算出シタル比率ハ地租附加税ニ付テハ百分位未滿ノ端數ハ之ヲ四捨五入シ特別地税又ハ其ノ附加税ニ付テハ千分位又ハ百分位未滿ノ端數ハ之ヲ切捨ツ

第八條 第六條及第七條ノ地租額ノ算定ニ關シテハ内務大臣及大藏大臣ノ定ムル所ニ依ル

第九條 北海道府縣以外ノ公共團體ニ對スル昭和六年法律第五十一號附則第四項及同年法律第五十號附則第三項ノ規定ニ依ル許可ノ職權ハ之ヲ北海道廳長官又ハ府縣知事ニ委任ス但シ明治四十一年法律第三十七號第五條第二項又ハ大正十五年法律第二十四號第七條第二項ノ規定ニ依リ制限外課税ヲ爲ス場合ニ於テ其ノ制限外課税カ制限率ノ百分ノ五十ヲ超ユルトキハ此ノ限ニ在ラス

參照

明治四十一年三月三十一日公布法律第三十七號ハ地方税制限ニ關スル件

大正十五年三月二十七日公布法律第二十四號ハ地方税ニ關スル件ナリ

第十條 市町村ノ廢置分合又ハ境界變更等ニ依リ本令ニ據リ難キ事項ニ付テハ北海道

廳長官又ハ府縣知事ハ内務大臣及大藏大臣ノ許可ヲ得テ別段ノ定ヲ爲スコトヲ得

第十一條 市制第六條又ハ第八十二條第三項ノ市ニ於テハ第一條又ハ第二條中市長ニ關スル規定ハ區長ニ之ヲ適用ス

2 町村組合ニシテ町村ノ事務ノ全部又ハ役場事務ヲ共同處理スルモノハ第一條又ハ第二條中町村長ニ關スル規定ハ組合管理者ニ之ヲ適用ス

3 町村制ヲ施行セサル地ニ於テハ第一條又ハ第二條中町村長ニ關スル規定ハ町村長ニ準スヘキモノニ之ヲ適用ス

附　則

本令ハ昭和六年度分ヨリ之ヲ適用ス

◎昭和六年法律第五十一號及同年法律第五十號施行規則（昭和六年四月一日内務大藏省令）

第一條 昭和六年法律第五十一號附則第四項及第五項竝同年法律第五十號附則第三項及第四項ニ掲クル地租附加税額、特別地税額又ハ其ノ附加税額ハ昭和六年四月一日現在ニ於ケル昭和六年分ノ地租ヲ徴收スヘキ土地（災害地免租地、自作農免租地及地租法第七十三條ノ規定ニ依リ地租ヲ徴收セサル土地ヲ含ム）ノ地租額又ハ從前ノ地租額ニ付左ノ規定ニ依リ算定ス

一　改正制限率ニ依リ賦課スルコトヲ得ヘキ地租附加税額、特別地税額又ハ其ノ附加税額ハ昭和六年度分ニ付テハ地租額ニ、同七年度分ニ付テハ其ノ地租額ノ四十

分ノ三十八ニ地租附加稅ノ各改正制限率ヲ乘シテ得タル金額トス

二　從前ノ制限率ニ依リ賦課スルコトヲ得ヘキ地租附加稅額、特別地稅額又ハ其ノ附加稅額ハ從前ノ地租額ニ地租附加稅ノ從前ノ制限率ヲ乘シテ得タル金額トス

第二條　昭和六年法律第五十一號、同年法律第五十號及同年法律第三十號施行令第六條第一項第一號及同第七條第一項第一號ノ地租額ハ前條第一號ノ地租額ノ合計額、同第六條第一項第二號及同第七條第一項第二號ノ地租額ハ其ノ合計額ノ四十分ノ三十八トス

第三條　市町村長ハ第一條ノ土地ノ賃貸價格及地租額竝從前ノ地價及地租額（宅地地租ト其ノ他ノ土地地租ニ區分スヘシ）ノ各總額ヲ北海道廳長官又ハ府縣知事ニ報告スヘシ

2　昭和六年法律第五十一號、同年法律第五十號及同年法律第三十號施行令第十一條第二項及第三項ノ規定ハ前項ノ適用ニ付之ヲ準用ス

附　則

本令ハ昭和六年度分ヨリ之ヲ適用ス

◎地方稅ニ關スル法律命令ノ施行ニ關スル件依命通牒（昭和二年三月三十一日發地第三號　地方、主稅兩局長依命通牒）

地方稅ニ關スル法律命令ノ施行ニ關シテハ特ニ別記ノ廉々御留意ノ上御措置相成度又同一課稅目的ヲ有スル市町村特別稅ニ付テモ別記ニ依リ取扱方夫々市町村ニ對シ御示

達相成度
追而左記通牒ハ昭和二年度ヨリ廢止セラルル義ニ有之尚府縣税戸數割ニ關スル通牒及大正十三年三月三十一日發地第二一號信託ニ依ル不動産所有權ノ取得ニ對スル課税ノ件依命通牒ハ昭和二年度ヨリ自然消滅ト相成ヘキ義ニ付爲念

左　記

明治三十六年三月地甲第一二號依命通牒
明治四十年九月十二日往第一〇九八一號市町村歩一税ノ標準改正ニ關スル件通牒
大正七年十月十一日發地第一七〇號傭人税設定ニ關スル件通牒
同八年七月七日藏地第八號私立學校ノ建物ニ關スル課税免除ノ件依命通牒
同九年四月十三日發地第八〇號建物建築税ノ件依命通牒
同十一年三月三十一日發地第一三八號遊興税ノ義ニ付依命通牒
同年七月十三日發地第六三號電柱税ニ關スル件依命通牒
同年九月二十九日京地第一九一號電柱税ニ關スル件依命通牒
同十三年九月九日發地第六號遊興税ノ件ニ付依命通牒

別　記

家屋税ニ關スル事項

一　家屋税ノ配當標準タル宅地地價トハ土地臺帳面ニ於テ宅地タルモノノ地價ノ義ナルコト

二　家屋税ノ配當標準タル戸數トハ現住戸數（構戸者ノ數）ノ義ニシテ戸數ニ含ムコ

トトセル法人ノ本店及支店トハ商法ノ規定ニ基キ登記ヲ爲シタル本店及支店ノ義ナルコト

三　戸數割ヲ賦課シ難キ市町村ハ戸數割ヲ賦課シ難キ事情アルコトニ關シ内務大臣及大藏大臣ノ承認ヲ受クルヲ要ス若シ其ノ承認ヲ受ケタル後戸數割ヲ賦課スルコトト爲サントスルトキハ別ニ手續ヲ要セサルモ更ニ又戸數割ヲ賦課シ難キ事情アルモノトシテ家屋税附加税ニ付特別ノ取扱ヲ受ケントスルトキハ新ニ内務大臣及大藏大臣ノ承認ヲ受クルヲ要スルコト

四　家屋税ノ賦課ヲ不適當トスル家屋ノ範圍ハ施行規則第一條ノ規定ニ依リ各府縣ニ於テ適宜之ヲ定メ然ルヘキモ農業倉庫業法ニ依リ經營スル農業倉庫（賃借ニ係ル建物ヲ除ク）大及正八年法律第三十八號（私立學校用地免租ニ關スル件）第一條第一號及第二號ニ揭クルモノノ用ニ供スル建物（賃貸ニ係ル建物ヲ除ク）ニ對シテハ家屋税ヲ賦課セサルコト

追テ地方税ヲ免除スヘキ私立學校ノ建物ハ法律第三十八號ニ依ル免租地ノ區域ニ在ルモノニ付テハ賃借ニ係ル建物ヲ除キ其ノ全部有租地ノ區域ニ在ルモノニ付テモ亦同樣ノ趣旨ニ依リ同法第二條ノ範圍ニ於テ取計フコト

五　市町村ニ對スル家屋税ノ配當手續ハ賦課規則中ニ之ヲ規定シ一定ノ期日ニ配當ヲ行フコト

六　施行令第八條及第九條ノ規定ニ依ル許可稟請ニ際シテハ當該年度ノ歲出入豫算及別紙第一號樣式ニ依ル調書ヲ添付スルコト

営業税ニ關スル事項

一　営業收益税法第八條ノ規定ニ依リ営業收益税ヲ免除セラレタル重要物産ノ製造業者ニ對シテハ営業税ヲ賦課セサルコト

二　営業税ノ課税標準ニ付テハ地方ノ實情ニ應シ施行規則第二條ノ課税標準中適當ナルモノヲ選擇シテ内務大臣及大藏大臣ノ許可ヲ受クルコトヲ得ルモ営業税ノ配賦課税ハ然ルヘカラサルコト

雜種税ニ關スル事項

第一　電柱税ニ關スル事項

一　電柱税ハ年額左ノ制限以内タルヘキコト

（イ）木柱本柱　一本ニ付　金七十錢
（ロ）同支柱　一本ニ付　木柱本柱ノ制限額ノ半額
（ハ）鐵柱　一本ニ付　木柱本柱ノ制限額ノ一倍半
（ニ）鐵塔　一基ニ付　木柱本柱ノ制限額ノ三倍

特別ノ事情アルトキハ内務大臣及大藏大臣ノ承認ヲ受ケ鐵塔ニ對シ前記制限ヲ超過シテ賦課シ得ルコト但シ現ニ兩大臣ノ許可ヲ受ケ前記制限ヲ超過シテ賦課セルモノハ其ノ許可年限間更ニ承認ヲ受クルコトヲ要セサルコト

二　市町村ニ於ケル電柱税附加税又ハ特別税電柱税ハ年額左ノ制限以内タルヘキコト

（イ）市　木柱本柱　一本ニ付　金三圓ニ相當スル額
（ロ）町村　同　一本ニ付　金一圓五十錢ニ相當スル額

（ハ）木柱支柱、鐵柱及鐵塔ニ對スル課稅ノ制限ニ付テハ前項道府縣ノ電柱稅ノ制限ヲ準用スルコト

特別ノ事情アルトキハ電柱稅附加稅ニ付テハ道廳長官、府縣知事ノ承認（雜種稅附加稅ノ不均一賦課ニ該當スル場合ハ其ノ許可）ヲ受ケ又特別稅ニ付テハ內務大臣及大藏大臣ノ許可ヲ受ケ鐵塔ニ對シ前記制限ヲ超過シテ賦課シ得ルコト但シ現ニ兩大臣ノ許可ヲ受ケ前記制限ヲ超過シテ賦課セルモノハ其ノ許可年限間更ニ許可ヲ受クルコトヲ要セサルコト

三　既ニ許可ヲ受ケテ賦課セル電柱稅又ハ電柱稅附加稅ニシテ前二項ノ制限ヲ超過セルモノハ機會ヲ見計ヒ相當低減スヘキコト

四　木柱控柱ノ類ニ對シテハ課稅セサルコト

五　鐵筋「コンクリート」ノ電柱ニ對シテハ其ノ形狀ニ應シ鐵柱又ハ鐵塔ニ準シテ課稅シ得ルコト

六　府縣費ノ全部ノ分賦ヲ受ケタル市ニ於テハ前記府縣ト市トノ電柱稅制限額ヲ合算シタルモノニ相當スル額迄賦課シ得ルコト

七　賦課期日ノ直前一ケ年分ノ事業年度ノ利益配當年六分未滿ナルトキハ課稅セサルコト

八　道府縣カ電柱稅ヲ賦課スル場合ニ於テハ市町村ハ特別電柱稅條例ノ施行ヲ停止シ其ノ許可ヲ受ケタルト同額迄附加稅トシテ賦課スヘキコト

第二　狩獵稅ニ關スル事項

狩獵稅ハ左ノ制限以內タルヘキコト

一　狩獵法第八條ニ規定スル一等及二等ニ該當スルモノ　國稅一圓ニ付金十三錢

二　同三等ニ該當スルモノ　國稅一圓ニ付金十錢

第三

一　不動產取得稅ニ關スル事項

不動產取得稅ノ課率ハ不動產價格千分ノ七以內タルヘキコト

特別ノ事情アルトキハ內務大臣及大藏大臣ノ承認ヲ受ケ不動產價格千分ノ十二迄賦課シ得ルコト但シ現ニ兩大臣ノ許可ヲ受ケ賦課セルモノハ其ノ許可年限間更ニ承認ヲ受クルヲ要セサルコト

二　市町村ニ於ケル不動產取得稅附加稅又ハ特別稅不動產取得稅ハ不動產價格千分ノ十ニ相當スル課率以下タルヘキコト

特別ノ事情アルトキハ不動產取得稅附加稅ニ付テハ道廳長官、府縣知事ノ承認（雜種稅ノ不均一賦課ニ該當スル場合ニハ其ノ許可）ヲ受ケ又特別稅ニ付テハ內務大臣及大藏大臣ノ許可ヲ受ケ不動產價格千分ノ二十ニ相當スル課率迄賦課シ得ルコト但シ現ニ兩大臣ノ許可ヲ受ケ賦課セルモノハ其ノ許可年限間更ニ許可ヲ受クルヲ要セサルコト

三　電柱稅ニ關スル事項（六）及（八）ハ不動產取得稅及特別稅不動產取得稅ニ之ヲ準用スルコト

四　住宅ノ改良又ハ其ノ供給緩和ノ目的ヲ以テ小住宅ヲ建築スル場合ニハ課稅セサルコト

第四　遊興稅ニ關スル事項

一　遊興稅ノ課稅標準ハ之ヲ消費金額ノ全部ト爲スカ又ハ其ノ一部（花代ノ類）ト爲スカハ任意ナルモ同一團體ノ課稅標準トシテハ其ノ一ニ依ルヘキコト

二　遊興稅ハ左ノ制限以內タルヘキコト

（甲）　消費金額ノ全部ヲ課稅標準ト爲ス場合

道府縣　消費金額百分ノ五

市町村

（イ）　道府縣ニ於テ遊興稅ヲ賦課セサルトキ　消費金額百分ノ十

（ロ）　市町村カ北海道地方稅又ハ府縣稅ノ附加稅トシテ賦課スルトキ

北海道地方稅又ハ府縣稅ノ課率ト通算シ　消費金額百分ノ十

（乙）　消費金額ノ一部（花代ノ類）ヲ課稅標準ト爲ス場合

道府縣　消費金額百分ノ七

市町村

（イ）　道府縣ニ於テ遊興稅ヲ賦課セサルトキ　消費金額百分ノ十四

（ロ）　市町村カ北海道地方稅又ハ府縣稅ノ附加稅トシテ賦課スルトキ

北海道地方稅又ハ府縣稅ノ課率ト通算シ　消費金額百分ノ十四

（丙）　道府縣カ消費金額ノ全部ヲ課稅標準ト爲ス場合ニ於テ市町村カ消費金額ノ一部ヲ課稅標準ト爲シ又ハ道府縣カ消費金額ノ一部ヲ課稅標準ト爲ス場合ニ於テ市町村カ消費金額ノ全部ヲ課稅標準ト爲ストキハ市町村ノ遊興稅

ハ道府縣ノ遊興税ノ課率ト通算シ消費金額ノ全部又ハ一部ノ百分ノ十二以內タルヘキコト

三　消費金額ノ一部（花代ノ類）ヲ課税標準トシテ課税スル場合ニ於テハ免税點ヲ設ケサルモ差支ナキヿト

四　道府縣カ遊興税ヲ賦課スル場合ニ於テハ市町村ハ特別税遊興税條例ノ施行ヲ停止シ附加税トシテ賦課スヘキコト但シ市町村ノ遊興税カ道府縣ノ遊興税ト課税標準ヲ異ニスル場合ニ於テハ此ノ限ニ在ラサルコト

五　道府縣ノ遊興税ト市町村ノ遊興税ト免税點ヲ異ニスル場合ニ於テハ市町村ハ道府縣ノ遊興税ノ免税點以下ノ部分ニ付テノミ特別税遊興税ヲ賦課シ得ルコト

六　北海道地方税又ハ府縣税ノ徵收義務者ヲ定メタル場合ニ於テハ市町村長ヲシテ徵收金ノ拂込ヲ受ケシメ之ヲ取纏メテ北海道地方費又ハ府縣ノ金庫ニ拂込マシムルカ如キ規定ヲ設ケ得サルコト

七　徵收義務者ヲ定メタルトキハ遊興税ノ拂込ハ證紙ヲ以テスルコトト爲スヲ得サルコト

第五　前掲以外ノ雜種税ニ關スル事項

一　施行勅令第十七條第三項ノ規定ニ依リ設定シタル雜種税ニ付課税標準ヲ變更スルコトナク單ニ其ノ課率ノ低減ヲ爲ス場合ニ於テハ內務大臣及大藏大臣ノ許可ヲ受クルヲ要セサルコト

二　觀覧税ハ入場料一人一回金拾五錢以上ノモノニ限リ賦課シ得ヘク其ノ課率ノ制

限ニ關シテハ遊興税ノ制限（甲）ヲ準用スルコト

三　傭人税ノ課税標準タルヘキモノハ家事用ノ僕婢ニ限リ從業者又ハ作男ノ如キ專ラ營業若ハ職業ニ從事スル者竝家事ト營業若ハ職業トニ兼ネ從事スル者ハ課税標準ト爲スヘカラサルコト

戸數割及戸數割ヲ賦課セサル市町村ノ家屋税附加税ニ關スル事項

一　施行勅令第二十三條第二項ノ適用ニ關シ必要アルニ依リ府縣ハ毎年二月末日迄ニ翌年度ニ於テ戸數割ヲ賦課セサル市町村名ヲ取調ヘ內務大臣ニ報告スルコト

二　資産ノ狀況ニ依ル資力ノ算定ニ付テハ之カ利用ヲ誤リテ負擔ノ不均衡ヲ惹起スルコトナキ樣嚴密ニ監督スルコト

三　資力算定ノ標準タル所得額ノ計算上職工其ノ他勞役者ノ賃銀等ハ其ノ者カ獨立ノ企業者ニ非スシテ專ラ雇傭關係ニ依リ收得スルモノナルニ於テハ假令日給ノモノト雖モ其ノ名稱ノ如何ヲ問ハス所謂勤勞所得トシテ取扱フヘキコト

四　施行勅令第二十六號ノ規定ニ依リ市町村長ニ於テ通報義務ヲ有スル所得ノ範圍ハ其ノ市町村住民ニ非サル者カ當該市町村ニ於テ土地家屋物件ヲ所有シ使用シ若ハ占有シ又ハ營業所ヲ定メテ營業ヲ爲シ依テ生スル所得ニシテ此ノ通報ノ遲速ハ他市町村ノ戸數割ノ賦課ニ至大ノ關係ヲ有スルヲ以テ通報期限ヲ嚴守スル樣充分ニ監督スルコト

尚所得ノ基本タル事實ヲモ併セテ通報セシムルハ之ヲ受ケタル市町村ニ於テ資力算定ノ標準タル資産狀況ヲ測定スル場合ノ參考ニ資スルカ爲（例ヘハ田畑山林ノ所

得、家屋又ハ營業ノ所得等其所得ノ基本タル事實ヲ知ルヲ得シムル趣旨）ナルニ付特ニ注意セシムルコト

五　戸數割ノ制限外課税ヲ爲サントスル場合及戸數割ヲ賦課セサル市町村ニ於テ家屋税附加税ノ制限外課税ヲ爲サントスル場合ニ於テハ各國税附加税及特別地税附加税ハ所定ノ制限率迄之ヲ賦課シタルコトヲ要スルコト

六　戸數割ノ制限外課税ヲ爲サントスル場合及戸數割ヲ賦課セサル市町村ニ於テ家屋税附加税ノ制限外課税ヲ爲サントスル場合ニ於テハ基本財產（特別基本財產ヲモ含ム）ノ蓄積又ハ積戻ハ其ノ財源ヲ指定寄附又ハ財產ヨリ生スル收入ニ求ムルモノヲ除クノ外之ヲ停止シ負擔輕減ノ資ニ充ツルコト但シ追加賦課ノ爲メ制限外課税ヲ爲サントスル場合ニ於テ從前議決ニ基キ旣ニ蓄積ヲ施行シタルモノハ此ノ限ニ在ラサルコト

七　戸數割ノ制限外課税ノ許可禀請及戸數割ヲ賦課セサル市町村ニ於ケル家屋税附加税ノ制限外課税ノ許可禀請ニ付テハ昭和二年三月三十一日內務大藏省訓令第三三四號訓令市町村其ノ他公共團體ニ於ケル課税等ニ關スル議決ノ許可禀請ニ添付スヘキ書類調製樣式ノ件ニ準シ調製シタル書類及別紙第二號樣式ニ依ル調書ヲ添付スルコト

八　前項制限外課税ノ許可禀請ニ際シテハ左記ノ廉ニ付特ニ注意スルコト
（イ）　歲入一覽表及歲出一覽表ハ訓令所定ノ通調製シ不備ナキヲ期スルコト
（ロ）　歲入ニ公債ヲ計上シタル場合ニ於テハ其ノ起債許可ノ禀請ヲ同時ニ提出セシ

ムルコト若シ委任許可債ナルトキハ許否ノ見込ヲ稟請書ニ附記スルコト
（ハ）歳出ニ國ノ事業ニ對スル寄附金ヲ計上シタル場合ニ於テ內務省ニ內申ヲ要スルモノナルトキハ其ノ內申書ヲ同時ニ提出スルコト
（ニ）歳出中相當多額ノ寄附金又ハ補助金ノ計上アル場合ニ於テハ其ノ內容及必要ナル事由ヲ稟請書ニ附記スルコト
（ホ）基本財産蓄積費ヲ豫算ニ計上シタル場合ニ於テハ蓄積ノ財源ヲ稟請書ニ明記スルコト仍ホ從前議決ニ基キ既ニ執行濟ノモノナルトキハ其ノ旨ヲ附記スルコト
（ヘ）戸數割ノ制限外課税ノ許可及戸數割ヲ賦課セサル市町村ニ於ケル家屋税附加税ノ制限外課税ノ許可ハ賦課スヘキ豫算ノ總額ヲ許可スルモノナルヲ以テ例令課率ヲ增加セス自然增收ノ爲メ豫算ノ追加又ハ更正ヲ爲ス場合ニ於テモ苟モ當初許可ヲ受ケタル賦課スヘキ豫算總額ヲ超ユル場合ハ更ニ許可ヲ要スルコト但シ他ノ市町村税ニ於テ追加ヲ爲シ戸數割及家屋税附加税ノ額カ法定ノ制限割合ヲ超過セサルトキハ此ノ限ニ在ラサルコト

九　施行規則第二十八條ノ規定ニ依リ戸數割ノ制限外課税ノ許可ヲ爲シタルトキハ別紙第三號樣式ニ依ル報告書ヲ內務大臣ニ提出スルコト

第一號樣式

家屋税參考表

種目	本年度		前年度	
府縣税豫算總額	圓	厘	圓	厘
家屋税額				
府縣税總額ニ對スル家屋税ノ百分比				
地租附加税課率 宅地				
地租附加税課率 其ノ他				
特別地税課率				
營業收益税附加税課率				
所得税附加税課率				

備考

一 當初課税ノ稟請ヲ爲サントスルトキハ前年度欄ニハ當初豫算（同時議決ノ追加豫算ヲ合算ス）ニ依リ記入スルコト但シ昭和二年度ニ限リ家屋税額ニ付テハ戸數割税額（家屋税ヲ賦課シタルモノアルトキハ之ヲ合算シタル額）營業收益税附加税課率ニ付テハ營業税附加税課率ヲ記載スルコト

一　同一年度内ニ於テ數度許可稟請ヲ爲サントスルトキハ二回目以後ニ於テハ稟請當時ノ現在ニ依リ相當欄ニ記入シ前年度欄ノ記載ハ之ヲ要セサルコト

一　府縣費ノ全部ノ分賦ヲ受ケタル市ニ於ケル家屋税ニ付テハ本様式ニ準シ調書ヲ作製スルコト

第二號様式

戸數割制限外課税參考表

種目		本年度	前年度
市町村税豫算總額		圓　厘	圓　厘
戸數割税額			
市町村税豫算總額ニ對スル戸數割税額ノ百分比			
制限額（一税總額ノ百分ノ三十七又ハ六十）			
戸數割納税義務者一人當			
地租附加税課率	宅地		
	其ノ他		

特別地税附加税課率				
營業收益税附加税課率				
「所得税附加税課率」				

備考

一 當初課税ノ稟請ヲ爲サントスルトキハ前年度欄ニハ追加ヲ合算シタル豫算ニ依リ記入スルコト但シ昭和二年度ニ限リ營業收益税課率ニ付テハ營業税附加税課率ヲ記載スルコト

一 同一年度内ニ於テ數度許可稟請ヲ爲サントスルトキハ二回目以後ニ於テハ稟請當時ノ現在ニ依リ相當欄ニ記入シ前年度欄ノ記載ヲ要セサルコト

一 戸數割ヲ賦課セサル市町村ニ於ケル家屋税附加税ノ制限外課税ニ付テハ本樣式ニ準シ調書ヲ作製スルコト但シ納税義務者一人當ハ之ヲ記載スルコトヲ要セス

第三號樣式

戸數割制限外課税許可報告 昭和何年度（自何月 至何月）何道府縣

税目	市町村税豫算總額	戸數割税額	戸數割制限外課税額	制限外課税額ノ費途
戸數割	圓	圓	圓	土木費 教育費 衛生費 何々

計				

許可件數　何件
許可團體數　何市（町村）

備考

一　本件報告ハ一年度分ヲ二期ニ分チ四月ヨリ九月迄ノ分ヲ十月末日迄ニ、十月ヨリ三月迄ノ分ヲ四月末日迄ニ報告スルコト
二　市ノ分ト町村ノ分トハ各別表ニ之ヲ調製スルコト
三　「許可團體數」後半期分ニ在リテハ前半期ニ於テ許可シタル團體ト重復スルモノアルトキハ其ノ數ヲ附記スルコト

◎市町村其ノ他公共團體ノ課稅許可稟請書ニ添付スヘキ書類ノ件依命通牒（昭和二年三月三十一日發地第四號）（地方、主稅兩局長依命通牒）

市町村其ノ他公共團體ニ於ケル課稅許可稟請書ニ添付スヘキ書類樣式ノ件本日訓令第三三四號ヲ以テ訓令相成候處明治四十三年六月十六日訓令第二百九十一號訓令制限外課稅特別稅新設變更等稟請書ニ添付スヘキ樣式ノ件ハ昭和元年度限リ廢止セラレタル儀ニ付御了知相成度

追而明治四十三年六月地第三四一四號地方局長通牒ニ依ル地盆調、負債調、特別稅ニ關スル收支調等ハ尚從前ノ通添附ヲ要スル義ニ付爲念

◎市町村其ノ他公共團體ノ課税許可稟請書ニ添附ス可キ書類ノ件通牒（明治四十三年六月十六日第三四一四號　地方局長）

市町村其ノ他公共團體ノ課税稟請書ニ添附スヘキ書類樣式改正ノ件本日訓令相成候處左記ノ書類ハ從前ノ通添附ヲ要シ候儀ニ付爲念此段及通牒候也

一　地盆調

一　負債調

一　特別税ニ關スル收支調

◎地盆調添付方及樣式ノ件（明治四十三年十一月二十八日地第六〇九三號地方主税兩局長通牒）

市町村水利組合ノ稟請ニシテ左ノ各號ノ一ニ該ルモノハ別紙樣式ニ依リ調製シタル地盆調ヲ添付セシメ其調査ノ正否ハ貴官ニ於テ篤ト審査ノ上進達相成度

一　免租又ハ除租中ノ土地ニ對シ段別割ヲ併課スルトキ

二　地租附加税又ハ段別割若シクハ地租附加税及段別割ヲ併課シタル場合ニ於ケル課率（段別割ニ付テハ地租一圓當リニ換算シタルモノ）カ地租一圓ニ付一圓ヲ超ユルモノ（大正九年五月十二日發地第九六號内務省地方局長ヨリ地方長官ニ依命通牒ヲ以テ改正）

三　地盆ヲ增加スヘキ事業ノ爲メ起債セムトスルトキ（事業施行前ノ地盆調ト事業成功後ノ見込地盆調トヲ添付スルコト）

市町村其ノ他公共團體ノ課税許可稟請書ニ添付スヘキ書類ノ件通牒

地盆調添付方及樣式ノ件

地益調　一段歩當

地目	收獲物 種類	收獲物 數量	收獲物ノ價格又ハ收得金	石代又ハ單價	地租	府縣税	市町村税	水利組合費其他費	耕作費等	純益
田			圓 0,000	圓 0,000	圓 0,000	圓 0,000	圓 0,000	圓 0,000	圓 0,000	圓 0,000
畑										
宅地										
何々										

一　賦課ノ等差ヲ設クルモノニアリテハ其ノ等級別ニ記載スルコト

一　收獲物ノ種類ハ主要ナルモノヲ掲クルコト但シ田ニシテ二毛作ヲ爲ス爲收獲物ノ種類ヲ異ニスルトキハ各別ニ之ヲ掲記スルコト

一　宅地ノ如キ收獲物ナキモノハ賃貸價格ヲ記載スルコト

一　牧場ノ收得金ノ如キハ算出ノ基礎ヲ備考ニ記載スルコト

一　收獲物ノ數量、價格及收得金、石代又ハ單價、耕作費等ハ前三年ノ平均額ヲ掲クルコト

一　耕作費等ハ勞銀、種子代、牛馬使用ノ費用、肥料、農具代等ヲ掲クルコト

一　税額ハ總テ當該年度ノ賦課額ヲ掲上スルコト

一　耕地整理組合費用ノ負擔アルトキハ水利組合費其ノ他ノ欄ニ之ヲ合記シ其ノ由ヲ備考ニ記

載スルコト

一　收獲物又ハ收得金、經費ニ關スル計算ハ關係地ノ平均ニ依ルコト

◎基本財産ノ蓄積積戻停止ニ關スル件

（昭和二年六月九日地發乙第一三九號
地方主税兩局長通牒）

戶數割及戶數割ヲ賦課シ難キ市町村ノ家屋税附加税ノ制限外課税ヲ爲サムトスル場合ニ於ケル基本財産ノ蓄積又ハ積戻ノ停止ニ關シテハ本年三月三十一日發地第三號ヲ以テ及通牒置候處將來左記ノ場合ニ於テハ蓄積又ハ積戻ノ停止ヲ爲スヲ要セサルコトニ御取扱相成度

記

一　戶數割ニ付貴官許可權ノ範圍內ニ屬スル制限外課税ヲ爲ス場合

一　戶數割ヲ賦課シ難キ市町村ノ家屋税附加税ニ付各制限ヲ超過シ豫算總額百分ノ十以內ノ制限外課税ヲ爲ス場合

◎國庫出納金端數計算法

（大正五年一月二十九日
法律第二號）

第一條　國庫ノ收入金又ハ仕拂金ニシテ一錢未滿ノ端數アルトキハ其ノ端數ハ之ヲ切捨ツ其ノ金額一錢未滿ナルトキハ之ヲ一錢トス

第二條　國税ノ課税標準額ノ算定ニ付テハ前條ノ規定ヲ準用ス

2　命令ヲ以テ指定スル國税ノ課税標準額ニシテ一圓未滿ノ端數アルトキハ其ノ端數ハ之ヲ切捨ツ

第三條　分割シテ收入シ又ハ仕拂フ金額ニ在リテハ其ノ總額ニ付第一號ノ規定ヲ準用ス

第四條　分割シテ收入又ハ仕拂ヲ爲ス場合ニ於テ分割金額一錢未滿ナルトキ又ハ之ニ一錢未滿ノ端數ヲ生シタルトキハ其ノ分割金又ハ端數ハ最初ノ收入金又ハ仕拂金ニ之ヲ合算ス但シ地租ノ分納額ニ付テハ此ノ限リニ在ラス

第五條　【賣藥印紙稅】及郵便切手ヲ以テ納ムル郵便料金ニ付テハ本法ヲ適當セス

2 法律ニ別段ノ定アルモノノ外本法ヲ適用セサルモノハ命令ヲ以テ之ヲ定ム

第六條　本法ハ北海道府縣【郡】市町村其ノ他勅令ヲ以テ指定シタル公共團體ノ收入及仕拂ニ關シテ之ヲ準用ス

附　則

第七條　本法ハ大正五年四月一日ヨリ之ヲ施行ス

第八條　明治四十年法律第三十一號ハ之ヲ廢止ス但シ本法施行前納入ノ告知ヲ爲シ又ハ仕拂ノ命令ヲ發シタルモノニ付テハ仍其ノ效力ヲ有ス

◎公共團體ノ收入及仕拂ニ關シ國庫出納金端數計算法準用ノ件（大正五年八月二十三日勅令第二百九號）改正（各條下記入）

第一條　國庫出納金端數計算法第六條ノ規定ニ依リ公共團體ヲ指定スルコト左ノ如シ

市制第六條ノ市ノ區

水利組合

北海道土功組合、健康保險組合（昭和二年三月勅令第三十四號）
朝鮮ノ道地方費、府、府郡島學校費、學校組合、面及水利組合、臺灣ノ州、廳地方費、市街庄及水利組合
樺太ノ町村（大正十一年三月勅令第五十五號、十三年十二月二日勅令第三百一號改正）
（公布ノ日ヨリ施行）

第二條 國庫出納金端數計算法第六條ノ公共團體ノ收入及支拂中左ニ揭クル種目ニハ同法ヲ準用セス

一 法令ニ依リ當然公共團體ニ歸屬スル收入金
二 貨幣交換差金
三 外國貨幣ヲ基礎トスル收入金及仕拂金
四 缺損補塡金

附 則

本令ハ大正五年九月一日ヨリ之ヲ施行ス

附 則 （大正九年勅令第四百三十六號附則）

本令ハ大正九年十月一日ヨリ之ヲ施行ス

◎町村制ニ代ル制ヲ施行スル地ノ町村税ノ徵收ニ關スル件（大正十五年八月二十一日）（勅令第三百八十六號）

町村制ニ代ル制ヲ施行スル地ノ町村税ノ徵收ニ付テハ市制町村制施行令第四十三條乃

至第五十八條ノ規定ヲ準用ス

附　則

本令ハ大正十五年度分ヨリ之ヲ適用ス

從前ノ規定ニ依ル手續其ノ他ノ行爲ハ本令ニ別段ノ規定アルモノヲ除クノ外之ヲ本令ニ依リ爲シタルモノト看做ス

◎入湯税ニ關スル件通牒（大正十一年六月十五日發地第五十三號地方、主税兩局長）

大正十一年六月十五日內務省令第十三號ヲ以テ大正九年內務省令第十一號市稅【區稅】及町村稅指定ノ件中改正セラレ新ニ入湯稅ヲ加ヘラレ候處右入湯稅ノ許可ハ市【區】町村ニ於テ溫泉利用者ノ爲ニ特ニ設備ヲ要スルモ他ニ適當ノ財源ナク財政上已ムヲ得サル場合ニ限ラルル義ニ有之候條右御了知相成度

◎島嶼町村制施行町村ノ內外ニ於ケル附加稅賦課ニ關スル件（大正四年五月二十七日內務省令第六號）改正（大正十五年六月二十四日內務省令第三十一號）

島嶼町村制施行ノ町村ノ內外ニ於テ營業所ヲ設ケ營業ヲ爲ス者ニシテ其ノ營業又ハ收入ニ對スル本稅ヲ分別シテ納メサル者ニ對シ附加稅ヲ賦課セムトスルトキ其ノ本稅額ノ步合ニ關シテハ市制町村制施行令第四十二條ノ規定ヲ準用ス但シ關係市長又ハ町村長（町村長ニ準スヘキ者ヲ含ム）ノ協議調ハサルトキ其ノ數府縣（北道ヲ含ム）ニ涉ルモノハ內務大臣ニ具狀スヘシ

附　則

本令ハ公布ノ日ヨリ之ヲ施行ス

附　則（大正十五年六月内務省令第三十一號附則）

本令ハ大正十五年七月一日ヨリ之ヲ施行ス

◎制限外課税、特別税新設增額變更等許可禀請書ニ添付樣式ノ件（昭和二年三月三十一日内務大藏省訓令第三百三十四號）

市町村其ノ他公共團體ニ於ケル制限外課税、特別税新設增額變更等ノ許可禀請書ニ添付スヘキ樣式ノ件左ノ通定ム

市町村其ノ他ノ公共團體ニ於ケル地租、營業收益税、所得税ノ附加税、特別地税若ハ其ノ附加税、段別割及家屋税附加税（戸數割ヲ賦課スル市町村ノモノニ限ル）ノ制限外課税若ハ間接國税附加税又ハ特別ノ課税ノ新設增額變更ニ關スル議決ノ許可禀請書ニ添付スヘキ書類ハ別紙樣式ニ準據シ調製セシムヘシ

一　歲入一覽表（別紙第一號樣式）

一　歲出一覽表（別紙第二號樣式）

歲出一覽表ハ經濟ヲ異ニスルモノニ在リテハ各別ニ之ヲ調製スヘシ第二回目以後ノ禀請ニハ前回禀請ノ際ニ添付シタル歲出一覽表ハ之ヲ添付スルヲ要セス

財源ヲ特定シタル費目ニ付テハ摘要欄內ニ其ノ財源ヲ附記スヘシ

一　地租、營業收益税、所得税ノ附加税、特別地税若ハ其ノ附加税、段別割及戸數割ヲ賦課スル市町村ニ於ケル家屋税ノ附加税ノ制限外課税若ハ間接國税附加税ノ賦課又ハ特別税ノ新設增額變更ニ關スル議決書ノ謄本及議決ノ理由書議決書ハ別紙第三號樣式ニ依リ調製シ特別税ノ新設增額變更ニ在リテハ其ノ旨ヲ明記スヘシ

第一號　△印ハ朱書

何道(府縣)何郡(市)町(村)「昭和」何年度歲入一覽表　△(第一例)

費途	附加税 地租	附加税 特別地税	附加税 家屋税	附加税 營業收益税	附加税 何々	特別税 戸數割	特別税 段別割	特別税 何々	其ノ他ノ收入	合計
本市(町村)費	0,000圓	0,000圓	0,000圓	0,000圓	0,000圓	0,000圓	0,000圓	0,000圓	0,000圓	0,000圓
何町村何ヶ町村組合費										
△本町村何區費										
△何々										
計	(甲號)宅地地租金若	田畑地價若干地價	家屋税本税一圓ニ付	營業收益税金若干		納税義務者總數何人	田何町歩一段歩ニ付		財産ヨリ生スル收入	

千

地租一圓ニ付金若千

内許可濟金若千

此賦課金若千

其他地租金若千

地租一圓ニ付金若千

内許可濟金若千

此賦課金若千

（乙號）

今回議決ノ分

宅地地租金若千

地租一圓ニ付金若千

〇、〇三七ノ若千

金若千

此賦課金若千

本稅一圓ニ付金若千

人當金若千

金若千

此賦課金若千

地租金若千

一圓ニ付金若千

（此例ニ依リ各地目別ニ記載スルコト不均一ノ稅率ナルモノハ其ノ稅率ニ依リ内譯ヲ掲クルモノトス上欄ノ各課目モ同例トス）

金若千

使用料及手數料金若千

何々金若千

縣補助金若千

内

傳染病豫防費補助金若千

（款ヲ以テ記入シ明治四十一年法律第三十七號第五條第一項第二項大正十五年法律第二

此賦課金若干（其ノ他ハ此ノ例ニ依リ記載スルコト）

從前議決ノ分

宅地地租金若干地租一圓ニ付金若干

内許可濟金若干稟請中金若干此ノ賦課金若干

（其ノ他ハ此ノ例ニ依リ記載スルコト）

十四號第七條第一項第二項大正十五年勅令第三百三十九號第十條第二項第三項ノ費用ニ對スル收入ハ内譯ニ記載スルコト

備考

一　凡例

一　豫算ノ議決二回以上ニ渉リタルトキハ今回議決ニ係ル分ヲ墨書シ從前ノ議決ニ係ル分ヲ朱書スヘシ

一　其ノ他ノ收入欄ニハ課税外一切ノ收入卽財産ヨリ生スル收入、使用料及手數料、國庫及府縣交付金、雜收入等ヲ合計シ附記ニ其ノ內譯ヲ記載スヘシ

一　地租附加税ノ附記ハ第一回議決ノトキハ甲號ニ依リ第二回目以後議決ノトキハ乙號ニ依ル但シ從前ノ議決二回以上ニ渉リタル場合ニ於テ前後地租額ヲ異ニスルトキハ附記ヲ各別ニ記載シ其ノ事由ヲ備考ニ記載スヘシ今回ノ議決ト從前ノ議決ト地租額ヲ異ニスル場合其ノ事由ノ記載方ニ付亦同シ

一　營業收益税、所得税、戶數割ヲ賦課スル市町村ニ於ケル家屋税ノ附加税又ハ間接國税附加税ノ附記モ亦地租附加税ノ例ニ依ル

一　市町村內ノ各部賦課ノ率ヲ異ニシ又ハ負擔ノ區域ヲ異ニスルトキハ歲入一覽表ハ第二例ニ依リ負擔ノ同シキ區域每ニ調製スヘシ

一　一部賦課及不均一課率ノ賦課ニ付許可ヲ受クルコトヲ要スルモノ及起債ニシテ府縣知事ノ許可ヲ受クルモノニアリテハ其ノ許可ヲ受ケタル旨及其ノ年月日ヲ備考ニ記載スヘシ

第一號

（第二例）

何道府縣何郡（市）町村「昭和」何年度歲入一覽表

費途	附加税 地租	附加税 特別地税	附加税 家屋税	附加税 営業収益税	附加税 何々	特別税 戸数割	特別税 段別割	特別税 何々	其ノ他ノ収入	合計
何区費										
△本市町村費										
計										
何区費	(附記)記載第一例ニ同シ									
△本市町村費										
計										
何区費										
△本市町村費										
計										
合計										

備考

第二號

何道府縣何郡(市)何町村「昭和」何年度歳出一覧表

經常部

科目	金額	摘要
神社費	〇圓〇〇〇	神饌幣帛料
會議費		議員實費辨償額、書記給料、印刷料、筆工料、消耗品費、雇給、通信費
役所（役場）費		給料、雜給、需用費、常時修繕費、通信運搬費、備品費、消耗品費
土木費		道路、橋梁各修繕費、堤防修繕費何圓、用惡水路修繕費何圓、樋門修繕費何圓
教育費		教員給料、同恩給金、備品費、消耗品費、修繕費
衞生費		種痘費何圓、傳染病豫防費何圓、何々何圓、
勸業費		害蟲驅除費、勸業會費
救助費		貧困者救助費、罹災救助費
警備費		消防費、水防費何圓
基本財產造成費		基本財產造成費、小學校（何學校）基本財產造成費
財產費		管理費、何

諸税及負擔			地租、地租附加税、何町村組合費負擔何圓
何々			何々何圓
豫備費			豫算外ノ費用又ハ豫算超過ノ費用ニ充ツヘキ分
計			
臨時費			
教育費			何小學校營繕費、何々
土木費			道路橋梁費、何々何圓
公債費			某年度起債ノ内本年度償還元利金何圓
何々			何々何圓
合計			

凡例

一　明治四十一年法律第三十七號第五條第一項第二項、大正十五年法律第二十四號第七條第一項第二項、大正十五年勅令第三百三十九號第十條第二項第三項ニ依リ制限外課税ヲ爲シ得ヘキ費目ニ付テハ其ノ豫算ノ金額ヲ摘要欄ニ記載スヘシ

一　追加豫算ノ分ハ別ニ製スヘシ

第三號

何道府縣何市（何町何區／何郡何區（村））（何郡何町（村）何區）會議決書謄本

本市（町村區本市）（（町村）何區）費支辨ノ爲左ノ課率ヲ以テ（左ノ課率ノ範圍內ニ於テ別ニ議決ノ上）地租附加税、特別地税（特別地税附加税）段別割、營業收益税附加税、所得税附加税及家屋税附加税ヲ賦課（追加賦課）スルモノトス

一　地租附加税

宅地地租金一圓ニ付金若干（以內）

其ノ他地租金一圓ニ付金若干（以內）

一　特別地税（特別地税附加税）地價〇、〇三七ノ百分ノ若干（以內）

一　段別割

田（畑）一段歩ニ付金若干（以內）

何々一段歩ニ付金若干（以內）

一　營業收益税附加税本税一圓ニ付金若干（以內）

一　所得税附加税　本税一圓ニ付金若干（以內）

一　家屋税附加税　本税一圓ニ付金若干（以內）

一　但シ昭和何年度分（自昭和何年度至何年度何年度分）

昭和何年何月何日議決

凡例

一　課率ハ厘位以下忽位ニ止ラサルトキハ四捨五入ノ法ヲ以テ忽位ニ止ムルモノトス

一　一部賦課ニ在リテハ賦課ノ區域及課率ヲ不均一課率ノ賦課ニ在リテハ其ノ課率ヲ明記スルモ

ノトス

◎北海道會法第十五條、府縣制第百四十五條、市制第百七十五條、町村制第百五十五條、北海道一級町村制、北海道二級町村制及島嶼町村制第百二條ノ規定ニ依リ直接税及間接税ノ種類

（大正十五年五月七日内務省告示第六十八號）改正（昭和二年八月二十七日内務省告示第四百十九號）

一　北海道會法第十五條直接國税ノ種類

地租　所得税（所得税法第三條第二種ノ所得中無記名債券ノ所得ニ係ル所得税ヲ除ク）營業税、營業收益税、資本利子税（資本利子税法第二條甲種ノ資本利子中無記名債券ノ資本利子ニ係ル資本利子税ヲ除ク）鑛業税、砂鑛區税

一　府縣制第百四十五條直接税ノ種類

地租、所得税（所得税法第三條第二種ノ所得中無記名債券ノ所得ニ係ル所得税ヲ除ク）國税營業税、營業收益税、資本利子税（資本利子税法第二條甲種ノ資本利子中無記名債券ノ資本利子ニ係ル資本利子税ヲ除ク）鑛業税、砂鑛區税

一　市制第百七十五條及町村制第百五十五條直接税及間接税ノ種類

國税

左ノ諸税ヲ直接税トシ其ノ他ヲ間接税トス

地租、所得税（所得税法第三條第二種ノ所得中無記名債券ノ所得ニ係ル所得税ヲ除

ク）營業稅、營業收益稅、資本利子稅（資本利子稅法第二條甲種ノ資本利子中無記名債券ノ資本利子ニ係ル資本利子稅ヲ除ク）鑛業稅、砂鑛區稅、取引所營業稅

府縣稅

左ノ諸稅ヲ直接稅トシ其ノ他ヲ間接稅トス

特別地稅、戶數割、家屋稅、營業稅、雜種稅（遊興稅、觀覽稅ヲ除ク）

市町村稅

左ノ諸稅ヲ直接稅トシ其ノ他ヲ間接稅トス

遊興稅、觀興稅、宴席消費稅、特別消費稅、觀覽稅、入湯稅、遊與稅附加稅、觀覽稅附加稅

一 北海道一級町村制及北海道二級町村制直接稅及間接稅ノ種類

國稅

左ノ諸稅ヲ直接稅トシ其ノ他ヲ間接稅トス

地租、所得稅（所得稅法第三條第二種ノ所得中無記名債券ノ所得ニ係ル所得稅ヲ除ク）營業稅、營業收益稅、資本利子稅（資本利子稅法第二條甲種ノ資本利子中無記名債券ノ資本利子ニ係ル資本利子稅ヲ除ク）鑛業稅、砂鑛區稅、取引所營業稅

北海道地方稅

左ノ諸稅ヲ直接稅トシ其ノ他ヲ間接稅トス

特別地稅、戶數割、家屋稅、營業稅、雜種稅（遊興稅ヲ除ク）

北海道會法第十五條、府縣制第百四十五條、市制第百七十五條、町村制第百五十五條、北海道一級町村制北海道二級町村制及島嶼町村制第百二條ノ規定ニ依リ直接稅及間接稅ノ種類

町村稅

左ノ諸稅ヲ間接稅トシ其ノ他ヲ直接稅トス

遊興稅附加稅

一　島嶼町村制第百二條直接國稅ノ種類

地租、所得稅（所得稅法第三條第二種ノ所得中無記名債券ノ所得ニ係ル所得稅ヲ除ク）營業稅、營業收益稅、資本利子稅（資本利子稅法第二條甲種ノ資本利子中無記名債券ノ資本利子ニ係ル資本利子稅ヲ除ク）鑛業稅、砂鑛區稅

國稅營業稅ハ大正十五年分迄北海道地方稅及府縣稅中戶數割ハ大正十五年度分迄營業收益稅ハ大正十六年分ヨリ資本利子稅ハ大正十五年分ヨリ特別地稅ハ大正十五年度分ヨリ之ヲ適用ス

明治三十四年內務省告示第二十六號、明治三十二年內務省告示第六十九號、大正十二年內務省告示第百六十七號、明治三十二年內務省告示第九十六號及明治四十一年內務省告示第二十六號ハ之ヲ廢止ス

◎市町村稅指定ノ件（昭和四年五月十三日内務省令第十五號）

市制町村制施行令第五十三條ノ規定ニ依リ市町村稅ヲ指定スルコト左ノ如シ

遊興稅（觀興稅、特別消費稅ヲ含ム）

觀覽稅

入湯稅

馬券買得稅

遊興稅附加稅

觀覽稅附加稅

馬券買得稅附加稅

附　則

本令ハ公布ノ日ヨリ之ヲ施行ス

大正九年內務省令第十一號ハ之ヲ廢止ス

參照　大正九年內務省令第十一號―市稅、區稅及町村稅指定ノ件ナリ

◎市町村ニ於テ徵收スヘキ國稅ノ件（明治三十年六月二十二日勅令第百九十五號）

改正（大正七年四月勅令第六十五號、十五年八月二十八日同第二百九十五號）

左ノ諸稅ハ市町村ニ於テ徵收スヘシ

一　第三種ノ所得ニ係ル所得稅

二　營業稅

三　個人ノ營業收益稅

四　乙種ノ資本利子稅

◎國稅ノ納稅告知書ニ府縣稅市區町村稅併記認可ニ關スル件（大正二年五月八日大藏省訓令第九號）

市町村ニ於テ徵收スヘキ國稅ノ件、國稅ノ納稅告知書ニ府縣稅市區町村稅併記認可ニ關スル件

1 國稅徵收法施行施行細則第三號書式備考第六號ニ依リ納稅告知書ニ他ノ稅金ノ併記ヲ認可スルハ前三年間各種ノ國稅、北海道地方稅、府縣稅、市區町村稅ヲ通シ各納期限迄ニ完納アリタル市町村ニシテ之カ併記ヲ爲スモ納人ニ納稅上ノ苦痛ヲ與ヘサルモノト認ムル場合ニ限ルヘシ

2 前項ノ認可ヲ爲シタル後其ノ市町村ニ於テ滯納ノ弊ヲ生シタルトキハ其ノ認可ヲ取消スヘシ

3 前二項ニ依リ認可又ハ取消ヲ爲シタルトキハ其ノ旨申報スヘシ

◎地租地租附加稅及段別割ニ關スル法規ヲ皇族所有ノ土地ニ適用スルノ件（大正二年七月三十一日皇室令第八號）

地租地租附加稅及段別割ニ關スル法規ハ皇族賜邸ヲ除クノ外皇族所有ノ土地ニ之ヲ適用ス但シ皇室財產令第二十一條ニ揭ケタル皇族所有ノ土地ニ付テハ此ノ限ニ在ラス

◎國稅徵收法ニ依ル市町村交付金交付規程（大正三年五月六日大藏省令第八號）

第一條　國稅徵收法第五條第二項ニ依ル市町村交付金ハ左ノ二期ニ分ケテ之ヲ交付ス

前期　其ノ年四月ヨリ其ノ年九月迄

後期　其ノ年十月ヨリ翌年三月迄

第二條　納稅告知書ニ對スル交付金ハ每期中ニ發付シタル納稅告知書數、徵收金額ニ

對スル交付金ハ毎期中ニ國庫ニ送付濟ノ金額ニ依リ之ヲ計算ス
2 國稅徵收法第八條ニ依リ送付ノ責任ヲ免除セラレタル金額ニ付テハ其ノ免除セラレタル日ニ於テ國庫ニ送付シタルモノト看做ス
第三條 市町村ハ毎期中ニ發付シタル地租ノ納稅告知書數ヲ前期分ハ十月五日迄ニ後期分ハ四月五日迄ニ所轄稅務署ニ通知スヘシ
第四條 稅務署長ハ毎期中各市町村ニ於テ發付シタル納稅告知書數及國庫ニ送付濟ノ金額ヲ稅目別ニ調査シ前期分ハ十月十五日迄ニ後期分ハ四月十五日迄ニ稅務監督局長ニ報告スヘシ

附　則

1 本令ハ大正三年度租稅ニ對スル交付金ヨリ之ヲ適用ス
2 大正二年度以前ノ租稅ニ對スル交付金ニ付テハ仍從前ノ例ニ依ル

◎租稅其他ノ收入徵收處分囑託ノ件（明治四十年四月十日法律第三十四號）

第一條 法令ノ規定ニ依リ國稅ヲ徵收セラルヘキ者又ハ其ノ者ノ財產ニシテ其ノ法令施行地外ニ在ルトキハ當該官吏ハ本人又ハ財產所在地ノ當該官吏又ハ吏員ニ其ノ徵收ヲ囑託スルコトヲ得
2 前項ノ場合ニ於ケル國稅ノ徵收ハ囑託ヲ受ケタル地ノ當該法令ニ依ル
第二條 前條ノ規定ハ公共團體又ハ之ニ準スヘキモノノ租稅其ノ他ノ收入ヲ徵收セラルヘキ者又ハ其ノ者ノ財產カ其ノ公共團體又ハ之ニ準スヘキモノノ區域外ニ在ル場

合ニ之ヲ準用ス

◎租稅等徵收ノ囑託費用ノ件（明治四十年六月十四日地甲第二十九號地方局長通牒）

本年法律第三十四號ヲ以テ公共團體又ハ之ニ準スヘキモノノ租稅其ノ他ノ收入徵收處分囑託ニ關スル件發布相成候ニ付テハ右事務取扱ニ要スル費用及送金費用ハ總テ囑託ヲ受ケタル廳ノ負擔トシ督促手數料ハ直ニ其ノ廳ノ收入ニ充テ可然コトニ決定相成候

◎四十一年法律第三十七號第六條ニ依ル委任ノ件（大正九年八月二十日勅令第二八二號）

明治四十一年法律第三十七號第六條ノ規定ニ依リ左ニ掲クル事項ニ付テノ許可ノ職權ハ北海道廳長官又ハ府縣知事ニ之ヲ委任ス

一　同法第五條第一項ノ規定ニ依リ制限ヲ超過シ課稅スルコト

二　同法第五條第二項ノ規定ニ依リ同法第五條第一項ノ制限ヲ超過シ同法第一條乃至第三條ニ規定スル制限率又ハ制限額ノ百分ノ五十以內ニ於テ課稅スルコト

附　則

本令ハ公布ノ日ヨリ之ヲ施行ス

◎道府縣費ヨリ市町村立小學校費支出ノ件（明治四十年五月二十七日勅令第二百十七號）

第一條　北海道地方費及府縣ハ市町村立小學校教育費ヲ補助スル爲市町村立小學校教育費國庫補助法ニ依リ配賦スル金額ト同額ノ金額ヲ支出スヘシ【但シ沖繩縣ニ於テ

ハ國庫ヨリ之ヲ支出ス】

第二條 前條ノ金額ハ文部大臣ノ認可ヲ受ケ地方ノ情況ニ應シテ之ヲ市町村立小學校教員加俸ノ支出ニ充テ又ハ市町村立小學校教員住宅費ノ補助ニ充ツヘシ

2 前項補助ノ方法ニ關スル規程ハ文部大臣之ヲ定ム

附　則

1 本令ハ明治四十一年四月一日ヨリ之ヲ施行ス

2 特別ノ事情ニ依リ本令ノ支出ヲ爲シ難キ場合ニ於テハ期間ヲ定メテ文部大臣ノ認可ヲ受ケ當分ノ内支出金額ヲ減少スルコトヲ得

◎府縣社郷社村社ニ供進スヘキ神饌幣帛料ノ件

（大正九年八月二十六日　内務省令第二十四號）

明治三十九年四月勅令第九十六號第二條ニ依リ府縣社郷社村社ニ供進スヘキ神饌幣帛料ノ金額左ノ通定ム

一　祈年祭

府縣社	一社ニ付	金拾六圓	金六圓　神饌料 金拾圓　幣帛料
郷社	一社ニ付	金拾貳圓	金四圓　神饌料 金八圓　幣帛料
村社	一社ニ付	金八圓	金貳圓　神饌料 金六圓　幣帛料

一 新嘗祭

府縣社	一社ニ付	金拾六圓	金六圓 神饌料	金拾圓 幣帛料
鄉社	一社ニ付	金拾貳圓	金四圓 神饌料	金八圓 幣帛料
村社	一社ニ付	金八圓	金貳圓 神饌料	金六圓 幣帛料

一 例祭

府縣社	一社ニ付	金參拾圓	金拾圓 神饌料	金貳拾圓 幣帛料
鄉社	一社ニ付	金貳拾圓	金六圓 神饌料	金拾四圓 幣帛料
村社	一社ニ付	金拾四圓	金四圓 神饌料	金拾圓 幣帛料

◎家屋賃貸價格調査令（昭和四年十二月二十九日勅令第四百三號）

第一章　家屋稅調査委員

第一條　大正十五年法律第二十四號ニ規定スル家屋稅調査委員ハ第一次家屋稅調査委員、第二次家屋稅調査委員及臨時家屋稅調査委員トス

第二章　第一次家屋稅調査委員

第二條　第一次家屋稅調査委員（以下本章ニ於テ之ヲ調査委員ト稱ス）ハ各市町村ノ

區域ニ之ヲ置キ市町村長及家屋稅調査委員（以下本令ニ於テ之ヲ調査員ト稱ス）ヲ以テ之ヲ組織ス
2 調査員ハ市町村ノ區域ニ於テ其ノ被選擧權アル者ニ就キ選擧人之ヲ選擧ス
第三條 各市町村ノ區域ニ於ケル調査員ノ定數左ノ如シ
一 人口五千未滿ノ市町村　六人
二 人口五千以上一萬未滿ノ市町村　九人
三 人口一萬以上二萬未滿ノ市町村　十二人
四 人口二萬以上五萬未滿ノ市町村　十五人
五 人口五萬以上十萬未滿ノ市町村　十八人
六 人口十萬以上ノ市町村　二十人
2 人口十萬ヲ超ユル市町村ニ於テハ人口十萬、人口五十萬ヲ超ユル市町村ニ於テハ人口二十萬ヲ加フル毎ニ調査員二人ヲ增加ス
3 調査員ノ定數ハ人口ニ增減アルモ總選擧ヲ行フ場合ニ非サレハ之ヲ增減セス
第四條 府縣知事特別ノ事情アリト認ムルトキハ區劃ヲ定メテ投票分會ヲ設クルコトヲ得
2 前項ノ規定ニ依リ投票分會ヲ設ケタルトキハ府縣知事ハ直ニ其ノ區劃ヲ告示スヘシ
第五條 調査員ノ任期ハ四年トシ總選擧ノ日ヨリ之ヲ起算ス
第六條 市町村內ノ家屋ニ付家屋稅ヲ納ムル者ハ當該市町村ノ區域ニ於テ調査員ノ選擧權ヲ有ス但シ左ノ各號ノ一ニ該當スル者ハ此ノ限ニ在ラス

一　破產者ニシテ復權ヲ得サル者
二　租稅滯納處分中ノ者
三　六年ノ懲役若ハ禁錮以上ノ刑ニ處セラレ又ハ舊刑法ノ重罪ノ刑ニ處セラレタル者
四　六年未滿ノ懲役又ハ禁錮ノ刑ニ處セラレ其ノ刑ノ執行ヲ終リ又ハ執行ヲ受クルコトナキニ至ル迄ノ者

第七條　市町村內ニ住所ヲ有シ且其ノ市町村ノ區域ニ於テ選擧權ヲ有スル年齡二十五年以上ノ者ハ當該市町村ノ區域ニ於テ調査員ノ被選擧權ヲ有ス但シ禁治產者及準禁治產者ハ此ノ限ニ在ラス

第八條　調査員ニ缺員ヲ生シタルトキ第三十一條ノ例ニ依リ之ヲ補充スヘキ當選者ヲ定ムヘシ

2 前項ノ規定ニ依リ當選者ヲ定ムルモ仍缺員アル場合ニ於テ其ノ缺員カ當該市町村ノ區域ニ於ケル調査員ノ定數ノ三分ノ一ヲ超ユルトキ又ハ府縣知事ニ於テ必要ト認ムルトキハ補缺選擧ヲ行フヘシ

3 補缺調査員ハ前任者ノ殘存期間在任ス

第九條　市町村長ハ選擧期日前四十日目ヲ期トシ其ノ日ノ現在ニ依リ選擧人名簿ヲ調製スヘシ

第十條　市町村長ハ選擧期日前二十日目ヲ期トシ其ノ日ヨリ七日間市役所、町村役場又ハ其ノ指定シタル場所ニ於テ選擧人名簿ヲ關係者ノ縱覽ニ供スヘシ

2 縱覽ノ場所ハ縱覽開始ノ日前三日目迄ニ之ヲ告示スヘシ

第十一條 選擧人名簿ニ關シ關係者ニ於テ異議アルトキハ縱覽期間内ニ之ヲ市町村長ニ申立ツルコトヲ得此ノ場合ニ於テハ市町村長ハ其申立ヲ受ケタル日ヨリ五日内ニ之ヲ決定シ名簿ノ修正ヲ要スルトキハ直ニ之ヲ修正スヘシ

2 市町村長前項ノ決定ヲ爲シタルトキハ直ニ申立人ニ理由ヲ附シタル決定書ヲ交付シ併セテ其ノ要領ヲ告示スヘシ

3 第一項ノ決定ニ不服アル者ハ其ノ決定書ノ交付ヲ受ケタル者ニ在リテハ其ノ受ケタル日ヨリ、其ノ他ノ者ニ在リテハ告示アリタル日ヨリ十日内ニ府縣知事ニ訴願スルコトヲ得

第十二條 選擧人名簿ハ選擧期日ノ前三日目ヲ以テ確定ス

2 確定名簿ハ其ノ確定シタル日ヨリ一年以内ニ於テ行フ選擧ニ之ヲ用フ

3 前條第三項ノ場合ニ於テ裁決アリタルニ依リ名簿ノ修正ヲ要スルトキハ市町村長ハ直ニ之ヲ修正シ併セテ其ノ旨ヲ告示スヘシ

第十三條 第十一條ノ場合ニ於テ決定確定シ又ハ裁決アリタルニ依リ選擧人名簿無效ト爲リタルトキハ更ニ名簿ヲ調製スヘシ

2 天災事變等ノ爲必用アルトキハ更ニ名簿ヲ調製スヘシ

3 前二項ノ規定ニ依ル名簿ノ調製、縱覽、確定及異議決定ニ關スル期日及期間ハ府縣知事ノ定ムル所ニ依ル

4 前項ノ規定ニ依リ期日及期間ヲ定メタルトキハ府縣知事ハ直ニ之ヲ告示スヘシ

5 名簿調製後ニ於テ選擧期日ヲ變更スルコトアルモ其ノ名簿ヲ用ヒ縱覽、確定及異議

ノ決定ニ關スル期日及期間ハ前選擧期日ニ依リ之ヲ算定ス

6投票分會ヲ設ケタル場合ニ於ケル選擧人ノ所屬及選擧人名簿ノ抄本ノ調製ニ關シ必要ナル事項ハ主務大臣ノ定ムル所ニ依ル

第十四條　府縣知事ハ選擧ノ期日前七日目迄ニ選擧ヲ行フヘキ區域、投票ヲ行フヘキ日時及選擧スヘキ調査員ノ員數ヲ告示スヘシ

2天災事變等ノ爲投票ヲ行フコトヲ得サルトキ又ハ更ニ投票ヲ行フノ必要アルトキハ府縣知事ハ當該市町村ノ區域又ハ投票分會ノ區劃ニ付投票ヲ行フヘキ日時ヲ定メ投票ノ期日前七日目迄ニ之ヲ告示スヘシ

第十五條　市町村長ハ選擧ノ期日前五日目迄ニ選擧會場（投票分會場ヲ含ム以下之ニ同シ）ヲ告示スヘシ

第十六條　市町村長ハ選擧長ト爲リ選擧會ヲ開閉シ其ノ取締ニ任ス

2市町村長ハ選擧人名簿ニ登錄セラレタル者ニシテ被選擧權ヲ有スル者ノ中ヨリ二人ノ選擧立會人ヲ選任スヘシ

3投票分會ニ於テハ市町村長ノ指定シタル吏員投票分會長ト爲リ之ヲ開閉シ其ノ取締ニ任ス

4市町村長ハ投票分會ニ於テ投票スヘキ選擧人ニシテ被選擧權ヲ有スル者ノ中ヨリ二人ノ投票立會人ヲ選任スヘシ

第十七條　選擧ハ無記名投票ヲ以テ之ヲ行フ

2投票ハ一市町村ノ區域ニ付テハ一人一票ニ限ル

3 選擧人ハ選擧ノ當日投票時間内ニ自ラ選擧會場ニ到リ選擧人名簿又ハ其ノ抄本ノ對照ヲ經テ投票ヲ爲スヘシ
4 投票時間内ニ選擧會場ニ入リタル選擧人ハ其ノ時間ヲ過クルモ投票ヲ爲スコトヲ得
5 選擧人ハ選擧會場ニ於テ投票用紙ニ自ラ被選擧人一人ノ氏名ヲ記載シテ投函スヘシ
6 自ラ被選擧人ノ氏名ヲ書スルコト能ハサル者ハ投票ヲ爲スコトヲ得ス
7 投票用紙ハ府縣知事ノ定ムル所ニ依リ一定ノ式ヲ用フヘシ
8 投票分會ニ於テ爲シタル投票ハ投票分會長少クトモ一人ノ投票立會人ト共ニ投票函ノ儘之ヲ選擧長ニ送致スヘシ

第十八條 確定名簿ニ登錄セラレサル者ハ投票ヲ爲スコトヲ得ス但シ選擧人名簿ニ登錄セラルヘキ確定決定書又ハ裁決書ヲ所持シ選擧ノ當日選擧會場ニ到ル者ハ此ノ限ニ在ラス

2 確定名簿ニ登錄セラレタル者選擧人名簿ニ登錄セラルルコトヲ得サル者ナルトキハ投票ヲ爲スコトヲ得ス選擧ノ當日選擧權ヲ有セサル者ナルトキ亦同シ

第十九條 投票ノ拒否ハ選擧立會人又ハ投票立會人之ヲ決定ス可否同數ナルトキハ選擧長又ハ投票分會長之ヲ決スヘシ

2 投票分會ニ於テ投票拒否ノ決定ヲ受ケタル選擧人不服アルトキハ投票分會長ハ假ニ投票ヲ爲サシムヘシ

3 前項ノ投票ハ選擧人ヲシテ之ヲ封筒ニ入レ封緘シ表面ニ自ラ其ノ氏名ヲ記載シ投函セシムヘシ

第二十條　第三十五條ノ選擧及補缺選擧ヲ同時ニ行フ場合ニ於テハ一ノ選擧ヲ以テ合併シテ之ヲ行フ

第二十一條　市町村長ハ豫メ開票ノ日時ヲ告示スヘシ

第二十二條　選擧長ハ投票ノ日又ハ其ノ翌日（投票分會ヲ設ケタルトキハ總テノ投票函ノ送致ヲ受ケタル日又ハ其ノ翌日）選擧立會人立會ノ上投票函ヲ開キ投票ノ總數ト投票人ノ總數トヲ計算スヘシ

2前項ノ計算終リタルトキハ選擧長ハ先ツ第十九條第二項ノ投票ヲ調査スヘシ其ノ投票ノ受理如何ハ選擧立會人之ヲ決定ス可否同數ナルトキハ選擧長之ヲ決スヘシ

3選擧長ハ選擧立會人ト共ニ投票ヲ點檢スヘシ

4天災事變等ノ爲開票ヲ行フコト能ハサルトキハ市町村長ハ更ニ開票ノ日時ヲ定ムヘシ此ノ場合ニ於テ選擧會場ノ變更ヲ要スルトキハ豫メ更ニ其ノ場所ヲ告示スヘシ

第二十三條　選擧人ハ其ノ選擧會ノ參觀ヲ求ムルコトヲ得但シ開票開始前ハ此ノ限ニ在ラス

第二十四條　府縣知事特別ノ事情アリト認ムルトキハ區劃ヲ定メテ開票分會ヲ設クルコトヲ得

2前項ノ規定ニ依リ開票分會ヲ設クル場合ニ於テ必要ナル事項ハ主務大臣ノ定ムル所ニ依ル

第二十五條　左ノ投票ハ之ヲ無效トス

一　成規ノ用紙ヲ用ヒサルモノ

二　現ニ調査員ノ職ニ在ル者ノ氏名ヲ記載シタルモノ
三　一投票中二人以上ノ被選舉人ノ氏名ヲ記載シタルモノ
四　被選舉人ノ何人タルカヲ認メ難キモノ
五　被選舉權ナキ者ノ氏名ヲ記載シタルモノ
六　被選舉人ノ氏名ノ外他事ヲ記入シタルモノ但シ爵位、職業、身分、住所又ハ敬稱ノ類ヲ記入シタルモノハ此ノ限ニ在ラス
七　被選舉人ノ氏名ヲ自書セサルモノ

第二十六條　投票ノ效力ハ選舉立會人之ヲ決定ス可否同數ナルトキハ選舉長之ヲ決スヘシ

第二十七條　調査員ノ選舉ハ有效投票ノ最多數ヲ得タル者ヲ以テ當選者トス得票ノ數同シキトキハ年長者ヲ取リ年齡同シキトキハ選舉長抽籤シテ之ヲ定ムヘシ

第二十八條　當選者選舉ノ期日後ニ於テ被選舉權ヲ有セサルニ至リタルトキハ當選ヲ失フ

第二十九條　選舉長ハ選舉錄ヲ作リ選舉會ニ關スル顚末ヲ記載シ之ヲ朗讀シ選舉立會人ト共ニ之ニ署名スヘシ

2　投票分會長ハ投票錄ヲ作リ投票ニ關スル顚末ヲ記載シ之ヲ朗讀シ投票立會人ト共ニ之ニ署名スヘシ

3　投票分會長ハ投票函ト同時ニ投票錄ヲ選舉長ニ送致スヘシ

4　選舉錄及投票錄ハ投票、選舉人名簿其ノ他ノ關係書類ト共ニ調査員ノ任期間市町村

長ニ於テ之ヲ保存スヘシ

第三十條 當選者定マリタルトキハ市町村長ハ直ニ當選者ニ當選ノ旨ヲ告知シ同時ニ當選者ノ住所氏名ヲ告示スヘシ當選者ナキトキ又ハ當選者其ノ選擧ニ於テ選擧スヘキ調査員ノ員數ニ達セサルトキハ直ニ其ノ旨ヲ告示シ併セテ之ヲ府縣知事ニ報告スヘシ

2 當選者當選ノ告知ヲ受ケタルトキハ十日内ニ其ノ當選ヲ承諾スルヤ否ヲ市町村長ニ申立ツヘシ

3 當選者前項ノ申立ヲ其ノ期間内ニ爲ササルトキハ當選ヲ辭シタルモノト看做ス

4 市町村長第二項ノ規定ニ依ル申立ヲ受ケタルトキハ直ニ其ノ旨ヲ府縣知事ニ報告スヘシ

5 當選者ナキニ至リタルトキ又ハ當選者其ノ選擧ニ於テ選擧スヘキ調査員ノ員數ニ達セサルニ至リタルトキハ市町村長ハ直ニ其ノ旨ヲ告示シ併セテ之ヲ府縣知事ニ報告スヘシ

第三十一條 當選者左ニ掲クル事由ノ一ニ該當スル場合ニ於テ他ノ得票者ニシテ當選者ト爲ラサリシ者アルトキハ直ニ選擧會ヲ開キ其ノ者ノ中ニ就キ當選者ヲ定ムヘシ

一 當選ヲ辭シタルトキ又ハ死亡者ナルトキ

二 第二十八條ノ規定ニ依リ當選ヲ失ヒタルトキ

三 第三十四號ノ規定ニ依ル異議申立又ハ訴願ノ結果當選無效ト爲リタルトキ

2 前項ノ場合ニ於テ當選者ト爲ラサリシ者選擧ノ期日後ニ於テ被選擧權ヲ有セサルニ

至リタルトキハ之ヲ當選者ト定ムルコトヲ得ス
3 第一項ノ場合ニ於テハ市町村長ハ豫メ選擧會ノ場所及日時ヲ告示スヘシ
第三十二條 當選者當選ヲ承諾シタルトキハ府縣知事ハ直ニ當選證書ヲ付與シ併セテ其ノ住所氏名ヲ告示スヘシ
第三十三條 選擧ノ規定ニ違反スルコトアルトキハ選擧ノ結果ニ異動ヲ生スルノ虞アル場合ニ限リ其ノ選擧ノ全部又ハ一部ヲ無效トス但シ當選ニ異動ヲ生スルノ虞ナキ者ヲ區分シ得ルトキハ其ノ者ニ限リ當選ヲ失フコトナシ
第三十四條 選擧人選擧又ハ當選ノ效力ニ關シ異議アルトキハ選擧ニ關シテハ選擧ノ日ヨリ、當選ニ關シテハ第三十條第一項又ハ第五項ノ告示ノ日ヨリ七日內ニ之ヲ市町村長ニ申立ツルコトヲ得此ノ場合ニ於テハ市町村長ハ其ノ申立ヲ受ケタル日ヨリ十四日內ニ之ヲ決定スヘシ
2 前項ノ決定ニ關シテハ第十一條第二項及第三項ノ規定ヲ準用ス
3 第八條第二項又ハ第三十五條ノ選擧ハ之ニ關係アル選擧又ハ當選ニ關スル異議申立期間、異議ノ決定確定セサル間又ハ訴願ノ裁決アル迄ハ之ヲ行フコトヲ得ス
4 選擧又ハ當選ニ關スル異議ノ決定確定シ又ハ訴願ノ裁決アル迄ハ調査員ハ會議ニ列席シ議事ニ參與スルノ權ヲ失ハス
第三十五條 選擧無效ト確定シタルトキ、當選者ナキトキ又ハ當選者ナキニ至リタルトキハ更ニ選擧ヲ行フヘシ當選者其ノ選擧ニ於テ選擧スヘキ調査員ノ員數ニ達セサルトキ又ハ員數ニ達セサルニ至リタルトキ其ノ不足ノ員數ニ付亦同シ

第三十六條　調査員被選擧權ヲ有セサル者ナルトキハ其ノ職ヲ失フ其ノ被選擧權ノ有無ハ市町村長之ヲ決定ス

2 市町村長前項ノ決定ヲ爲シタルトキハ直ニ本人ニ理由ヲ附シタル決定書ヲ交付スヘシ

3 第一項ノ決定ヲ受ケタル者不服アルトキハ其ノ決定書ノ交付ヲ受ケタル日ヨリ十日内ニ府縣知事ニ訴願スルコトヲ得

4 第三十四條第四項ノ規定ハ第一項及前項ノ場合ニ之ヲ準用ス

第三十七條　調査委員ハ市町村内ノ家屋ノ賃貸價格ヲ調査ス

2 調査委員ハ其ノ調査員中ヨリ第二次家屋税調査委員ヲ組織スヘキ者ヲ選擧スヘシ

3 前項ノ規定ニ依リ選擧スヘキ調査員ノ定數ハ人口十萬以上ノ市町村ノ區域ニ於ケル調査委員ニ在リテハ三人、人口二萬以上ノ市町村ノ區域ニ於ケル調査委員ニ在リテハ二人、其ノ他ノ調査委員ニ在リテハ一人トス

4 前項ノ定數ハ人口ニ增減アルモ第一次家屋税調査委員ヲ組織スヘキ調査員ノ定數ヲ變更スル場合ニ非サレハ之ヲ增減セス

5 第一項ノ規定ニ依リ第二次家屋税調査委員ヲ組織スヘキ者ヲ選擧シタルトキハ議長ハ直ニ其ノ氏名ヲ府縣知事ニ報告スヘシ

第三十八條　調査委員ハ市町村長ヲ以テ議長トス

第三十九條　調査委員ノ會議ハ府縣知事之ヲ招集ス

2 招集及會議ノ事件ハ開會ノ日前三日目迄ニ府縣知事市町村長ヲシテ之ヲ告知セシム

ノシ

3 調査委員ノ會議ハ市町村長之ヲ開閉ス調査委員ノ會議ノ開會日數ハ府縣知事之ヲ定ム

第四十條 調査委員ハ調査員定數ノ半數以上出席スルニ非サレハ會議ヲ開クコトヲ得ス但シ同一ノ事件ニ付招集再回ニ至ルモ仍半數ニ滿タサルトキ又ハ招集ニ應スルモ出席調査員定數ヲ缺キ議長ニ於テ出席ヲ催告シ仍半數ニ滿タサルトキハ此ノ限ニ在ラス

第四十一條 調査委員ノ議事ハ調査員ノ過半數ヲ以テ決ス可否同數ナルトキハ議長ノ決スル所ニ依ル

2 議長ハ其ノ職務ヲ行フ場合ニ於テモ之カ爲調査員トシテ議決ニ加ハルノ權ヲ失ハス

第四十二條 第三十七條第二項ノ規定ニ依リ調査委員ニ於テ行フ選擧ニ付テハ第十七條、第二十五條及第二十七條ノ規定ヲ準用ス其ノ投票ノ效力ニ關シ異議アルトキハ調査委員之ヲ決定ス

2 前項ノ選擧ニ付テハ調査委員ハ調査員ニ於テ異議ナキ場合ニ限リ指名推選ノ法ヲ用ヒ全員ノ同意ヲ得タル被指名者ヲ以テ當選者ト定ムルコトヲ得

第四十三條 議長ハ會議ヲ總理シ會議ノ順序ヲ定メ其ノ日ノ會議ヲ開閉シ議場ノ秩序ヲ保持ス

第四十四條 調査委員ニ書記ヲ置キ議長之ヲ任免ス

2 書記ハ議長ノ命ヲ承ケ庶務ニ從事ス

第四十五條　議長ハ書記ヲシテ會議錄ヲ調製シ會議ノ顚末及出席者ノ氏名ヲ記載セシムヘシ
2會議錄ハ議長及調査員二人以上之ニ署名スルコトヲ要ス其ノ調査員ハ調査委員ニ於テ之ヲ定ムヘシ
3議長ハ會議錄ノ寫ヲ添ヘ會議ノ結果ヲ府縣知事ニ報告スヘシ

第四十六條　市町村長ハ市町村內ノ家屋ノ賃貸價格ニ關スル下調書ヲ調製シ之ヲ調査委員ニ提出スヘシ
2前項ノ下調書ノ提出アリタルトキハ調査委員ハ家屋ノ賃貸價格ヲ調査シ其ノ調査書ヲ作製シ直ニ第二次家屋稅調査委員ニ之ヲ送付スヘシ但シ大正十五年勅令第三百三十九號第三條第一項及第二項ノ家屋ノ賃貸價格ニ關スル調査書ハ調査委員ノ會議ノ閉會後十日內ニ府縣知事ニ對シ之ヲ送付スヘシ

第三章　第二次家屋稅調査委員

第四十七條　第二次家屋稅調査委員（以下本章ニ於テ之ヲ調査委員ト稱ス）ハ數市町村ノ區域ヲ合セタル區域ニ之ヲ置キ府縣知事ノ指定シタル官吏又ハ吏員一人及第一次家屋稅調査委員ニ於テ選擧シタル調査員ヲ以テ之ヲ組織ス
2前項ノ區域ハ府縣知事之ヲ定ム

第四十八條　調査委員ハ其ノ區域內ノ家屋（大正十五年勅令第三百三十九號第三條第一項及第二項ノ家屋ヲ除ク）ノ賃貸價格ヲ調査ス

第四十九條　調査委員ハ第四十七條第一項ノ規定ニ依リ府縣知事ノ指定シタル官吏又

ハ吏員ヲ以テ議長トス

第五十條 調查委員ノ會議ハ府縣知事之ヲ招集ス

2 招集及會議ノ事件ハ開會ノ日前十日目迄ニ府縣知事之ヲ告示スヘシ

3 調查委員ノ會議ハ府縣知事之ヲ開閉ス

4 調查委員ノ會議ノ開會日數ハ府縣知事之ヲ定ム

第五十一條 第四十條、第四十一條及第四十三條乃至第四十五條ノ規定ハ調查委員ニ之ヲ準用ス

第五十二條 第四十六條第二項ノ規定ニ依ル調查書ノ送付ナキトキハ調查委員ハ市町村長ニ同條第一項ノ下調書（大正十五年勅令第三百三十九號第三條第一項及第二項ノ家屋ニ關スルモノヲ除ク）ノ送付ヲ求ムヘシ

第四章 家屋ノ賃貸價格ノ決定

第五十三條 府縣知事ハ第二次家屋稅調查委員ノ調查ノ結果ニ依リ家屋ノ賃貸價格ヲ決定スヘシ但シ第二次家屋稅調查委員ノ調查完了セサルトキ又ハ其ノ調查ヲ不當ナリト認ムルトキハ府縣知事ハ其ノ指定シタル官吏又ハ吏員三人乃至五人ヲ以テ組織シタル臨時家屋稅調查委員ノ調查ノ結果ニ依リ之ヲ決定スヘシ

2 臨時家屋稅調查委員ノ調查ノ方法ニ關シテハ府縣知事ノ定ムル所ニ依ル

第五十四條 大正十五年勅令第三百三十九號第三條第一項及第二項ノ家屋ノ賃貸價格ニ付テハ前條ノ規定ニ拘ラス第一次家屋稅調查委員ノ調查ノ結果ニ依リ府縣知事之ヲ決定スヘシ但シ第一次家屋稅調查委員ノ調查完了セサルトキ又ハ其ノ調查ヲ不當

ナリト認ムルトキハ府縣知事ハ其ノ指定シタル官吏又ハ吏員三人乃至五人ヲ以テ組織シタル臨時家屋税調査委員ノ調査ノ結果ニ依リ之ヲ決定スヘシ

第五章ノ四　補則

第五十五條　市町村ノ廢置分合又ハ境界變更アリタル場合ニ於テ府縣知事必要ト認ムルトキハ次ノ總選擧ニ至ル迄ノ間第三條第三項ノ規定ニ拘ラス市町村ノ區域ニ於ケル調査員ノ定數ヲ增減スルコトヲ得

2前項ノ場合ニ於テ選擧人名簿竝ニ調査員及第二次家屋税調査委員ヲ組織スヘキ調査員ノ選擧、解任等ニ關シ必要ナル事項ハ主務大臣ノ定ムル所ニ依ル

第五十六條　第三條第一項及第二項竝ニ第三十七條第三項ノ人口ハ主務大臣ノ定ムル所ニ依ル

第五十七條　法人タル選擧人ハ主務大臣ノ定ムル所ニ依リ代人ヲ以テ投票ヲ行フ此ノ場合ニ於テハ第十七條第三項乃至第六項、第十九條第二項及第三項竝ニ第二十三條ノ規定ハ其ノ代人ニ之ヲ適用ス

2禁治產者、準禁治產者及未成年者タル選擧人ニ關シテハ前項ノ規定ヲ準用ス

第五十八條　市制第六條及第八十二條第三項ノ市ニ於テハ本令中市ニ關スル規定ハ區ニ、市長ニ關スル規定ハ區長ニ、市役所ニ關スル規定ハ區役所ニ之ヲ適用ス

第五十九條　府縣知事特別ノ事情アリト認ムルトキハ第二條ノ規定ニ拘ラス市ノ區域ヲ數區域ニ分チ其ノ區毎ニ第一次家屋税調査委員ヲ置クコトヲ得此ノ場合ニ關シテハ左ノ規定ニ依ル

一　第二條、第三條第一項及第二項、第六條、第七條、第八條第二項、第十四條第二項、第十七條第二項、第三十七條第一項及第三項、第四十六條第一項、第四十七條第一項並ニ第五十五條ノ規定ノ適用ニ關シテハ市町村又ハ市町村ノ區域トアルハ市ノ區域ヲ分チタル區域トス

二　選擧人名簿ハ市ノ區域ヲ分チタル區域每ニ之ヲ調製スヘシ

三　選擧長ハ府縣知事ノ指定シタル市吏員トシ第二十一條、第二十二條第四項、第三十條第一項第二項第四項及第五項並ニ第三十一條第三項ノ規定ニ依ル市長ノ職務ハ選擧長之ヲ行フ

四　第二條及第三十八條ノ規定ノ適用ニ關シテハ市町村長トアルハ府縣知事ノ指定シタル市吏員トス

第六十條　府縣費ノ全部ノ分賦ヲ受ケタル市カ市制第六條若ハ第八十二條第三項ノ市又ハ前條ノ規定ニ依リ其ノ區域ヲ數區域ニ分タル市ナル場合ニ於テハ其ノ市ニ關シテハ左ノ規定ニ依ル

一　第三十條第一項第四項及第五項、第三十七條第五項、第四十五條第三項、第四十六條第二項但書並ニ第五十一條ノ規定ニ依ル報告又ハ送付ハ市長ニ對シ之ヲ爲スヘシ

二　第四條、第八條第二項、第十三條第三項及第四項、第十四條、第十七條第七項、第二十四條第一項、第三十二條、第三十九條第一項第二項及第四項、第四十七條、第五十條、第五十三條、第五十四條、第五十五條第一項並ニ前條ノ規定ニ依ル府

縣知事ノ職務ハ市長之ヲ行フ

第六十一條 府縣費ノ全部ノ分賦ヲ受ケタル市カ前條ノ市以外ノ市ナル場合ニ於テハ其ノ市ニ關シテハ左ノ規定ニル

一 第三十條第一項、第四項及第五項ノ規定ニ依ル報告ハ之ヲ爲スコトヲ要セス

二 第四十五條第三項及第四十六條第二項ノ規定ニ依ル報告又ハ送付ハ市長ニ對シ之ヲ爲スヘシ

三 第四條、第八條第二項、第十三條第三項及第四項、第十四條、第十七條第七項第二十四條第一項、第三十二條、第三十九條第一項第二項及第四項竝ニ第五十五條第一項ノ規定ニ依ル府縣知事ノ職務ハ市長之ヲ行フ

四 第三十七條第二項乃至第五項竝ニ第四十七條乃至第五十四條ノ規定ハ之ヲ適用セス

2 前項ノ場合ニ於テハ市長ハ第一次家屋税調査委員ノ調査ノ結果ニ依リ家屋ノ賃貸價格ヲ決定スヘシ但シ第一次家屋税調査委員ノ調査完了セサルトキ又ハ其ノ調査ヲ不當ナリト認ムルトキハ市長ハ其ノ指定シタル吏員三人ヲ以テ組織シタル臨時家屋税調査委員ノ調査ノ結果ニ依リ之ヲ決定スヘシ

第六十二條 府縣費ノ全部ノ分賦ヲ受ケタル市カ府縣費ノ全部ノ分賦ヲ受ケサルニ至リタル場合ニ於テハ其ノ市ノ家屋税ノ調査員ハ之ヲ府縣ノ家屋税ノ調査員トス

2 前項ノ調査員ハ府縣ノ總選擧ニ依リ選擧セラレタル調査員ノ任期滿了ノ日迄在任ス

3 第一項ノ場合ニ於テ第六十條ノ規定ニ依リ市長ノ分チタル區域ハ之ヲ第五十九條ノ

規定ニ依リ府縣知事ノ分チタル區域ト看做ス

第六十三條 北海道ニ於テハ本令中府縣又ハ府縣知事ニ關スル規定ハ北海又ハ北海道廳長官ニ、町村町村長又ハ町村役場ニ關スル規定ハ町村町村長又ハ町村役場ニ準スヘキモノニ之ヲ適用ス

第六十四條 町村組合ニシテ町村ノ事務ノ全部又ハ役場事務ヲ共同處理スルモノハ本令ノ適用ニ付テハ之ヲ一町村、其ノ組合管理者ハ之ヲ町村長、其ノ組合役場ハ之ヲ町村役場ト看做ス

第六十五條 交通至難ノ島嶼其ノ他ノ地ニ於テ本令ヲ適用シ難キ事項ニ付テハ府縣知事ハ主務大臣ノ許可ヲ受ケ特別ノ規定ヲ設クルコトヲ得

附　則

本令ハ公布ノ日ヨリ之ヲ施行ス

◎家屋賃貸價格調査令施行規則（昭和四年十二月二十九日内務、大藏省令）

第一條 家屋賃貸價格調査令第三條第一項及第二項ノ人口ハ市制町村制施行規則第一條ノ規定ニ依ル人口トス市制第八十二條第三項ノ市ノ區及家屋賃貸價格調査令第五十九條又ハ第六十條ノ規定ニ依リ市ノ區域ヲ分チタル區域ノ人口ニ付テハ府縣知事ノ告示シタル人口トス

2 家屋賃貸價格調査令第三十七條第三項ノ人口ハ市町村ノ區域ニ於ケル家屋税調査員ノ定數ノ標準ト爲リタル人口トス

第二條　家屋賃貸價格調査令第四條第一項ノ規定ニ依リ投票分會ヲ設ケタル場合ニ於テハ左ノ規定ニ依ル

一　選擧人名簿調製ノ期日ニ於テ投票分會ノ區劃內ニ住所ヲ有シタル選擧人ハ投票分會ニ於テ、其ノ他ノ選擧人ハ選擧會ニ於テ投票ヲ行フヘシ

二　市町村長ハ必要アルトキハ選擧人名簿ニ依リ投票分會ノ區劃每ニ名簿ノ抄本ヲ調製スヘシ

第三條　市町村ノ廢置分合アリタル場合ニ於テハ從前ノ市町村ノ市町村長（又ハ市町村長ノ職務ヲ行フ者）タリシ者ハ直ニ其ノ地域ノ新ニ屬シタル市町村ノ市町村長ニ選擧人名簿ヲ送付スヘシ但シ名簿ヲ分割スルニ非サレハ送付スルコト能ハサルトキ又ハ關係市町村ニ於ケル名簿カ同一期日ニ依リ調製シタルモノニ非サルトキハ此ノ限ニ在ラス

2 市町村長選擧人名簿ノ送付ヲ受ケタルトキハ直ニ其ノ旨ヲ告示シ併セテ之ヲ府縣知事ニ報告スヘシ

第四條　前條ノ規定ニ依リ送付ヲ受ケタル選擧人名簿ハ市町村ノ廢置分合ニ依ル地域ノ新ニ屬シタル市町村ニ於ケル選擧人名簿ト看做ス

第五條　第三條ノ規定ニ依リ送付ヲ受ケタル選擧人名簿確定前ナルトキハ名簿ノ縱覽、確定及異議ノ決定ニ關スル期日及期間ハ府縣知事（府縣費ノ全部ノ分賦ヲ受ケタル市ニアリテハ市長）ノ定ムル所ニ依ル

2 前項ノ規定ニ依リ期日及期間ヲ定メタルトキハ府縣知事（府縣費ノ全部ノ分賦ヲ受

ケタル市ニ在リテハ市長）ハ直ニ之ヲ告示スヘシ

第六條 家屋賃貸價格調査令第五十七條ノ規定ニ依ル代人ハ左ニ掲クル者トス

一 會社ニ在リテハ業務ヲ執行スル社員、役員、其ノ他ノ法人ニ在リテハ之ニ準スル者

二 禁治産者ニ在リテハ後見人、準禁治産者ニ在リテハ保佐人、未成年者ニ在リテハ法定代理人

2 代人ハ其ノ代人タルコトヲ證スヘキ書面ヲ選擧長、開票分會長又ハ投票分會長ニ差出スヘシ

第七條 選擧長（又ハ投票分會長）ハ選擧立會人（又ハ投票立會人）ノ面前ニ於テ選擧人名簿（又ハ選擧人名簿ノ抄本）ニ對照シタル後投票用紙（假ニ投票ヲ爲サシムヘキ選擧人ニ對シテハ併セテ封筒）ヲ交付スヘシ

第八條 選擧人誤リテ投票ノ用紙又ハ封筒ヲ汚損シタルトキハ其ノ引換ヲ請求スルコトヲ得

第九條 選擧人投票前選擧會場（又ハ投票分會場）外ニ退出シ又ハ退出ヲ命セラレタルトキハ選擧長（又ハ投票分會長）ハ投票用紙（交付シタル封筒アルトキハ併セテ封筒）ヲ返付セシムヘシ

第十條 家屋賃貸價格調査令第二十四條第一項ノ規定ニ依リ開票分會ヲ設クル場合ニ於テハ左ノ規定ニ依ル

一 府縣知事ハ開票分會ヲ設ケタルトキハ直ニ其ノ區劃ヲ告示スヘシ

二　開票分會ニ於テハ市町村長ノ指定シタル吏員開票分會長ト爲リ之ヲ開閉シ其ノ取締ニ任ス
三　市町村長ハ豫メ開票分會場ヲ告示スヘシ
四　開票分會ノ區劃内ノ投票分會ニ於テ爲シタル投票ハ投票分會長少クトモ一人ノ投票立會人ト共ニ投票函ノ儘投票錄及選擧人名簿ノ抄本（又ハ選擧人名簿）ト併セテ之ヲ開票分會長ニ送致スヘシ
五　投票ノ點檢ヲ終リタルトキハ開票分會長ハ直ニ其ノ結果ヲ選擧長ニ報告スヘシ
六　開票分會長ハ開票錄ヲ作リ開票ニ關スル顚末ヲ記載シ之ヲ朗讀シ開票立會人ト共ニ之ニ署名シ直ニ投票錄及投票ト併セテ之ヲ選擧長ニ送致スヘシ
七　選擧長ハ總テノ開票分會長ヨリ第五號ノ報告ヲ受ケタル日若ハ其ノ翌日（又ハ總テノ投票函ノ送致ヲ受ケタル日若ハ其ノ翌日）選擧會ニ於テ選擧立會人立會ノ上其ノ報告ヲ調査シ家屋賃貸價格調査令第二十二條第三項ノ規定ニ依リ爲シタル點檢ノ結果ト併セテ各被選擧人ノ得票總數ヲ計算スヘシ
八　選擧ノ一部無效ト爲リ更ニ選擧ヲ行ヒタル場合ニ於テハ選擧長ハ前號ノ規定ニ準シ其ノ部分ニ付前條ノ手續ヲ爲シ他ノ部分ニ於ケル各被選擧人ノ得票數ト併セテ其ノ得票總數ヲ計算スヘシ
九　家屋賃貸價格調査令第十六條第四項ノ規定ハ開票立會人ニ、同令第二十二條、第二十三條及第二十六條ノ規定ハ開票分會ニ於ケル開票ニ之ヲ準用ス

第十一條　市町村ノ廢置分合又ハ境界變更アリタル場合ニ於テ廢置分合又ハ境界變更

ニ係ル地域ノ從前屬シタル市町村ノ區域ニ於ケル家屋稅調査員其ノ地域ノ新ニ屬シタル市町村ノ區域ニ於テ被選擧權ヲ有スル者ナルトキハ之ヲ當該市町村ノ區域ニ於ケル家屋稅調査員トス

2 市町村ノ廢置分合又ハ境界變更アリタル場合ニ於テ廢置分合又ハ境界變更ニ係ル地域ノ新ニ屬シタル市カ府縣費ノ全部ノ分賦ヲ受ケタル市ナル場合ニ於テ前項ノ規定ニ依リ其ノ市ノ家屋稅調査員ト爲リタル者ハ當該市ノ總選擧ニ依リ選擧セラレタル調査員ノ任期滿了ノ日迄在任ス

3 第一項家屋稅調査員第二次家屋稅調査委員ヲ組織スル者ナルトキハ之ヲ當該市町村ノ區域ニ於ケル第一次家屋稅調査委員ニ於テ選擧セラレタル者ト看做ス

第十二條 市町村ノ廢置分合又ハ境界變更アリタル場合ニ於テ家屋稅調査員ノ定數ニ異動ヲ生シタル爲解任ヲ要スル者アルトキハ市町村長抽籤シテ之ヲ定ム但シ缺員アルトキハ其ノ缺員ヲ以テ之ニ充ツヘシ

2 前條第一項及第三項ノ場合ニ於テ家屋稅調査員又ハ第二次家屋稅調査委員ヲ組織スル家屋稅調査員家屋賃貸價格調査令第三條第一項又ハ第三十七條第三項ノ定數ヲ超ユルニ至リタルトキハ前項ノ例ニ因ル

第十三條 市町村ノ廢置分合又ハ境界變更アリタル場合ニ於テ家屋稅調査員ノ定數ニ異動ヲ生シタル爲調査員其ノ定數ニ滿タサルニ至リタルトキ府縣知事（府縣費ノ全部ノ分賦ヲ受ケタル市ニ在リテハ市長）必要アリト認ムルトキハ其ノ不足ノ員數ニ付選擧ヲ行フヘシ

2 前項ノ選擧ハ家屋賃貸價格調査令第三十五條ノ選擧又ハ補缺選擧ト同時ニ之ヲ行フ場合ニ於テハ一ノ選擧ヲ以テ合併シテ之ヲ行フ

3 第一項ノ選擧ニ依リ選擧セラレタル家屋税調査員ハ總選擧ニ依リ選擧セラレタル調査員ノ任期滿了ノ日迄在任ス

第十四條　家屋賃貸價格調査令第五十八條、第六十三條及第六十四條ノ規定ハ本令ノ適用ニ付之ヲ準用ス

第十五條　第三號第二項ノ規定ニ依ル報告ハ府縣費ノ全部ノ分賦ヲ受ケザル市カ市制第六條又ハ第八十二條第三項ノ市ナル場合ニ於テハ市長ニ對シ之ヲ爲シ其ノ他ノ市ナル場合ニ於テハ之ヲ爲スコトヲ要セス

第十六條　家屋賃貸價格調査令第五十九條又ハ第六十條ノ規定ニ依リ其ノ區域ヲ數區域ニ分チタル市ニ於テハ本令中市町村ニ關スル規定ハ市ノ區域ヲ分チタル區域ニ之ヲ適用ス

附　則

本令ハ公布ノ日ヨリ之ヲ施行ス

◎營業收益稅法（大正十五年三月二十七日法律第十一號）改正（昭和六年四月一日法律第四十七號）

第一條　本法施行地ニ本店、支店其ノ他ノ營業場ヲ有スル營利法人ニハ本法ニ依リ營業收益稅ヲ課ス

第二條　本法施行地ニ營業場ヲ有シ左ニ掲クル營業ヲ爲ス個人ニハ本法ニ依リ營業收

益税ヲ課ス

一　物品販賣業（動植物其ノ他普通ニ物品ト稱セサルモノノ販賣ヲ含ム）
二　銀行業
三　無盡業
四　金錢貸付業
五　物品貸付業（動植物其ノ他普通ニ物品ト稱セサルモノノ貸付ヲ含ム）
六　製造業（瓦斯電氣ノ供給、物品ノ加工修理ヲ含ム）
七　運送業（運送取扱ヲ含ム）
八　倉庫業
九　請負業
一〇　印刷業
一一　出版業
一二　寫眞業
一三　席貸業
一四　旅人宿業（下宿ヲ含ミ木賃宿ヲ含マス）
一五　料理店業
一六　周旋業
一七　代理業
一八　仲立業

一九　問屋業

第三條　營業收益稅ハ營業ノ純益ニ付之ヲ賦課ス

第四條　法人ノ純益ハ各事業年度ノ總益金ヨリ總損金ヲ控除シタル金額ニ依ル

2　法人カ事業年度中ニ解散シ又ハ合併ニ因リテ消滅シタル場合ニ於テハ其ノ事業年度ノ始ヨリ解散又ハ合併ニ至ル迄ノ期間ヲ以テ一事業年度ト看做ス

第五條　合併後存續スル法人又ハ合併ニ因リテ設立シタル法人ハ合併ニ因リテ消滅シタル法人ノ純益ニ付營業收益稅ヲ納ムル義務アルモノトス

第六條　個人ノ純益ハ前年中ノ總收入金額ヨリ必要ノ經費ヲ控除シタル金額ニ依ル但シ前年一月一日ヨリ引續キ爲シタルニ非サル營業ニ付テハ其ノ年ノ豫算ニ依リ計算ス

2　相續シタル營業ニ付テハ相續人カ引續キ之ヲ爲シタルモノト看做シテ其ノ純益ヲ計算ス

3　資本利子稅ヲ課セラルヘサ資本利子ハ之ヲ純益ニ算入セス

第七條　左ニ揭クル營業ノ純益ニハ營業收益稅ヲ課セス

一　政府ノ發行スル印紙切手類ノ賣捌

二　度量衡ノ製作、修覆又ハ販賣

三　自己ノ採掘シ又ハ採取シタル鑛物ノ販賣

四　新聞紙法ニ依ル出版

五　本法施行地外ニ在ル營業場ニ於テ爲ス營業

六　法人ノ漁業又ハ演劇興業
七　個人ノ自己ノ收獲シタル農產物、林產物、畜產物若クハ水產物ノ販賣又ハ之ヲ原料トスル製造但シ特ニ營業場ヲ設ケテ爲ス販賣又ハ製造ヲ除ク

第八條　勅令ヲ以テ指定スル重要物產ノ製造業ヲ營ム者ニハ命令ノ定ムル所ニ依リ開業ノ年及其ノ翌年ヨリ三年間其ノ營業ヨリ生スル純益ニ付營業收益稅ヲ免除ス

第九條　個人ノ純益金額四百圓ニ滿タサルトキハ營業收益稅ヲ課セス

第十條　營業收益稅左ノ稅率ニ依リ之ヲ賦課ス（昭和六年四月一日法律第四十七號改正）

法人　百分ノ三・四

個人

純益金額千圓以下ナルトキ　百分ノ二・二

純益金額千圓ヲ超ユルトキ｛千圓以下ノ金額　百分ノ二・二｜千圓ヲ超ユル金額　百分ノ三・六｝

2 法人カ各事業年度ニ於テ納付シタル地租額及資本利子稅額ハ命令ノ定ムル所ニ依リ當該事業年度ノ營業收益稅額ヨリ之ヲ控除ス

3 個人カ其ノ營業用ノ土地ニ付納付シタル地租額ハ命令ノ定ムル所ニ依リ其ノ營業收益稅額ヨリ之ヲ控除ス

4 前二項ノ場合ニ於テ控除スヘキ地租又ハ資本利子稅ハ純益計算上之ヲ損金又ハ必要經費ニ算入セス

第十一條　納稅義務アル法人ハ命令ノ定ムル所ニ依ル純益金額ヲ政府ニ申告スヘシ

第十二條　納稅義務アル個人ハ命令ノ定ムル所ニ依リ毎年三月十五日迄ニ純益金額ヲ政府ニ申告スヘシ

第十三條　法人ノ純益金額ハ第十一條ノ申告ニ依リ、申告ナキトキ又ハ申告ヲ不相當ト認ムルトキハ政府ノ調査ニ依リ政府ニ於テ之ヲ決定シ個人ノ純益金額ハ所得稅法ノ所得調査委員會ノ調査ニ依リ政府ニ於テ之ヲ決定ス

2 所得調査委員會閉會後個人ノ純益金額ノ決定ニ付脫漏アルコトヲ發見シタルトキハ其ノ決定ヲ爲スヘカリシ年ノ翌年ニ於ケル所得調査委員會ノ調査ニ依リ政府ニ於テ其ノ純益金額ヲ決定スルコトヲ得

3 所得調査委員會閉會後個人ノ營業ニ付納稅義務アルコトヲ申出テ又ハ純益金額ノ增加アルコトヲ申出テタルトキハ前二項ノ規定ニ拘ラス政府ニ於テ其ノ純益金額ヲ決定ス

第十四條　稅務署長ハ毎年個人ノ營業ニ付納稅義務アリト認ムル者ノ純益金額ヲ調査シ其ノ調査書ヲ所得調査委員會ニ送付スヘシ

第十五條　所得稅法第五十條乃至第五十二條ノ規定ハ純益金額ノ決議及決定ニ付之ヲ準用ス

2 前項ノ規定ハ前條第二項ノ場合ニ之ヲ準用ス

第十六條　第十三條又ハ前條ノ規定ニ依リ純益金額ヲ決定シタルトキハ政府ハ之ヲ納稅義務者ニ通知スヘシ

第十七條　納稅義務者前條ノ規定ニ依リ政府ノ通知シタル純益金額ニ對シテ異議アル

トキハ通知ヲ受ケタル日ヨリ二十日以内ニ不服ノ事由ヲ具シ政府ニ審査ノ請求ヲ爲スコトヲ得

2 前項ノ請求アリタル場合ト雖政府ハ税金ノ徵收ヲ猶豫セス

第十八條 前條第一項ノ請求アリタルトキハ所得税法ノ所得審査委員會ノ決議ニ依リ政府ニ於テ之ヲ決定ス

2 所得税法第五十二條及第六十一條第二項ノ規定ハ前項ノ場合ニ之ヲ準用ス

第十九條 個人ノ營業ニ付納税義務アル者純益金額二分ノ一以上減損アルトキハ政府ニ純益金額ノ更訂ノ請求ヲ爲スコトヲ得但シ翌年一月三十一日ヲ過キタルトキハ此ノ限ニ在ラス

2 純益金額決定後營業繼續ニ因リ純益金額ノ減損シタル場合ハ前項ノ規定ヲ適用セス

第二十條 前條第一項ノ請求アリタルトキハ政府ハ純益金額ヲ査覈シ二分ノ一以上ノ減損アルトキハ之ヲ更訂ス

第二十一條 納税義務者第十八條ノ決定又ハ前條ノ更訂處分ニ對シ不服アルトキハ訴願又ハ行政訴訟ヲ爲スコトヲ得

第二十二條 法人ノ營業收益税ハ事業年度每ニ之ヲ徵收ス

個人ノ營業收益税ハ年額ヲ二分シ左ノ二期ニ於テ之ヲ徵收ス

第一期　其ノ年八月一日ヨリ三十一日限

第二期　其ノ年十一月一日ヨリ三十日限

第二十三條 第十九條第一項ノ請求アリタルトキハ政府ハ更訂處分ノ確定スルニ至ル

迄稅金ノ徵收ヲ猶豫スルコトヲ得

第二十四條　個人ノ營業收益稅ハ納稅義務者ノ住所地、住所ナキトキハ主タル營業場ノ所在地ヲ以テ納稅地トス但シ第三種ノ所得ニ付所得稅ヲ納ムル者ニ在リテハ所得稅ノ納稅地ヲ以テ營業收益稅ノ納稅地トス

第二十五條　收稅官吏ハ營業ニ關スル帳簿物件ヲ檢査シ又ハ營業者ニ質問スルコトヲ得

第二十六條　政府ハ同業組合其ノ他ノ營業者ノ團體ニ對シ營業收益稅ニ關スル事項ヲ諮問スルコトヲ得

2　前項ノ諮問ヲ受ケタル團體ハ命令ノ定ムル所ニ依リ調書ヲ提出スヘシ

第二十七條　所得稅法第七十三條ノ二ノ規定ハ純益金額ノ計算ニ付之ヲ準用ス

第二十八條　第二十五條ノ規定ニ依ル帳簿物件ノ檢査ヲ妨ケ又ハ虛僞ノ記載ヲ爲シタル帳簿ヲ提示シタル者ハ百圓以下ノ罰金ニ處ス

第二十九條　詐僞其ノ他不正ノ行爲ニ因リ營業收益稅ヲ逋脫シタル者ハ其逋脫シタル稅金ノ三倍ニ相當スル罰金又ハ科料ニ處ス但自首シタル者又ハ稅務署長ニ申出テタル者ハ其ノ罪ヲ問ハス前項ノ場合ニ於テ個人ノ營業ニ付營業收益稅ヲ逋脫シタル者ノ純益金額ハ第十三條第二項ノ規定ニ拘ラス政府ニ於テ之ヲ決定シ直ニ其ノ稅金ヲ徵收ス

第三十條　營業收益稅ノ調査又ハ審査ノ事務ニ從事シタル者其ノ調査又ハ審査ニ關シ知得タル祕密ヲ正當ノ事由ナクシテ漏洩シタルトキハ五百圓以下ノ罰金ニ處ス

第三十一條　本法ヲ犯シタル者ニハ刑法第三十八條第三項但書、第三十九條第二項、第四十條、第四十一條、第四十八條第二項、第六十三條及第六十六條ノ例ヲ用ヒス但シ前條ノ罪ヲ犯シタル者ハ此ノ限ニ在ラス

附　則

1 本法ハ大正十六年一月一日ヨリ之ヲ施行ス

2 法人ノ大正十六年一月一日以後ニ終了スル事業年度ノ期間カ大正十五年ニ跨ルモノニ付テハ當該事業年度ノ純益金額ヨリ日割計算ノ方法ニ依リテ算出シタル大正十五年ニ屬スル期間ノ純益ヲ控除ス

附　則（昭和六年四月一日法律第四十七號）

1 本法ハ個人ノ營業收益稅ニ付テハ昭和六年分ヨリ、法人ノ營業收益稅ニ付テハ昭和七年四月一日以後ニ終了スル事業年度分ヨリ之ヲ適用ス但シ昭和六年分ノ個人ノ營業收益稅ニ限リ改正規定中百分ノ二・二トアルハ百分ノ二・五、百分ノ二・六トアルハ百分ノ二・八トス

2 昭和七年三月三十一日以前ニ終了スル事業年度分ノ法人ノ營業收益稅及昭和五年分以前ノ個人ノ營業收益稅ニ付テハ仍從前ノ例ニ依ル

◎營業收益稅法施行規則（大正十五年九月九日勅令第三〇三號）

改正（昭和五年一月勅令第一八號　昭和六年四月一日勅令第四八號）

第一條　法人ノ純益ハ營業收益稅ヲ課スヘキ營業ニ付其ノ總益金ヨリ總損金ヲ控除シ

テ之ヲ計算ス

2 法人ノ前事業年度ヨリ繰越シタル益金又ハ損金ハ其ノ事業年度ノ純益計算上益金又ハ損金ニ之ヲ算入セス

第二條 營業收益稅法第十條第二項ノ規定ニヨリ營業收益稅額ヨリ控除スヘキ地租額又ハ資本利子稅額ハ營業收益稅ヲ課スヘキ營業ノ用ニ供スル土地又ハ資本ノ利子ニ付納付シタルモノニ限ル但シ貸付タル土地ニ對スル地租額ノ控除ハ其ノ土地ニ付生シタル純益ノ總額ニ百分ノ三・四ヲ乘シタル金額ヲ超ユルコトヲ得ス（昭和六年四月勅令第四八號改正）

2 前項ノ場合ニ於テ營業收益稅ヲ課スヘキ營業ト其ノ他ノ營業トニ共通シテ使用スル土地又ハ資本ノ利子アルトキハ其ノ地租總額又ハ資本利子稅總額ヲ營業收益稅ヲ課スヘキ營業ニ屬スル收入金額ト其ノ他ノ營業ニ屬スル收入金額トニ按分シテ控除額ヲ計算ス但シ收入金額ノ割合ニ依ルヲ不適當トスルトキハ資產價額又ハ純益ノ割合其ノ他適當ナル方法ニヨリ之ヲ計算スルコトヲ得

第三條 營業收益稅法第十條第二項ノ規定ニ依リ營業收益稅額ヨリ控除スヘキ資本利子稅額中公債、社債又ハ產業債券ニ對スルモノハ其ノ公債、社債又ハ產業債券ヲ所有シタル期間ノ利子ニ對スルモノニ限ル

2 前項ノ公債、社債又ハ產業債券ヲ所有シタル期間ノ利子ニ對スル資本利子稅額ヲ其ノ公債、社債又ハ產業債券ヲ所有シタル期間ノ利子ニ對スル資本別子稅額ハ其ノ納付シタル資本利子稅額ヲ其ノ公債、社債又ハ產業債券ヲ所有シタル期間ノ利子額ト所有セサリシ期間ノ利子額トニ按分シテ之ヲ計算ス

第四條 營業收益稅法第十條第二項ノ規定ニ依リ營業收益稅額ヨリ地租額又ハ資本利子稅額ノ控除ヲ受ケムトスル者ハ營業收益稅法第十一條ノ申告ト同時ニ其ノ旨所轄稅務署ニ申請スヘシ

2 前項ノ申請ヲ爲ス場合ニ於テハ土地ノ地目別又ハ資本利子ノ種類別ニ其ノ賃貸價格又ハ利子、納付シタル稅額及控除ヲ受クヘキ稅額ニ關スル明細書ヲ提出スヘシ（昭和六年四月勅令第四八號改正）

第五條 稅務署長ニ於テ必要アリト認ムルトキハ前條ノ申請ヲ爲シタル者ニ對シ其ノ計算ヲ證明スヘキ書類又ハ帳簿ノ提示又ハ提出ヲ命スルコトヲ得

第六條 個人ノ純益ハ營業收益稅ヲ課スヘキ營業ニ付其ノ總收入金額ヨリ必要ノ經費ヲ控除シテ之ヲ計算ス

第七條 營業收益稅法第六條第一項ノ規定ニ依リ總收入金額ヨリ控除スヘキ經費ハ仕入品ノ原價原料品ノ代價、場所物件ノ修繕費又ハ借入料、場所物件又ハ營業ニ係ル公課、雇人ノ給料其ノ他收入ヲ得ルニ必要ナルモノニ限ル但シ家事上ノ費用及之ニ關聯スルモノハ之ヲ控除セス

第八條 營業收益稅法第十條第三項ノ規定ニ依リ營業收益稅額ヨリ控除スヘキ地租額ハ其ノ營業用ノ土地ニシテ家事ニ關聯セサルモノニ付納付シタルモノニ限ル

2 前項ノ地租額ハ前年中ニ納付シタル金額ニ依リ之ヲ計算ス但シ營業收益稅法第六條第一項但書ノ場合ニ於テハ其ノ年ノ豫算ニ依ル

3 第二條第二項ノ規定ハ營業收益稅ヲ課スヘキ營業ト其ノ他ノ營業トニ共通シテ使用

スル土地ニ對スル地租額ノ控除ニ付之ヲ準用ス

第九條　營業收益稅法第十條第三項ノ規定ニ依リ營業收益稅額ヨリ地租額ノ控除ヲ受ケントスル者ハ營業收益稅法第十二條ノ申告ト同時ニ其ノ旨所轄稅務署ニ申請スヘシ但シ其ノ年三月十六日以後ニ於テ納稅義務アルニ至リタルトキハ純益金額ノ決定前其ノ純益ノ申告ト同時ニ之ヲ申請スヘシ

2 前項ノ申請ヲ爲ス場合ニ於テハ土地ノ地番、種目、賃貸價格及地租額ニ關スル明細書ヲ提出スヘシ（昭和六年四月勅令第四八號改正）

第十條　左ニ揭クル物產ノ製造業ヲ營ム者ニハ營業收益稅法第八條ノ規定ニ依リ營業收益稅ヲ免除ス

一　金、銀、鉛、亞鉛、鐵又ハアルミニウムノ地金

二　鐵ノ條、竿、テー形アングル形類、軌條、板、線及管（鑄製管ヲ除ク）

三　銅ノ合金ノ條、竿、板及管

四　汽罐、原動機（機關車ヲ含ム）及動力ヲ以テ運轉スル鐵製ノ機械

五　燐、曹達灰、苛性曹達、石灰窒素、燐酸アムモニウム、硫酸アムモニウム、石炭酸、クロール酸加里及グリセリン

六　製紙用パルプ

七　板硝子

八　コンデンスドミルク

九　絹、亞麻又ハ毛ノ織物

2　前項第九號ノ物產ノ製造業ニ付テハ動力ヲ以テ運轉スル機械ヲ使用シ幅鯨尺一尺八寸以上及長鯨尺三十尺以上ノ織物ノミヲ製造スル者ニ限ル

第十一條　前條ノ製造業ヲ繼續シ又ハ其ノ繼續ト認ムヘキ事實アル者ハ其ノ製造業ニ付營業收益稅ノ免除期間ノ殘存スルトキニ限リ其ノ免除期間ヲ繼承ス

第十二條　營業收益稅法第八條ノ規定ニ依リ營業收益稅ノ免除ヲ受ケムトスル者ハ同法第十一條又ハ第十二條ノ申告ト同時ニ其ノ旨所轄稅務署ニ申請スヘシ但シ其ノ年三月十六日以後ニ於テ個人ノ營業ニ付納稅義務アルニ至リタルトキハ純益金額ノ決定前其ノ純益ノ申告ト同時ニ之ヲ申請スヘシ

2　前項ノ場合ニ於テ第十條ノ製造業ヨリ生スル純益ト其ノ他ノ純益トヲ有スルトキハ第十條ノ製造業ヨリ生スル純益ト其ノ他ノ純益トヲ區別シタル計算書ヲ添附スヘシ

第十三條　法人ノ純益金額ハ每事業年度決算確定ノ日若ハ合併ノ日ヨリ十四日內又ハ淸算着手ノ日ヨリ二十日內ニ之ヲ所轄稅務署ニ申告スヘシ但シ所得稅法ニ依ル所得ノ申告書ニ附記シテ之ヲ爲スコトヲ妨ケス

第十四條　個人ノ營業ニ付納稅義務アル者ハ營業ノ種類、營業場所在地、純益金額及純益算出ノ基礎ヲ詳記シ所轄稅務署ニ申告スヘシ

第十五條　稅務署長ハ所轄內ニ事務所ヲ有スル同業組合其ノ他ノ營業者ノ團體ニ對シ其ノ團體ニ屬スル各營業者ノ純益金額ノ見込額又ハ順位ヲ諮問スルコトヲ得

2　前項ノ諮問ヲ受ケタル團體ハ諮問事項ニ對スル調書ヲ作製シ稅務署長ノ指定スル期限迄ニ之ヲ所轄稅務署ニ提出スヘシ

第十六條　稅務署長營業收益稅法第十三條、第十五條又ハ第二十九條第二項ノ規定ニ依リ純益金額ヲ決定シタルトキハ之ヲ納稅義務者ニ通知スヘシ

第十七條　營業收益稅法第十七條第一項ノ審査ノ請求ヲ爲サムトスル者ハ事由ヲ具シ證憑書類ヲ添ヘ純益金額ノ決定ヲ爲シタル稅務署長ヲ經由シ稅務監督局長ニ申出ツヘシ

第十八條　所得稅法施行規則第五十六條ノ規定ハ純益金額ノ決議ニ付之ヲ準用ス

第十九條　稅務監督局長營業收益稅法第十八條ノ規定ニ依リ純益金額ヲ決定シタルトキハ之ヲ納稅義務者ニ通知スヘシ

第二十條　營業收益稅法第十九條第一項ノ請求アリタル場合ニ於テ其ノ請求カ手續ニ違背シタルモノナルトキ又ハ稅務署長ニ於テ純益金額二分ノ一以上ノ減損ナシト認メタルトキハ之ヲ却下スヘシ

第二十一條　稅務署長營業收益稅法第二十條ノ規定ニ依リ純益金額ヲ更訂シタルトキハ之ヲ納稅義務者ニ通知スヘシ

第二十二條　納稅義務者納稅地ノ稅務署所轄外ニ營業場ヲ有スルトキハ其ノ營業場所在地ノ稅務署ニ納稅地ヲ申告スヘシ

第二十三條　納稅義務者納稅地ヲ變更スルトキハ其ノ旨新納稅地ノ稅務署ニ申告スヘシ

第二十四條　收稅官吏營業收益稅法第二十五條ノ規定ニ依リ營業ニ關スル帳簿物件ヲ檢査スルトキハ檢査章ヲ携帶スヘシ

本令ハ大正十六年一月一日ヨリ之ヲ施行ス
2 法人ノ大正十六年一月一日以後ニ終了スル事業年度ノ期間カ大正十五年ニ跨ルモノニ付テハ當該事業年度ノ營業收益税額ヨリ控除スヘキ地租額又ハ資本利子税額ハ當該事業年度ノ總日數ニ對スル大正十六年ニ屬スル日數ノ割合ヲ其ノ納付シタル地租額又ハ資本利子税額ニ乘シ之ヲ計算ス

附　則（昭和五年勅令第十八號）

1 本令ハ公布ノ日ヨリ之ヲ施行ス
2 個人ノ純益ニ付テハ昭和五年分營業收益税ヨリ本令ヲ適用ス
3 本令施行前ニ終了シタル法人ノ各事業年度分ノ純益ニ付テハ仍從前ノ規定ニ依ル

附　則（昭和六年四月一日勅令第四十八號）

1 本令ハ公布ノ日ヨリ之ヲ施行ス
2 第二條ノ改正規定ハ昭和七年四月一日以後ニ終了スル事業年度分ノ法人ノ營業收益税ヨリ之ヲ適用ス
3 昭和五年分以外ノ地租額ノ控除ニ關スル明細書ハ仍從前ノ例ニ依ル

◎地租法（昭和六年三月三十日法律第二十八號）

第一章　總則

第一條　本法施行地ニ在ル土地ニハ本法ニ依リ地租ヲ課ス

第二條　左ニ掲クル土地ニハ地租ヲ課セス但シ有料借地ナルトキハ此ノ限ニ在ラス

一　國、府縣、市町村其ノ他勅令ヲ以テ指定スル公共團體ニ於テ公共ノ用ニ供スル土地

二　府縣、市町村其ノ他勅令ヲ以テ指定スル公共團體ニ於テ公用又ハ公共ノ用ニ供スルモノト決定シタル其ノ所有地但シ其ノ決定ヲ爲シタル日ヨリ一年内ニ公用又ハ公共ノ用ニ供セサルモノヲ除ク

三　府縣社地、鄕村社地、招魂社地

四　墳墓地

五　公衆用道路、鐵道用地、軌道用地、運河用地

六　用惡水路、溜池、堤塘、井溝

七　保安林

第三條　土地ニハ一筆毎ニ地番ヲ附シ其ノ地目、地積及賃貸價格（無租地及免租年期地ニ付テハ賃貸價格ヲ除ク）ヲ定ム

第四條　稅務署ニ土地臺帳ヲ備ヘ左ノ事項ヲ登錄ス

一　土地ノ所在

二　地番

三　地目

四　地積

五　賃貸價格

六　所有者ノ住所及氏名又ハ名稱
七　質權又ハ百年ヨリ長キ存續期間ノ定アル地上權ノ目的タル土地ニ付テハ其ノ質權者又ハ地上權者ノ住所及氏名又ハ名稱
2 本法ニ定ムルモノノ外土地臺帳ニ關シ必要ナル事項ハ命令ヲ以テ之ヲ定ム
第五條　地番ハ市町村、大字、字又ハ之ニ準スヘキ地域ヲ以テ地番區域トシ其ノ區域毎ニ起番シテ之ヲ定ム
第六條　有租地ノ地目ハ土地ノ種類ニ從ヒ左ノ如ク區別シテ之ヲ定ム
第一類地　田、畑、宅地、鹽田、鑛泉地
第二類地　池沼、山林、牧場、原野、雜種地
2 無租地ノ地目ハ第二條第三號乃至第七號ノ土地ニ在リテハ各其ノ區別ニ依リ、其ノ他ノ土地ニ在リテハ其ノ現況ニ依リ適當ニ區別シテ之ヲ定ム
第七條　地積ハ左ノ各號ノ規定ニ依リ之ヲ定ム
一　宅地及鑛泉地ノ地積ハ平方メートルヲ單位トシテ之ヲ定メ一平方メートルノ百分ノ一未滿ノ端數ハ之ヲ切捨ツ
二　宅地及鑛泉地以外ノ土地ノ地積ハアールヲ單位トシテ之ヲ定メ一アールノ百分ノ一未滿ナルモノニ付テハ一アールノ一萬分ノ一未滿ノ端數ヲ切捨ツ
第八條　地租ノ課稅標準ハ土地臺帳ニ登錄シタル賃貸價格トス
2 賃貸價格ハ貸主カ公課、修繕費其ノ他土地ノ維持ニ必要ナル經費ヲ負擔スル條件ヲ以テ之ヲ賃貸スル場合ニ於テ貸主ノ收得スヘキ一年分ノ金額ニ依リ之ヲ定ム

行フ

第九條　賃貸價格ハ十年每ニ一般ニ之ヲ改訂ス第一回ノ改訂ハ昭和十三年ニ於テ之ヲ

2 前項ノ改訂ニ關スル事項ハ其ノ都度別ニ之ヲ定ム

3 土地ノ異ニ因リ賃貸價格ヲ設定シ又ハ修正スル必要アルトキハ類地ノ賃貸價格ニ比準シ其ノ土地ノ品位及情況ニ應シ之ヲ定ム

第十條　地租ノ稅率ハ百分ノ三・八トス

第十一條　地租ハ每年左ノ納期ニ於テ之ヲ徵收ス

一　宅地租

第一期　其ノ年七月一日ヨリ三十一日限　年額ノ二分ノ一

第二期　翌年一月一日ヨリ三十一日限　年額ノ二分ノ一

二　田租

第一期　翌年一月一日ヨリ三十一日限　年額ノ四分ノ一

第二期　翌年二月一日ヨリ末日限　年額ノ四分ノ一

第三期　翌年三月一日ヨリ三十一日限　年額ノ四分ノ一

第四期　翌年五月一日ヨリ三十一日限　年額ノ四分ノ一

三　其ノ他

第一期　其ノ年九月一日ヨリ三十日限　年額ノ二分ノ一

第二期　其ノ年十一月一日ヨリ三十日限　年額ノ二分ノ一

2 特別ノ事情アル地方ニシテ前項ノ納期ニ依リ難キモノニ付テハ勅令ヲ以テ特別ノ納

期ヲ定ムルコトヲ得

第十二條 地租ハ納期開始ノ時ニ於テ土地臺帳ニ所有者トシテ登錄セラレタル者ヨリ之ヲ徵收ス

但シ質權ノ目的タル土地又ハ百年ヨリ長キ存續期間ノ定アル地上權ノ目的タル土地ニ付テハ土地臺帳ニ質權者又ハ地上權者トシテ登錄セラレタル者ヨリ之ヲ徵收ス

第十三條 土地ノ異動アリタル場合ニ於テハ地番、地目、地積及賃貸價格ハ土地所有者ノ申告ニ依リ、申告ナキトキ若ハ申告ヲ不相當ト認ムルトキ又ハ申告ヲ要セサルトキハ稅務署長ノ調査ニ依リ稅務署長之ヲ定ム

第二章　土地ノ異動

第一節　有租地及無租地ノ轉換

第十四條 本法ニ於テ無租地ト稱スルハ地租ヲ課セサル土地（免租年期地、災害免租地及自作農免租地ヲ含マス）ヲ謂ヒ有租地ト稱スルハ其ノ他ノ土地ヲ謂フ

第十五條 無租地カ有租地ト爲リタルトキ又ハ有租地カ無租地ト爲リタルトキハ土地所有者ハ三十日內ニ之ヲ稅務署長ニ申告スヘシ但シ有租地カ無租地ト爲リタル場合ニ於テ之ニ關シ豫メ政府ノ許可ヲ受ケ若ハ申告ヲ爲シタルモノ又ハ官公署ニ於テ公示シタルモノニ付テハ此ノ限ニ在ラス

第十六條 新ニ土地臺帳ニ登錄スヘキ土地ヲ生シタルトキハ當該地番區域內ニ於ケル最終ノ地番ヲ追ヒ順次其ノ地番ヲ定ム但シ特別ノ事情アルトキハ適宜ノ地番ヲ定ムルコトヲ得

第十七條　新ニ土地臺帳ニ登錄スヘキ土地ヲ生シタルトキハ直ニ其ノ地目ヲ設定ス
2 土地臺帳ニ登錄セラレタル無租地カ有租地ト爲リ又ハ有租地カ無租地ト爲リタルトキハ直ニ其ノ地目ヲ修正ス

第十八條　新ニ土地臺帳ニ登錄スヘキ土地ヲ生シタルトキハ直ニ之ヲ測量シテ其ノ地積ヲ定ム
2 土地臺帳ニ登錄セラレタル無租地カ有租地ト爲リタルトキハ直ニ其ノ地積ヲ改測ス但シ其ノ地積ニ異動ナシト認ムルトキハ之ヲ省略スルコトヲ得

第十九條　國有財產法第二十一條ノ規定ニ依リ賣拂又ハ讓與ノ豫約ヲ爲シタル土地ニシテ開拓ノ事業成功ニ因リ賣拂又ハ讓與ヲ受ケ有租地ト爲リタルモノニ付テハ土地所有者ノ申請ニ依リ有租地ト爲リタル年及其ノ翌年ヨリ二十年ノ開拓減租年期ヲ許可シ年期中ハ其ノ原地（開拓前ノ土地）相當ノ賃貸價格ニ依リ地租ヲ徵收ス
2 前項ノ年期滿了スルモ尙地味成熟セサル土地ニ付テハ更ニ十年內ノ年期延長ヲ許可スルコトヲ得

第二十條　國有財產法第二十一條ノ規定ニ依リ賣拂又ハ讓與ノ豫約ヲ爲シタル土地ニシテ埋立（干拓ヲ含ム）ノ事業成功ニ因リ賣拂又ハ讓與ヲ受ケ有租地ト爲リタルモノ又ハ公有水面埋立法第二十四條若ハ第五十條ノ規定ニ依リ埋立地ノ所有權ヲ取得シ有租地ト爲リタル土地ニ付テハ土地所有者ノ申請ニ依リ有租地ト爲リタル年及其ノ翌年ヨリ六十年ノ埋立免租年期ヲ許可ス
2 前項ノ年期滿了スルモ尙地味成熟セサル土地ニ付テハ更ニ十年內ノ年期延長ヲ許可

スルコトヲ得

第二十一條 前二條ノ規定ニ依リ開拓減租年期又ハ埋立免租年期ノ許可ヲ受ケントスル者ハ有租地ト爲リタル日ヨリ六十日內ニ、開拓減租年期又ハ埋立免租年期延長ノ許可ヲ受ケントスル者ハ年期ノ滿了スル年ノ六月三十日迄ニ稅務署長ニ申請スヘシ

第二十二條 開拓減租年期中ニ於テ地類變換ヲ爲シタルトキハ開拓減租年期ハ消滅ス

2 開拓減租年期中ニ於テ地目變換ヲ爲シタルトキハ其ノ地目ヲ修正スルモ其ノ賃貸價格ハ之ヲ修正セス

3 埋立免租年期中ニ於テ地目變換、地類變換又ハ開墾ニ該當スル土地ノ異動アルモ地目變換、地類變換又ハ開墾ナキモノト看做ス此ノ場合ニ於テハ免租年期ノ滿了スル年ニ於テ其ノ地目ヲ修正ス

第二十三條 開拓減租年期地又ハ埋立免租年期地ニ付テハ土地所有者ハ年期ノ滿了スル年ノ六月三十日迄ニ年期滿了申告書ヲ稅務署長ニ提出スヘシ

第二十四條 無租地カ有租地ト爲リタルトキハ直ニ其ノ賃貸價格ヲ設定ス

2 開拓減租年期地ニ付テハ有租地ト爲リタルトキ直ニ原地相當ノ賃貸價格ヲ設定シ開拓減租年期ノ滿了スル年ニ於テ其ノ賃貸價格ヲ修正ス

3 埋立免租年期地ニ付テハ其ノ年期ノ滿了スル年ニ於テ其ノ賃貸價格ヲ設定ス

第二十五條 開拓減租年期又ハ埋立免租年期ノ滿了ニ因リ賃貸價格ヲ設定シ又ハ修正スル場合ニ於テ必要アリト認ムルトキハ其ノ地積ヲ改測ス

第二十六條 無租地カ有租地ト爲リタルトキハ賃貸價格ヲ設定（第二十四條第三項ノ

設定ヲ含ム）シタル年ノ翌年分ヨリ地租ヲ徴收ス

2　開拓減租年期ノ滿了ニ因リ賃貸價格ヲ修正シタル土地ニ付テハ其ノ修正ヲ爲シタル年ノ翌年分ヨリ修正賃貸價格ニ依リ地租ヲ徴收ス

第二十七條　有租地カ無租地ト爲リタルトキハ其ノ申告ヲ要スルモノニ付テハ申告アリタル後ニ開始スル納期ヨリ、其ノ申告ヲ要セサルモノニ付テハ稅務署長カ其ノ事實ヲ認メタル後ニ開始スル納期ヨリ地租ヲ徴收セス

第二節　分筆及合筆

第二十八條　本法ニ於テ分筆ト稱スルハ一筆ノ土地ヲ數筆ノ土地ト爲スヲ謂ヒ合筆ト稱スルハ數筆ノ土地ヲ一筆ノ土地ト爲スヲ謂フ

第二十九條　分筆又ハ合筆ヲ爲サントスルトキハ土地所有者ハ之ヲ稅務署長ニ申告スヘシ

第三十條　一筆ノ土地ノ一部カ左ノ各號ノ一ニ該當スルニ至リタルトキハ前條ノ申告ナキ場合ニ於テモ稅務署長ハ其ノ土地ヲ分筆ス

一　別地目ト爲ルトキ

二　無租地カ有租地ト爲リ又ハ有租地カ無租地ト爲ルトキ

三　所有者ヲ異ニスルトキ

四　質權又ハ百年ヨリ長キ存續期間ノ定アル地上權ノ目的ト爲ルトキ

五　地番區域ヲ異ニスルトキ

第三十一條　分筆シタル土地ニ付テハ分筆前ノ地番ニ符號ヲ附シテ各筆ノ地番ヲ定ム

2合筆シタル土地ニ付テハ合筆前ノ地番中ノ首位ノモノヲ以テ其ノ地番トス
3特別ノ事情アルトキハ前二項ノ規定ニ拘ラス適宜ノ地番ヲ定ムルコトヲ得
第三十二條 分筆ヲ爲シタルトキハ測量シテ各筆ノ地積ヲ定ム
2合筆ヲ爲シタルトキハ合筆前ノ各筆ノ地積ヲ合算シタルモノヲ以テ其ノ地積トス
第三十三條 分筆ヲ爲シタルトキハ各筆ノ品位及情況ニ應シ分筆前ノ賃貸價格ヲ配分シテ其ノ賃貸價格ヲ定ム
2合筆ヲ爲シタルトキハ合筆前ノ各筆ノ賃貸價格ヲ合算シタルモノヲ以テ其ノ賃貸價格トス

第三節 開墾

第三十四條 本法ニ於テ開墾ト稱スルハ第二類地ヲ第一類地ト爲スヲ謂フ
第三十五條 開墾成功シタルトキハ土地所有者ハ三十日內ニ之ヲ稅務署長ニ申告スヘシ
第三十六條 開墾ニ着手シタル土地ニ付テハ土地所有者ノ申請ニ依リ開墾着手ノ年及其ノ翌年ヨリ二十年ノ開墾減租年期ヲ許可シ年期中ハ原地（開墾前ノ土地）相當ノ賃貸價格ニ依リ地租ヲ徵收ス但シ地類變換ヲ爲シタル後五年內ニ開墾ニ着手シタル土地ニ付テハ之ヲ許可セス
2二十年內ニ成功シ能ハサル開墾地ニ付テハ前項ノ年期ハ開墾着手ノ年及其ノ翌年ヨリ四十年トス
3前項ノ任期滿了スルモ尙地味成熟セサル土地ニ付テハ更ニ十年內ノ年期延長ヲ許可

スルコトヲ得

4 宅地又ハ鑛泉地ト爲ス開墾地ニ付テハ其ノ情況ニ依リ税務署長ハ開墾減租年期ヲ短縮スルコトヲ得

第三十七條 前條ノ規定ニ依リ開墾減租年期ノ許可ヲ受ケントスル者ハ開墾着手ノ日ヨリ三十日内ニ、開墾減租年期延長ノ許可ヲ受ケントスル者ハ年期ノ滿了スル年ノ六月三十日迄ニ税務署長ニ申請スヘシ

第三十八條 開墾減租年期中ニ於テ開墾成功シタルトキ又ハ其ノ成功地ニ付地目變換ヲ爲シタルトキハ其ノ地目ヲ修正スルモ其ノ賃貸價格ハ之ヲ修正セス

2 開墾減租年期中ニ於テ其ノ原地ニ付地目變換ヲ爲シタルトキ又ハ其ノ成功地ニ付地類變換ヲ爲シタルトキハ開墾減租年期ハ消滅ス

第三十九條 開墾減租年期地ニ付テハ土地所有者ハ年期ノ滿了スル年ノ六月三十日迄ニ年期滿了申告書ヲ税務署長ニ提出スヘシ

第四十條 開墾成功シタルトキハ（開墾減租年期中テルト否トヲ問ハス）直ニ其ノ地目ヲ修正ス

第四十一條 開墾成功シタルトキハ開墾減租年期地ヲ除クノ外直ニ其ノ賃貸價格ヲ修正ス

2 開墾減租年期地ニ付テハ其ノ年期ノ滿了スル年ニ於テ其ノ賃貸價格ヲ修正ス但シ年期滿了スルモ尚開墾成功セサル土地ニ付テハ開墾成功シタルトキ直ニ其ノ賃貸價格ヲ修正ス

第四十二條　開墾ニ因リ賃貸價格ヲ修正スル場合ニ於テハ其ノ地積ヲ改測ス但シ其ノ地積ニ異動ナシト認ムルトキハ之ヲ省略スルコトヲ得

第四十三條　開墾ニ因リ地目又ハ賃貸價格ヲ修正シタル土地ニ付テハ其ノ修正ヲ爲シタル年ノ翌年分ヨリ修正地目又ハ修正賃貸價格ニ依リ地租ヲ徴收ス

第四節　地目變換及地類變換

第四十四條　本法ニ於テ地目變換ト稱スルハ第一類地中又ハ第二類地中ノ各地目ヲ變更スルヲ謂ヒ地類變換ト稱スルハ第一類地ヲ第二類地ト爲スヲ謂フ

第四十五條　地目變換又ハ地類變換ヲ爲シタルトキハ土地所有者ハ三十日內ニ之ヲ税務署長ニ申告スヘシ

第四十六條　二十年內ニ成功シ能ハサル地目變換地ニ付テハ土地所有者ノ申請ニ依リ地目變換着手ノ年及其ノ翌年ヨリ四十年ノ地目變換減租年期ヲ許可シ年期中ハ原地(變換前ノ土地)相當ノ賃貸價格ニ依リ地租ヲ徴收ス

2前項ノ年期滿了スルモ尙地味成熟セサル土地ニ付テハ更ニ十年內ノ年期延長ヲ許可スルコトヲ得

3宅地又ハ鑛泉地ニ變換スル土地ニ付テハ其ノ情況ニ依リ税務署長ハ地目變換減租年期ヲ短縮スルコトヲ得

第四十七條　前條ノ規定ニ依リ地目變換減租年期ノ許可ヲ受ケントスル者ハ地目變換着手ノ日ヨリ三十日內ニ、地目變換減租年期延長ノ許可ヲ受ケントスル者ハ年期ノ滿了スル年ノ六月三十日迄ニ税務署長ニ申請スヘシ

第四十八條　地目變換減租年期中ニ於テ其ノ原地又ハ變換地ニ付地目變換ヲ爲シタルトキハ其ノ地目ヲ修正スルモ其ノ賃貸價格ハ之ヲ修正セス

2地目變換減租年期中ニ於テ地類變換ヲ爲シタルトキハ地目變換減租年期ハ消滅ス

第四十九條　地目變換減租年期地ニ付テハ土地所有者ハ年期ノ滿了スル年ノ六月三十日迄ニ年期滿了申告書ヲ稅務署長ニ提出スヘシ

第五十條　地目變換又ハ地類變換ヲ爲シタルトキハ（地目變換減租年期中ナルト否トヲ問ハス）直ニ其ノ地目ヲ修正ス

第五十一條　地目變換又ハ地類變換ヲ爲シタルトキハ地目變換減租年期地ヲ除クノ外直ニ其ノ賃貸價格ヲ修正ス

2地目變換減租年期地ニ付テハ其ノ年期ノ滿了スル年ニ於テ其ノ賃貸價格ヲ修正ス但シ年期滿了スルモ尙地目變換セサル土地ニ付テハ地目變換シタルトキ直ニ其ノ賃貸價格ヲ修正ス

第五十二條　地目變換又ハ地類變換ニ因リ賃貸價格ヲ修正スル場合ニ於テ必要アリト認ムルトキハ其ノ地積ヲ改測ス

第五十三條　地目變換又ハ地類變換ニ因リ地目又ハ賃貸價格ヲ修正シタル土地ニ付テハ其ノ修正ヲ爲シタル年ノ翌年分ヨリ修正地目又ハ修正賃貸價格ニ依リ地租ヲ徵收ス

第五節　荒地免租

第五十四條　本法ニ於テ荒地ト稱スルハ災害ニ因リ地形ヲ變シ又ハ作土ヲ損傷シタル

土地ヲ謂フ

第五十五條 荒地ニ付テハ納税義務者ノ申請ニ依リ荒地ト爲リタル年及其ノ翌年ヨリ十五年内ノ荒地免租年期ヲ許可ス

2 前項ノ年期滿了スルモ尙荒地ノ形狀ヲ存スルモノニ付テハ更ニ十五年内ノ年期延長ヲ許可スルコトヲ得

3 海、湖又ハ河川ノ狀況ト爲リタル荒地ニ付テハ前項ノ延長年期ハ二十年内トス其ノ年期滿了スルモ尙海、湖又ハ河川ノ狀況ニ在ルモノハ本法ノ適用ニ付テハ海、湖又ハ河川ト爲リタルモノト看做ス

第五十六條 前條ノ規定ニ依リ荒地免租年期ノ許可ヲ受ケントスル者ハ税務署長ニ申請スヘシ

第五十七條 荒地免租年期地ニ付テハ免租年期許可ノ申請アリタル後ニ開始スル納期ヨリ地租ヲ徵收セス

2 荒地免租年期延長ノ許可ヲ受ケントスル者ハ年期ノ滿了スル年ノ六月三十日迄ニ税務署長ニ申請スヘシ

第五十八條 荒地免租年期中ノ土地カ再ヒ荒地ト爲リ免租年期ノ許可ヲ受ケタルトキハ前ノ年期ハ消滅ス

第五十九條 開拓減租年期、埋立免租年期、開墾減租年期又ハ地目變換減租年期中ノ土地ニ付荒地免租年期ヲ許可シタルトキハ其ノ許可ヲ爲シタル年ヨリ荒地免租年期滿了ニ至ル迄ハ開拓減租年期、埋立免租年期、開墾減租年期又ハ地目變換減租年期

ハ其ノ進行ヲ止ム

2 前項ノ規定ハ他ノ法律ニ依リ一定ノ期間地租ノ全部又ハ一部ヲ免除シタル土地ニ付荒地免租年期ヲ許可シタル場合ニ之ヲ準用ス

第六十條 荒地免租年期中ニ於テ地目變換、地類變換又ハ開墾ニ該當スル土地ノ異動アルモ地目變換、地類變換又ハ開墾ナキモノト看做ス此ノ場合ニ於テハ免租年期ノ滿了スル年ニ於テ其ノ地目ヲ修正ス

第六十一條 荒地免租年期地ニ付テハ納稅義務者ハ年期ノ滿了スル年ノ六月三十日迄ニ年期滿了申告書ヲ稅務署長ニ提出スヘシ

第六十二條 荒地免租年期地ニ付テハ其ノ年期ノ滿了スル年ニ於テ其ノ賃貸價格ヲ設定ス

第六十三條 荒地免租年期ノ滿了ニ因リ賃貸價格ヲ設定スル場合ニ於テ必要アリト認ムルトキハ其ノ地積ヲ改測ス

第六十四條 荒地免租年期ノ滿了ニ因リ賃貸價格ヲ設定シタル土地ニ付テハ其ノ設定ヲ爲シタル年ノ翌年分ヨリ地租ヲ徵收ス

第三章　災害地免租

第六十五條 北海道又ハ府縣ノ全部又ハ一部ニ亙ル災害又ハ天候不順ニ因リ收穫皆無ニ歸シタル田畑ニ付テハ納稅義務者ノ申請ニ依リ其ノ年分地租ハ之ヲ免除ス

第六十六條 地目變換若ハ開墾成功ノ申告アリタル土地又ハ耕地整理工事完了シ賃貸價格配賦ノ申出アリタル土地ニシテ未タ土地臺帳ヲ更正セサルモノニ付テハ其ノ成

功地目カ田畑ナルトキハ命令ノ定ムル所ニ依リ前條ノ規定ヲ準用ス

第六十七條 前二條ノ規定ニ依リ地租ノ免除ヲ受ケントスル者ハ被害現狀ノ存スル間ニ於テ其ノ事實ヲ明ニシテ稅務署長ニ申告スヘシ

第六十八條 前條ノ申請アリタルトキハ被害ノ調査中其ノ年分地租ノ徵收ヲ猶豫スルコトヲ得

第六十九條 第六十五條又ハ第六十六條ノ規定ニ依リ免除シタル地租ハ法律上總テノ納稅資格中ヨリ之ヲ控除セス

第四章 自作農地免租

第七十條 田畑地租ノ納期開始ノ時ニ於テ納稅義務者（法人ヲ除ク）ノ住所地市町村及隣接市町村內ニ於ケル田畑賃貸價格ノ合計金額カ其ノ同居家族ノ分ト合算シ二百圓未滿ナルトキハ納稅義務者ノ申請ニ依リ其ノ田畑ノ當該納期分地租ハ命令ノ定ムル所ニ依リ之ヲ免除ス但シ小作ニ付シタル田畑ニ付テハ此ノ限ニ在ラス

2 民法施行前ヨリ引續キ存スル永小作權ニ付其ノ設定ノ當時舊來ノ慣行ニ依リテ小作料支拂ノ外當該田畑ノ地租ノ全額ヲ永小作權者ニ於テ負擔スルコトヲ約シタル田畑ニ關シテハ命令ノ定ムル所ニ依リ永小作權者ヲ所有者ト看做シテ前項ノ規定ヲ適用ス

第七十一條 前條ノ規定ニ依リ地租ノ免除ヲ受ケントスル者ハ每年三月中ニ住所地市町村ヲ經由シ稅務署長ニ申請スヘシ

2 前項ノ申請期間經過後新ニ前條ノ規定ニ該當スルニ至リタル田畑ニ付テハ次ノ納期

開始前ニ於テ前項ノ申請ヲ為スコトヲ得

第五章　地租徴收

第七十二條 税務署長ハ土地ノ異動其ノ他地租徴收ニ關シ必要ト認ムル事項ヲ市町村ニ通知スヘシ

第七十三條 地租ハ各納税義務者ニ付同一市町村内ニ於ケル同一地目ノ賃貸價格ノ合計金額ニ依リ算出シ之ヲ徴收ス但シ賃貸價格ノ合計金額カ一圓ニ滿タサルトキハ地租ヲ徴收セス

2 田、畑、宅地以外ノ土地ハ之ヲ同一地目ノ土地ト看做シテ前項ノ規定ヲ適用ス

第七十四條 市町村ハ地租ノ納期毎ニ其ノ納期開始前十五日迄ニ賃貸價格及地租ノ總額並ニ其ノ各納期ニ於ケル納額ヲ税務署長ニ報告スヘシ但シ前報告後異動ナキトキハ此ノ限ニ在ラス

2 前項ノ報告後納期開始迄ニ報告事項ニ異動ヲ生シタルトキハ直ニ其ノ異動額ヲ税務署長ニ報告スヘシ

第七十五條 市町村ハ第七十條ノ規定ニ依リ地租ヲ免除スル田畑ノ賃貸價格ノ總額ヲ前條ノ例ニ準シ税務署長ニ報告スヘシ

第七十六條 大藏大臣ハ税務署長又ハ其ノ代理官ヲシテ隨時市町村ニ於ケル國税徴收ニ關スル事務ヲ監督セシムヘシ

第六章　雜則

第七十七條 他ノ法律ニ依リ一定ノ期間地租ヲ免除シタル土地ニ付テハ別段ノ規定ア

ル場合ヲ除クノ外第五十七條及第六十條乃至第六十四條ノ規定ヲ準用ス

第七十八條 税務署長土地ノ異動ニ因リ地番、地目、地積又ハ賃貸價格ヲ土地臺帳ニ登錄シタルトキ又ハ登錄ヲ變更シタルトキハ土地所有者及納税義務者ニ通知スヘシ

第七十九條 納税義務者其ノ土地所在ノ市町村內ニ現住セサルトキハ地租ニ關スル事項ヲ處理セシムル爲其ノ市町村內ニ現住スル者ニ就キ納税管理人ヲ定メ當該市町村長ニ申告スヘシ

第八十條 土地所有者ニ變更アリタル場合ニ於テハ舊所有者カ爲スヘカリシ申告ハ所有者ノ變更アリタル日ヨリ三十日內ニ新所有者ヨリ之ヲ爲スヘシ

第八十一條 本法ニ依リ土地所有者ヨリ爲スヘキ申告又ハ申請ハ質權ノ目的タル土地又ハ百年ヨリ長キ存續期間ノ定アル地上權ノ目的タル土地ニ付テハ土地臺帳ニ登錄セラレタル質權者又ハ地上權者ヨリ之ヲ爲スコトヲ得

第八十二條 本法ニ依リ申告ヲ爲スヘキ義務ヲ有スル者其ノ申告ヲ爲ササルトキハ五十圓以下ノ過料ニ處ス

2 非訟事件手續法第二百六條乃至第二百八條ノ規定ハ前項ノ過料ニ付之ヲ準用ス

第八十三條 詐僞其ノ他不正ノ行爲ニ依リ地租ヲ逋脫シタル者ハ其ノ逋脫シタル税金ノ五倍ニ相當スル罰金又ハ科料ニ處シ直ニ其ノ地租ヲ徵收ス但シ自首シタル者又ハ税務署長ニ申出テタル者ハ其ノ罪ヲ問ハス

2 前項ノ罪ヲ犯シタル者ニハ刑法第三十八條第三項但書、第三十九條第二項、第四十條、第四十一條、第四十八條第二項、第六十三條及第六十六條ノ例ヲ用ヒス

第八十四條　本法ニ依リ申告ヲ爲スヘキ義務ヲ有スル者其ノ申告ヲ爲サス仍テ地租ニ不足額アルトキハ直ニ之ヲ徴收ス

第八十五條　前二條ノ規定ニ依リ地租ヲ徴收スル場合ニ於テハ第七十三條ノ規定ニ拘ラス當該土地一筆毎ニ其ノ地租ヲ算出ス

第八十六條　税務署長又ハ其ノ代理官ハ土地ノ檢査ヲ爲シ又ハ土地ノ所有者、質權者、地上權者其ノ他利害關係人ニ對シ必要ナル事項ヲ質問スルコトヲ得

2 前項ノ場合ニ於テ土地ノ檢査ヲ拒ミ又ハ之ヲ妨ケタル者ハ百圓以下ノ罰金ニ處ス

第八十七條　市制第六條又ハ第八十二條第三項ノ市ニ於テハ本法中市ニ關スル規定ハ區ニ、市長ニ關スル規定ハ區長ニ之ヲ適用ス

2 町村制ヲ施行セサル地ニ於テハ本法中町村ニ關スル規定ハ町村ニ準スヘキモノニ、町村長ニ關スル規定ハ町村長ニ準スヘキモノニ之ヲ適用ス

第八十八條　本法ハ國有地ニ之ヲ適用セス

第八十九條　府縣、市町村其ノ他ノ公共團體ハ第二條ノ規定ニ依リ地租ヲ課セサル土地ニ租税其ノ他ノ公課ヲ課スルコトヲ得ス但シ所有者以外ノ者同條第一號又ハ第二號ノ土地ヲ使用收益スル場合ニ於テ其ノ土地ニ付使用者ニ租税其ノ他ノ公課ヲ課スルハ此ノ限ニ在ラス

附　則

第九十條　本法ハ昭和六年四月一日ヨリ之ヲ施行ス但シ昭和六年分地租ニ限リ第十條ノ規定中百分ノ三・八トアルハ百分ノ四、第十一條ノ規定中宅地租第一期其ノ年七

月一日ヨリ三十一日限トアルハ其ノ年十一月一日ヨリ三十日限、其ノ他第一期其ノ年九月一日ヨリ三十日限トアルハ翌年一月一日ヨリ三十一日限、其ノ他第二期其ノ年十二月一日ヨリ三十日限トアルハ翌年三月一日ヨリ三十一日限、第七十一條第一項ノ規定中三月中トアルハ十二月中トス

第九十一條 左ノ法律ハ之ヲ廢止ス但シ昭和五年分以前ノ地租ニ關シテハ仍舊法ニ依ル

地租條例
災害地地租免除法
宅地地價修正法
明治七年第百二十號布告地所名稱區別
明治三十四年法律第三十號
明治三十四年法律第三十一號
明治三十七年法律第十二號
明治三十七年法律第十六號
大正十五年法律第四十七號

第九十二條 土地賃貸價格調査法ニ依リ賃貸價格ノ調査ヲ爲シタル土地ニ付テハ同法ニ依リ調査シタル賃貸價格ヲ以テ本法施行ノ際ニ於ケル賃貸價格トス但シ其ノ賃貸價格ニ依リ算出シタル本法ノ地租額カ從前ノ地價ニ依リ算出シタル舊法ノ地租額ノ三倍八割ヲ超ユル土地ニ在リテハ舊法ノ地租額ノ三倍八割ニ相當スル金額ヲ百分ノ

三・八ヲ以テ除シタル金額ヲ以テ其ノ賃貸價格トス

第九十三條　大正十五年四月一日後本法施行前ニ於テ地價ヲ設定シ又ハ修正シタル土地（免租年期又ハ低價年期ノ滿了ニ因リ原地價ニ復シタルモノヲ含ム）ニ付テハ第九條第三項ノ例ニ準シ其ノ賃貸價格ヲ定ム

2　大正十五年四月一日後本法施行前ニ於テ分筆又ハ合筆ヲ爲シタル土地ニ付テハ第三十三條ノ例ニ準シ前條ノ賃貸價格ヲ分配又ハ合算シテ其ノ賃貸價格ヲ定ム

第九十四條　舊法ニ依リ低價年期ノ許可ヲ受ケタル土地ニシテ本法施行ノ際未タ原地價ニ復セサルモノニ付テハ第九條第三項ノ例ニ準シ其ノ賃貸價格ヲ定ム

第九十五條　前三條ノ規定ニ依リ賃貸價格ヲ定メタル土地ニ付テハ昭和六年分ヨリ本法ニ依リ地租ヲ徵收ス

第九十六條　本法施行前ニ於ケル土地ノ異動中本法施行ノ際未タ舊法ニ依リ地價ノ設定又ハ修正其ノ他ノ處分ヲ爲ササルモノニシテ本法中之ニ相當スル規定アルモノニ關シテハ本法ヲ適用ス但シ第九十一條但書ノ規定ノ適用ヲ妨ケス

第九十七條　舊法ニ依ル屆出又ハ申請ニシテ本法中之ニ相當スル規定アルモノハ之ヲ本法ニ依ル申告又ハ申請ト看做ス

第九十八條　舊法ニ依リ開墾ノ屆出アリタル土地ニシテ本法施行ノ際開墾着手後未タ二十年ヲ經過セサルモノハ第三十六條第一項ノ規定ニ依リ開墾減租年期ヲ許可セラレタルモノト看做ス但シ地類變換ヲ爲シタル後五年內ニ開墾ヲ爲シタル土地ニ付テハ此ノ限ニ在ラス

第九十九條 舊法ニ依リ免租年期、鍬下年期又ハ地價据置年期ノ許可ヲ受ケタル土地ニシテ本法施行ノ際未タ其ノ年期ノ滿了セサルモノハ左ノ區分ニ從ヒ本法ニ依リ免租年期又ハ減租年期ヲ許可セラレタルモノト看做ス

一 地租條例第十六條第三項ノ鍬下年期ハ第三十六條第二項ノ開墾減租年期トス

二 地租條例第十六條第四項ノ鍬下年期ハ第十九條第一項ノ開拓減租年期トス

三 地租條例第十六條第五項ノ新開免租年期ハ第二十條第一項ノ埋立免租年期トス

四 地租條例第十六條第六項ノ地價据置年期ハ第四十六條第一項ノ地目變換減租年期トス

五 明治三十四年法律第三十號ノ年期延長ハ前各號ノ例ニ準シ第十九條第二項、第二十條第二項、第三十六條第三項又ハ第四十六條第二項ノ年期延長トス

六 地租條例第二十條ノ荒地免租年期ハ第五十五條第一項ノ荒地免租年期トス

七 地租條例第二十三條又ハ第二十四條ノ免租繼年期ハ荒地ノ種類ニ從ヒ第五十五條第二項又ハ第三項ノ年期延長トス

2 前項ノ年期ハ舊法ニ依リ許可セラレタル年期ノ殘年期間ノ經過スル年ノ翌年ニ於テ滿了ス

第百條 地積ハ第七條ノ規定ニ拘ラス當分ノ內左ノ各號ノ規定ニ依リ之ヲ定ム

一 宅地及鑛泉地ノ地積ハ六尺平方ヲ坪、坪ノ十分ノ一ヲ合、合ノ十分ノ一ヲ勺トシテ之ヲ定メ勺未滿ノ端數ハ之ヲ切捨ツ

二 宅地及鑛泉地以外ノ土地ノ地積ハ六尺平方ヲ步、三十步ヲ畝、十畝ヲ段、十段

ヲ町トシテ之ヲ定メ歩未滿ノ端數ハ之ヲ切捨ツ但シ一筆ノ地積一歩未滿ナルモノニ付テハ歩ノ十分ノ一ヲ合、合ノ十分ノ一ヲ勺トシテ之ヲ定メ勺未滿ノ端數ハ之ヲ切捨ツ

第百一條　舊法ノ土地臺帳ハ之ヲ本法ノ土地臺帳ト看做ス

第百二條　小笠原島及伊豆七島ノ地租ニ付テハ當分ノ內仍從前ノ例ニ依ル

參照

明治三十四年四月十三日公布法律第三十號ハ鍬下年期、新開免訴年期、地價据置年期ノ延長ニ關スル件、同年同月同日公布法律第三十一號ハ開墾地、開拓地、新開地年期繼續ニ關スル件、同三十七年四月一日公布法律第十二號ハ地租徵收ニ關スル件、同年同月同日公布法律第十六號ハ渡良瀨川沿岸地方特別地價修正ノ件、大正十五年三月三十一日公布法律第四十七號ハ舊慣ニ依リ永小作權者カ地租額負擔ヲ約シタル田畑ノ地租免除ニ關スル件ナリ

◎地租法施行規則（昭和六年四月一日勅令第四十七號）

第一章　總則

第一條　地租法第二條第一號及第二號ノ規定ニ依リ左ノ公共團體ヲ指定ス

一　府縣組合、市町村組合、町村組合、市町村內ノ區、北海道地方費

二　市町村學校組合、町村學校組合、學區

三　水利組合、水利組合聯合、北海道土功組合

第二條　土地ノ所有權、質權又ハ地上權ノ得喪變更ニ關スル事項ハ登記所ヨリ通知アルニ非サレハ土地臺帳ニ之ヲ登錄セス但シ左ノ場合ニ於テハ此ノ限ニ在ラス

一　新ニ土地臺帳ニ登錄スヘキ土地ヲ生シタルトキ
二　未登記ノ土地ガ土地臺帳ニ登錄ヲ要セサル土地ト爲リタルトキ
三　未登記ノ土地カ收用セラレタルトキ

第三條　土地臺帳ニ登錄セラレタル土地所有者、質權者又ハ地上權者其ノ住所ニ異動ヲ生シタルトキ又ハ其ノ氏名若ハ名稱ヲ改メタルトハ遲滯ナク之ヲ稅務署長ニ申告スヘシ

第四條　土地臺帳謄本ノ交付ヲ受ケント スル者ハ土地一筆ニ付十錢ノ手數料ヲ納メ稅務署長ニ之ヲ請求スヘシ

2 前項ノ手數料ハ收入印紙ヲ以テ之ヲ納ムヘシ

3 謄本ハ送付ニ要スル郵便切手ヲ提供シテ之カ郵送ヲ求ムルコトヲ得

4 國有地又ハ御料地ノ拂下又ハ讓與ニ係ル土地ニシテ未登記ノモノニ付テハ謄本ノ交付ヲ請求スルコトヲ得ス

5 土地臺帳謄本ノ書式ハ大藏大臣之ヲ定ム

第五條　北海道、鹿兒島縣大島郡及沖繩縣ニ於ケル地租ハ左ノ納期ニ於テ之ヲ徵收ス

北海道

一　宅地租

第一期　其ノ年八月一日ヨリ三十一日限　　年額ノ二分ノ一

第二期　翌年二月一日ヨリ末日限　　年額ノ二分ノ一

二　其ノ他

第一期　其ノ年十一月一日ヨリ三十日限　年額ノ二分ノ一
第二期　翌年五月一日ヨリ三十一日限　年額ノ二分ノ一

鹿兒島縣大島郡十島村
翌年五月一日ヨリ八月三十一日限　年額全部

鹿兒島縣大島郡（十島村ヲ除ク）
翌年五月一日ヨリ三十一日限　年額全部

沖繩縣那覇市、首里市、島尻郡、中頭郡、國頭郡

一　宅地租及田租
其ノ年八月一日ヨリ三十一日限　年額全部

二　其ノ他
翌年五月一日ヨリ三十一日限　年額全部

沖繩縣宮古郡平良村字鹽川、仲筋、水納、八重山郡八重山村字波照間、與那國
翌年五月一日ヨリ七月三十一日限　年額全部

沖繩縣宮古郡（平良村字鹽川、仲筋、水納ヲ除ク）八重山郡（八重山村字照波間、與那國ヲ除ク）

一　宅地租
翌年三月一日ヨリ三十一日限　年額全部

二　田租
其ノ年七月一日ヨリ三十一日限　年額全部

三　其ノ他　　翌年五月一日ヨリ三十一日限　　年額全部

第二章　土地ノ異動

第六條　土地ノ異動ニ關スル申告書（年期滿了申告書ヲ含ム）ニハ異動ノ種類ヲ表示シ原地ノ所在、地番、地目、地積及賃貸價格（無地租及免租年期地ニ付テハ賃貸價格ヲ除ク）竝ニ異動シタル地番、地目、地積及賃貸價格ヲ記載スヘシ

2　前項ノ申告書中新ニ土地臺帳ニ登錄スヘキ土地ニ關スル申告書又ハ分筆ノ申告書ニハ地積ノ測量圖ヲ添付スヘシ其ノ他ノ申告書ニシテ之ニ記載シタル異動地ノ地積カ其ノ原地ノ地積ト同一ナラサルモノニ付亦同シ

第七條　減租年期又ハ免租年期ノ申請書ニハ年期ノ種類ヲ表示シ土地ノ所在、地番、地目、地積及賃貸價格（無租地及免期年期地ニ付テハ賃貸價額ヲ除ク）ヲ記載シ尙左ノ事項ヲ附記スヘシ

一　開拓減租年期又ハ埋立免租年租ニ付テハ有地租ト爲リタル事由

二　二十年ノ開墾減租年期ニ付テハ開墾ノ豫定地目及着手ノ日

三　四十年ノ開墾減租年期又ハ地目變換減租年期ニ付テハ開墾又ハ變換ノ豫定地目、着手ノ日及事業計畫

四　荒地免租年期ニ付テハ荒地ト爲リタル事由、被害ノ狀況及許可ヲ受ケントスル年期

五　前各號ノ年期ノ延長ニ付テハ土地ノ狀況及許可ヲ受ケントスル年期

第八條　開墾減租年期又ハ地目變換減租年期ノ許可ヲ受ケタル土地ニ付開墾若ハ變換ノ豫定地目ヲ變更シ又ハ開墾若ハ變換ヲ廢止シタルトキハ遲滯ナク稅務署長ニ之ヲ申告スヘシ

第三章　災害地免租

第九條　災害地免租ノ申請書ニハ收穫皆無ニ歸シタル事由、被害ノ狀況、土地ノ所在、地番、地目、地積及賃貸價格ヲ記載スヘシ

第十條　災害地免租ノ申請ヲ爲ス者ハ稅務署長ノ承認ヲ受クル迄收穫皆無ノ事實ヲ證スルニ足ルヘキ作毛ヲ存置スヘシ

第十一條　地租法第六十六條ノ規定ニ依ル地租ノ免除ハ左ノ各號ノ定ムル所ニ依ルス

一　地目變換地又ハ開墾地ニ在リテハ原地（變換又ハ開墾前ノ土地）ノ地租ヲ免除ス

二　耕地整理地ニ在リテハ收穫皆無ニ歸シタル換地ニ相當スル從前ノ土地ノ地租ヲ免除ス

第四章　自作農地免租

第十二條　地租法第七十條第二項ニ規定スル永小作權者ニシテ同條第一項ノ規定ノ適用ヲ受ケントスル者ハ每年三月中ニ左ノ事項ヲ田畑所在ノ市町村長ニ申告スヘシ

一　永小作權ノ目的タル田畑ノ所在、地番、地目、地積及賃貸價格

二　田畑所有者ノ住所及氏名

三　永小作權設定ノ年月日

2 前項ノ申告期間經過後新ニ地租法第七十條第一項ノ規定ニ該當スルニ至リタル場合ニ於テハ次ノ納期開始前ニ於テ前項ノ申告ヲ爲スコトヲ得

第十三條　市町村長ニ於テ必要アリト認ムルトキハ前條ノ申告ヲ爲シタル者ニ對シ永小作權ノ設定ヲ證スヘキ證書其ノ他必要ナル書類ノ呈示又ハ提出ヲ求ムルコトヲ得

第十四條　第十二條ノ申告ヲ爲シタル永小作權者ハ地租法第七十條第一項ノ規定ノ適用ニ關シテハ之ヲ當該田畑ノ所有者ト看做ス

第十五條　地租法第七十一條ノ規定ニ依ル地租免除ノ申請書ニハ土地ノ所在、地番及地目ヲ記載スヘシ但シ申請者カ其ノ住所地及隣接市町村內ニ於ケル自己ノ田畑ノ全部ニ付申請ヲ爲ス場合ニ於テハ其ノ旨ヲ記載シ各筆ノ記載ヲ省略スルコトヲ得

第十六條　市町村ハ其ノ市町村內ニ於ケル田畑ニ付地租ヲ納ムヘキ者（地租法第七十條第二項ノ規定ニ依リ所有者ト看做サレタル永小作權者ヲ含ム）ノ住所カ隣接市町村內ニ在ルトキハ各人別田畑ノ賃貸價格合計金額ヲ每年三月中ニ其ノ住所地市町村ニ通知スヘシ

2 前項ノ通知後田畑地租ノ各納期開始迄ニ通知事項ニ異動ヲ生シタルトキハ直ニ之ヲ住所地市町村ニ通知スヘシ

第十七條　市町村ハ隣接市町村內ノ田畑ニ付地租法第七十一條ノ申請ヲ受ケタル場合ニ於テ申請者ノ住所地市町村及隣接市町村內ニ於ケル田畑賃貸價格ノ合計金額カ其ノ同居家族ノ分ト合算シ二百圓未滿ナルトキハ其ノ旨ヲ田畑所在ノ市町村ニ通知スヘシ

2前項ノ通知後田畑地租ノ各納期開始ノ時迄ニ通知事項ニ異動ヲ生シタルトキハ之ヲ田畑所在ノ市町村ニ通知スヘシ

第五章　地租徴收

第十八條　市町村ハ其ノ市町村内ノ田畑ニ付地租法第七十一條ノ申請又ハ前條ノ通知ヲ受ケタルトキハ同法第七十條ノ規定ニ依リ地租ヲ免除スル田畑ヲ調査シ同法第七十五條ノ報告ヲ爲スヘシ

第十九條　市町村ハ其ノ市町村内ノ土地ニ付土地臺帳ノ副本及地租名寄帳ヲ設備スヘシ

2地租名寄帳ニ關シ必要ナル事項ハ大藏大臣之ヲ定ム

第六章　雜　則

第二十條　地租法以外ノ法律ニ依リ一定ノ期間地租ノ全部又ハ一部ヲ免除スル土地ニ付テハ別段ノ規定アル場合ヲ除クノ外第六條及第七條ノ規定ヲ準用ス

第二十一條　地租法第七十八條ノ規定ニ依ル通知及減租又ハ免租ノ申請ニ對スル許否ノ通知ハ土地所在ノ市町村ヲ經由スヘシ

第二十二條　市制第六條又ハ第八十二條第三項ノ市ニ於テハ本令中ニ關スル規定ハ區ニ、市長ニ關スル規定ハ區長ニ之ヲ適用ス

2町村制ヲ施行セサル地ニ於テハ本令中町村ニ關スル規定ハ町村ニ準スヘキモノニ、町村長ニ關スル規定ハ町村長ニ準スヘキモノニ之ヲ適用ス

附　則

1 本令ハ公布ノ日ヨリ之ヲ施行ス但シ昭和六年分地租ニ限リ第五條ノ規定中北海道宅地地租第一期其ノ年八月一日ヨリ三十一日限トアルハ其ノ年十一月一日ヨリ三十日限、其ノ他第一期其ノ年十一月一日ヨリ三十日限トアルハ翌年一月一日ヨリ三十一日限、沖繩縣那覇市、首里市、島尻郡、中頭郡、國頭郡宅地租及田租其ノ年八月一日ヨリ三十一日限トアルハ翌年一月一日ヨリ三十一日限、沖繩縣宮古郡（平良村字鹽川、仲筋、水納ヲ除ク）八重山郡（八重山村字波照間、與那國ヲ除ク）田租其ノ年七月一日ヨリ三十一日限トアルハ翌年一月一日ヨリ三十一日限、第十六條第一項ノ規定中三月中トアルハ十二月中トス

2 地租條例施行規則、土地臺帳規則、明治三十八年勅令第百五十九號及明治四十四年勅令第九十二號ハ之ヲ廢止ス但シ昭和五年分以前ノ地租ニ關シテハ仍從前ノ例ニ依ル

參照

明治三十八年五月十日公布勅令第百五十九號ハ地租條例第四條第一項第一號及第二號ニ依ル公共團體及期間指定ノ件

同四十四年四月八日公布勅令第九十二號ハ地租條例第十二條第二項ノ規定ニ依ル地租ノ特別納期ニ關スル件ナリ

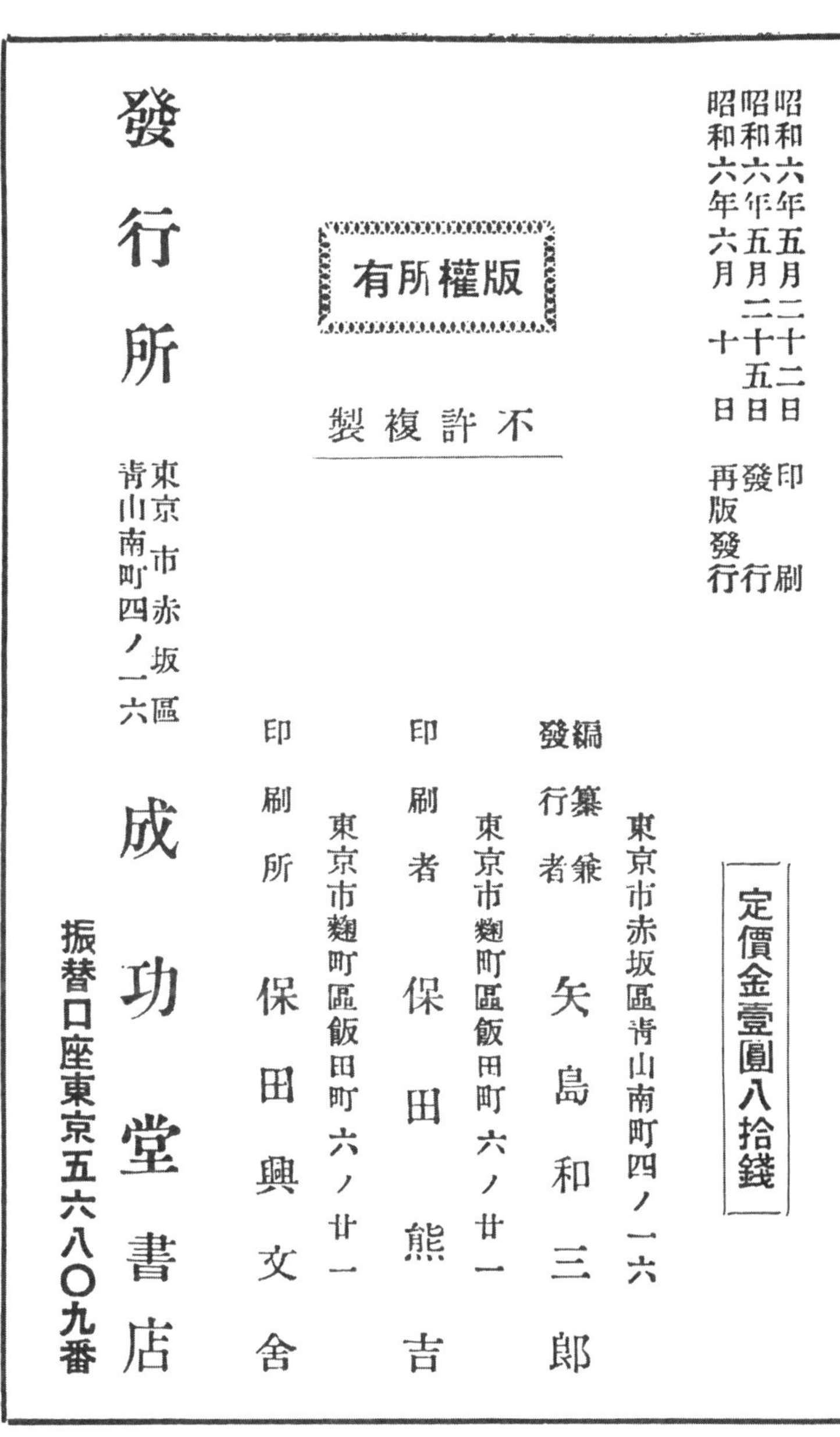

昭和六年五月二十二日印刷

昭和六年五月二十五日發行

昭和六年六月十日再版發行

定價金壹圓八拾錢

編纂兼發行者　東京市赤坂區青山南町四ノ一六　矢島和三郎

印刷者　東京市麹町區飯田町六ノ廿一　保田熊吉

印刷所　東京市麹町區飯田町六ノ廿一　保田興文舍

發行所　東京市赤坂區青山南町四ノ一六　成功堂書店

振替口座東京五六八〇九番

地方自治法研究復刊大系〔第359巻〕

加除自在 参照條文附

市制町村制 附 關係法規〔昭和6年 再版〕

日本立法資料全集 別巻 1569

2024(令和6)年11月25日　復刻版第1刷発行　7769-2:012-005-005

編纂　矢島和三郎

発行者　今井　貴
　　　　稲葉文子

発行所　株式会社信山社

〒113-0033 東京都文京区本郷6-2-9-102東大正門前
Ⓣ03(3818)1019　Ⓕ03(3818)0344
来栖支店〒309-1625 茨城県笠間市来栖2345-1
Ⓣ0296-71-0215　Ⓕ0296-72-5410
笠間才木支店〒309-1611 笠間市笠間515-3
Ⓣ0296-71-9081　Ⓕ0296-71-9082

印刷所　ワイズ書籍

製本所　カナメブックス

用紙　七洋紙業

printed in Japan　分類 323.934 g 1569

ISBN978-4-7972-7769-2 C3332 ¥60000E

日本立法資料全集 別巻 **地方自治法研究復刊大系**

改正 市制町村制義解〔明治45年1月発行〕／行政法研究会 講述 藤田謙堂 監修
増訂 地方制度之栞 第13版〔明治45年2月発行〕／警眼社編集部 編纂
地方自治 及 振興策〔明治45年3月発行〕／床次竹二郎 著
改正 市制町村制正解 附 施行諸規則 第7版〔明治45年3月発行〕福井淳 著
改正 市制町村制講義 全 第４版〔明治45年3月発行〕秋野沆 著
増訂 農村自治之研究 大正2年第5版〔大正2年6月発行〕／山崎延吉 著
自治之開発訓練〔大正元年6月発行〕／井上友一 著
市制町村制逐條示解〔初版〕第一分冊〔大正元年9月発行〕／五十嵐鑛三郎 他 著
市制町村制逐條示解〔初版〕第二分冊〔大正元年9月発行〕／五十嵐鑛三郎 他 著
改正 市町村制問答説明 附 施行細則 訂正増補3版〔大正元年12月発行〕／平井千太郎 編纂
改正 市制町村制註釈 附 施行諸規則〔大正2年3月発行〕／中村文城 註釈
改正 市町村制正文 附 施行法〔大正2年5月発行〕／林甲子太郎 編輯
増訂 地方制度之栞 第18版〔大正2年6月発行〕／警眼社 編集 編纂
改正 市制町村制詳解 附 関係法規 第13版〔大正2年7月発行〕／坪谷善四郎 著
改正 市制町村制 第5版〔大正2年7月発行〕／修学堂 編
細密調査 市町村便覧 附 分類官公衙公私学校銀行所在地一覧表〔大正2年10月発行〕／白山榮一郎 監修 森田公美 編著
改正 市制町村制 及 附属法令 第6版〔大正2年11月発行〕／市町村雑誌社 編輯
改正 市制 及 町村制 訂正10版〔大正3年7月発行〕／山野金蔵 編輯
市制町村制正義〔第3版〕第一分冊〔大正3年10月発行〕／清水澄 末松偕一郎 他 著
市制町村制正義〔第3版〕第二分冊〔大正3年10月発行〕／清水澄 末松偕一郎 他 著
改正 市制町村制 及 附属法令〔大正3年11月発行〕／市町村雑誌社 編著
府県制郡制釈義 全〔大正3年11月発行〕／栗本勇之助 森惣之祐 著
以呂波引 町村便覧〔大正4年2月発行〕／田山宗堯 編輯
改正 府県制郡制 訂正21版〔大正4年3月発行〕／山野金蔵 編輯
市制町村制 昭和4年初版〔大正4年7月発行〕／山野金蔵 編輯
改正 市制町村制講義 第10版〔大正5年6月発行〕／秋野沆 著
市制町村制実例大全〔第3版〕第一分冊〔大正5年9月発行〕／五十嵐鑛三郎 著
市制町村制実例大全〔第3版〕第二分冊〔大正5年9月発行〕／五十嵐鑛三郎 著
市町村名辞典〔大正5年10月発行〕／杉野耕三郎 編
市町村吏員提要 第3版〔大正6年12月発行〕／田邊好一 著
改正 市制町村制と衆議院議員選挙法〔大正6年2月発行〕／服部喜太郎 編輯
新旧対照 改正 市制町村制新釈 附 施行細則 及 執務條規〔大正6年5月発行〕／佐藤貞雄 編纂
増訂 地方制度之栞 大正6年第44版〔大正6年5月発行〕／警眼社編輯部 編纂
実地応用 町村制問答 第2版〔大正6年7月発行〕／市町村雑誌社 編纂
帝国市町村便覧〔大正6年9月発行〕／大西林五郎 編
地方自治講話〔大正7年12月発行〕／田中四郎左右衛門 編輯
最近検定 市町村名鑑 附 官国幣社及諸学校所在地一覧〔大正7年12月発行〕／藤澤衛彦 著
新旧対照 改正 市制町村制新釈 附 施行細則 及 執務條規 大正7年初版〔大正7年3月5日発行〕／佐藤貞雄 編纂
農村自治之研究 大正8年再版〔大正年8月発行〕／山崎延吉 著
市制町村制講義〔大正8年1月発行〕／樋山廣業 著
改正 町村制詳解 第13版〔大正8年6月発行〕／長峰安三郎 三浦通太 野田千太郎 著
改正 市制町村制 及 附属法令 第12版〔大正8年8月発行〕／市町村雑誌社 編著
改正 市町村制註釈〔大正10年6月発行〕／田村浩 編集
大改正 市制 及 町村制〔大正10年6月発行〕／一書堂書店 編
改正 市制町村制 第10版〔大正10年7月発行〕／井上圓三 編輯
市制町村制 並 附属法 訂正再版〔大正10年8月発行〕／自治館編集局 編纂
市制町村制 改正の趣旨 増訂三版〔大正10年10月発行〕／三邊長治 序 外山福男 著
改正 市町村制詳解〔大正10年11月発行〕／相馬昌三 菊池武夫 著
増補訂正 町村制詳解 第15版〔大正10年11月発行〕／長峰安三郎 三浦通太 野田千太郎 著
地方施設改良 訓諭演説集 第6版〔大正10年11月発行〕／鹽川玉江 編輯
改正 市制町村制 大正11年初版〔大正11年2月発行〕／関信太郎 編輯
市制町村制逐條示解〔大正11年増補訂正51版〕第一分冊〔大正11年3月発行〕／五十嵐鑛三郎 他 著
戸数割規則正義 大正11年増補四版〔大正11年4月発行〕／田中廣太郎 著 近藤行太郎 著
東京市会先例彙輯〔大正11年6月発行〕／八田五三 編纂
最近検定 市町村名鑑 訂正3版〔大正11年7月発行〕／藤澤衛彦 伊東順彦 増田穆 関惣右衛門 共編
市町村国税事務取扱手続〔大正11年8月発行〕／広島財務研究会 編纂
改正 地方制度法典 第13版〔大正12年5月発行〕／自治研究会 編著
自治行政資料 斗米遺粒〔大正12年6月発行〕／樫田三郎 著
市町村大字読方名彙 大正12年度版〔大正12年6月発行〕／小川琢治 著
地方自治制要義 全〔大正12年7月発行〕／末松偕一郎 著
北海道市町村財政便覧 大正12年初版〔大正12年8月発行〕／川西輝昌 編纂
東京市政論 大正12年初版〔大正12年12月発行〕／東京市政調査会 編輯
帝国地方自治団体発達史 第3版〔大正13年3月発行〕／佐藤亀齢 編輯
自治制の活用と人 第3版〔大正13年4月発行〕／水野錬太郎 述
改正 市制町村制逐條示解〔改訂54版〕第一分冊〔大正13年5月発行〕／五十嵐鑛三郎 他 著
改正 市制町村制逐條示解〔改訂54版〕第二分冊〔大正13年5月発行〕／五十嵐鑛三郎 他 著
台湾 朝鮮 関東州 全国市町村便覧 各学校所在地 第一分冊〔大正13年5月発行〕／長谷川好太郎 編纂
台湾 朝鮮 関東州 全国市町村便覧 各学校所在地 第二分冊〔大正13年5月発行〕／長谷川好太郎 編纂
市町村特別税之栞〔大正13年6月発行〕／三邊長治 序文 水谷平吉 著
市制町村制実務要覧〔大正13年7月発行〕／梶康郎 著
正文 市制町村制 並 附属法規〔大正13年10月発行〕／法曹閣 編輯
地方事務叢書 第三編 市町村公債 第3版〔大正13年10発行〕／水谷平吉 著
市町村大字読方名彙 大正14年度版〔大正14年1月発行〕／小川琢治 著
通俗財政経済体系 第五編 地方予算と地方税の見方〔大正14年1月発行〕／森田久 編輯
市制町村制実例総覧 完 大正14年第5版〔大正14年1月発行〕／近藤行太郎 主纂
町村会議員選挙要覧〔大正14年3月発行〕／津田東璋 著
実例判例 市制町村制釈義 再版〔大正14年4月発行〕梶康郎 著
実例判例文例 市制町村制総覧〔第10版〕第一分冊〔大正14年5月発行〕／法令研究会 編纂
実例判例文例 市制町村制総覧〔第10版〕第二分冊〔大正14年5月発行〕／法令研究会 編纂
増補訂正 町村制詳解 第18版〔大正14年6月発行〕／長峰安三郎 三浦通太 野田千太郎 共著
町村制要義〔大正14年7月発行〕／若槻禮次郎 題字 尾崎行雄 序文 河野正義 述
地方自治之研究〔大正14年9月発行〕／及川安二 編輯
市町村 第1年合本 第1号-第6号〔大正14年12月発行〕／帝國自治研究会 編輯
市制町村制 及 府県制〔大正15年1月発行〕／法律研究会 著

信山社

日本立法資料全集 別巻 **地方自治法研究復刊大系**

訂正増補 議制全書 第3版〔明治25年4月発行〕／岩藤良太 編纂
市町村制実務要書続編 全〔明治25年5月発行〕／田中知邦 著
地方學事法規〔明治25年5月発行〕／鶴鳴社 編
増補 町村制執務備考 全〔明治25年10月発行〕／増澤鐵 國吉拓郎 同輯
町村制執務要録 全〔明治25年12月発行〕／鷹巣清二郎 編輯
府県制郡制便覧 明治27年初版〔明治27年3月発行〕／須田健吉 編輯
郡市町村史員 収税実務要書〔明治27年11月発行〕／荻野千之助 編纂
改訂増補鼇頭参照 市町村制講義 第9版〔明治28年5月発行〕／蟻川堅治 講述
改正増補 市町村制実務要書 上巻〔明治29年4月発行〕／田中知邦 編纂
市町村制詳解 附 理由書 改正再版〔明治29年5月発行〕／島村文耕 校閲 福井淳 著述
改正増補 市町村制実務要書 下巻〔明治29年7月発行〕／田中知邦 編纂
府県制 郡制 町村制 新税法 公民之友 完〔明治29年8月発行〕／内田安蔵 五十野譲 著述
市制町村制註釈 附 市制町村制理由 第14版〔明治29年11月発行〕／坪谷善四郎 著
郡制注釈 完 再版〔明治30年6月発行〕／岩田徳義 著述
府県制郡制註釈〔明治30年9月発行〕／岸本辰雄 校閲 林信重 註釈
市町村新旧対照一覧〔明治30年9月発行〕／中村芳松 編輯
町村至宝〔明治30年9月発行〕／品川彌二郎 題字 元田肇 序文 桂虎次郎 編纂
市制町村制應用大全 完〔明治31年4月発行〕／島田三郎 序 大西多典 編纂
傍訓註釈 市制町村制 並ニ 理由書〔明治31年12月発行〕／筒井時治 著
改正 府県郡制問答講義〔明治32年4月発行〕／木内英雄 編纂
改正 府県制郡制正文〔明治32年4月発行〕／大塚宇三郎 編纂
府県制郡制〔明治32年4月発行〕／徳田文雄 編輯
改正 府県制郡制講義 初版〔明治32年4月発行〕／樋山廣業 講述
郡制府県制 完〔明治32年5月発行〕／魚住嘉三郎 編輯
参照比較 市町村制註釈 附 問答理由 第10版〔明治32年6月発行〕／山中兵吉 著述
改正 府県制郡制註釈 第2版〔明治32年6月発行〕／福井淳 著
府県制郡制釈義 全 第3版〔明治32年7月発行〕／栗本勇之助 森惣之祐 同著
改正 府県制郡制註釈 第3版〔明治32年8月発行〕／福井淳 著
地方制度通 全〔明治32年9月発行〕／上山満之進 著
市町村新旧対照一覧 訂正第五版〔明治32年9月発行〕／中村芳松 編輯
改正 府県制郡制 並 関係法規〔明治32年9月発行〕／鷲見金三郎 編纂
改正 府県制郡制釈義 再版〔明治32年11月発行〕／坪谷善四郎 著
訂正 市制町村制 附 理由書〔明治33年5月発行〕／明昇堂 編
改正 府県制郡制釈義 第3版〔明治34年2月発行〕／坪谷善四郎 著
再版 市町村制例規〔明治34年11月発行〕／野元友三郎 編纂
地方制度実例総覧〔明治34年12月発行〕／南浦西郷侯爵 題字 自治館編集局 編纂
傍訓 市制町村制註釈〔明治35年3月発行〕／福井淳 著
地方自治提要 全〔明治35年5月発行〕／木村時義 校閲 吉武則久 編纂
市制町村制釈義〔明治35年6月発行〕／坪谷善四郎 著
市町村制問答詳解 附 理由書 及 附属法令〔明治35年10月発行〕／福井淳 著述
帝国議会 府県会 郡会 市町村会 議員必携 附 関係法規 第一分冊〔明治36年5月発行〕／小原新三 口述
帝国議会 府県会 郡会 市町村会 議員必携 附 関係法規 第二分冊〔明治36年5月発行〕／小原新三 口述
五版 市町村制例規〔明治36年5月発行〕／野元友三郎 編纂
地方制度実例総覧〔明治36年8月発行〕／芳川顯正 題字 山脇玄 序文 金田謙 著
市町村是〔明治36年11月発行〕／野田千太郎 編纂
市制町村制釈義 明治37年第4版〔明治37年6月発行〕／坪谷善四郎 著
府県郡市町村 模範治績 附 耕地整理法 産業組合法 附属法例〔明治39年2月発行〕／荻野千之助 編輯
自治之模範〔明治39年6月発行〕／江木翼 編
改正 市制町村制〔明治40年6月発行〕／辻本末吉 編輯
実用 北海道郡区町村案内 全 附 里程表 第7版〔明治40年9月発行〕／廣瀬清澄 著述
自治行政例規 全〔明治40年10月発行〕／市町村雑誌社 編著
改正 府県制郡制要義 第4版〔明治40年12月発行〕／美濃部達吉 著
判例挿入 自治法規全集 全〔明治41年6月発行〕／池田繁太郎 著
市町村執務要覧 全 第一分冊〔明治42年6月発行〕／大成会編輯局 編輯
市町村執務要覧 全 第二分冊〔明治42年6月発行〕／大成会編輯局 編輯比較研究
自治要義 明治43年再版〔明治43年3月発行〕／井上友一 著
自治之精髄〔明治43年4月発行〕／水野錬太郎 著
市制町村制講義 全〔明治43年6月発行〕／秋野沆 著
改正 市制町村制講義 第4版〔明治43年6月発行〕／土清水幸一 著
地方自治の手引〔明治44年3月発行〕／前田宇治郎 著
新旧対照 市制町村制 及 理由 第9版〔明治44年4月発行〕／荒川五郎 著
改正 市制町村制 附 改正要義〔明治44年4月発行〕／田山宗堯 編輯
改正 市町村制問答説明 明治44年初版〔明治44年4月発行〕／一木千太郎 編纂
改正 市制町村制〔明治44年4月発行〕／田山宗堯 編輯
新旧対照 市制町村制 及 理由 初版〔明治44年4月発行〕／荒川五郎 著
旧制対照 改正市町村制 附 改正理由〔明治44年5月発行〕／博文館編輯局 編
改正 市制町村制〔明治44年5月発行〕／石田忠兵衛 編輯
改正 市制町村制詳解〔明治44年5月発行〕／坪谷善四郎 著
改正 市制町村制註釈〔明治44年5月発行〕／中村文城 註釈
改正 市制町村制正解〔明治44年6月発行〕／武知彌三郎 著
改正 市町村制講義〔明治44年6月発行〕／法典研究会 著
新旧対照 改正 市制町村制新釈 明治44年初版〔明治44年6月発行〕／佐藤貞雄 編纂
改正 町村制詳解〔明治44年8月発行〕／長峰安三郎 三浦通太 野田千太郎 著
新旧対照 市制町村制正文〔明治44年8月発行〕自治館編輯局 編纂
地方革新講話〔明治44年9月発行〕西内天行 著
改正 市制町村制釈義〔明治44年9月発行〕／中川健藏 宮内國太郎 他 著
改正 市制町村制講義 附 施行諸規則 及 市町村事務摘要〔明治44年10月発行〕／樋山廣業 著
村制正解 附 施行諸規則〔明治44年10月発行〕／福井淳 著
改正 市制町村制講義 附 施行諸規則 及 市町村事務摘要〔明治44年10月発行〕／樋山廣業 著
旧比照 改正市制町村制註釈 附 改正北海道二級町村制〔明治44年11月発行〕／植田鹽惠 著
改正 市町村制 並 附属法規〔明治44年11月発行〕／楠綾雄 編輯
改正 市制町村制精義 全〔明治44年12月発行〕／平田東助 題字 梶康郎 著述